新时代外国语言文学
新发展研究丛书

总主编 罗选民 庄智象

外语界面新发展研究

董洪川 刘丽芬 胡安江 / 著

清华大学出版社
北京

内 容 简 介

本书由外语界面研究理论、方法和实践（应用）三部分构成。梳理 20 世纪至 21 世纪国内外外语界面研究现状，缕清近 10 年来界面研究发展脉络，剖释界面研究重要理论及主流方法，着力探讨各学科间及学科内各分支间的互动与融合，并对今后的研究方向作一前瞻。通过系统分析国内外外语界面研究线路，明确今后需着力的方向，本书为我国外国语言文学学科内部以及多学科互动与融合研究提供新视角，推动我国外语界面研究向纵深挖掘，催生新的边缘学科。

本书适用于外语学科语言学、文学、翻译专业师生和研究者，对从事其他学科的研究者也有方法论价值。

版权所有，侵权必究。举报：010-62782989，beiqinquan@tup.tsinghua.edu.cn。

图书在版编目（CIP）数据

外语界面新发展研究 / 董洪川等著. —北京：清华大学出版社，2021.8
（新时代外国语言文学新发展研究丛书）
ISBN 978-7-302-57324-1

Ⅰ.①外… Ⅱ.①董… Ⅲ.①语言学—研究—国外 ②外国文学—文学研究 Ⅳ.①H0 ②I106

中国版本图书馆 CIP 数据核字（2021）第 014367 号

策划编辑：郝建华
责任编辑：郝建华　刘细珍
封面设计：黄华斌
责任校对：王凤芝
责任印制：杨　艳

出版发行：清华大学出版社
网　　址：http://www.tup.com.cn, http://www.wqbook.com
地　　址：北京清华大学学研大厦 A 座　　邮　编：100084
社 总 机：010-62770175　　邮　购：010-62786544
投稿与读者服务：010-62776969, c-service@tup.tsinghua.edu.cn
质量反馈：010-62772015, zhiliang@tup.tsinghua.edu.cn

印　刷　者：大厂回族自治县彩虹印刷有限公司
装　订　者：三河市启晨纸制品加工有限公司
经　　销：全国新华书店
开　　本：155mm×230mm　　印　张：23.75　　字　数：365 千字
版　　次：2021 年 8 月第 1 版　　印　次：2021 年 8 月第 1 次印刷
定　　价：138.00 元

产品编号：088145-01

中国英汉语比较研究会
"新时代外国语言文学新发展研究丛书"
编委会名单

总主编

罗选民　庄智象

编　委

（按姓氏拼音排序）

蔡基刚	陈　桦	陈　琳	邓联健	董洪川
董燕萍	顾曰国	韩子满	何　伟	胡开宝
黄国文	黄忠廉	李清平	李正栓	梁茂成
林克难	刘建达	刘正光	卢卫中	穆　雷
牛保义	彭宣维	冉永平	尚　新	沈　园
束定芳	司显柱	孙有中	屠国元	王东风
王俊菊	王克非	王　蔷	王文斌	王　寅
文秋芳	文卫平	文　旭	辛　斌	严辰松
杨连瑞	杨文地	杨晓荣	俞理明	袁传有
查明建	张春柏	张　旭	张跃军	周领顺

总　　序

外国语言文学是我国人文社会科学的一个重要组成部分。自1862年同文馆始建，我国的外国语言文学学科已历经一百五十余年。一百多年来，外国语言文学学科一直伴随着国家的发展、社会的变迁而发展壮大，推动了社会的进步，促进了政治、经济、文化、教育、科技、外交等各项事业的发展，增强了与国际社会的交流、沟通与合作，每个发展阶段无不体现出时代的要求和特征。

20世纪之前，中国语言研究的关注点主要在语文学和训诂学层面，由于"字"研究是核心，缺乏区分词类的语法标准，语法分析经常是拿孤立词的意义作为基本标准。1898年诞生了中国第一部语法著作《马氏文通》，尽管"字"研究仍然占据主导地位，但该书宣告了语法作为独立学科的存在，预示着语言学这块待开垦的土地即将迎来生机盎然的新纪元。1919年，反帝反封建的"五四运动"掀起了中国新文化运动的浪潮，语言文学研究（包括外国语言文学研究）得到蓬勃发展。中华人民共和国成立后，尤其是改革开放以来，外国语言文学学科的发展势头持续迅猛。至20世纪末，学术体系日臻完善，研究理念、方法、手段等日趋科学、先进，几乎达到与国际研究领先水平同频共振的程度，取得了令人瞩目的成绩，有力地推动和促进了人文社会科学的建设，并支持和服务于改革开放和各项事业的发展。

无独有偶，在处于转型时期的"五四运动"前后，翻译成为显学，成为了解外国文化、思想、教育、科技、政治和社会的重要途径和窗口，成为改造旧中国的利器。在那个时期，翻译家由边缘走向中国的学术中心，一批著名思想家、翻译家，通过对外国语言文学的文献和作品的译介塑造了中国现代性，其学术贡献彪炳史册，为中国学术培育做出了重大贡献。许多西方学术理论、学科都是经过翻译才得以为中国高校所熟悉和接受，如王国维翻译教育学和农学的基础读本、吴宓翻译哈佛大学白璧德的新人文主义美学作品等。这些翻译文本从一个侧面促成了中国高等教育学科体系的发展和完善，社会学、人类学、民俗学、美学、教育学等，几乎都是在这一时期得以创建和发展的。翻译服务对于文化交流交融和促进文明互鉴，功不可没，而翻译学也在经历了语文学、语言学、文化学等转向之后，日趋成熟，如今在让中国了解世界、让世界了解中国，尤其是"一带一路"建设、人类命运共同体构建，讲好中国故事、传递好中国声音等方面承担着重要使命与责任，任重而道远。

20世纪初，外国文学深刻地影响了中国现代文学的形成，犹如鲁迅所言，要学普罗米修斯，为中国的旧文学窃来"天国之火"，发出中国文学革命的呐喊，在直面人生、救治心灵、改造社会方面起到不可替代的作用。大量的外国先进文化也因此传入中国，为塑造中国现代性发挥了重大作用。从清末开始特别是"五四运动"以来，外国文学的引进和译介蔚然成风。经过几代翻译家和学者的持续努力，在翻译、评论、研究、教学等诸多方面成果累累。改革开放之后，外国文学研究更是进入繁荣时代，对外国作家及其作品的研究逐渐深化，在外国文学史的研究和著述方面越来越成熟，在文学理论与文学批评的译介和研究方面、在不断创新国外文学思想潮流中，基本上与欧美学术界同步进展。

外国文学翻译与研究的重大意义，在于展示了世界各国文学的优秀传统，在文学主题深化、表现形式多样化、题材类型丰富化、批评方法论的借鉴等方面显示出生机与活力，显著地启发了中国文学界不断形成新的文学观，使中国现当代文学创作获得了丰富的艺术资源，同时也有力地推动了高校相关领域学术研究的开展。

进入21世纪，中国的外国语言学研究得到了空前的发展，不仅及时引进了西方语言学研究的最新成果，还将这些理论运用到汉语研究的实践；不仅有介绍、评价，也有批评，更有审辨性的借鉴和吸收。英语、汉语比较研究得到空前重视，成绩卓著，"两张皮"现象得到很大改善。此外，在心理语言学、神经语言学和认知语言学等与当代科学技术联系紧密的学科领域，外国语言学学者充当了排头兵，与世界分享语言学研究的新成果和新发现。一些外语教学的先进理念和语言政策的研究成果为国家制定外语教育政策和发展战略也做出了积极的贡献。

习近平总书记指出："要着力推进国际传播能力的建设，创新对外宣传方式，加强话语体系建设，着力打造融通中外的新概念新范畴新表述，讲好中国故事，传播好中国声音，增强在国际上的话语权。"为贯彻这一要求，教育部近期提出要全面推进新工科、新医科、新农科、新文科等建设。新文科概念正式得到国家教育部门的认可，并被赋予新的内涵和定位，即以全球新技术革命、新经济发展、中国特色社会主义新时代为背景，突破传统的文科思维模式与文科建构体系，创建与新时代、新思想、新科技、新文化相呼应的新文科理论框架和研究范式。新文科具备传统文科和跨学科的特点，注重科学技术、战略创新和融合发展，立足中国，面向世界。

新文科建设理念对外国语言文学学科建设提出了新目标、新任务、新要求、新格局。具体而言，新文科旗帜下的外国语言文学学科的发展目标是：服务国家教育发展战略的知识体系框架，兼备迎接新科技革命的挑战能力，彰显人文学科与交叉学科的深度交融特点，夯实中外政治、文化、社会、历史等通识课程的建设，打通跨专业、跨领域的学习机制，确立多维立体互动教学模式。这些新文科要素将助推新文科精神、内涵、理念得以彻底贯彻落实到教育实践中，为国家培养出更多具有融合创新的专业能力，具有国际化视野，理解和通晓对象国人文、历史、地理、语言的人文社科领域外语人才。

进入新时代，我国外国语言文学的教育、教学和研究发生了巨大变化，无论是理论的探索和创新，方法的探讨和应用，还是具体的实验和实践，都成绩斐然。回顾、总结、梳理和提炼一个年代的学术发展，尤其是从理论、方法和实践等几个层面展开研究，更有其学科和学术价值及现实和深远意义。

鉴于上述理念和思考，我们策划、组织、编写了这套"新时代外国语言文学新发展研究丛书"，旨在分析和归纳近十年来我国外国语言文学学科重大理论的构建、研究领域的探索、核心议题的研讨、研究方法的探讨，以及各领域成果在我国的应用与实践，发现目前研究中存在的主要不足，为外国语言文学学科发展提出可资借鉴的建议。我们希望本丛书的出版，能够帮助该领域的研究者、学习者和爱好者了解和掌握学科前沿的最新发展成果，熟悉并了解现状，知晓存在的问题，探索发展趋势和路径，从而助力中国学者构建融通中外的话语体系，用学术成果来阐述中国故事，最终产生能屹立于世界学术之林的中国学派！

本丛书由中国英汉语比较研究会联合上海时代教育出版研究中心组织研发，由研究会下属29个二级分支机构协同创新、共同打造而成。罗选民和庄智象审阅了全部书稿提纲；研究会秘书处聘请了二十余位专家对书稿提纲逐一复审和批改；黄国文终审并批改了大部分书稿提纲。

外语界面 新发展研究

本丛书的作者大都是知名学者或中青年骨干，接受过严格的学术训练，有很好的学术造诣，并在各自的研究领域有丰硕的科研成果，他们所承担的著作也分别都是迄今该领域动员资源最多的科研项目之一。本丛书主要包括"外国语言学""外国文学""翻译学""比较文学与跨文化研究"和"国别和区域研究"五个领域，集中反映和展示各自领域的最新理论、方法和实践的研究成果，每部著作内容涵盖理论界定、研究范畴、研究视角、研究方法、研究范式，同时也提出存在的问题，指明发展的前景。总之，本丛书基于外国语言文学学科的五个主要方向，借助基础研究与应用研究的有机契合、共时研究与历时研究的相辅相成、定量研究与定性研究的有效融合，科学系统地概括、总结、梳理、提炼近十年外国语言文学学科的发展历程、研究现状以及未来的发展趋势，为我国外国语言文学学科高质量建设与发展呈现可视性极强的研究成果，以期在提升国家软实力、构建人类命运共同体过程中承担起更重要的使命和责任。

感谢清华大学出版社和上海时代教育出版研究中心的大力支持。我们希望在研究会与出版社及研究中心的共同努力下，打造一套外国语言文学研究学术精品，向伟大的中国共产党建党一百周年献上一份诚挚的厚礼！

罗选民 庄智象
2021 年 6 月

前　　言

　　进入新时代，我们面临两个大局：一个是中华民族伟大复兴的战略全局，一个是世界百年未有之大变局。新科技革命和产业变革正在全球范围内改变着人们的生活方式和价值观念。处于社会大变革时代的高等教育，必须主动顺应时代潮流。外语学科作为我国高等教育重要组成部分，如何在新时代、大变局背景下积极应变、主动求变，寻求新发展，更好地服务国家战略，这是外语界高度关注的问题，也是我们提出开展外语界面研究的出发点。

　　新时期以来，在改革开放政策的引领下，我国高校外语学科专业建设取得了突飞猛进的发展。这一点是显而易见的，因为绝大部分高校都设置了外语专业（主要是英语专业）本科，且其中有几百所高校设有英语专业硕士点，50余所高校设有英语专业博士点；在几乎所有的一本和二本院校中，外语院系基本上均为各校内教师人数最多的教学单位。依据传统理解，外国语言文学学科研究的对象主要是某种语言的文学与文化，而以其下属的二级学科所设的硕士、博士点主要也是以研究文学、语言、翻译和文化为主，譬如英语语言文学学科下常设有英语语言研究、英美文学研究、英语国家文化研究、翻译研究、英语教学等方向，故而开展学术研究便也主要以上述方向为"界"。由此，国内就有了以其中某一方向为研究中心的学术团体，譬如全国美国文学研究会、全国英国文学研究会、中国认知语言学研究会、中国翻译工作者协会、中国语用学研究会、中国英语教学研究会等，多数教师也会根据自己的研究兴趣参与其中的学术活动。毫无疑问，这种专业方向的划分为培养某一方面的专精人才做出了很大的贡献；这些专业性很强的学术组织为推动我国外语学科发展亦起到了举足轻重的作用，其意义不言自明。但同样不容否认的是，由于本是权宜之计的专业方向的划分和相对独立的学术组织的不断壮大，外语学科（外语学科在内涵上不似汉语言文学学科那般边界明确）内部已经产生了一定的割裂。因而，近年来，不少学者积极倡导打破人为造成的学科内部壁垒、展开"跨界研究"，还原学科整一性的本真，深入推进外语学科的学术研究。鉴于此，我们于2012年在四川外国语大学组织成立外语学科的"界面研究"（Interface Studies）组织，隶属于中国英汉语比较研究会。从某种意义上看，这也是外语界对界面研究呼声的一种回应，其力图通过学会搭建一个新的学科研究沟通平台，加强外语界面研究的成果交流，寻找外语学科研究的学术增长点。

从英美学者研究成果来看，"界面研究"更多是指语言、文学、文化领域内的"接口"研究，譬如"小说的语言""诗歌的语言""广告的语言"等，本书将就相关内容进行论述。但是，我们希望在更宽泛的层面界定外语学科的"界面研究"，即，既包括传统意义上的语言、文学领域内不同研究分支的"接口"研究，也就是研究不同分支学科的交叉重叠部分，也包括语言文学与其他学科的"跨学科研究"。在西方学术研究史上，"跨界研究"并非新鲜事物。众所周知，美国的比较文学研究者在20世纪30—40年代提出的"平行研究"范式中就包括了跨学科研究，譬如研究文学与建筑、文学与音乐、文学与宗教等不同学科之间的关系问题。近年来国外在"跨学科研究"方面可谓日渐兴隆。美国早在1979年就成立了整合学会（AIS），该学会设立的"博尔丁奖"专门奖励在跨学科研究方面的优秀成果。2010年出版的《牛津跨学科手册》不仅是"跨学科研究"从边缘迈向中心的重要标志，同时也代表了当代西方跨学科研究的水平。英国Maney出版公司著名的《跨学科评论》（*Interdisciplinary Science Reviews*）秉承的宗旨是：两门或者更多自然学科内部的交叉以及社会学领域中的技术科学交叉。该刊物2010年的主题有三：科学与艺术、音乐与科学、历史与人性。仅2010年，英美两国就举办了多场大型"跨界研究"国际学术会议，如"审视21世纪的种族问题：第二届种族跨学科双年会"（美国蒙莫斯大学）、"爱尔兰与现代性：跨学科会议"（英国贝尔法斯特女王大学）、"整合伦理学与可持续性的跨学科方法"（美国圣迭戈州立大学）、"占据空间：跨学科会议"（美国杜克大学）、"跨文化犯罪：跨学科会议"（英国利兹大学），等等。

我国学术大师钱锺书先生素来提倡学术研究的"打通"。依笔者之见，钱先生的"打通"与"跨界研究"不谋而合。其巨著《管锥编》正是"打通"文学、哲学、心理学、语言学等学科领域的典范。当前，国内一些比较文学界和外语界的著名学者如杨周翰、李赋宁、范存忠等前辈也在"跨界研究"方面取得了诸多成就。就近而言，2007年夏在南

前言

开大学召开了一场"文学与语言国际学术研讨会",会议论文以《文学与语言的界面研究》为题结集出版(南开大学出版社,2008),其中收录的25篇论文主要讨论文学与语言互动问题。

19世纪以来,学科划分越来越细,原来同一学科研究的问题被分割在许多不同的学科来探讨,但是,学术界整合学科的呼声和研究实践从未停止。不过,在我国外语界提出"界面研究"并非原创,而仅是对某种立场或研究态度的强化。

"界面研究"这一概念译自英文 Interface Studies。曾几何时,在西方人文社科领域内,文学与语言学研究是不可分割的整体,共同探讨一个民族的语言与文学,尤其18世纪后期,语言文学的紧密结合体现得更为突出,这显然与当时民族国家独立的历史事件有关。19世纪上半叶出现了专门以分析语言为主的历史语言学,强调对历史文献进行细致的语言文学调查,但其材料主要还是文学文本。20世纪初的语言学研究转向口语研究并形成了一整套严密的分析技巧,但文学文本仍然是重要的语言分析语料,被视为标准语言的表征。20世纪50年代以后,随着计算机在语言研究领域的应用,语言与文学研究出现了更为严重的分割局面。在英美的高校里,语言学研究在普通语言学系日益兴旺,而文学研究则仅是国别文学系的工作,语言研究与文学研究这两个"界"之"鸿沟"愈发难以逾越。近20年来,部分英美学者开始考虑如何融合语言与文学两个领域的研究,提出文学与语言的"界面研究"命题。20世纪90年代,英国诺丁汉大学英文系的资深教授 Ronald Carter 领衔主编了一套由著名出版社 Routledge 出版的"界面研究丛书"(The Interface Series)。该丛书包括:*The Discourse of Advertising* (Guy Cook)、*Language, Literature and Critical Practice* (David Birch)、*Language in Popular Fiction* (Walter Nash)、*Language, Text and Context* (ed., Michael J. Toolan)、*A Linguistic History of English Poetry* (Richard Bradford)、*Patterns in Language* (Joanna Thornborrow and Shan Wareing)、*Literature About Language* (Valerie Shepherd)、*Language Through Literature: An Introduction* (Paul Simpson)、*Feminist Stylistics* (Sara Mills)、*Textual Intervention: Critical and Creative Strategies for Literary Studies* (Rob Pope)等。卡特教授引用了雅克布森的说法,认为一个语言学家,若对语言的诗意功能视而不见,或者一个文学研究者对语言学问题及语言学方法不屑一顾,同样是极端的落伍分子。同时他还指出，这套界面研究丛书的目的是从'界面'视角考察语言学研究与文学研究的话题，且希望以此在这两个传统上分离的学科之间搭建桥梁。据冉永平教授所述，英美语言学界也在近10年大力推行语言学内部各分支学科或者语言学与其他学科之间的交叉与界面研究。显然，英美语言与文学界的这些研究成果及方法，对我国外语学科展开界面研究具有重要启示意义。

近10年来，我们主办了多届"外语界面研究"论坛，旨在搭建一个对话平台，邀请国内外语界在文学、语言学、翻译等方面有造诣的专家共同交流切磋。其实质是让不同的"界"在话题与研究方法上碰撞与沟通。那么，我们应如何进一步在外语学科开展"界面研究"？答案见仁见智，有兴趣的专家学者可以有自己不同的看法。我们认为，外语学科的"界面研究"至少应该包含两个重要的向度：一是外语学科内部的"界面研究"，即在外语（大多情况下是一种外语）学科的不同领域之间展开"跨界研究"，譬如语言与文学、语言与翻译、语言与文化、文学与翻译等；二是外语学科与其他学科的"跨界研究"，譬如语言与认知科学、语言与哲学、文学与社会学、文学与科学、语言与科学、文学与人类学、文学与传播学、文学与环境学，等等。而这两个"向度"的"界面研究"又都应该紧密围绕外语学科的具体问题来展开。换言之，外语学科的"界面研究"是以深入推进外语学科研究和发展为核心基点的。基于上述考量，我们认为，推动外语学科研究，强化外语学科研究中的创新性，"界面研究"不啻为一个值得探索的新方向。

《外语界面新发展研究》一书由董洪川、刘丽芬、胡安江拟定撰写大纲，并邀请黄国文、刘世生、廖光蓉、吴霞、赵永峰、王仁强、朱文清、蒋勇军、南宫梅芳、王文惠、余承法、胡文飞、高育松、刘立华、官磊、罗杨、田园、潘琳琳、李寐竹、梁萍、梁玮珊等专家学者共同撰写，是一部介绍新时代外语界面研究理论研究与实践探索的著作。本书由3章构成：第1章介绍了"界面研究"的内涵与研究范式；第2章是重点，分别从语言研究、文学研究、翻译研究、教学研究、词典研究等外语学科研究的几大领域探讨外语界面研究的理论与方法；第3章则结合当前研究前沿与热点，主要探讨了"外语多模态界面研究""大数据时代的外语界面研究""对外话语体系建设中的外语界面研究"和"新文科背景下的外语学科"等话题，力图凸显外语界面研究的时代性和现实性。

前言

在本书付梓之际，我们要特别感谢中国英汉比较研究会罗选民会长和庄智象副会长，他们对本书的写作给予了切实的指导和全力支持；也要特别感谢清华大学出版社郝建华、刘细珍两位老师，她们为本书的出版付出了艰辛的劳动！鉴于本书为系统综观性介绍著作，部分内容作者曾正式发表，特此说明。由于界面研究尚属新兴研究领域，其理论与方法方兴未艾，加之笔者认识水平有限，纰缪之处在所难免，恳请读者批评指正。

董洪川

2021 年 1 月

目 录

第 1 章　界面研究：内涵、范式与意义 ……………………… 1

  1.1　界面及界面研究的定义 ……………………… 2

    1.1.1　界面的意义 ……………………… 2

    1.1.2　界面研究：互渗互动 ……………………… 5

  1.2　特点：多元化 ……………………… 7

  1.3　界面类型 ……………………… 8

  1.4　研究范式：内容与方法的统一 ……………………… 9

  1.5　意义：方法论 ……………………… 11

第 2 章　外语界面研究：理论与方法 ……………………… 13

  2.1　语言学界面研究的理论与方法 ……………………… 13

    2.1.1　认知语言学 ……………………… 13

    2.1.2　生态语言学 ……………………… 29

    2.1.3　社会语言学 ……………………… 46

    2.1.4　其他界面研究 ……………………… 60

  2.2　文学界面研究的理论与方法 ……………………… 80

    2.2.1　认知诗学 ……………………… 80

    2.2.2　生态文学批评 ……………………… 89

    2.2.3　文学社会学 ……………………… 97

    2.2.4　其他界面研究 ……………………… 104

  2.3　翻译学界面研究的理论与方法 ……………………… 107

    2.3.1　认知翻译学 ……………………… 108

    2.3.2　生态翻译学 ……………………………… 114
    2.3.3　社会翻译学 ……………………………… 119
    2.3.4　其他界面研究 …………………………… 123

  2.4　外语教学界面研究的理论与方法 …………… **129**
    2.4.1　基于生成语言学的第二语言习得界面研究 … 130
    2.4.2　认知主义与社会文化界面的第二语言习得研究 … 145
    2.4.3　第二语言习得与外语教学的界面研究 … 151

  2.5　词典学界面研究的理论与方法 ……………… **161**
    2.5.1　认知词典学 ……………………………… 162
    2.5.2　批评词典话语研究 ……………………… 172

第 3 章　外语界面研究：前沿与热点 ……………… 181

  3.1　外语多模态界面研究 ………………………… **181**
    3.1.1　语言学多模态研究 ……………………… 181
    3.1.2　文学多模态研究 ………………………… 196
    3.1.3　翻译学多模态研究 ……………………… 202
    3.1.4　外语教学多模态研究 …………………… 210

  3.2　大数据时代的外语界面研究 ………………… **215**
    3.2.1　大数据时代的语言学界面研究 ………… 215
    3.2.2　大数据时代的文学界面研究 …………… 229
    3.2.3　大数据时代的翻译学界面研究 ………… 239
    3.2.4　大数据时代的外语教学界面研究 ……… 247

  3.3　对外话语体系建设中的外语界面研究 ……… **260**
    3.3.1　语言学与对外话语体系建构 …………… 260
    3.3.2　翻译学对外话语体系构建界面研究 …… 272

  3.4　新文科背景下的外语学科：内渗与外扩 …… **293**
    3.4.1　新文科概念的由来与发展 ……………… 296

3.4.2 新外语学科的内外延伸 ·· 297
3.4.3 语言与生态的交叉和融合 ······································ 303
3.4.4 语言、文学的跨学科研究 ······································ 306

结语　新时代背景下的外语界面研究：创新与发展 ········ **313**

参考文献 ··· **319**

图 目 录

图 2-1　银行叫号单 ·· 40
图 2-2　笑话的分类框架体系 ··· 62
图 2-3　生态翻译学的基本概念体系图 ································· 116
图 2-4　原则与参数理论中的理论模型 ································· 131
图 2-5　参数习得难易层级 ··· 133
图 3-1　图文关系"地位"系统 ··· 184
图 3-2　图文关系"逻辑—语义"扩展系统 ························· 185
图 3-3　银河系图 ··· 186
图 3-4　动物园地图 ··· 186
图 3-5　火车站候车室平面图 ··· 187
图 3-6　主人公的星期一时间表 ··· 188
图 3-7　"猎户座" ·· 194
图 3-8　"恐龙" ·· 194
图 3-9　事件序列图 ··· 220
图 3-10　报道中事件的叙事顺序 ··· 221
图 3-11　数字人文视阈下的外国文学研究范式 ················· 238
图 3-12　话语、话语主题、体裁、文本之间的话语际性和文化性关系··· 268
图 3-13　"对外话语体系"作为篇名搜索的发文量 ········· 275
图 3-14　"对外话语体系"作为关键词搜索的发文量 ····· 275
图 3-15　"对外话语体系"作为篇名搜索的高频词 ········· 276
图 3-16　"对外话语体系"作为关键词搜索的高频词 ····· 276
图 3-17　对外话语体系研究的核心作者 ··························· 282
图 3-18　对外话语体系研究的核心机构 ··························· 283

表 目 录

表 2-1　被试对 9 类笑话笑点的正确判断 ········· 64
表 2-2　被试对 9 类笑话幽默度的选择 ············ 64
表 2-3　题元理论中题元角色的语义特征定义 ····· 70
表 2-4　韩语使役类与去使役类转换比较 ········· 143
表 3-1　《深夜小狗神秘事件》中的图文"地位"关系统计 ····· 185
表 3-2　报道中两则事件的基本要素 ············· 219
表 3-3　报道中不同类型转述引语的分布情况 ····· 223
表 3-4　"对外话语体系"相关文献（2014—2019）····· 274
表 3-5　被引频次排名前 20 位的相关文献（2014—2019）····· 277
表 3-6　以"对外话语体系"为关键词的前 20 位高被引文献（2014—2019）····· 279
表 3-7　以"话语研究""话语体系"为关键词的中文著述（2014—2019）····· 283
表 3-8　以中国特色对外话语体系为研究对象的英文著述（2014—2019）····· 286

第1章
界面研究：内涵、范式与意义

　　界面研究（Interface Studies）这一方法无论中外，早已有之。欧美语言界面研究从20世纪中叶逐渐兴起，如美国的比较文学研究者在20世纪30—40年代提出的"平行研究"范式中就包括了跨学科研究，研究文学与建筑、文学与音乐、文学与宗教等不同学科之间的关系问题（董洪川，2012）。Fillmore（1970）、Carter（1976）等语言学家在20世纪70年代已开始涉足句法—语义界面研究；20世纪90年代，英国学者Ronald Carter主编了一套"界面研究丛书"（The Interface Series），引发了国际语言文学界的界面研究热潮（Ramchand & Reiss，2007）。俄罗斯界面研究起步较早，但研究较少。据俄罗斯大全数据库和yandex.ru检索，分别以стык（接口）和интерфейс（界面）为关键词检索语言及文学界面研究的文献，分别为5篇和3篇。首篇以стык（接口）为关键词的文献发表于1966年，文章指出，诗法是文学的一个研究领域，处于语言学与文艺学的接口处，实质上，主要强调进行诗歌对比研究。我国界面研究也早已存在，尤其在汉语界，常常是句法—语义—语用一体研究，如20世纪80年代提出的"三个平面"学说，反映了汉语中的"界"，只是未冠之以"界面"或"接口"之名，未将其变成自觉的方法论原则。真正将界面研究提上议事日程的是2004年5月在复旦大学召开的"语言界面国际研讨会"；2012年4月，在四川外国语大学召开的"首届中国外语界面研究学术研讨会暨中国英汉语比较研究会外语界面专业委员会成立大会"进一步推动了外语界面研究的发展。此后，界面研究学会每年举办一次学术研讨会，有关语言界面研究的文献逐年增多，界面已被我国学者自觉地用到研究中。

随着界面研究的广泛开展，弄清界面研究的定义、性质、特点、分类、范式、意义等基本问题尤为重要，下面我们尝试梳理这些问题。

1.1 界面及界面研究的定义

释词解义，"界面研究"由"界面"与"研究"组成，那么，什么是"界面"？下面我们先从"界面"的定义谈起。

1.1.1 界面的意义

"界面"是由"界"字与"面"字组成的合成词。要弄清"界面"的意义，我们从字典释义、学科释义与学界观点三方面入手，以期比较全面地剖析界面的内涵与外延。

1. 词典释义：接合处

英文 interface 中 inter- 作为前缀，其义为"间、际、相互"等；face，指"面、接触面"。interface 在不同字典中释义有同有异。如 *Webster's Encyclopedic Unabridged Dictionary of the English Language*（以下简称 D1）、*The Oxford English Reference Dictionary*（以下简称 D2）和 *Random House Webster' College Dictionary with CD-ROM*（以下简称 D3）中分别有 4、3、5 种释义，相似的有两条：（1）两个物体或空间/区域/阶段之间被视为共同边界的一个面；（2）系统与系统、设备与设备、概念与概念或人与人之间共同的边界或连接点/两个系统、过程、主体等之间相互作用的一个点（如心理学与教育学之间的界面）。此外，D1 另外两个释义为：（1）两个及以上学科、过程或研究领域所共有的事实、问题、思考、理论、实践等（如化学与物理之间的界面）；（2）a. 将信息从一个计算工具或程序系统向另一个系统传递的设备或程序，b. 对此种信息传递的任何形式的设置。D2 另一释义为：连接两个设备使其得以联合运作的一种装置。D3 另外 3 种释义为：（1）两个及以上学科或领域所共有的或借以相互联结的界域；(2)使原本互相分离甚至互不兼容的元素得以协调或者交流之物；(3)交流或互动。

由英语字典释义可知，interface在人文社科中主要体现以下特点：(1)两个及以上事物（物体、空间、系统、区域、研究领域、学科、过程、主体、概念等）；(2)共同边界，这一边界可为面或点；(3)(原本互相分离甚至互不兼容的元素)得以协调或者交流或互动；(4)共有事实、问题、思考、理论、实践等。

俄语中的 интерфейс 被维基百科解释为：源自英语interface（俄语中有类似术语 стык，但较少使用），即连接处、分界面、隔板；彼此交换信息的两个系统（任一系统，不一定是计算机或信息系统）、装置或程序相互作用的途径、方式、方法的总和，这一总和由两个系统、装置或程序的特性，连接和置换信号特征等决定；若一个相互作用的系统是人，人们常说的只是第二个系统，即人与之相互作用的那个系统的界面。*Словарь современного русского литературного языка*、*Толковый словарь русского языка* 和 *Толковый словарь русского языка* 中无 интерфейс 一词，对 стык 的释义大致相同：(1)(物体的)两端、两个边缘的连接处、接触点/吻合处；(2)〈转〉物体的接触线、边界、界限。但在 *Толковый словарь русского языка конца XX века* 中收有 интерфейс 一词，释义为"〈信息技术〉确保计算机系统内程序间相互作用的设备或程序方法，计算机与其他设备或用户的联系"。《俄汉科技大词典》也无 интерфейс 一词，стык 的释义为：(1)接合、对接、连接点、对接处、接头；(2)〈运〉衔接。《俄汉详解大词典》和《大俄汉词典（修订本)》中 интерфейс 的释义相同：(1)〈地理〉分界面；(2)(两个独立体系的)相交处；(3)〈计算技术〉接口、连接体、连系装置。стык 的释义也相同：(1)接合处、接头、对接点；(2)接缝、接合部、交界处；(3)〈转〉(生产、科学部门之间的)联系、衔接、配合。由此可知，俄语有关"界面"释义较之英语相对简单，对 стык 的释义主要为：(1)(两个物体或体系)相交处、接合处；(2)(生产、科学部门之间的)联系、衔接、配合。对源自英语的 интерфейс 释义有以下几个特点：(1)两个系统、装置或程序相互作用的途径、方式、方法的总和；(2)彼此交换信息；(3)相互作用。

3

现代汉语中，关于"界"的解释颇多。"界"在《辞源》《现代汉语辞海》（以下简称《辞海》）、《新华词典》《现代汉语词典》（以下简称《现汉》）中分别有 6、5、4 和 5 种释义，其中两种共同义为：（1）界限；（2）一定范围。"面"在《辞源》《辞海》《新华词典》《现汉》中分别有 8、9、10 和 11 种释义，其中一种共同义为"物体之外表，表面"。"界面"一词，2001 年版的《辞源》中无此词条，《辞海》《现汉》中对"界面"的解释均为：物体和物体之间的接触面。由汉语词典释义可知，较之英语，汉语对"界面"释义更简单，主要体现为：（1）物体之间；（2）接触面。

综合以上英、俄、汉释义，"界面"具有以下特点：（1）两个或以上事物（物体/系统/学科/设备）之间；（2）接触处（点、线或面）；（3）协调、交流或互动。

2. 学科释义：中介系统

"界面"不是一个传统术语，英语 interface 最早出现于 19 世纪，但不具当代含义。当代意义的 interface 首次出现于 1962 年。其出现和使用与计算机科学的发展同步，指不同系统之间的结合转换技术（刘丽芬、陈代球，2018）。界面在不同学科中具有不同含义。计算机系统中最典型的一个界面是人机之间的界面，人的键盘行为通过界面而使计算机能够读懂；作为电脑用语，界面是呈现在用户面前的显示器屏幕上的图形状态等；作为设计用语，界面是人与物体互动的媒介；作为工程术语，界面主要是用来描述各种工具、仪器、设备、部件及其他组件之间的接口；在物理、化学领域中，界面指相与相之间的交界面，即两相间的接触表面，有固—固、液—液、固—气、固—液和液—气 5 种类型；晶粒与晶粒之间的接触界面被称为"晶界"，在晶界面上，原子排列从一个取向过渡到另一个取向，故晶界处原子排列处于过渡状态；地质学中界面指"不连续面"，即地球内部不同圈层的分界面；从心理学意义来说，界面可分为感觉和情感两个层次；从哲学角度看，界面就是世界存在与发展的中介系统，是现象表达与体现的场所，也是被人类体现与交往的对象（倪钢，2006）；生成语法中，语言是由语音、语义、句法和语用等几个相对独立但又彼此连接的模块构成,模块与模块间存在界面,界面之间通过连接规则发生作用(高育松、王敏,2014);二语研究中,界面往往被视为语言模块之间或语言表达之间的相互影响或相互映射——只要不同的表达层级之间存在映射,界面便蕴含在这些层级之间(袁博平,2015)。

可见,不同学科对"界面"阐释不同。从哲学意义来看,"界面"是中介系统,可能是可视的实体,可能是不可视的系统、学科等;在语言学中,"界面"是隐喻用法,表现为模块或语言表达之间通过连接规则发生作用,相互影响,相互映射。

3. 学界观点:接触面

关于"界面",学界有不同阐释。倪钢(2006)从构成上认为"界面"并不仅仅是一个平面或几何学意义上的概念,它集成了人、事物、现象、技术、时间、空间等要素和因素,是一个文化的复合体;朱跃、伍菌(2013)从性质上把界面看成一种关系,是一种同一学科不同分支间以及不同学科之间的相互影响、相互联系、相互互动的关系;褚孝泉(2013)将"界面"动态化,认为是两个体系间的配合和交流,需要让两个体系各自形式的信息转换成符合另一方体系所要求的相兼容的形式;王克非(2014)认为界面或接口是一事物的两个或两个以上接触面或接触点线,一般来说,是相互密切关联甚至相互融合、不易切分的部分。

综合学界观点,"界面"是一个名词,其"属概念"应是接触面(点或线),"种差"是两个或以上相互作用、相互影响的事物;由两个或以上体系/学科之间的相互影响/配合和交流达到兼容。

1.1.2 界面研究:互渗互动

关于界面研究,学者们从不同角度阐述,认为界面研究是一种方法论(潘文国,2012;熊沐清,2013);一种视角和方法(熊学亮,2004;黄国文,转引自张俊凌,2012);一种换位思考,在原本被认为不相干的事物间寻找其共同性,从而加深对事物的认识(潘文国,

2012);一种研究对象[1];一种学术立场,一种学术态度,一种自觉的学术研究意识[2]。

有学者笼统地将"界面研究"界定为"不同学科的接口研究",将界面研究的内容局限于"不同学科",认为"接口研究"与"界面研究"属同义表达,因此,这一定义属循环定义。但也有学者对"语言的界面研究"作出了较科学的定义:"语言的界面研究就是用一语言描写层面上的信息去支持对另一语言描写层次上的语言现状的描写和阐述,或者对一个以上语言描写层次之间的互动进行的研究。"(熊学亮,2004:17)这一定义前半部分只谈到单方面的影响,即用一语言的某一信息去描写或解释另一语言的现状。牛保义(2017:84)从对比语言学角度将"界面研究"定义为:"站在甲语言的角度观察乙语言,或站在乙语言的角度审视甲语言;发现甲或乙语言的特点;进而对这些特点的动因做出理论性的解释和概括。"这一表述未触及界面研究互融互渗互动的实质。潘文国(2012)对"界"和"面"分别释义:"界",即领域。领域可大可小,大可大到一个学科甚至学科门类,小可小到一个学科内部的各个"平面"。从这个角度看,"界面研究"是"跨学科研究"的升级版,是学科分类进一步细化的产物。"面"指两个界的交接处,用"面",可见不仅仅是"点、线",甚至还可能有犬牙交错的情况。

在人文社会科学领域,"界面"主要指两个或以上学科或学科内部两个或以上分支之间的接触处,"研究"指探求事物的真相、性质、规律等,它是一种"活动或过程",活动内容或过程是交流或互动。据此,我们尝试将"界面研究"定义为一种方法论,指两个或以上学科或学科内部两个或以上分支共同影响和制约并合力描写与解释同一事实、问题、观念、理论、实践的一种活动或过程;语言学中指两个或以上子系统共同影响和制约并合力探讨某一语言现象的活动或过程。

---

1 笔者在与王文斌交谈中获悉。
2 笔者在"第三届中国外语界面研究高层论坛"开幕词中指出。

1.2 特点：多元化

界面普遍存在，既存在于各学科之间，也存在于每一学科内部，它具有海纳百川的开放性，这一性质决定其特点的多元化，主要体现为共生共存性、跨学科跨领域性、界面不可视性、边界不定性、理论驳杂性、对象多维性、视角多元性、方法多样性等特征。

共生共存性。界面本身就是两个或以上学科或领域之间的融合互动，因此，共生共存是界面存在的首要特点，两个或以上学科或领域相互交叉、相互影响、相互制约、相互融合，你中有我、我中有你。

跨学科跨领域性。跨学科性"旨在研究以一个学科的知识说明另一个学科"（胡壮麟，2012：16）。界面从本质上讲是跨学科的研究（黄金德，2012），在某种意义上二者几乎可以互换使用（董洪川，2012），它和以往的"跨学科研究"的最大区别是后者是以两个学科作为本位的研究，而前者是以一个学科为本位或基础（即研究对象），而借鉴另一种或多种学科为理论或方法论，借此来深化和扩展研究领域（黄金德，2012）。我们赞同这一观点，认为界面研究强调的是两个或以上事物（学科或分支）之间交界处互渗互动的机制。

界面不可视性。界面或实体，或虚拟；或有形，或无形。自然界中存在的界面现象复杂，但自然界面常常以清晰的形态表现出来，人们可借助自身的感觉器官和信息技术来感受它的存在。而抽象事物间，如语言学界面研究中的界面实际上是一种隐喻，不同学科及分支之间的界面，是不可视的。

边界不定性。边界不定性指界面交接处所指范围的边界是模糊的、不确定的，缺少一条泾渭分明的界线。各学科各分支之间以及各分支内部系统之间的交接可以是点、线或面，但因语言学界面具有不可视性，其互渗的点、线、面在哪里相交具有不确定性，尽管依据所研究的对象，所采用的视角以及如何切入、切入多少等可以了解接触处是点是线还是面，但边界仍是模糊的，无法确定。

理论驳杂性。界面研究是一种方法论，不同学科具有不同理论，同一学科各分支也具有不同理论，两种或以上理论相互接触、相互渗透，从不同角度合力描写、论证与解释某一语言现象，显然，其理论具有多样性。

对象多维性。界面既可是学科之间的相交，也可是学科内各分支间的相交，还可是不同学科不同分支之间的相交，甚至可以是某一学科和另一学科分支之间的接触，因此，界面研究对象多种多样，包罗万象，既可研究各学科之间（如认知语言学、生态语言学、社会语言学等）、各学科内部各分支之间（如句法—语义、语音—语法等），乃至一学科与另一学科分支之间（如词汇认知学）的互动关系，也可研究交叉学科以及多学科之间的所有对象。

视角多元性。由于界面必须是二者或以上的交界，故界面研究是从各种不同的视角来探讨社会现实领域的，它渗透了不同学科研究方法论的视角，一个视角就是一种观察方法，一种分析特定现象的有利位置或视点（凯尔纳、贝斯特，1999）。界面研究从单一维度的单一学科或分支的研究视角转向多向维度的跨学科跨领域的研究视角，使研究由单一到多元、由静态到动态、由浅入深、由纵至横转变。

方法多样性。因界面研究具有视角多元性和研究对象的多维性，因而具有方法的多样性。其研究对象、研究问题的开放性和复杂性决定其要用多学科方法进行研究。例如，社会学与语言学互动，至少采用社会学和语言学本学科各自的方法；语言学内句法—语义界面研究，可能会采用分析与综合、归纳与演绎、描写与解释、定性与定量、共时与历时等方法。

1.3 界面类型

从界面数量看，分为单界面（如语言学—认知学、生态学—翻译学、句法—语义、句法—语篇、句法—语用等）、双界面（如句法—语义和句法—语篇两两相交）和多界面（如句法—语义、句法—语篇和句法—语用分别相交）研究；从学科或分支数量看，分为双学科或分支界面（如语言学—生态学、句法—语义）和多学科或分支界面（如语言学—生态学—伦理学、句法—语义—语用）；从学科界面内外看，分为学科内界面和学科外界面。学科内界面，指学科分支之间的交接和交织，可称之为"交织型界面"(熊沐清,2013),如语言学内界面有句法—语义、语义—语用等。某一学科内界面又可进一步细分为次内界面和次外界面。如语言学次内界面可联系语言系统本身的域(句法—语义,句法—形态等),涉及的是语法内部的不同模块;而次外界面可联系语言模块和其他域的知识(句法—语篇、句法—语用、发声—感知等),涉及一些语法特征外部的语境条件。学科外界面即学科之间的接触与互动,可分为"平行型"界面和"衍生型"界面(熊沐清,2013)。前者指各学科之间的界面,如语言学与心理学、生态学与翻译学等,我们认为是交叉型的,如生态学与语言学交叉融合形成语言生态学或生态语言学或"生态+语言"学;后者即以某一学科为基础,吸收、借鉴了另一学科的学理、方法或概念体系,产生新的边缘学科,如女性主义文体学,即是以文体学为本体和基础,吸收、借鉴女性主义研究成果,产生的新的边缘学科(熊沐清,2013)。

二语习得中,对于显性知识和隐性知识间的界面关系,学界存在三种不同的观点,即强界面说、弱界面说和无界面说。界面的关系分为强界面和弱界面。

1.4　研究范式：内容与方法的统一

"范式"(paradigm)最先由美国科学哲学家托马斯·库恩在《科学革命的结构》一书中提出。库恩对科学发展持历史阶段论,认为每一个科学发展阶段都有特殊的内在结构,而体现这种结构的模型即为"范式"。"范式"就是为"科学共同体"所接受与遵循的理论、方法和标准的总体概念。它由其特有的观察角度、基本假设、概念体系和研究方式构成,表示科学家看待和解释世界的基本方式。看待语言现象的不同方式或不同的观察角度可有不同的研究范式。界面研究使研究由单一到多维,由封闭到开放,由静止到互动,由孤立到融合,形成了自己独特的研究范式。外语界面研究模式为:"一个中心、两个维度和三个层面。一个中心是指以语言为中心——以语言为逻辑思维的起点来研究文学、翻译、教学和文化,反向亦可。两个维度是指从理论和方法两个维度来研

究上述五大领域的关系；三个层面是指在宏观、中观和微观三个层面。"（彭青龙，2014：7）

  界面研究范式是界面研究内容与方法的统一。界面研究是一种方法论，方法论是指导人类认识世界和改造世界方法的系统化、理论化学说体系。它具有普遍性和特殊性，其普遍性在于可应用于任一学科，而并非只适合于一门学科，也称跨学科性；特殊性则只能适用于特定的学问。方法论分为哲学方法、本体方法和学科方法，它决定了方法的性质、特点、作用、适用范围以及相互之间的联系等。在研究客观对象时，它影响和制约方法的选择与运用。界面研究的方法因其涉及范围广、研究对象驳杂而多种多样，可以说，有多少个研究对象就有多少种、甚至更多的研究方法，并且在研究过程中也会产生一些方法，这些方法可能是全新的，也可能是原有各个学科方法的融合。但其主要方法是如何切入、如何互动所采用的方法。

  作为方法论的界面研究，宏观层次上，主要是不同理论范式之间的相互借鉴，或者是不同研究途径的相互结合；微观层次上，仍然是对学科内的本体问题进行深入全面的研究；应用层次上，是将某一学科的理论方法或工具运用到其他学科的研究中，产生或形成新的学科领域（张俊凌，2012），其基本模式是"从一学科或分支切入探讨某一事实、问题、观念、理论、实践，当单一学科或分支解决不了这一问题，如出现例外或误差，再（则）导入另一／两门及以上学科或分支合力探讨该事实、问题、观念、理论、实践"，如确定物质中杂质这一问题时，化学工作者常用化学方法进行质量分析，这一方法对杂质含量有规定，即只用于杂质不少于一定的量，若杂质所占比例小，那就可用光谱分析的物理方法来确定。当物理方法用于生物学研究中，则会产生强烈的结果，会在生物学和物理学接口产生生物物理学。因此，界面研究可为新学科的产生提供方法论的指导。

  各学科各分支切入顺序有先后，切入方式多样，切入内容有多有少，得出的结论有差别。界面研究主要探讨两个或以上学科或分支之间的融合与互动，探究它们之间如何相互影响、相互制约，即探究它们互动的运行机制。如语言界面研究中，界面研究涉及语言内部不同层次的语言现象或理论之间的关联和互动。任何一个界面都预设了不同语言要素或语言层面之间的互动和关联。假设语言机制由一些离散的模块组成，那么可以假设各个模块都有其组织结构和组织层级。因此，语言规则及处理可分为两类：一类是语言机制中每个模块内部的运行机制，如语音规则和句法规则；另一类是用于联系不同语法模块的运行机制，即句法与语义之间的界面或形态与语音之间的界面等。界面结构所涉及的两个语言模块存在交互影响；同时，界面结构对这两个语言模块的内部规则也很敏感。Jackendoff 和 Reinhart 提出的语言建筑学认为界面规则是从一种语言模块中提取信息并将之转化为与另一种语言模块相关的信息，由此使整个体系中的信息整合和信息传递成为可能。由此可见，这种界面规则远比模块内部规则要复杂，因为它调用了更多的语言资源来进行加工处理（袁博平，2015）。动词论元结构就是一个典型的界面现象，涉及语义、句法，甚至语用间的互动。动词论元的句法配位很大程度上取决于动词语义、构式意义及语篇语用等因素（高育松、王敏，2014）。

1.5　意义：方法论

　　对任何科学领域的研究，均需要方法论的指导，方法论知识具有直接操作的性质，用于指导认识世界和改造世界的活动。界面研究作为一种方法论，对指导我们的学术研究具有深远意义。

　　搭桥重构。即搭建桥梁和重新建构。搭建桥梁表现为工具主义取向，主要目的是解决单一学科不能解决的复杂问题；重新建构则表现为认识论取向，即针对某一具有综合性和复杂性的现实问题的解读和处理，在学科视角的基础上重构"学科知识单元"，使有关的知识单元在以问题为指向的新框架内实现整合（克莱恩，2005），从而产生新的交叉学科或分支学科，解决某单一学科或分支难以解决的问题。

　　拓宽思路。界面研究指导人们从思维上将其作为一种自觉意识，从方法论上指导人们在遇到瓶颈问题时如何去寻找解决方案；指导人们进行学科交叉研究时，如何从融合中看到交叉，从交叉中看到融合。

　　推陈出新。界面研究是两个或以上学科或领域的互动研究，由原来的单一学科或领域转向跨学科或跨领域研究，跨学科的对接可以产生理论界面效应，催生新的理论（褚孝泉，2013），催生新的边缘学科。

提升解释力。界面研究将两个或多个学科或分支合力探讨一个问题，集成了人类创造的各种文化，为多视角解释某一问题提供了可能，便于弄清问题的"庐山真面目"，找到其合理存在的理据。

深化研究度。某一学科或领域跨出自身的界限、与其他学科或领域实行对接，将不同研究方法整合在一起，有助于解决单一学科难以解决的问题，有助于深入问题的本质，有助于发现规律，从而合力推动研究向纵深发展。

拓宽研究面。界面研究结合两个或以上学科或领域研究，拓展了各自研究的范围。一方面，既能坚持各个领域或学科发轫之初的本体地位，又能从里而外地走出自身的范围，与其他学科进行跨学科性研究，从而能"从外而里"地拓展本学科或本领域的研究；同时，又能继承所融合学科或领域的新的理论视角或方法论，拓展本学科本领域的研究范围，走跨学科、跨领域和多元化研究之路（罗迪江，2016）。

博采众长。界面研究并非仅局限于单一学科或分支的知识，而是结合不同学科、不同学科分支之间的知识，借鉴不同学科或分支的理论与方法，整合不同学科及分支之优长，更好地提高科学研究的质量。

我们周围世界复杂多样，只从单一学科出发不可能全面深入地认识它，只有使用多个学科知识才能在解决科学问题时有质的突破。界面研究作为一种方法论，是当代学术研究发展的必然。随着界面研究会的成立以及学术会议的推广，必将推动不同学科、不同领域的接触与融合、关联与互动。界面研究思想已渐渐深入人心，并被自觉的运用到学术研究中，人们以界面研究思维去看待客观世界，认识人类周围的事物，处理人类进步和科学发展的问题，必将推动科学的发展，社会的进步。

但界面研究仍处于探寻阶段，尚有许多需要解决的问题，如界面如何界定、从哪里切入、如何切入、界面结构如何互动与融合、如何运行等问题，界面研究任重而道远。

第 2 章
外语界面研究：理论与方法

外文可以是外国语言文字、外国语言文学、外国语言文化的简称，包容面广，可涵盖外国语言学及应用语言学、外国文学、翻译学、比较文学与跨文化研究、国别与区域研究 5 个分支学科，其相应研究也涉及 5 个方面（黄忠廉，2020）。外语界面研究相应也涉及这几个方面，主要包括语言学、文学、翻译学、外语教学、词典学等领域。

2.1 语言学界面研究的理论与方法

本节对语言学界面研究的讨论主要集中在：认知语言学、生态语言学、社会语言学、语言学内部的幽默学和词汇语义—句法研究。

2.1.1 认知语言学

认知语言学界面研究主要可分为两大类：一是着眼于认知语言学对其他学科的影响分出来的认知语言学与其他学科之间的界面研究；二是着眼于认知语言学框架分出来的语言模块之间的界面研究。

1. 认知语言学与其他学科之间的界面

认知语言学主要对以下 9 个学科的研究产生了影响。

1）认知语言学与叙事学的界面

认知、文学、历史不是被分离开来进行研究的，而是同一个认知对象的3个维度，而人类心智也是三者存在的唯一处所。界面研究主要是指通过学科层面的嫁接、移植、借用，整合而成新的学科体系，进而形成简洁有效的优化方案。譬如，叙事学与认知科学和认知语言学在理论与方法上相融合而形成的认知叙事学便是一种跨学科的界面研究（罗植、楚军，2014）。

认知文学研究是从认知科学的成果中获取灵感、借鉴方法和范式的跨学科研究，其界面研究的性质要求注意把握文学与文学的其他要素之间的关系。人类的基本思维方式是文学的，所以文学与认知密不可分。认知转移与书信体裁的社会观和历史观相结合，以着力解释概念意义的形式如何演化，呈现体裁的社会生命和历史生命、体裁的演化和概念维度与社会维度结合。建立一种超越纯审美功能和纯意识形态功能的对抗式研究范式，以便更为完善、更为具体地探究文学体裁的系列功能。认知生态批评认为：关于感知和认知的研究，为文学界对于新颖性的批判和理论观点提供了科学的解释；人类作为不断拓宽领域、不断搜集信息的寻路者的进化使得对环境的持续评估变得非常必要；环境的新颖特征经过人类认知转换为工具性思想，转换为运用基本叙事结构的行为模式。一些心理学家和哲学家打算摒弃整个心智理论概念，认为非意识知识、涉身知识和社会文化知识就是人所需要的全部知识。这些观点有一定的合理性，但是我们应该清楚的是：人要想拥有心智思维能力，就必须有人类这一物种专属的生物装备；人要想获得心智思维，就必须从涉身的经验中学习，在社会文化环境中去概括，去做出有实用价值的假设和推定（文永超，2017）。

2）认知语言学与诗学的界面

认知诗学所使用的主要理论和概念包括来自认知语言学的概念隐喻、转喻及整合、脚本、原型、心智空间、指示语、话语、语境、认知语法等；也有来自心理学的情感、想象、注意、移情、图式、图形—背景等；还广泛借用、整合了包括传统文学批评和文体学、修辞学在内的其他学科的理论及概念体系，比如来自逻辑和哲学的可能世界理论、来

第 2 章　外语界面研究：理论与方法

自文体学的前景化以及传统文学批评中的文本肌理、共鸣、声音、风格、心理分析、读者反应理论等（熊沐清，2013）。

心智的旋律是作为认知结构的诗学形式。情感激发与诗歌形式模式的注意力提升之间有一种似是而非的关系。一般认为，文学认知产生并依赖于日常心智，但是文学的特殊形式和过程通常会激发不同寻常的心智状态（文永超，2017）。

3）认知语言学与翻译学的界面

词语概念的经验基础、所标记经验的某一属性特征的客观凸显、人对其某一属性特征的主观注意、语言的类型属性特征、概念化经验的方式、经济性、规约性或文化模式等会制约形义的生成和理解，无疑更会制约翻译的等值（廖光蓉、尹铂淳，2017）。

4）认知语言学与语用学的界面

语用界面研究使得语用学研究深入发展，语用学与其他学科，诸如认知科学、人类学、民族学、心理学、计算机学、教育学、文化学、二语习得、病理学等之间存在着理论上的统一性与方法论上的一致性，跨界开展语用学的多学科交叉复合研究，语用学与其他相关学科相互融合，是语用学研究发展的必然趋势（兰晶、罗迪江，2018）。

"综观论"把整体论的思维引入到语用学理论的研究范式之中，是一种集"认知—社会—文化"为一体的具有整体功能性的理论，主张语用学与相邻学科相互融合，从认知、社会、文化等视角考察语言，出现了词汇语用学、语用翻译学、语篇语用学等交叉学科。后来语用学超越了综观论的研究范围，与边缘学科的界面研究应运而生，产生大量的语用交叉学科，如跨文化语用学、临床语用学、新认知语用学、真值语用学、计算机语用学、网络语用学等，它们理论上前瞻、研究范式上创新、研究方法上多元。语用描写与解释无法穷尽所有的文化、社会、认知、心理等因素，任何语用描写与解释都无法忽视文化、社会、认知、心理、民族等方面的独特性与个体性（罗迪江，2016）。

认知与社会角度相结合是语用学与认知科学相结合的成果。语用学研究的这一新趋势更符合语言运用的实际。语言运用具有认知性和社会性，言语行为是认知和社会因素共同作用的结果。社会认知语用学认为，交际是个体因素和社会因素相互作用的结果。个体因素包括前经验、凸显度、自我中心和注意力，社会因素包括实际情景经验，即语境、关联性、合作和意向。社会因素制约个体因素，个体因素又反作用于社会因素。前经验与实际情景经验、凸显度与关联性、自我中心与合作、注意力和意向相辅相成。个体因素当中，前经验导致凸显度，自我中心以凸显度为尺度、以注意力为导向；社会因素中，实际情景经验导致关联性，合作以关联性为尺度、以意向为导向。社会认知语用学强调在交际过程中说者和听者是平等的参与者，这是一个兼顾说者和听者的语用学理论，有别于前人主要偏向听者的语用学理论（唐耀彩，2016）。

心理语言学关注词汇产出，认为词汇共现是一种与记忆、心理词汇组织、词汇提取息息相关的现象。语言现象和心理现象是否一致恰恰有利于揭示语言处理的本质。因此对于搭配现象的深度研究还有待于语料库语言学和心理语言学、认知语言学的衔接。文本词汇搭配和基于心理存储和词汇启动的心理搭配是否一致或者不一致有待于更全面、深入的探讨（徐鹏，2014）。

语用障碍的研究方法应该具有跨学科性与交叉性，涉及语言学、认知科学、语言病理学、语用学、认知心理学、认知语用学等多学科，如果仅仅靠语用学理论与方法是无法解释语用障碍问题的。以认知语言学与心理语言学为理论基础的"社会—认知语用视角"，旨在在语言学范畴里建构一种将语用的自上而下和认知的自下而上相结合的分析框架（兰晶、罗迪江，2015）。

省略是一个认知过程，包括两个阶段：一是通过已知信息，进行各种可能的假设和推测，为省略的填补提供多种意义潜势；二是从这些意义潜势中推导和选择出唯一的合理假设，实现省略的信息填补和理解。省略认知的第一阶段可以通过搭桥参照来实现，第二阶段可以通过关联原则来完成。省略不仅涉及个人的认知能力，还与语用层面有关（唐卫平，2016）。

语用修辞学的分析大致遵循"修辞话语—说话人意图—听话人反应"的路径，把语用学的言语行为、社会语用、认知语用理论等有机整合在了一个框架内，语用修辞效果的分析就更具系统性，也就更加有据可依，从而能克服以往语用修辞研究的零散性（蒋庆胜、陈新仁，2019）。

在认知语言学视域下，从隐喻的本质及其特点着手，结合语用，分析隐喻的语境和隐喻所具有的会话含义的一般特征方向，有助于深刻认识隐喻在日常生活和社会交际中所扮演的重要角色，从而增强隐喻意识，提高语用能力（曾杨婷，2014）。

5）认知语言学与语篇分析的界面

隐喻也是一种语篇现象，它不仅仅体现在词汇层、语法层，也同样体现在语篇层。作为一种语用现象，隐喻是一种语篇组织的重要手段，具有语篇构建、衔接和连贯的功能。隐喻是一个能动的、创造性的过程，体现了人类利用已知事物来理解未知事物，或者重新理解已知事物的认知活动；它是一个动态与静态的认知结构系统，通过两个概念领域的关联与投射来帮助认识自身和外部世界。隐喻归根到底是一种思维方式，其本质是根据某一事物、事件或关系来理解另一事物、事件或关系。无论是相互作用，还是语义选择或空缺填补，隐喻的产生都离不开语境，因而隐喻的产生和理解都是和语境密切相关的，隐喻的意义可以直接从语境中推导出来。在这一点上隐喻理论与语篇分析理论是一致的。隐喻可以制约语篇中信息流的发展，语篇中命题的线性排列、信息的编排和发展必须符合信息递增的原则。语篇中的后续命题必须与前一个命题构成衔接连贯关系。作为发话者知识状态的假设，隐喻制约着语篇信息流中后续命题的选择。

语篇分析领域的学者始终建议很有必要研究认知在语篇组织中的作用，这主要是因为当我们处理语篇时，不知不觉就会发现自己介入这两者交叉的界面之中，它不仅包括语言，而且也包含行为、意义、认知和社会结构等。信息流体现在以下 4 个方面。（1）修辞层面：与说话人的目标相关；（2）指称层面：说话人选择合适指称；（3）主题层面：说话人句子视角的组织；（4）焦点层面：说话人对恰当指称、恰当时间的赞同。在说话人同时处理这么多复杂成分时，一定有某种深层概念结构能够说明所有这些认知和语言行为操作的整合原因。认知隐喻在语篇处理过程中支持着信息的储存和提取，语篇表征在语篇中的持续，就依赖于这种衔接力。作为一种认知轴，隐喻之所以如此有效，是因为其具有快捷、简洁、生动的认知性质，隐喻的修辞性使得信息结构更有意义，更宽泛,更具有独特性。隐喻的心理机制,在组织概念化和转换的过程中形成语篇表征,这是认知隐喻的主要作用。

认知隐喻在语篇生成方面能够起到策划、执行、监测的功能。一方面,认知隐喻简洁、生动,作为主轴,其功能是把语篇的各个成分放在恰当的位置;另一方面,认知隐喻网多维、开放、有弹性、易于扩张的特点,具有保证会话成功交际所必要的衔接连贯条件,保证了语篇处理过程的稳定性和动态性。隐喻不但可以使语篇获得连贯性,而且可以衔接语篇内部各成分;某些种类的衔接现象只有通过隐喻才可得到妥善的解释,并且在逻辑的领域内,隐喻也可以充任语法、词汇等衔接手段。隐喻在语篇连贯机制中就起着一种纽带作用,一个隐喻就是一个语义场,制约着整个语篇信息的发展。许多语篇往往借助隐喻来说明和解释读者不太熟悉的事物。以一个隐喻贯穿语篇始终,形成一个核心隐喻,支配若干由隐喻或由一个中心意象引申出的相关的次要意象。语篇的中心主题在很大程度上都是隐喻性的。隐喻作为语篇主题,支配整个语篇的脉络,语篇按照隐喻主题这一线索发展下去,决定了整个语篇的模式,进而形成了语篇的信息流,这就是隐喻的语篇主题功能(魏在江,2006)。

连贯既有形式体现同时也包含认知心理因素,它是形式与内容的统一。语篇连贯涉及语义、语用、认知等多种理论,单纯从一个角度来理解语篇连贯有其局限性,应对其进行多角度、多层次、多学科的研究。从认知的角度去研究语篇连贯是对连贯研究的一个新视角,也是一个重要的补充。概念转喻就是一个认知参照点,能帮助构建交际过程中的心理空间、框架、脚本以及范畴。转喻是在同一理想化认知模型下源域凸显或激活目标域的认知过程。转喻在图式框架里以双向的方式运作,即从特殊到一般,或从部分到整体的情况,反之亦然。语篇连贯的细节作为事先预知信息,可以帮助构建概念转喻的网络,使语篇连贯。认知从根本上说是转喻性的,语篇知识也是转喻性构建和转喻性阐释的;对世界的认知从根本上说是整体性的,这也是转喻的运作机制,其通过语篇建立概念关系来实现语义连贯。语篇连贯在很大程度上依赖于潜藏在语篇表层下面的转喻关系。谓词转喻,包括名词动用、形容词动用和动词名用,可将整个语篇连接起来。决定语篇连贯的条件可在语言外,包括语境的一般特征、主题发展、主谓结构、信息结构、交际功能、社会文化等。概念转喻在这个会话中形成了复杂的语义链，使不同的人与物之间形成了一种内在的关联（魏在江，2010）。

6）认知语言学与词典学的界面

实践上，隐喻与词典研编的界面主要体现在以下三方面：一是义项前贴上"喻"标签，代表比喻义。二是为了帮助语言学习者掌握现实生活中的英语，哈珀柯林斯出版公司与伯明翰大学联袂于1995年专门出版了《柯林斯词典使用指南手册7：隐喻》，该指南从拥有2亿词汇的英语语料库中整理了12个话题的主要词汇的隐喻用法，并提供真实例证。三是2002版《麦克米伦高阶英语词典》收录了40个概念隐喻词条，把隐喻性语言作为例证放置在目标喻词条下的隐喻框中，这一尝试无疑是隐喻与词典研编界面研究的一大突破。理论上，不少学者致力于探讨隐喻处理的系统性与一致性，例如，用原型理论来释义潜在的隐喻，并指出学习型词典应该提供隐喻路标。隐喻路标起到连接字面义与隐喻义的作用，可以由释义性例证来充当。比喻义能够显示语境的种类及其对受话者的影响，所以在双语词典中词目义项在包括该词的传统内涵义的同时，还要根据对话语境及情感语境，把可能的外延趋势即比喻义包括在内。再如，有学者提出词汇隐喻意义的类型学，并对不同的隐喻义采用不同的处理方式。以上隐喻处理的理论与实践研究并没有解决隐喻处理的一致性与系统性问题。基于隐喻识别与词典义项处理界面的义项区分模式不仅适用于词典编纂者，而且也适用于外语教学者与高级外语学习者（钟兰凤等，2013）。

英汉学习型词典动词条目配例的关键在于解决英文例证与汉语义项对应词之间的句法语义界面。理据如下：以动词条目为例，按照认知语言学的词类范畴观，动词产生于表达动作范畴的认知活动，是语言用以表达现实事件的核心部件。每一种人类语言语法的核心部分都是在小句中对事件的编码，而语言对事件的组织主要围绕承担述谓功能的动词进行。着眼于事件概念化，动词的类别属性本质是事件的概念化和词汇化，是事件整个认知过程的语义压缩。换言之，动词语义是词汇语义和句法语义的结合体，词汇语义是语言层面的，句法语义是言语层面的，两者互补才能够解压动词词汇化背后的事件，否则，缺少了哪一部分，动词语义认知的完整性就会遭受破坏。要做到对动词的认知完整性描写，必须兼顾词汇语义与句法语义。基于此，英汉学习型词典动词条目中的义项对应词所体现的仅是动词论元实现前的意义，对于如何体现论元实现后的语义内容以及它能够实现什么论元的潜质，则需要通过例证的选取加以体现。其词典学实践价值在于：动词条目的描写需要关注动词词汇语义与句法表征的界面效应。原型价值一般被视为学习型词典配例的重要取证价值之一。基于此，对英汉学习型词典动词条目配例的"原型价值"可做如下理解：所选例证应涵盖具有"原型价值"的事件成分，以有效展示以动词为核心对事件的摹状，揭示动词语义与句法之间的界面关联（耿云冬、胡叶，2017）。

7）认知语言学与外语教学的界面

语感受语言运用者所拥有的三因素的制约：社会文化、认知心理和语言本体，即语言运用者的知识、认知和情感的有机融合。这三大因素是一个有机整体，共同作用于语言运用者的语感行为，使其在渐进无形、无意识的状态下形成和运作。语感不仅关照语言本体，还关照语言运用者在社会文化情景中的内心体验、成长和发展。无论是"语言知识教学"，还是"语言功能教学"，都不能真正实现现代外语教学的双重目标。着眼于原型理论，语感图示构成一个连续体；而着眼于突显观，语感图示是辐射型的。语感的获得过程符合人类认知的基本规律，实施语感教学、培养学习者的语感须具有充分的认知心理学基础。内隐学习是一种对学习过程缺乏明确意识却学会了这种规则的学习活动。内隐学习无须主体的有意识努力，能节约心理认知资源；在该学习过程中，个体所接触到的大量现象与知识不断刺激语言的深层结构，不知不觉中储存到长时记忆区。它们不仅较之外显知识持久、不易消退，而且当遇到类似情形时就会产生启动效应，对类似行为产生促进作用。另外，内隐学习多是兴趣使然，学习者没有负担和压力，不会产生外语学习中常见的焦虑情绪。在轻松自如的状态下，学习者能随时随地根据自身的经验更加积极有效地去建构知识，完善自我认知，丰富自我情感世界。由此形成的知识、认知和情感的有机融合体及其形成过程的渐进无形、无意识性与语感内涵、形成和运作特征不谋而合。实施语感教学是解决目前外语教学实践与教学目标矛盾的重要渠道,而内隐认知的独特优势及其与外显认知的辩证统一关系为其实施提供了实践途径(王月丽、杨国栋,2014)。

8)认知语言学与语言习得的界面

(1)语言模块与二语习得的界面。句法作为语言的运算系统,同独立的心理系统,如概念、语境推断、感官—驱动系统相互连接,构成界面关系。界面可分为语法内界面、语法外界面两大类。前者存在于语言系统内部,连接着不同层次的语法结构,如句法—语义界面、语音—形态界面等;后者连接着语言模块、人的认知系统和对外部世界的知识,如句法—语篇界面、语义—语用界面等。界面假说认为语法外界面相比语法内界面更难被学习者习得,会给二语学习者造成更大障碍。界面研究不仅涉及语言层面,而且涵盖认知心理学和教育学等其他学科层面,这需要不断吸收和借鉴不同的学科知识(杨连瑞等,2013)。

所有整合来自语言内部及非语言范畴的信息的额外加工负担都会给二语学习者带来挑战。一个界面中所需协调、整合的信息量越大,学习者的二语习得就越会表现出不稳定性和不确定性。英语母语者处理只包含一种态度的疑问句要比处理包含两种态度的疑问句容易得多;二语习得中的不稳定性和不确定性的根源并不一定是界面本身(无论所涉及界面包含语法内部的认知范畴还是语法外部的认知领域),而是界面所需的信息处理量。后者才是用来解释二语界面在多大程度上被成功或失败习得的有用变量(袁博平,2015)。

(2)场认知风格和产出性词汇广度的界面。场认知风格包括场独立和场依存。场独立认知风格的学生能够在受干扰的环境里分辨出相关的项目或因素,而场依存认知风格的学生正好相反。产出性词汇广度依然是英语专业学生学习英语的弱项,教师在课堂上可能忽视了培养学生的产出能力,学生可能在业余时间很少用英语表达自己,或者学习英语的动机不强。场认知风格和产出性词汇广度之间没有显著性差异(李美琳、姜占好,2016)。

(3)认知语言学与儿童语言习得的界面。认知语言学认为,语言能力是一个由具有意义的构式组成的清单库，既包括常规结构，也包括非常规结构，构式是有意义的语言符号。语言习得过程就是一个单一的学习过程。儿童习得常规结构与习得非常规结构的方式相同，都是通过一般的学习机制获得语言的。学习语言就像学习其他复杂对象的认知活动一样，从具体的事物中提炼出抽象结构或图式，且抽象的过程是渐进的、不系统的。

9）认知语言学、二语习得和语言教学的界面

澳大利亚科廷大学的 Rod Ellis 教授与新加坡南洋理工大学国立教育学院的 Natsuko Shintani 合著的《二语习得视角下的语言教学探索》一书对语言习得研究与语言教学之间的关系进行了细致、深入地探讨。其中第3章聚焦教学大纲与二语习得。作者阐述了基于语法的教学大纲、基于词汇的教学大纲及基于意念的教学大纲。第8章重点总结了社会文化理论是如何促进语言学习及发展的。第9章从心理语言学以及社会语言学的角度总结了使用一语的利弊及一语是如何在中介语发展过程中发挥作用的。第10章主要探讨了基于普遍语法的二语习得理论、认知—互动理论与社会文化理论对于纠正型反馈持有的不同观点。该著一反认知学派与社会文化学派长期的论战与分歧，为语言教师构建了一个较为完整的二语习得与教学实践的框架，反映了当代二语习得领域的独特成就，也为更加丰富的语言教学实践提供了可能性（王玲，2017）。

综上所述，这一大类界面研究开展得不平衡，宏观层面的居多，广和散是其显著特征，因此，专、精、深应是未来发展的主要趋势。

2. 认知语言学框架内语言模块之间的界面

界面研究是来自西方的概念，与跨学科研究大体意思相当，但涉及的对象更细。如果"跨学科"强调的还是"学科"之间，那么"界面研究"还包括了同一学科内部不同层面或平面之间（潘文国，2017）。认知语言学框架内语言模块之间的界面研究又可分为以下9种情形。

1）词汇、语义和语用的界面

词汇语用学研究词汇意义的动态过程，即字面意义不断调整的一过程，包括收窄、近似、喻化。这三者不再被认为是不同的认知过程，而是具有共性的词汇意义理解，即最佳关联、语境调整和百科知识提取（疏金平，2015）。

词汇语用学涉及词汇学、语义学和语用学。一词多义是一种普遍的语言现象，其产生和理解一直以来是词汇语义学研究的重点和热点。词汇语义学将词义研究局限在语言内部结构，较少引入语境，忽略词汇的语言外部环境，如说话人的认知能力、生活经验、百科知识和说话的环境。词汇语用学认为多义词产生的 3 个主要动因如下：不同的语境和不同的联想意义；隐喻和转喻等的运用；社会因素。形容词的语用意义尤为重要。在用自由变量观对等级形容词进行分析时，如果单单对词汇表征做出假设并且只简单地指出这些变量的可能维度是远远不够的，还需要引入话语知识、百科知识、认知能力，即如何在多种可能性中做出一个合理的选择，同时这个选择又受到语境、话语知识、百科知识、认知能力的制约（夏洋、李佳，2017）。

2）词汇与句法的界面

格语法的句法转换研究属宏观层面，旨在揭示语义格与句法结构成分的对应关系，采取提出假设再验证的演绎法。框架语义学和框架网络进行的谓词释义的词典学研究处于微观层面，目的在于描写具体场景语义框架中谓词框架元素的句法实现，从而得到词汇的语义—句法配位模式，采取基于语言实例的归纳法。构式研究在抽象程度上低于句法研究，高于词汇研究，既有理论假设，即存在"独立于其成分意义的构式义"，而且构式是"形式—功能的对应体"，又有对语言事实的全面描写，即关于个别动词的特征及其分布的大量知识帮助概括出主要的构式，构式离不开与具体动词的互动，因此构式语法位于中间层次，其研究方法既包括自上而下的演绎法，又包括自下而上的归纳法（赵亮，2018）。

3）句法与语义的界面

句法与语义界面研究中的认知主义范式主要探索语义概念与句法结构之间的内在关联性或逻辑性，包括句法与语义界面形成中的认知内涵、认知机制和认知规律。在该范式中，认知语义学和构式语法是其主要的理论基础和分析方法。认知语义学中的基本层次概念和意象图式直接来源于人的前概念经验，与对幼儿认知研究的最新发现不符，因此认知语义学的基础理论有待加强。构式语法层面，构式概念的不合理扩大与语言的经济性原则相冲突；否认"转换"说，忽视所指相同的构式之间的相关性；放弃投射的观点和与之相关的组合规则；掩盖了性质不同的语言单位之间的差异，造成句子分析的烦琐；无法解决语法结构的多义性问题，无法解释构式的结构义形成的原因。目前关于语义与句法界面的研究，认知主义范式所存在的主要问题是语义研究与句法研究之间出现脱节现象。在认知语言学框架内，语义研究参照的是概念结构，句法研究参照的是事件结构，但概念结构与事件结构之间的关系并未得到深入的研究，二者之间存在空白地带。同时，在认知主义范式中，对于语义和句法的分析还停留在对特定认知现象（如范畴化、隐喻、突显性）的研究上，没有将句法与语义界面所涉及的全部认知过程和认知策略纳入考察范围（郭纯洁，2018）。

句法现象（包括跨语际的）要从意义的识解层面得到解释和支撑；意义的识解必然涉及认知主体间的互联和协调，而不只是发生在作为个体的概念主体与客体间的互动；并且这种"交互主观性"可以作为"语法化"的元动力之一，推动实义语言单位不断向句法构式的蜕变和发展（张滟，2010）。

4）韵律与语用的界面

韵律与语用界面的研究主要包含韵律语用功能研究和语用单位韵律研究两部分。韵律的恰当运用可以帮助交际者发展和谐的人际关系，构建恰当的交际身份。韵律可以帮助交际者构建话语解读的认知语境，减少话语加工心力。交际是一个明示—推理过程，说话人提供解读其交际意图的线索，听话人根据这些线索推断说话人的交际意图。语用单位韵律研究主要围绕话轮、话题、言语行为和话语标记 4 种语用单位韵律特征展开。交际韵律教学可采用产出与感知相结合的训练方法（张燕、陈桦，2017）。

5）句法与语用的界面

语用规约是话语识解的认知机制，该观点从理论上弥补了二元语用学的缺陷（张绍杰，2017）。语用学视角下句法与语用界面的已有研究主要依据以下 6 种语用学理论展开:"间接言语行为""礼貌原则""新格赖斯语用学""关联""语言顺应"和"默认语义学"。这模糊了语法、语用互动关系和语义、语用互动关系之间的界限;多数以意向性作为意义生成和理解的前提,对语言规约性在话语解释中的作用认识不足。要破解句法与语用界面已有研究存在的问题须从语境出发。在语言语境方面,围绕语法形式与上下文结构之间的可容性,厘清各类语法形式的结构性制约条件;在交际语境方面,着力探究语用规约在句法与语用界面研究中发挥的作用,可采用实证的方式,从认知操作、心理因素、物理因素、社会文化因素等维度探究各类语法形式的用法倾向性(仇云龙、林正军,2019)。

6)句法、语义和语用的界面

元信息向心理论(一种句法—语义—语用界面理论)区分了 3 个平行层面:信息层、元信息层和认知层。语句中的语义内容被看作"信息",而被用来传达这一信息的不同形式被称为"元信息"。句法是形式和内容的界面。说话者选择语言条目、根据注意中心把它们组织起来时会使用句法的某些部分。故句法首先是一种手段,它把语义信息按照不可避免的连续顺序排列起来,同时加上元信息指针。所以句法必须既被作为语义学即情景参与者之间的关系或信息的形式,也被作为语用学即语义情景的间接参照或元信息的形式进行考察(许名央、阚哲华,2015)。

事物的凸显性和完整性越高,越易于大脑组织语言对其予以表达。在呈现句中,there 作为虚位主语,仅仅具有触发作用。动词则为句子的过渡,充当触发语和后面的两个实体之间的纽带。当动词表达"存在"或"出现"概念时,可以在完形结构中依次填充图形和背景。在此结构中,由于动词具有作格性,符合呈现句的语义制约,具有较高的凸显度,容易被大脑进行加工,后面的名词短语也就容易成为直觉的对象,从而与表达时空的介词短语构成一个完整的图形—背景形式。其中,名词短语所表征的事物在时空框架中具有明显的可视性。如果动词具有非作格性,在语义上并不蕴含"存在"或"出现"概念,其凸显性则明显下降。因此,在图形结构中,名词短语就难以被提取和加工,无法实现结构上的完形。此时就须对图形—背景关系进行调整,生成一种新的句子结构:

触发语＋过渡＋背景＋图形。触发语和过渡的位置没有发生变化，背景表征的时空框架则前移到了动词后面，这不仅在语义上补缺动词"存在"或"出现"的含义，而且使图形所表征的事物具有了一种可视性。从语用上来说，实义主语的后置使其成为句子的信息焦点，因此，必须保持图形所表征的事物在语篇层面的新信息性。从人类对新事物的认知规律来看，新信息的接受总是需要旧信息作为联结点，新信息通过这一联结点才会被大脑所理解、接受和储存（尹洪山，2017）。

动态句法学强调句法、语义和语用的互动关系在自然语言生成和理解中的作用，把句法和语义融合在一个能够对语句进行完整解析的理论框架里，从而将结构形式和语义功能的解释统一起来，并运用类型逻辑、模态逻辑等形式工具构建日常自然语言的命题表征。其理论来源主要有3个方面：一是语言信息在语境中更新的话语表征；二是语境角色和听话人语用推理；三是演绎推理逻辑表征。然而，运用动态句法学理论分析研究汉语存在一定程度上的空白。吴义诚教授的专著《汉语句法、语义和语用的界面研究》突出了动态句法学理论"如何从部分信息逐步构建语句命题的整体意义"，重点研究汉语句法、语义和语用之间的互动，主要包括两个议题：语境中结构的不确定性和语义内容的不确定性。在这二者互动的基础上，较好地构建了基于线性语序的汉语自然语言解析模型，为汉语提供了新的形式化研究视角。随着国际上越来越多的学者认识到了语言研究的复杂性，越来越多的跨学科理论被提出，并用以研究日趋复杂的语言运用现象。语言形式化研究的范式也从以单一的孤立型句子为中心，转到了以对话为基础的话语研究。正是在这一研究范式转变的关键节点，动态句法学理论应运而生。该理论从一开始以解析为主要目的，逐渐完善自身，解释了语言生成与理解的基本问题，更加符合人类处理语言的认知心理特征（杨小龙，2019）。

7）语义与语用的界面

基于首要语用过程和次要语用过程提出的首要意义与次要意义可界定如下：首要意义是扩充了的所言的意义，是首要的、直觉的、凸显的意向意义，也是听话人识别的主要信息；首要意义是一种合并表征，以组合原则把语义信息和语用信息合并。反之则为次要意义，其合并表征由词语意义和句子结构、有意识的语用推论、认知默认、社会文化及世界知识默认共同组成。其中，社会文化及世界知识默认和认知默认为默认意义的两种类型（李家春，2018）。

Edgar Onea 所著的《语义学—语用学界面中的潜生问题研究》创造性地提出了"潜生问题"，认为"潜生问题"是语义学和语用学界面意义生成的加工机制，能诠释同位语等语法现象以及语篇的语义内容和语用功能。"潜生问题"由语境和话语共同触发或允准产生，并催生语篇的可能性延续，包括"标准潜生问题""首要潜生问题"和"可能潜生问题"。"潜生问题"作为语篇语境意义理解参数有其功能，对语法现象及语言意义具有强大的解释力。"潜生问题"作为语篇实体被表征，被视为语篇理解和阐释的参数，本质上发挥语用功能。发挥作用时，由于语境变化，原来的"潜生问题"消失，新的"潜生问题"萌生，这就要求根据问题—答案趋同、语义选项聚焦、语义融通等进行的"潜生问题"重构来实现意义的诠释和理解。"潜生问题"的提出将语义学和语用学界面意义理解和解释的运作机制带入前台，是继"关联原则""语用充实""可及性原则"等加工方式后的又一新提法（刘慧、于林龙，2019）。

8）隐喻与转喻的界面

语音隐喻是拟声词产生的先决条件。语音隐喻是指语音与其所标记的对象之间具有相似性。拟声词的语音隐喻是指在语音范畴，拟声词的发音与其所标记对象之间具有一定程度上的相似性。语音相似性是拟声词形成的认知基础，其相似性主要体现在以下两个方面：一是物理相似性；二是心理相似度。通过对客观声音的主观感知，在客观的物理相似性和主观的心理相似度共同作用下，拟声词得以形成。在拟声词对声音进行模拟并产生声音的过程中，发声体、发声动作和声音是必不可少的组成部分。拟声词由指称声音转向指称与声音相关的发声体、动作等，实际上是转喻操作。转喻是拟声词语义转移的主要机制。在拟声事件中，被模拟的声音与发声体、发声行为等存在着时间和空间上的邻近关系，通过转喻，拟声词的语义得到了进一步的延伸。因拟声词独特的造词方式和自身的特性使然，其隐喻和转喻又存在以语音的范畴化感知为界面的认知联系。拟声构词的语音隐喻和拟声词语义转移发生时的转喻，是由人们对语音的范畴化感知决定的。语音的范畴化感知是指，在某种语言社区，语言的语音系统中有无限多的语音单位，人们根据语言所表达意义的需要，对无限多的语音单位进行分类和归纳以便于感知、记忆和使用，对这些经过范畴化的音位的感知就是语音的范畴化感知。拟声构词时，语音隐喻根据相似性将杂乱无章的自然声音模拟为音节清晰的语音，对相似的语音与其所指进行命名，是范畴化感知在语音感知方面的具体体现。拟声词的认知范畴化不是孤立的，而是连续的，事物、事件范畴是拟声词的范畴化感知中的原型部分，拟声词的转喻是以其认知范畴中的概念突显为型进行定位的。因此，拟声行为和拟声事件中语音感知的不同视角是对其范畴化的认知理据，语音的范畴化感知是拟声词转喻的认知基础（余涛，2014）。

隐喻与转喻的界面是指两者的相互影响，有3种情形：隐喻与转喻连续发生、隐喻与转喻并行发生、隐喻与转喻交替发生（周京励，2014）。隐喻和转喻有一定的区别，但不是绝对的，由于"域"概念本身颇为模糊，很多情况下，二者之间界限模糊，隐喻和转喻的连续关系与界面连续体便因此产生（丁晓宇，2015）。在认知相对性的作用下，隐喻和转喻之间因存在界面而产生连续体关系，隐喻与转喻认知功能的互相转化需要认知视角的转变、认知对象的重新范畴化以及范畴化认知相对性的作用（刘丽芬、陈代球，2018）。

隐喻与转喻并非相互独立、相互排斥，而是相互影响，表现为隐转喻连续统，隐喻和转喻分别位于连续统的两端，构成该连续统的典型范畴。根据连续统相互影响的模式，隐转喻关系可分为以下4种：来自转喻的隐喻、隐喻中的转喻、转喻中的隐喻和来自隐喻的转喻。隐转喻是邻近性和相似性特征的结合体。来自转喻的隐喻是指转喻机制为隐喻映射提供概念上的邻接，该邻接关系广泛存在于人的体验认知中并受到广泛认可。隐喻中的转喻为隐喻提供了必要前提，而非潜在固化理据（赵欣欣，2017）。

隐喻与转喻的界面是临界双方在一定条件下因具备对方特征并相互影响转化而形成。在认知相对性的作用下，隐喻和转喻的区别性特征因认知范畴的变化而发生相互转化，二者的界面由此产生，连续统也随之形成。隐喻转化为转喻,其关键因素是范畴化所存在的认知相对性。隐喻和转喻相互影响转化的条件是一致的:认知视角的转变、认知对象的重新范畴化以及范畴化所存在的认知相对性。隐喻和转喻的界限具有相对性,而相对性的产生有赖于认知视角的转换。隐喻与转喻认知基石的相互转化,同样需要认知视角的转变、对认知对象的重新范畴化以及范畴化相对性的作用。隐喻和转喻的区分会随着认知视角的转换产生相对性,二者并非一成不变。隐喻与转喻在可相互转化的过程中所产生的彼此兼容形式就是隐喻与转喻界面形成的过程。隐喻和转喻区别性特征的转化以及二者的相互转变说明任何界限都具有相对性,而隐喻与转喻界面在很大程度上是认知相对性作用的产物。隐喻和转喻构成连续统,二者分别位于连续统的两端。隐喻和转喻的连续统具有双向性,隐喻可以向转喻转化,转喻同样可以转变为隐喻(龚鹏程、王文斌,2009)。

9)模块内部的界面

科技语言的认知研究内部存在主观认知与客观认知、"决定性特征致使观"与"相似认知"等界面。科技词语的意义范畴是由决定性特征致使还是原型效应引发?科技词语的意义范畴特征是客观存在还是主观附加?要想回答这两个问题,首先需要确定科技语言认知研究的界面:基于科技事物的属性,强调决定性特征,重视科技活动、心智思维、社会文化三者的互动,依据原型效应与致使关系及主观认知与客观认知的互动(张建伟、白解红,2014)。

综上所述,这一大类界面研究开展得也不平衡,认知主义色彩欠鲜明,因此全面、系统、深入的认知解释应是未来发展的主要趋势。

2.1.2 生态语言学

界面研究的基本出发点就是不同界面的接触问题。语言与社会的接触就形成了"社会语言学"(sociolinguistics)和"语言社会学"(the sociology of language)。同样地,当我们研究语言与生态的界面问题时,就有了"生态语言学"(ecolinguistics)和"语言生态学"(the ecology of language)。

本节讨论的是语言与生态接触后所产生的新的研究视角和领域，即生态语言学。由于这个学科领域兴起和发展时间相对较晚（黄国文，2016a），有很多问题需要认真、深入探讨。本节主要讨论以下问题：（1）生态语言学的缘起；（2）语言生态学与生态语言学；（3）微观生态语言学与宏观生态语言学；（4）生态话语分析；（5）和谐话语分析；（6）生态语言学的理论与方法。

1. 生态语言学的缘起

第二次世界大战结束以来，人们的生活慢慢安定下来，生活水平不断提高；科学技术发展迅猛，人类社会的进步形势喜人；国家与国家之间的交流越来越多，人们对生活的质量要求越来越高。经济和科学技术的快速发展使人类的生活得到了很大的改善和提高；但是，这一切也给人类带来了一些全球性问题，其中一个重要的问题就是人与自然的和谐共生问题：生命可持续发展问题、人与其他生命形式（包括动物和植物）的关系问题、人与环境和资源的关系问题。在这样的大背景下，生态问题逐渐成为人们最关注的问题。从过去半个世纪的学术研究和学科发展看，对生态的关注和对生态问题的研究已经成为各个学科领域的重要课题，很多学科都出现了明显的生态学化。这就要求人们用生态学的眼光看待世界，审视人类过去和现在的想法和行为，同时也用生态学和可持续发展的眼光预测人类的未来和人们对未来的期待。因此，生态学的原理被广泛应用于探讨人类各种各样的活动中，同时出现了很多新兴的交叉学科，包括环境生态学、人类生态学、社会生态学、伦理生态学、经济生态学、区域生态学、城市生态学、文艺生态学、教育生态学、生态文学、语言生态学、生态语言学等。

就语言学与生态学的交叉而言，语言与生态之间相互影响、相互渗透、相互作用。从文献看，关于语言与生态（包括环境）关系（如语言与人们的生活、语言与环境、语言与社会、语言使用者与语言的关系等问题）的研究已经有很长的历史，洪堡特（Wilhelm von Humboldt, 1767—1835）、萨丕尔（Edward Sapir, 1884—1939）、马林诺夫斯基（Bronislaw Kaspar Malinowski, 1884—1942）、弗斯（John

第2章 外语界面研究：理论与方法

Rupert Firth，1890—1960）、甘柏兹（John Joseph Gumperz，1922—2013）、费希曼（Joshua Aaron Fishman，1926—2015）、海姆斯（Dell Hathaway Hymes，1927—2009）、韩礼德（M. A. K. Halliday，1925—2018）等都关心语言与生态（或环境）的关系问题，在他们的著作中，都可以找到关于语言与生态问题的论述。最近几十年，对语言与生态之间关系的研究，慢慢形成了一种研究潮流和学科范式，这样就出现了一门称为生态语言学的新学科（黄国文，2016a）。

关于生态语言学的缘起和生态语言学研究，有几本著作值得阅读：Fill & Mühlhäusler（2001），Fill & Penz（2018），Stibbe（2015），冯广艺（2013），黄国文、赵蕊华（2019）。

2. 语言生态学与生态语言学

尽管对语言与生态问题的研究已经有多年的历史，但将其作为一个学科来构建，只是最近几十年的事。从文献看，"语言生态学"和"生态语言学"两种研究路径都是关于语言与生态问题研究的尝试。下面我们简单回顾关于这两个术语和概念的研究。

1）豪根的观点：语言生态学

一般认为，语言生态学学科的建立以豪根（Haugen，1970，1972）提出的语言生态研究概念开始。1970年豪根在奥地利（Burg Wartenstein，Austria）的一个学术会议上做了题为"On the Ecology of Languages"的学术报告，他在报告中使用了"语言生态"（the ecology of language）这一术语，将生态学概念引入到语言学研究之中。1972年，他出版了题为《语言生态学》的论文集（Haugen，1972），并把这个报告收进论文集里。豪根将语言和环境的关系与生物和生态环境的关系作隐喻类比。他认为语言生态学要研究的是任何特定的语言与其环境的相互作用。在豪根看来，语言生态学中所说的环境是指使用某一语言作为语码的社会。之所以说豪根所说的语言生态学是隐喻，是因为语言不能呼吸，除了语言使用者之外，语言本身没有一般意义上的生命性，也没有一般生物所具有的"实在特性"（tangible qualities）。

豪根的研究是初步的，但意义是深远的，他对于语言生态问题的研究,给语言学者带来很多启发,因为这个研究课题会促使语言学家和其他社会科学家研究语言与语言生态的关系和互动。豪根所提出的研究路径,通常被称为 the ecology of language(语言的生态学)或 linguistic ecology(语言生态学)。根据豪根模式的研究,语言有自己的生态环境和生存方式,不仅语言使用者所处的环境决定了语言生存环境,而且语言使用者的语言生活也决定了语言的地位、变体和发展(或消亡)状况。因此,在豪根模式中,语言的生存、语言的发展状态、语言的消亡、语言多样性、濒危语言保护、语言进化、语言活力、语言规划、语言与现实世界的互变互动关系、语言多样性与生物多样性的关系、生态系统与文化系统的关系等都成了研究热点。

豪根关于语言与生态关系的研究在学界有些影响,但可能是由于其研究视角和研究范围方面的问题(如采用隐喻视角、没有注重语言生态使用背后的意识形态等重要因素),在学界一直没有得到应有的重视;也可能是因为,很多学者认为豪根关于语言与生态关系的研究其实就是社会语言学(或语言社会学)研究的范畴。

我国学者在语言的生态研究方面也做出了一些介绍和研究,较早的有郑通涛(1985)、李国正(1991)等人。随后,冯广艺出版了我国第一本语言生态学专著(冯广艺,2013)。

2)韩礼德的观点:生态语言学

1990 年,系统功能语言学家韩礼德在希腊(Thessaloniki, Greece)召开的国际应用语言学大会上做了题为"New Ways of Meaning: The Challenge to Applied Linguistics"(Halliday, 1990/2003)的大会报告;他针对语言系统与生态因素做了精辟发言,强调了语言与生长状况、种类特性以及物种形成之间的关系;他强调语言在各种生态问题中的重要作用,提醒语言学家要关心语言生态问题,了解自己在环境保护方面能够做出哪些工作和贡献;他(Halliday, 1990/2003)明确指出,等级主义(classism)、增长主义(growthism)、物种灭绝、污染及其他类似的问题并不只是生物学家和物理学家所要关心的问题,也是应用语言学家要关注的问题。韩礼德并未像豪根那样采用隐喻的视角,而是直接把人类的语言当作生态系统的一个组成部分。这是因为,语言会对人类生存

第 2 章　外语界面研究：理论与方法

的大环境产生非常重要的影响，人们使用的语言会直接影响人类社会的生态，包括文化生态、社会生态、经济生态、城市生态、文艺生态、教育生态等。按照韩礼德的观点，语言的体系和语言的运动与自然生态之间的联系是直接的。因此，语言的系统和语言的使用与生态有直接的联系，所以研究者必须清醒地认识到，语言体系、语言政策、语言规划和语言生活都必须以维护人类社会良好的生存环境为出发点和终结点。

韩礼德（Halliday，1990/2003：167）认为，语言学家可以通过语言分析来"展示语法是怎样推进增长或增长主义意识形态的"（to show how the grammar promotes the ideology of growth, or growthism）。例如，从及物性分析看，英语的动词 increase 既可以只有一个参与者角色，例如 "World energy demand is increasing at a rate of about 3% per year." 一句只有 world energy demand 这样一个参与者；当然，increase 也可以有两个参与者角色，如 "People in this world are increasing energy demand at a rate of about 3% per year." 一句中的 people in this world 和 energy demand。这两个句子所表示的意义是不同的。从作格分析看，只有一个参与者角色（world energy demand）的小句没有提及动作的施动者（agent），把对世界能源需求的增加当作是自己发生的事情，而含有两个参与者角色（people in this world, energy demand）的小句则明确指出动作的施动者是人，把对世界能源需求的责任归咎于人的行为。这种不同的语法表达背后是意义驱动的。

韩礼德 1990 年这篇文章是在生态转向（the ecological turn）的大环境下产生的，在学界产生了很大的影响。很快就有学者开始关注语言与生态问题，从话语批评角度来审视人们赖以生存的话语，包括对日常生活中语言使用的批评性研究、语言系统的生态特征和非生态特征研究等。这些学者认为，通过改变语言系统模式和语言使用方法，可以使得语言更适合于自然生态系统，使语言系统与生态系统更加和谐。这一研究路径后来被称为批评生态语言学（critical ecolinguistics）（Fill & Mühlhäusler，2001）。研究者力图呼吁、唤醒人类社会的生态意识，用批评的眼光来鼓励和宣传与生态和谐的话语与行为，同时抗拒那些与生态不和谐的话语和行为，反思和批评人们对自然的征服、控制、掠夺和摧残的行为。

在后来的研究中，韩礼德（Halliday，2007）还区分了"机构生态语言学"（institutional ecolinguistics）和"系统生态语言学"（systemic ecolinguistics）。简单地说，前者主要是指语言生态学，后者主要指生态语言学。有关系统功能语言学与生态话语分析问题，可参考以下文献：辛志英、黄国文（2013），赵蕊华（2016），黄国文、赵蕊华（2019）。

3）豪根与韩礼德的互补关系

一般认为，"豪根模式"与"韩礼德模式"是目前生态语言学研究的两个不同的主要路径，它们为人们研究语言与生态问题提供了不同的视角和侧重点；正如菲尔（Fill，2001）所说，"豪根模式"和"韩礼德模式"是互补的，而不是相互排斥的。不论是语言生态学还是生态语言学，研究的内容都是语言与生态问题以及语言在生态环境中的功能、作用和状况；它们的差异主要是实际研究对象、研究视角、研究重点和方法的不同。关于两个模式的互补关系，可参见范俊军（2005），王晋军（2005），黄国文、赵蕊华（2019）等人的研究。

从目前国际研究的现状看，大多数人都认为"生态语言学"囊括了豪根所提倡的语言生态学所涉及的内容，因此把关于语言与生态问题的研究统称为生态语言学。

值得注意的是，生态语言学在本质上是个问题导向的学科，"豪根模式"和"韩礼德模式"只是两种常见的解决问题的途径，还有其他不同的途径也常用来解决语言与生态问题。

3. 微观生态语言学与宏观生态语言学

生态语言学研究的是语言与生态的关系问题，就像社会语言学研究语言与社会的关系一样。但是，生态和语言都是非常宽广的范畴，它们与其他学科的关系错综复杂，你中有我，我中有你。因此，对于它的学科属性，学界有不同的看法。有人认为它属于语言学学科，是广义的应用语言学，有人则认为它属于跨学科或超学科。

1）微观生态语言学

黄国文、陈旸（2018）谈到，语言学有"微观语言学"（micro-

第 2 章 外语界面研究：理论与方法

linguistics）和"宏观语言学"（macro-linguistics）之分。前者主要是指研究语言本体（现象）的语言学，注重语义、句法、词法和音系；后者则主要是指研究范围比语言本体更宽广的语言学，研究的内容包括语言本体以外的现象和与其他学科的互动。黄国文、陈旸（2018）从常见的"生态语言学"定义入手，试图从学科属性角度来区分"微观生态语言学"（micro-ecolinguistics）和"宏观生态语言学"（macro-ecolinguistics）。

简言之，微观生态语言学从生态和语言的角度研究语言和语言的使用，重心在于语言体系和语言使用的生态特性。Wikipedia 对生态语言学的定义就反映了微观生态语言学的特性：

> Ecolinguistics, or ecological linguistics, emerged in the 1990s as a new frame of study of linguistic research, widening sociolinguistics to take into account not only the social context in which language is embedded, but also the ecological context.[1]

该定义表示，生态语言学是 20 世纪 90 年代才出现的，是语言学研究的一个新的框架，把社会语言学的研究范围扩大，不仅仅考虑语言的社会环境，也考虑语言的生态环境。虽然该定义很简单，但它已勾画出学科兴起的时间、研究范围和内容。

国际生态语言学学会（The International Ecolinguistics Association）所采取的定义也属于微观生态语言学：

> Ecolinguistics explores the role of language in the life-sustaining interactions of humans, other species and the physical environment. The first aim is to develop linguistic theories which see humans not only as part of society, but also as part of the larger ecosystems that life depends on. The second aim is to show how linguistics can be used to address key ecological issues, from climate change and biodiversity loss to environmental justice.[2]

---

1 引自维基百科网站。
2 引自国际生态语言学学会网站。

根据这个定义，生态语言学旨在探索人与人、人与其他物种以及与环境的生命可持续发展互动中语言的作用。国际生态语言学学会的首要目标是发展这样的语言学理论：把人看作是社会的组成部分，也是生命赖以生存的更大的生态系统的一个组成部分。第二个目标是展示语言学是怎样用于探讨核心的生态问题，包括气候变化、生物多样性流失和人类福祉与环境正义的问题。这个定义说明了研究范围，也说明了研究目标以及所涉及的其他因素。从上面所引的两个定义可以看出，生态语言学研究的目标和范围都有了明确的划定，都是围绕着语言和语言使用进行的。

2）宏观生态语言学

与微观生态语言学对应的是宏观生态语言学，它指那些包括范围比微观生态语言学要宽广的研究领域。Steffensen & Fill（2014：21）认为，生态语言学通过遵循"自然化语言观"（a naturalised language view）并结合各种生态因素，可以发展成为"一个统一的生态语言科学"（a unified ecological language science）。因此，他们所给的定义是：

> Ecolinguistics is (1) the study of the processes and activities through which human beings at individual, group, population and species levels exploit their environment in order to create an extended, sense-saturated ecology that supports their existential trajectories, as well as (2) the study of the organismic, societal and ecosystemic limits of such processes and activities, i.e. the carrying capacities for upholding a sound and healthy existence for both human and non-human life on all levels.

这个定义告诉我们，生态语言学研究的是人类生存和活动所涉及的各种过程，包括为了自己的生存而对自然的利用；生态语言学同时也研究这些过程和活动所涉及的生物有机体、社会和生态系统的限制，为人类和其他生命形式的健康提供一个好的环境。从文献看，在欧洲大陆，还有多位学者持有与 Steffensen 和 Fill 相似的观点。例如，Finke（2014）认为，没有必要把生态语言学建立成一般所说的学科；Finke（2018）在题为《超学科语言学》（"Transdisciplinary Linguistics"）一文中也特别强调了他关于生态语言学是超学科的观点。

3）和而不同的观点

对于一个新兴的交叉学科，要泾渭分明地进行内部划分有时是困难的，也不一定有实践意义。很多学者都采取了"和而不同"的态度。生态语言学学科通常被认为具有超学科性，因为它聚焦语言以及其他与语言相关的或者受到语言影响的万事万物。如果按照 Steffensen & Fill（2014）的观点，生态语言学是"自然化语言科学"（a naturalised science of language），因此它属于"生命科学"（life science）。很明显，他们把生态语言学看作是研究包括人类在内的生态系统的语言学科。这个定义涉及的问题很多，也非常复杂。按照这种观点，与生态和语言有关的任何问题，都是生态语言学所要研究的问题。

李继宗、袁闯（1988：45）认为，"生态学不仅研究自然状态的生物个体和群落，而且已把更多的注意力放在与人有关的生态现象上，包括人工生态系统与人类的自然生态系统。"他们认为自己"发现了尚未被人们所重视的当代科学的某种特点，这就是当代科学的生态学化"（李继宗、袁闯，1988：45）；他们还说到，"当代科学思维方式的变化清楚地反映出科学的生态学化趋势……生态学或生态问题研究已经并将继续从多方面推动当代科学的综合趋势。"（李继宗、袁闯，1988：46）如果我们认同这种学科生态学化的观点，那就意味着生态语言学所探讨的问题可能涉及所有的学科。黄国文曾这样说，今天"生态"这一概念用得比较宽泛，不同层次的人都在说"生态"问题，事实上，"几乎所有与'环境'有关的问题都可以联系到生态，因为'生态学'的基本含义就是生物体与其周围环境（包括非生物环境和生物环境）间的相互关系和相互作用。"（黄国文，2016b：11）这就是生态问题泛化的突出表现。

有些采用宏观生态语言学观点的学者（如 Fill & Steffensen，2014）提倡将生态语言学视为独立于语言学之外的学科领域，把它看作是"生命科学"，因为它本质是跨学科的、交叉学科的或超学科的。但是，如果过分夸大它的超学科性，那就意味着它不属于目前学科体系中的任何学科了。因此，黄国文、陈旸（2017）指出，现在把生态语言学当作独立于语言学或生态学这种已经公认的学科为期尚早、过于乐观。

如果说,采用微观生态语言学观点的学者关心的问题是"什么是生态语言学?"(What is ecolinguistics?),那采取宏观生态语言学观点的学者所要关心的问题则是"什么不是生态语言学?"(What is not ecolinguistics?)。

4. 生态话语分析

生态话语分析(eco-discourse analysis, ecological discourse analysis)与话语分析(discourse analysis)、批评话语分析(critical discourse analysis)、积极话语分析(positive discourse analysis)(Martin, 2004/2012)、生态批评话语分析(eco-critical discourse analysis)有相同之处,也有明显的差异。

1)生态话语分析的两种理解

生态话语分析这一术语有两种不同的解释,含义也不同。Alexander & Stibbe(2014)对两种含义进行了区分和解释:(1)"关于生态的话语的分析"(analysis of ecological discourse);(2)"(任何)话语的生态分析"(ecological analysis of discourse)。前者指的是对关于生态话题语篇(如环境报告、气候变化报告)的分析;后者是指从生态的角度对任何语篇所进行的分析。

2)话语分析

生态话语分析属于广义的话语分析。话语分析广泛用于人文社会科学学科,包括语言学、教育学、政治学、社会学、人类学、社会工作、认知心理学、社会心理学、区域研究、文化研究、国际关系、人文地理学、传播学、翻译学研究等领域。在语言学界,它主要是研究语言与现实的构建和语言与语境的关系,探寻语言在实际使用(语境)中的功能,揭示的是作为交际单位的语篇在社会活动中的作用。

3)批评话语分析与积极话语分析

从批评的角度进行话语分析,就出现了批评话语分析方式,这是一种跨学科的话语研究方法,它把语言看作一种社会实践形式。在批评话语分析传统中,学者们普遍认为(非语言的)社会实践和语言实践是相互构成的,并着重研究社会权力关系是如何通过语言的使用而得以建立和强化的。批评话语分析者普遍认为,话语是权力和控制的主要工具,调查、揭示、澄清权力和歧视性价值是如何在语言系统中体现和调节的,这是他们的研究重点和专业职责的一部分。批评话语分析本质上是有政治意图的,目的是对世界采取行动,以改变世界,从而帮助创造一个人们不因性别、肤色、信仰、年龄或社会阶层的差异而受到歧视的世界。批评话语分析的基本假定是:社会是不公平的,应该对这种现象进行揭露、批评、改变。通过话语所表达的意义来影响人们的行为,唤起社会的关注,改变社会实践。它的立场是为"边缘人"(由于种族、性别、年龄、宗教信念、社会阶层所造成的弱势群体)说话。

Martin(2004/2012)认为,对于社会活动中存在的不合理、不公平的现象和事件,过于直接的揭露和激烈的批评往往并无助于改变现实,因此他提出了补充批评话语分析的积极话语分析。他更喜欢理论上的互补性而非矛盾性;他赞成进化论而非革命性的行为;他想采取的是阴阳互补的观点,因为解构主义和建设性活动都是必需的。但是,我们需要考虑怎样去做,探讨颠覆权力和发展认识问题,这样才能推动社会变革。他还说,我们需要以社区为互补重点,考虑人们是如何聚集在一起的,在世界上为自己腾出空间,以重新分配权力的方式,而不必与之抗争。Martin(2004/2012)所提出的积极话语分析是相对于批评话语分析而言的,是对批评话语分析的补充或"补缺"(complementing),这是因为,它是在批评的基础上寻找正面的、积极的方式和措施。

Stibbe(2018)把积极话语分析的基本概念应用于生态话语研究,展示了批评话语分析与生态话语分析之间密不可分的关系。

4)生态批评话语分析

生态批评话语分析兼有"话语分析""批评话语分析"和"生态话语分析"的内容,其本质属于对生态问题进行批判性话语分析的一种形式,侧重于带着批评的视角分析与环境有关的文本。生态批评话语分析研究的是任何对生态系统有影响的话语(如经济话语、性别话语或消费主义话语)。这种分析的目的是揭示这些文本中潜在的意识形态。这个领域的灵感来自于 Halliday(1990/2003),他向应用语言学家提出挑战,以解决 21 世纪的问题,特别是生态问题。生态批评话语分析的两个目标是:揭露具有破坏性的意识形态;找到有助于生态可持续社会的话语表征。

5)话语的生态分析举例

对(任何)话语进行生态分析,就是从生态语言学的角度对话语(语篇)进行分析,包括关于生态话题的语篇和非一般意义的生态话题的语篇。黄国文(2016b)曾举了图 2-1 这个例子,并进行分析。

图 2-1　银行叫号单

这是一个非常普通的语篇,是从一家银行的排队取号机取下的一张票号,上面有银行名称(××银行)、网点(××支行)、区域(普通区)、号码(C002)、办理的业务类型(理财业务)、等候人数(当前等待人数:1 / There are 1 people waiting for the service)、提醒(过号后请重新取号,谢谢)、时间(2016-1-28 9∶27∶09)这些必要信息。这些内容是银行排队叫号需要的必要信息。

对于生态话语分析者来说,更有趣的是中间那段与当时要办的业务没有直接关系的话语:"想让孩子赢在未来,想让孩子享受优质教育资源，学习费用怎么办？及早准备孩子教育基金作出规划，选择××行基金定投，每月小投入，将来大回报。'定'出孩子的未来。"

从生态话语分析看，可以从7个方面梳理发话者（银行）给顾客传递了什么信息：（1）现在缺少优质的教育资源；（2）父母要为孩子安排未来；（3）不要让孩子输在起跑线上；（4）享受优质教育资源是要花钱的；（5）父母要为孩子准备好教育基金；（6）银行会为顾客的需要考虑；（7）银行是关心顾客孩子的教育和未来的。也许可以这样猜测：此段话的目标受众是中青年父母，是在鼓励竞争，给人带来的是焦虑和压力。从这段话所表达或隐含的意义看，目前中国中青年父母的生活生态清楚地呈现出来：优质教育资源是父母用钱换来的，有钱是非常重要的，孩子的未来与父母是否富有关系重大，父母要给孩子规划未来，这是一个"拼爹"的社会，个人的成功靠的是教育，而要优质的教育则要靠家庭（父母）。如果这种分析可以接受的话，那就可以认为：这样的话语，一方面会鼓励大家"朝钱看"，也会给经济条件差的父母带来焦虑和不安；另一方面可能会引起人们抱怨国家和政府没有提供优质教育资源。这种情况也反映了当代中国人的生态环境。

很多人会认为，生态话语分析只是对诸如环境问题那些与生态有直接关系的语篇的分析，采取的是"关于生态的话语的分析"的解读。但从上面这个例子看，可以从生态的角度对任何类型的语篇进行分析，这就是对任何话语都可以进行生态分析的一个例子。

5. 和谐话语分析

黄国文等（黄国文，2016b，2017，2018a；黄国文、赵蕊华，2019；赵蕊华、黄国文，2017）认为，语言学研究和其他人文学科和社会学科一样，都要追求原创性和本土特色，因此提出了"和谐话语分析"（harmonious discourse analysis）。和谐话语分析是在中国语境下提出的，目的在于促进人与人之间、人与其他物种之间、人与自然之间以及语言与生态之间的和谐关系。黄国文（2018a）和赵蕊华（黄国文、赵蕊华，2019）对和谐话语分析的哲学根源、研究目标与原则、理论指导、研究方法与研究对象进行了多方面的探讨。

和谐话语分析根据儒家的"以人为中心"等理念，提出"以人为本"的假定，并指出：在当今中国的语境中，"以人为本"，就是以人民为本；"以人为本"与新中国坚持全心全意为人民服务的根本宗旨、科学发展观和人与自然和谐共生是一脉相承的。在中国的语境中，"和谐"包含了"差等"，即认同和接受现实生活中的伦常法规和等级秩序。在中国，"和谐"已经成为社会发展的关键词，它强调各种关系的和谐一致（赵蕊华、黄国文，2017）。

黄国文、赵蕊华（2017，2019）认为，生态话语分析的目标是：探索语言与生态的相互关系和相互作用，揭示语言对各种生态关系（包括人与人之间的生命可持续关系，人类与其他非人类有机体的生命可持续关系，人类与自然环境的生命可持续关系）的影响。他们这个观点是基于 Halliday（2007）所说的"系统生态语言学"而提出的，研究的核心问题是 Halliday（2007）所说的"How do our ways of meaning affect the impact we have on the environment?"（我们的意指方式如何左右我们对环境的影响？）。

和谐话语分析的语言学理论指导主要是 Halliday 的系统功能语言学（如 Halliday & Matthiessen，1999，2004，2014），遵循的是被称为"新马克思主义语言学"（neo-Marxist linguistics）（Martin，2000）的系统功能语言学原则（何远秀，2016），推崇的是辩证唯物主义，采取整体论（多元论、系统论）而不是二元论，把语言看作政治活动的工具，把语言与文化语境、情景语境和上下文语境结合起来，在语境中研究语言、语篇和话语以及它们传递的各种意义。黄国文（2017）认为，和谐话语分析中有三条原则可用于具体指导生态话语分析，它们是"良知原则""亲近原则"和"制约原则"。

和谐话语分析与话语分析、批评话语分析、积极话语分析、生态批评话语分析有联系和相似之处，但也有几点明显的不同：（1）它研究的范围比这些分析要广，不仅仅涉及人与人的社会关系，而且还包括人与自然的关系和生命可持续关系；（2）它是站在主流、绝大多数人的立场观察问题、分析问题和解决问题的；（3）它认为话语分析是基于价值判断的，其本质与"政治"联系紧密，虽然这个"政治"是广义的，而且包含了很多内容。

第 2 章　外语界面研究：理论与方法

有关和谐话语分析的详细讨论，可参考以下文献：黄国文（2017，2018a），黄国文、赵蕊华（2017，2019），赵蕊华、黄国文（2021）以及 Zhou & Huang（2017）。

6. 生态语言学的理论与方法

正如黄国文（2018b）指出的那样，研究语言与生态问题的路径有多个，各种研究路径有自己的特点，选择用什么理论作为指导、用什么研究方法和采取什么研究视角，完全取决于所要研究的问题，因为研究的方法是问题导向的。生态语言学是一个以问题为导向的交叉学科，它注重的是解决语言与生态的问题，所以简单地说，它属于广义的应用语言学，用于解决问题的理论可以来自不同的语言学流派，前面所说的豪根模式和韩礼德模式只是早期的两种路径。近些年有多位学者（包括 Stibbe，2015）也采用认知语言学的理论来探讨语言与生态的关系问题。

关于研究方法，主要集中在对语言现象（包括语言体系、语言使用）的生态分析和语言分析。在进行生态话语分析过程中，不仅仅要从语言角度或生态角度思考问题，更要同时从生态与语言两方面进行思考，用英语说就是 think linguistically and ecologically。从"知行合一"的角度看，生态语言学的研究还要指导我们的语言实践，不仅仅是思和想，而且要行动。因此，黄国文（2016a，2016b）建议同行要 think and act ecolinguistically（思，以生态语言学为本；行，以生态语言学为道）。

在分析实践中，不同的话语分析研究者会采取不同的分析路径：（1）一些人心中没有坚定的理论指导模式，而同时又认同生态语言学（话语的生态分析）是广义的应用语言学学科，那他们可以采用任何其认为可用和有用的语言学理论、方法和原则，把关注点放在生态视角的语言分析和语言学探索上；（2）对于有理论偏好（如喜欢或擅长某一理论模式）的人，可以尽量在某一特定的理论框架中分析问题和解决问题，并试图通过实践去扩展、修正和完善所偏好的语言学模式；（3）对于只信奉某一种理论模式的人，可以严格在这一理论框架中分析问题和解决问题，通过实践去扩展、修正和完善所偏好的语言学模式。绝大多数的人会选择第一条相对来说最容易走的路子，因为他们关注的就是解决问题，哪种方法可用、能用、好用，就拿来用；相对而言，第三条路子最难走，目标可能是要建立"某一语言学理论框架中的生态语言研究模式"，不仅仅要求研究者理论基础好，而且要对某一理论有特别强烈的信念感；第二条路处于这两者之间。就采用不同路径的人的分类而言，大概可以这样说：采用第一种路径的是"话语（语篇）分析者"（discourse analyst），采取第二种路径的是"应用语言学者"（applied linguist），而采取第三种路径的则是"理论语言学者"（theoretical linguist）。

生态语言学涉及的问题非常多。由于研究者的理论指导、研究目的、研究途径和研究范围不同，就产生了3个不同的研究视角：（1）研究语言的自然环境，紧扣大自然本身，把语言看作是自然的一个有机部分；（2）研究语言（和语言使用者）的心理环境，从心理学和心智学角度入手；（3）研究语言的社会环境，以社会学和环境学为基础。

从所采用的理论而言，不同的研究者有不同的路径，比较常见的有互动交际（interactional-communicative）视角、认知视角、社会学视角、心理学视角、语言学视角（又可进一步分为话语分析视角、语言交际视角、认知语言学视角、功能语言学视角等）。不论采取什么视角和方法，重点都是为了解决关于语言与生态的问题。近年来也有学者采用语料库的方法研究生态话语问题（如赵蕊华，2018a，2018b）。

在进行生态话语分析过程中，分析者的生态哲学观起着很大的作用，由于不同的分析者持有不同的生态哲学观，他们对同一篇话语就可能做出不同的判断。何伟、魏榕（2018）对生态哲学观和生态哲学的关系提出了自己的看法，她们认为生态哲学观和生态哲学是两个不同的概念。在她们看来，生态哲学是一门学科，与生态美学等学科处于并列地位，而生态哲学观则"如生态美德一样，是生态哲学的主要外化形式"（何伟、魏榕，2018：29）。黄国文、赵蕊华（2019）在承认生态哲学和生态哲学观存在差别的前提下，认为两者位于一个连续统之上，生态哲学位于系统端，生态哲学观位于示例端。借用 Halliday & Matthiessen （2004）的比喻，生态哲学和生态哲学观指的是同一现象（如气候与天气都属于一种现象），只是观察者的角度不同而已。或者说，生态哲学和生态哲学观位于不同的抽象层面，生态哲学位于抽象层，而生态哲学观则是生态哲学较为具体的表现形式。

英国生态语言学研究者 Stibbe（2015）认为生态语言学就是研究语言与各种形式的互动，具体的做法包括：通过分析语言来揭示人们与自然（包括人和其他生命形式）的关系，根据特定的生态哲学观来判断不同类型的话语性质。他明确指出，生态语言学中的"语言学"指的是运用语言学分析技巧来揭示我们信奉和践行的"故事"（story）（包括有益性话语、中性话语和破坏性话语），并从分析者的生态哲学观角度对不同的话语进行评判：对于有益性话语，我们要赞扬、鼓励、支持、认同；对于中性话语，我们要理解、容忍；而对于破坏性性话语，我们要质疑、挑战和批判。

语言与生态的问题是一个关系到人类生活和生存的问题，生态语言学探索语言在解决生态问题过程中所发挥的作用。这个新兴的交叉学科涉及很多复杂的问题，给研究者带来很多学术挑战。但是，只要我们从生态语言学的角度去审视我们的语言生活以及我们的所作所为、所思所想和一行一动，我们的研究就一定会为人类美好的和谐生活做出贡献。与话语分析一样，话语的生态分析和生态语言学都是新兴的、尚未定性的语言学分支学科，它们用于分析问题的理论支撑可以来自不同的语言学流派，研究者都从自己信奉的理念和理论去研究问题，学界也没有普遍接受的分析步骤和分析方法。这是生态语言学目前研究的状况，因为从学科的性质来说，它就是广义的应用语言学，特点是从理论语言学中获取有用和可用的概念、方法、原则，以分析和解决关于语言与生态的问题。

党的十九大报告把"坚持人与自然和谐共生"作为新时代坚持和发展中国特色社会主义的基本方略之一。新时代的中国正在加快生态文明建设的步伐；中国现在要建设的现代化，就是人与自然和谐共生的现代化；国家不但要创造更多物质财富和精神财富来满足人民对日益增长的美好生活的需要，而且也要提供更多优质生态产品来满足人民对日益增长的优美生态环境的需要。生态语言学的研究，应该能为构建和谐社会体系和人与自然和谐共生的生态系统做出贡献。

2.1.3 社会语言学

语言与社会共生共存,相互"管控",共同参与人类文明发展进程。从现代意义上思考语言与社会的关系可以追溯到 20 世纪 20 年代,以马林诺夫斯基为代表的人类学家开始研究北美印第安部落语言与社会的关系,至此语言与社会的关系正式进入美国描写主义语言学研究范域,后来发端于英国的伦敦学派从语言与社会功能维度考察语言,系统研究了语言的社会功能。1964 年,在美国加州大学洛杉矶分校举办的"第九届国际语言学大会"(the Ninth International Congress of Linguistics at the University of California in Los Angeles)正式提出社会语言学这一语言学分支学科,这是语言学与社会学界面融合的产物。后经发展,社会语言学又与认知语言学交叉融合,诞生了认知社会语言学;社会语言学与历史语言学界面融合,诞生了历史社会语言学。在多学科交叉融合发展理念下,社会语言学还在茁壮成长,相信它还将与其他学科界面融合,为揭示语言与社会的关系提供更多更好的思路。

据 Wardhaugh(1994)的观点,社会语言学主张运用语言学和社会学的基本研究方法考察语言,研究语言的社会变体、地域变体、性别与语言、年龄与语言、社团与语言、族群与语言、宗教与语言、国家或地区语言政策和语码转换等现象。当然,自社会语言学诞生以来,社会语言学从来"不缺少理论"。社会语言学对语言理论研究做出了非常重要的贡献,涉及的领域有:语言和社会变革、交际能力和人类互动的交际基础、社会语境的语言构成、人际关系和适应、社会结构(特别是阶级、种族和性别)、社会网络、社会刻板印象和团体内部交际(Coupland, 1998)。

1. 语言与社会界面融合背景

任何科学研究都离不开其成长、发展的"土壤",社会语言学也不例外,它的诞生主要汲取了 3 份营养钵,也就是说社会语言学的诞生是 3 个界面的融合,分别是:社会学、语言学和社会运动。

第 2 章 外语界面研究：理论与方法

1）社会学

社会是人类存在的基本方式，但社会学作为专门研究社会事实的学科直到近代才在西方诞生，社会学之父是法国社会学家埃米尔·涂尔干（1858—1917），其思想为社会语言学的诞生提供了第一份营养钵。

涂尔干批判吸收哲学、生理学、心理学和自然学科研究思路和方法，认为社会事实也可以成为独立的研究对象，因此有必要建立社会学学科，专司社会事实的研究，他在 1893 年的《社会分工论》中正式提出社会学，后经他不断发展，社会学理论体系得到了极大完善。他的三大观点对社会语言学的发展产生了极大影响，至今依然有较强解释力。

第一，社会事实观。社会事实类似于社会观念，先于个体而存在，它的存在不取决于个人，是先行社会事实造成的结果。社会事实虽然是抽象的，但它以外在可视的形式"强制作用"于人的生活行为，管控社会的运行，进而塑造社会成员的行为意识。"强制作用"有两类情况：社会成员受其控制，无法摆脱其管控；社会成员拒不遵从某些社会规则，受到实实在在的外显性惩罚。

第二，社会唯实论。自中世纪经院哲学以来，哲学界有两大针锋相对的争论：唯实论与唯名论。在社会学界，社会唯实论和唯名论的争论也是针锋相对的。涂尔干支持社会唯实论，认为社会作为一般（共相）概念是真实、独立的，先于个体的存在而存在，个体由社会派生出来，故社会比个体更基础、更实在，也就是说，社会是具有客观性的独立实体，社会先于个人并决定着个人的本质，社会管控个人的社会行为，但这并不意味着社会可以完全脱离个体，只是社会对个体具有强大的管控力，如日常语言交际中社会成员需要遵守社会规范，在特定的场合对特定的对象选用特定的语符形式以适切的方式表达合适得体的交际内容，如此方可完成有效的言语交际。

第三，社会整体观。社会的实在性体现在社会是一个整体，整体大于部分之和，各个部分之间有特定的结合方式，结合的方式又构成复杂的人际关系，从而构成社会的整体概念，并且社会构成部分在结合的时候可能会碰撞出火花，产生出新的社会事实，为社会整体添加新事实，从而推动社会变革和发展。也就是说，人与人之间构成各种社会关系，这种关系网络构成人类社会的重要组成部分。反映在语言中，不同语言之间的接触和碰撞就可能产生新的概念和语言表达形式,例如,欧洲殖民时期,殖民入侵使得不同的语言之间接触和交融,并且在欧洲强势作用下,产生了大量的皮钦语(pidgin)和克里奥尔语(creole)。

概而言之,涂尔干认为个人是社会事实的贡献者,但社会和个人分属两个层次,彼此间构成一种从属关系,社会处于高位层次,个人置于低位层次,高位管控低位,低位从属于高位,社会和个人之间构成支配和被支配的关系,这就造成了一种结果:社会强制作用于个人,个人受到社会的控制。例如,言语交际中我们要遵守社会规范,如果我们的言语有悖于社会规范,比如使用违反禁忌语的表达,就会有悖于社会规范,甚至会受到社会规范的惩罚。

2)语言学

索绪尔结构主义语言学继承和批评历史比较语言学,开辟了语言研究新思路和新范式,标志着现代语言学正式诞生。此后,美国描写主义为了挽救濒临灭绝的印第安语,注重语言结构的描写;布拉格语言学派提出研究语言时应同时注重语言结构和功能,此观点影响了当时的美国语言学研究;马林诺夫斯基的人类学倡导研究人类语言与文化之间的关系,其开创的实地调查研究方法,对西方人类学和民族学产生了重大影响,也成为社会语言学研究的重要方法;萨皮尔和伍尔夫提出语言相对论,提出语言与思维关系的假设,认为所有高层次的思维都依赖于语言,语言结构决定某个文化群体成员的行为和思维习惯。

随着社会发展和变迁,越来越多的学者意识到,传统的语言学已无法解决一些亟待解决的语言问题,语言学研究不能漠视语言赖以生存的社会环境。这都促使有识之士开始思考语言与社会文化的关系,从学理上呼唤社会学和语言学交叉融合,为社会语言学诞生提供了社会需求和理论基础,与此同时,语言学的许多研究成果为社会语言学提供了另一份营养钵。

3)社会运动

20世纪前半叶人类社会经历了两次世界大战,而后又开启了长达40多年的"冷战"(Cold War)。20世纪60年代,美国社会可谓经历了诸多大事件,例如令美国深陷泥潭的越南战争;以马丁·路德·金(Martin

第2章 外语界面研究：理论与方法

Luther King）为首的黑人为获得平等自由权利而发起的民权运动；女性追求性别平等和自由的女性主义运动；被视为"垮掉的一代"（Beat Generation）的年轻人对美国社会的迷惘等等。一方面，这些大事件需要通过话语进行表述，另一方面，这些大事件创造了许多具有深刻社会烙印的新表达，例如，nigger/negro, black people, African-American; chairman, chairperson, chair 等，这些语言问题和社会现状交织在一起，使横跨社会和语言两大学科的新兴交叉学科对此加以研究和解决，为社会语言学诞生提供了社会现实需求，也为其发展提供了另外一份营养钵，这样就促成了社会语言学于1964年在美国的正式诞生。

2. 主要研究对象

语言的起源一直困扰着学界。历史上有两大学者的观点值得我们关注。

第一，Herder（1772）在《论语言的起源》中指出，在人类表达其对世界的理解时，语言就产生了。Herder从一种认知、认识论的冲动中寻找语言的起源，更具体地说，是用一种反映人类对相关事物的理解的特定方式来识别它们。在Herder看来，语言更多的是一种社会身份的表征方式。

第二，Condillac（1746）关于语言的起源指向了交际情境，他描述了这样一个故事：一男孩呼救，被另一男孩识别，并且施以援手，遇到危险的男孩获得救助。这种呼救符号逐渐成为一种特定的语言交际符号，所以在Condillac看来，语言起源于交际需求，是人类进行交际的基本方式。

无论是Herder的身份表达说，还是Condillac的情感交流说，都认为语言属于人类所有，具有社会性。由于人类社会在历史发展中的多样性，世界上的语言也在6 000种以上，并且每种语言中又有不同的地域方言，所以社会语言学不仅仅研究所谓的标准语，还要关注各种地域、社会阶层的语言交际方式，也就是研究人类的一切语言及各种方言，探究这些表达方式与社会的关系。

3. 主要研究方法

语言具有社会性，而社会性是复杂的，那么研究语言便不能再依靠单一的方法。后现代学者 Feyerabend 在方法论上为认知社会语言学提供了支撑，他认为多元主义方法论允许采用一切方法，容纳一切思想，反对传统方法论原则的唯一性、普遍性，反对传统方法论对其他方法的排斥和打击。因此，社会语言学在研究方法论上汲取后现代多元方法论，提倡"既继承，又创新"的理念，既运用传统的田野调查[1]、问卷调查等渠道收集原始资料，又提倡语料收集的多元化，比如网络媒体的信息、语料库（例如，中国国家语委现代汉语语料库、北京大学中国语言学研究中心现代汉语语料库、英国国家语料库 BNC、美国当代英语语料库 COCA、美国英语历史语料库 COHA 等大型语料库），也使用各类网络搜索引擎提供的语料以及社会生活中的广告乃至于一些小广告所提供的语料。总之，其力主的语料收集方式理念是"存在的就是合理的"，践行尊重并将每个社会个体的言语行为都纳入研究范域之内。

当然，对语料的具体处理方法，应该坚持两个基本理念：

（1）演绎和归纳相结合的研究理念。强调基于理论和基于用法相结合的研究方法。从语言现象入手构建社会语言学研究视角和框架，以解释相关语言现象的认知动因和形成机制，或者解释它的理解机制，也就是说，在认知社会语言学框架下，既要为语言的生产和使用提供认知解释，也要为特定的语言表达的理解提供解释；另一方面分析和解释相关语料，以期找寻规律，验证理论的有效性和解释力。

（2）定量和定性相结合的研究理念。研究者可以通过现有的国内外大型语料库获取数据，也可以通过就某个专题自建语料库获取数据（包括田野调查和网络调查的形式），然后对获取的语料进行定量分析，并以此数据为支撑，进行定性分析，这样有助于推动人们对语言社会性的理性认知。

---

[1] 认知社会语言学的田野调查已不是传统意义上的田野调查，而更多依赖互联网，但基本理念应该是一致的，即尊重每一个语言个体的语言。这也使研究方法和理念发生了重大改变。

4. 两大研究范式

语言与社会共生共存，处于不断发展变化之中；语言与社会都凝练着人们对世界的认知，而这种认知的结果是复杂多变的，因此社会语言学的使命光荣，任务艰巨，要关注语言与社会方方面面的关系。正如游汝杰、邹嘉彦（2009）指出的那样，社会语言学（Sociolinguistics）的学科名称由社会学（Sociology）和语言学（Linguistics）复合而成，内容包括两个方面，一是 Social Linguistics，基本含义是：从语言的社会属性出发，用社会学的方法研究语言，从社会的角度解释语言变体和语言演变；二是 Sociology of Language，基本含义是：从语言变体和语言演变的事实，来解释相关的社会现象及其演变和发展的过程。游汝杰和邹嘉彦主张从研究方向来界定社会语言学，简而言之，前者是从社会研究语言，后者是从语言研究社会。

整体而言，自 1964 年社会语言学正式诞生以来，国内外众多学者从语言与社会的关系维度出发，基于特定视角和研究路径，不断追问语言与社会的界面关系，现已形成两大范式：

第一，从微观视角研究社会与语言（Micro-Sociolinguistics），主要研究语言如何因种族、阶级、性别、年龄、宗教、教育程度和职业的不同而产生差异，进而考察包括角色、话题、动机、语码等在内的交际情景如何影响语言的选择和使用。

第二，从宏观视角研究社会与语言（Macro-Sociolinguistics），主要研究语言与文化，包括双语、多语、皮钦化和克里奥尔化、语言政策等事项。

5. 具体研究议题

经过几代专家学者孜孜不倦的努力，社会语言学在国内外形成了百花齐放、百家争鸣的态势，大家共同致力于语言与社会的界面研究。

1）地域方言研究

地域方言是指生活在同一地理区域的人们使用的一种语言变体，其边界与地理屏障重合。一般认为，人们在地理上相互分离时，方言多样性就产生了。当一个特定地区的语言有了足够的差异，如北京话或上海话有了自己的语言"风味"，这种语言的版本就被称为地域方言。地域方言与语言的区别在于，前者被认为是一个独特的实体，但与该语言的其他方言的区别还不足以将其视为一种不同的语言。

地域方言产生的主要原因是生活于不同地域的人们缺乏交流，另外，对自己方言的忠诚和对变化的抗拒也是地域方言形成和发展的不竭动力。

一般来说，地域方言与标准语相对应，如汉语中的普通话、英国英语的标准发音（Received Pronunciation）。学界对标准语与方言之间的关系尚存一定分歧，但已接受以下标准语的七大特征：

- 标准语是一种"强势的"语言形式。
- 标准语在社会上享有较高声誉。
- 标准语与任何特定的语言使用群体都没有直接关系。
- 标准语是基于一种经过选择的语言，甚至要通过一定的形式或机制对此进行规范。例如，中国国家语言文字工作委员会的主要任务是对在中国大陆地区使用的汉语文字进行规范化和标准化的规则制定，同时执行国务院所决定的对于文字使用方面的政策和法令。
- 标准语不像其他地域方言一样自然习得，而是通过学校教育等方式习得。
- 标准语有被广泛接受的成文语法和词汇，主要由书籍（主要是字/词典）"固定"。
- 标准语是在正式场合使用的语言形式。

一般来说，学界通过画同言线（isogloss）的方式对一种语言内的地域方言进行划分，同言线是在地图上画的一条线，标出使用不同变体的两个区域之间的分界线。例如，Alexander Ellis（1889）采用单词 some、r 音、定冠词发音和 house 的发音这四大标准，画了 10 条同言线，将英国英语分为六大方言区。

（1）汉语方言研究。汉语方言研究具有悠久的历史。先秦古籍中已有关于方言的著录。东汉应劭《风俗通义序》中有"周秦常以岁八月，遣輶轩之使，采异代方言，还奏籍之，藏于秘室"的情形。后来，部分有识之士为了汉语阅读便利，阐释祖国大地上的各种方言，开始了汉语

第 2 章　外语界面研究：理论与方法

方言研究。根据游汝杰、邹嘉彦（2009）之观点，汉语方言学可以分为传统方言学和现代方言学两大阶段。

① 传统方言学阶段。从汉代扬雄《輶轩使者绝代语释别国方言》（简称《方言》）到清末民初章太炎《新方言》。主要研究以今证古，即以今方言证释古文献，或以古证今，即以古文献中的材料解释今方言。

② 现代方言学阶段。主要是西方输入的现代方言学与中国传统音韵学的两个界面的融合，滥觞于赵元任 1928[2011] 年的《现代吴语的研究》。另外，李荣（1989）述及，早期还有 6 部著作对汉语方言进行了研究：

- 1934 年赵元任等编著的《中华民国新地图》中"第五图乙，语言区域图"。
- 1939 年中央研究院历史语言研究所编著的《中国分省新图》（第四版）第 14 页的语言区域图。
- 1948 年中央研究院历史语言研究所编著的《中国分省新图》（第五版）第 14 页的语言区域图。
- 1943 年赵元任刊登在《地理学杂志》上的《中国语言与方言》一文。
- 1948 年赵元任在哈佛大学出版社出版的《国语入门》一书。
- 1937 年李方桂编著的《中国年鉴》中《中国的语言（与方言）》一文（李荣据 1947 年 12 月 19 日济南《山东新报》所整理）。

在此之后，学者们对汉语方言进行了较为系统的研究，但鉴于汉语地域分布复杂，当前我国语言学界对现代汉语方言划分的意见还未完全一致。根据教育部 2019 年公布的《中国语言文字概况》介绍，汉语方言通常分为十大方言，即官话方言、晋方言、吴方言、徽方言、闽方言、粤方言、客家方言、赣方言、湘方言、平话土话，而且一个方言内部还存在一些分支或曰次方言。总之，我国幅员辽阔，方言众多，这使得汉语方言研究任重而道远，值得从理论视角进行不断研究和探索。

（2）英语方言研究。英语是一种西日耳曼语言，最早出现在中世纪早期的英格兰，最终成为一种全球通用语言。英语以盎格鲁人（Angles）命名，盎格鲁人属于日耳曼部落，他们公元 5 世纪移居到英国，后来以盎格鲁人的名字为现在的英格兰命名。英语与弗里斯兰语密切相关，但英语的词汇也受到其他日耳曼语言特别是挪威语（一种北日耳曼语言）

的显著影响，后来也陆续受到拉丁语（罗马帝国侵略英国开始）和法语（1066 年诺曼征服英国开始）的影响。

英语已经发展了 1 500 多年。最早的英语形式是盎格鲁—撒克逊殖民者在 5 世纪带到大不列颠的一套盎格鲁—弗里斯兰方言，被称为古英语。中世纪英语开始于 11 世纪晚期，由于诺曼人对英格兰的征服，该时期的语言受到法语影响。早期现代英语开始于 15 世纪晚期，随着印刷机传入伦敦，英王詹姆斯钦定《圣经》的印刷，元音大转变开始。

通过大英帝国的全球影响，现代英语从 17 世纪到 20 世纪中期传遍了全世界。通过各种印刷和电子媒体，再加上美国作为全球超级大国的崛起，英语已经成为国际话语的主导语言。在许多地区及科学、航海和法律等专业领域，英语已经成为通用语言。

英语是世界第三大母语，仅次于标准汉语和西班牙语。它是人们学习最广泛的第二语言，是近 60 个主权国家的官方语言或官方语言之一。把英语作为第二语言来学习的人比以英语为母语的人还要多。英语是英国、美国、加拿大、澳大利亚、爱尔兰和新西兰最常用的语言，在加勒比、非洲和南亚的一些地区也广泛使用。它是联合国、欧盟和许多其他世界和地区国际组织共同的官方语言。

英国英语方言可以分东南部方言（尤其是肯特方言和艾塞克斯方言）、中南部方言、西南部方言和中东部方言。

美国是一个移民国家，至今没有官方语言，从整体来看，美国英语方言大致可分为四块明显的、具有代表性的方言区（刘汉玉，1991）：

• 北部方言区，包含新英格兰州、纽约市及一些北部地区。

• 中北部方言区，指沿着俄亥俄河往西的宾夕法尼亚州、新泽西州等地。

• 中南部方言区，包含南部山区的弗吉尼亚州、田纳西州、北卡罗来纳州及马里兰州等。

• 南部方言区，指弗吉尼亚州东部、南卡罗来纳州及佐治亚州等地区。

2）社会方言研究

在社会语言学中，社会方言是与一个社会中的特定社会阶层或职业群体相联系的各种语言。一般认为语言与性别、阶级、职业等紧密相关。

第 2 章 外语界面研究：理论与方法

（1）语言与性别。在西方社会的所有社会群体中，女性通常比男性使用更多的标准语法形式，相应地，男性比女性使用更多的方言形式。Lakoff（1973）指出，女性的边缘化和无力感反映在她们想要说的话语及其实际的交谈方式中。恰当的女性话语应避免表达强烈的个人情绪，女性更倾向于表达自己的不确定性，她们对主观世界的表达被认为是微不足道的；女性的性本质决定了她们必须使用委婉的表达方式，而她们的社会角色也被视为男性的派生品和附属物。

Janet Holmes（2013）发现，在一些社区中，女性的社会地位和性别相互作用，由此强化了男女之间不同的说话方式。在另一些情况下，不同的因素相互作用，产生了更复杂的模式。但在一些社区中，对于某些语言形式，性别认同似乎是导致言语变异的主要因素。例如，在解释说话方式时，说话人的性别可以压倒社会阶级差异。在这些社区中，表达男性或女性的身份似乎非常重要。

（2）语言与阶级。不同的人说（写）一种语言的方式是不同的，同样的人遇到的情况也是不同的。Labov（1972）认为，这种差异不仅是正常的，而且是语言功能所必需的。这一观点挑战了从索绪尔到乔姆斯基等语言学理论的传统主导思想和实践。主流理论家并不否认变异的存在，相反，他们倾向于淡化变异的相关性，并将其视为一种表面现象，模糊了语言的基本统一性特征。语言与社会阶级紧密相连，一般来说上层阶级教育程度相对要高，所以他们的用语往往趋近或者比较正式，而下层阶级多使用方言等非标准语。

（3）语言接触与借鉴。当说不同语言的人接触或者聚集在一起时，如当说英语的人与说其他语言的人经常接触时，一种新的或一系列的语言变体可能会出现。在社会语言学界有两种变体语言——皮钦语和克里奥尔语。

① 皮钦语。在汉语交谈中，不时夹杂外语，这样的语言形式，最早流行在 20 世纪初的上海滩，当时被人称为"洋泾浜"，学界称作皮钦语（Pidgin）。该语言的使用者有自己的母语，他们使用皮钦语作为一种辅助语言，比如在日常语言交际中或者在外贸交易中，为了交际的便利，使用中往往掺杂一些对方语言中的单词，完成语言交际。

洋泾浜英语是 18 世纪初期形成的，其使用的地点主要是广州、香港、上海，也使用于其他通商口岸，如宁波、海口、汉口、芜湖、南京等地。

上海的洋泾浜英语，将"三本书"说成 three piece book，其汉语基础表现是：有量词 piece；名词无复数，book 不用复数形式；无 [pi:s] 这样的音节，所以 piece 读成 [pisi]。

② 克里奥尔语。克里奥尔语（Creole）起源于殖民化初期。"克里奥尔"一词的词源意义是"混合"，泛指世界上那些由葡萄牙语、西班牙语、英语、法语、德语与非洲等殖民地语言混合并简化而生的语言，他们有比较高级的语法系统，说这些语言的人被称为克里奥尔人，他们的语言经过代代相传，才发展成为今天的状况。这些人的语言值得学界持续研究，一则为了掌握后殖民时期语言的发展变化，二则有助于掌握世界主要语言的发展路径和变化因子。

③ 语言间词汇互借。事实上，语言在相互接触时，一种语言的表达会进入另一种语言，例如，随着英国殖民化，自 16 世纪起英语借鉴了其他语言中的大量词汇，如法语中的 attach 和 café；意大利语中的 concert、duet、piano、soprano、tenor、solo、model、bust、studio、dome、balcony 和 piazza；西班牙语中的 armada、cargo、vanilla、cocoa 和 cigar；葡萄牙语中的 caste 和 pagoda；德语中的 bismuth、cobalt、nickel 和 zinc；荷兰语中的 dock、freight 和 keel；俄语中的 vodka、troika、ruble 和 tsar；澳大利亚土著语中的 boomerang、kangaroo 和 dingo；阿拉伯语中的 sugar、sultan 和 alcohol；印地语中的 coolie、cashmere 和 khaki；希伯来语中的 schemozzleand 和 schmaltz；汉语中的 tea、typhoon 和 yamen；日本语中的 kimono 和 tycoon；非洲土著语中的 gorilla 和 zebra。

（4）语言与身份。身份是一个人与众不同的性格或个性。近年来，身份问题持续受到语言学、社会学、认知科学、心理学、政治学等学科关注，谈论身份的情况已无处不在（Coulmas，2019）。社会语言学是研究语言和社会相互作用的学科。Janet Holmes（2013）考察了语言在各种社会语境中的作用，考证了语言是如何工作以及如何被用来表明和解释社会身份的各个方面。Labov（1972）在对玛莎葡萄园岛岛上居民进行调查时发现，当他们读 [rəit] 或 [həus] 时代表着他们是这个岛上土生土长的居民，因为该发音代表着一种身份。玛莎葡萄园岛案例已经成为研究语言变化理据中身份问题的重要案例。

正如 Herder 所述,语言来自身份表达,因此在身份备受瞩目的今天,身份与语言的关系,如机构话语身份与语言使用的关系、个体社会身份与语言使用的关系,是社会语言学的重要关注点,这既为社会语言学研究提供了新的发展方向,也为社会语言学研究提出了新课题。

(5)语言政策与规划。一个国家中的语言往往不是单一的,在我国就有 130 多种语言。而且一种语言内部也会有多种方言。随着全球化的持续发展,双语以及多语成为一个国家重要的语言特征,这就要求国家制定长远的语言政策和规划。

语言政策与规划对一个国家社会事业发展至关重要,例如,推广普通话就是我国最为重要的语言政策与规划。当然,语言政策与规划不仅仅是推广某种语言那么简单,它要涉及一个国家相关的语言宏观政策,根据胡壮麟(2018)引自 Czeglédi(2011)的观点,他认为语言规划可以分为八大类别:

• 语言提纯:使语言不受外来影响,和/或避免内部的非标准变异。
• 语言复活:使已经消失或只有少数人能说的某语言在社团中成为正常交际的方式。
• 语言改革:有目的地对语言的某些方面进行改变(如书写、拼音、词汇或语法)。
• 语言规范化(状态和主体规划):将某语言或某方言提升为政治上独立的某地区的主要语言。
• 语言扩展:增加说某语言的人数,同时减少说另一语言的人数。
• 词语现代化:词语创新和改动,以帮助已经发展的标准语言适应过快地源自外来语的新概念。
• 术语统一:确定统一的术语(大部分为技术性的)。
• 文体简洁:简化语言在词语、语法和风格上的使用,以降低交际时的模糊程度(如咬文嚼字、官腔)。

6. 发展趋势:认知社会语言学

顾名思义,认知社会语言学汲取了认知语言学和社会语言学的营养成分，是认知科学、语言学和社会学 3 个界面的融合，是社会语言学发展的前沿。认知语言学重点关注意义及其变体，而社会语言学重点关注音位、句法和话语变体。不可否认，作为音形义结合体的语言随着人类交际的诞生而诞生，随着人类社会的发展而发展，随着人类社会变迁而变迁。因此单独考察某一个层面的变体是不全面的，认知语言学和社会语言学的结合是语言研究本身的需要，可以推动人们更加全面地认知语言和人类社会。

一个学科的诞生有两大指标：一是该学科是否有完整的理论框架、清晰的研究对象、科学的研究方法；二是是否有一批学者围绕该学科开展系列学术研究工作。认知社会语言学符合以上两大指标。认知社会语言学的主要倡导者 Dirk Geeraerts、Gitte Kristiansen、Hans Georg Wolf、René Dirven、Farzad Shrifian 和 Stefan Grondelaers 等把认知语言学的基本理论如原型理论、认知语法、构式语法、理想认知模型、概念隐喻及转喻理论等应用于语言的社会研究，探究概念层面和语言层面的变异问题（Kristiansen et al., 2008），这丰富和发展了自 Lakoff & Johnson（1980）和 Langacker（1987）以来的认知语言学理论。至此，我们可以说，虽然不同学者对认知社会语言学有不同理解，但其基本理念具有趋同性，因此，可将认知社会语言学描述为（赵永峰，2015）：基于后现代哲学思潮，运用认知语言学和社会学的基本研究方法，考察语言的社会属性，强调认知主体间互动时形成的社会性和主体间性在语言认知中的核心地位，力图为包括网络语言在内的所有言语，特别是语言变体提供一种社会认知视角的解释。

社会语言学重视社会文化制约下的语言变异研究，认知语言学强调体验性，注重言语交际中的意义变体研究，而认知社会语言学则同时关注这两方面的内容。该学科有机整合了社会语言学和认知语言学，既秉承了认知语言学的基本框架，又融合了社会语言学的基本视角和研究方法，强调从语言的社会性（外部）和认知性（内部）两个维度展开语言研究工作，使语言研究更加全面和深入，为语言学研究开辟了一片新天地。

近年来，通过学界不断努力，认知社会语言学的研究取得了一系列重要学术成果，使认知社会语言学学科结构逐渐成形，其学科地位也不

第 2 章　外语界面研究：理论与方法

断得到稳固和提升。2007 年，在波兰克拉科尔召开了"第十届国际认知语言学大会"（ICLC10），此次大会正式确立了认知社会语言学的学科地位，明确其为认知语言学的一个分支。2008 年，在由布莱顿大学承办的"语言、交际与认知"大会上，首次鲜明提出了"认知语言学社会转向"的议题。同年，由 Gitte Kristiansen 和 René Dirven 主编的《认知社会语言学：语言变异、文化模型、社会制度》一书的出版，标志着认知社会语言学正式受到学界主流力量的关注。2010 年，由 Geeraerts、Kristiansen 和 Peirsman 编著的《认知社会语言学的进展》一书的面世标志着认知社会语言学逐渐走向成熟。2014 年，Martin Pütz、Justyna A. Robinson 和 Monika Reif 主编的《认知社会语言学：认知和语言使用的社会和文化差异》使得该学科更加完善。2010 年，在科布伦茨—兰道大学（兰道校园）召开了"第三十四届认知语言学国际学术研讨会"（The 34th International LAUD Symposium），专门研讨了认知社会语言学的学科发展问题；2011 年，在中国西安召开的"第十一届国际认知语言学大会"将会议主题明确定为"语言、认知与语境"；2018 年，在中国西南大学举办了"第十届国际认知语言学论坛"，邀请到 Dirk Geeraerts、Gitte Kristiansen、John Newman 等国际学者，系统研讨了认知社会语言学理论建设问题，再次提升了其学科地位。

　　社会语言学是语言与社会界面融合的产物，致力于揭示语言与社会的共变关系。亚里士多德曾经说过，人是社会动物。社会性是人类的本质属性，而语言又是人类赖以生存的基础，因此社会性是语言的本质属性。鉴于社会和人类的复杂性，语言与社会的关系也错综复杂，但自社会语言学正式诞生以来，社会语言学从宏观和微观两个角度对语言的社会性做了有益探索，为我们揭示了语言与社会的重要变化关系；同时我们也必须意识到，传统社会语言学也存在一些不足，比如过多关注语言与社会的关系，而忽视了人在这种变化中的重要作用。近年来兴起的认知社会语言学将认知、社会和语言 3 个界面融合在一起，努力将语言的社会变化因素与人的认知结合起来，探析语言与社会的复杂关系，是社会语言学的新发展。

2.1.4 其他界面研究

1. 幽默学研究：笑话结构对笑话解读的影响

幽默在人类世界中无处不在。古人云，"古今世界一大笑府""不笑不话不成世界"。哲学、心理学、精神分析学、社会学、认知科学、文学以及语言学等诸多学科都把幽默纳入自己的研究范畴。尽管如此，有关幽默的理论，从幽默的定义、分类到幽默的生成、解读，古今中外尚无定论。这一直是幽默研究关心的问题，也是幽默研究经久不衰的原因之一。

1）幽默研究现状

在众多的幽默理论中，目前最为广泛接受的是乖讹论（Incongruity Theory）。乖讹论起源于哲学研究，康德、黑格尔和叔本华等伟大的哲学家都对其有专门论述。其中法国哲学家 Beattie 关于乖讹论的定义可谓是最经典的。他认为两个或多个不一致（incongruity）的部分，在一个复杂的集合中统一起来，以头脑能够注意到的方式产生相互联系（resolution），便产生了幽默。

现代学者提出的关于幽默的理论大多建立在乖讹论基础之上。比如 Suls（1972）提出的"二阶段模式"（the Two-stage Model），Raskin（1985）提出的"幽默语义脚本理论"（the Semantic Script Theory of Humor）以及 Attardo（1994）提出的"言语幽默的普遍理论"（the General Theory of Verbal Humor），其核心观点都是幽默必然包括不一致或乖讹的成分，然后以某种形式得以解决而产生了幽默。同时也有学者借助其他学科领域的研究成果，把信息论（Giora, 2003）、关联理论（Sperber & Wilson, 2001）、空间合成理论（Coulson, 2000）、语篇理论（Simpson, 2003）等引入幽默研究中来，从不同角度为幽默研究提供了理论框架和研究视角。

实证研究则是现代幽默研究中的新亮点。最值得一提的是心理学和社会学等学科领域的研究工作。心理学家和社会学家们绕开纠缠不休的幽默理论问题，结合现代科学与技术的发展，利用现代的研究手段和方法，就幽默问题做了大量的实证研究，并将研究结果应用到性别研究

第 2 章 外语界面研究：理论与方法

（Crawford，2003）、疾病治疗、文化研究、社会研究、外语教学研究等不同领域中去。

与西方文化对幽默的高度关注相比，幽默研究在中国文化中严重缺失。纵观中华文明上下五千年的历史，能找到的只是为数不多的一些被边缘化的文学作品和笑话集，有关幽默的专门研究几乎不见经传。有关幽默的理论，较为完整的大概是清代陈皋谟在他的笑话集《笑倒》的附录中寥寥数语的陈述（周作人，2009）。近十多年来，国内学界对于英语幽默的研究日益增多（王晓军、林帅，2011）。国内的幽默研究主要集中在外语研究界，大多属于思辨型的理论探讨，或者是运用各种理论来解析幽默致笑的机理和功能（刘乃实、熊学亮，2003；李捷，2008；项成东，2010）。有关幽默的实证研究已经开始出现（吴霞、刘世生，2009a，2009b），只是为数不多。

2）笑话的分类框架体系

笑话是幽默语言最普遍的存在形式，也是人们最喜闻乐见的幽默形式。历代的研究者们都尝试过对笑话进行分类研究。总结起来大致可以分为 4 类：一是根据幽默的结构分类（Attardo，1994）；二是根据幽默产生的来源，即笑点分类（Bergson，1924）；三是根据幽默的功能分类（Freud，1905）；四是根据幽默所使用的技巧分类（Freud，1905）。

上述这些分类体系依据不同的标准，将幽默进行分类，多年来未有定论。其中最有影响的当属前两种，即结构分类法和笑点分类法。结构分类法的根据是乖讹论，它从幽默的结构出发将幽默分为两类：一类是既包含乖讹也包含消解成分的笑话（the Incongruity-Resolution Joke，简称 IR 类笑话），另一类是只有乖讹没有消解成分的笑话（the Incongruity Joke，简称 I 类笑话）。然而，乖讹虽然在多数笑话中存在，却并不一定是笑话的必要条件，有些笑话既不包含乖讹也不包含消解成分，本节称之为无乖讹消解成分笑话（No Incongruity-Resolution Joke，简称 N 类笑话）。所以，在本项研究中笔者认为，根据结构分类法笑话应该分为三大类：IR 类笑话，I 类笑话和 N 类笑话。

笑话的笑点来源有两类，一是笑话本身所表达的意思好笑，另外是由于表述笑话的文字本身致笑。Bergson(1924)据此把笑话分为两类:所述内容产生的幽默和由语言本身产生的幽默,前者被后来的研究者称为命题类笑话(the Propositional Joke,简称P类笑话),后者被称为语言类笑话(the Linguistic Joke,简称L类笑话)。然而,笔者认为有些笑话的幽默既源于内容亦源于语言,在本节中称之为混合型笑话(the Mixed Joke,简称M类笑话),这样根据笑点分类法也可以把笑话分为3类,即P类笑话、L类笑话和M类笑话。

结合以幽默结构和笑点分类的两种方式,笔者提出了一种更为详细的笑话分类框架体系,将笑话分为9类,分别为IRL、IRP、IRM、IL、IP、IM、NL、NP和NM类笑话,如图2-2所示。

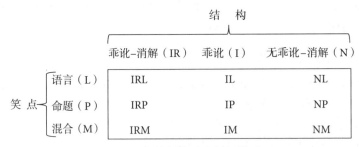

图2-2 笑话的分类框架体系

3)研究问题与方法

(1)研究问题。以上述的笑话分类框架体系为基础,笔者就中国学生对英语短笑话的理解与欣赏进行了一项实证研究。研究的问题是:①哪种因素更加影响笑话的理解难度,笑话结构还是笑点?②笑话的幽默度受到哪些因素的影响,笑话结构还是笑点?

(2)研究方法。本研究主要通过问卷调查和半结构式访谈的形式来收集数据。被试对象为以英语为第一外语的365名大学一、二年级学生。

(3)问卷调查。问卷为匿名调查,分为三大部分。第一部分陈述测试的目的仅供研究之用,确保被试如实填写。第二部分要求被试提供关于性别、年级和所学专业等信息。第三部分为笑话的理解与欣赏部分。这一部分共30项条目,包含28则短小的英文笑话,分别属于上述9类笑话类型,另有两个不是笑话的干扰项。这28则笑话随机

第 2 章 外语界面研究：理论与方法

摘自美国出版的笑话集 *Ozark Laughter—1000 Famous Jokes and Stories*（Hinds，1999）和英国幽默研究专家 Ritchie 的著作《笑话的语言学分析》。

笑话中包含的词汇均在全国英语四级水平考试大纲以及被试所在大学英语水平考试的大纲范围之内，对测试对象来说基本没有生词。测试问卷要求学生标注每个笑话的笑点和幽默度。笑点用来检测学生是否正确理解了该笑话。幽默度用以表示被试对笑话的欣赏程度。幽默度采用李克特五级量表，如果认为该项是笑话，就按 1~5 级给出幽默度，"1"表示幽默度最低（几乎不幽默），"5"表示幽默度最高（非常幽默）。如果认为该项不是笑话，则选择"0"。

整个测试用时 30 分钟。共发放了 365 份问卷，收回的问卷除去未完成或有遗漏项目的问卷后，共得到 288 份有效测试问卷。

（4）半结构式访谈。另有 12 名被试参加了半结构式访谈，包括 6 男 6 女，他们和参加问卷调查的被试背景相同。访谈仍然采用了问卷调查所用的问卷，要求被试边看问卷，边说出自己对每一项内容的解读。主持访谈的教师在必要的时候会追问，以清楚了解被试对每一项的笑点和幽默度的判断。

4）结果与讨论

288 份有效问卷的数据被输入到计算机中，利用 SPSS 软件，对 IRL、IRP、IRM、IL、IP、IM、NL、NP、NM 等 9 类笑话分别统计了笑点判断和幽默度判断的平均数和标准差（如表 2-1 所示）。根据笑点判断获取了被试对笑话的理解程度，根据幽默度计算了被试对笑话的欣赏程度。

（1）笑话的理解。如表 2-1 所示，被试对 9 类笑话笑点的正确判断由高到低依次的顺序是：IRL、IRP、IRM、IP、IM、IL、NP、NL 和 NM 类笑话。不难看出被试对英语笑话的理解并不理想，只有 IRL 和 IRP 两类笑话的笑点判断均值超过了 0.6。也就是说，被试只有对这两类笑话理解的正确率超过了 60%。NM 类笑话的笑点判断正确率最低，仅略高于 23%。

表 2-1 被试对 9 类笑话笑点的正确判断

笑话类型	N	Min.	Max.	Mean	SD
IRL	288	0.13	1.00	0.733 1	0.194 06
IRP	288	0.00	1.00	0.607 6	0.489 13
IRM	288	0.00	1.00	0.566 0	0.357 82
IL	288	0.00	1.00	0.444 4	0.497 77
IP	288	0.00	1.00	0.521 2	0.220 55
IM	288	0.00	1.00	0.475 7	0.339 93
NL	288	0.00	1.00	0.336 8	0.473 44
NP	288	0.00	1.00	0.427 1	0.495 52
NM	288	0.00	1.00	0.239 6	0.427 57

另外,数据也非常清楚地显示,IR 类笑话(包括 IRL、IRP、IRM 笑话)笑点判断的正确率高于 I 类笑话(包括 IL、IP、IM 笑话),而 N 类笑话(包括 NL、NP、NM 笑话)的笑点判断正确率最低。也就是说,包含了乖讹和消解成分的笑话最容易理解,只包含乖讹的笑话次之,而两种成分都没有的笑话最难理解。这一结果和 Attardo(1994)的结论一致:乖讹和消解成分对于幽默的理解至关重要。也就是说,笑话的结构比笑点更能影响被试对笑话的理解。

对 12 名被试的半结构式访谈结果也验证了这一点。被试对 IR 类笑话笑点判断的正确率达到 65.3%,能较快做出反应。对于 N 类笑话,多数被试在访谈中很难找到笑点所在。尤其是对于 NM 类笑话,12 名被试在访谈中无一人能够找到笑点所在,导致无法理解这类笑话。

(2)笑话的欣赏。幽默度表示被试对幽默的欣赏程度。表 2-2 描述了被试对 9 类笑话幽默度的选择。

表 2-2 被试对 9 类笑话幽默度的选择

笑话类型	N	Min.	Max.	Mean	SD
IRL	288	1.13	5.00	3.242 6	0.775 55
IRP	288	0.00	5.00	2.503 5	1.386 84
IRM	288	0.00	5.00	2.421 9	0.999 11
IL	288	0.00	5.00	2.250 0	1.500 29

第 2 章 外语界面研究：理论与方法

（续表）

笑话类型	N	Min.	Max.	Mean	SD
IP	288	0.20	4.50	2.830 6	0.743 97
IM	288	0.00	5.00	2.296 3	1.010 29
NL	288	0.00	5.00	1.840 3	1.407 61
NP	288	0.00	5.00	2.024 3	1.593 57
NM	288	0.00	5.00	2.652 8	1.395 96

数据显示，只有 IRL 类笑话的幽默度在五级量表中大于 3。很显然，尽管调查问卷中的 28 个笑话都是英语国家中非常经典的笑话，作为外语学习者，多数被试感受不到这些笑话中的幽默，特别是 NL 类笑话（M=1.840 3，SD=1.407 61）对中国学生来说几乎不能算作笑话。

按照表 2-2 中的数据，9 类笑话的幽默度由高到低依次是：IRL、IP、NM、IRP、IRM、IM、IL、NP 和 NL 类笑话。位列前三的笑话分别属于 IR 类、I 类和 N 类笑话。这说明笑话结构和幽默度的高低没有必然的联系。那么究竟是哪些因素决定了被试对笑话幽默度的感知呢？半结构式访谈的数据显示，影响笑话幽默度的主要因素有三种。一是被试的英语水平。比如下面这个笑话：

— Waiter: How did you find your steak?

— Customer: It was just luck. I happened to move a piece of potato and there it was.

12 个被试有 5 人理解到了 find 具有"找到"与"感觉"的双重意思，因此感受到较高的幽默度。另外 7 人没能理解其意，觉得不幽默。在经过主持访谈的老师讲解后，这 7 位被试开怀大笑，体会到其中的幽默。尽管被试一致认为这个笑话中的语言和词汇都能理解，并且是很熟悉的单词和简单的语法，7 人都把 find 仅仅理解为"发现"之意，因此对笑话中顾客的回答感到不解，找不到消解方式来获取幽默的效果。

第二个因素是文化背景差异。有的被试理解到笑话所表达的字面意思，但是由于文化差异，仍然感受不到幽默。例如，

A good sermon helps people in different ways: some rise from it strengthened; others wake from it refreshed.

12个被试都认为自己能够理解句子所表达的意思，并且在访谈老师的追问下能将句子正确地翻译成中文，但是只有1人体会到这句话暗讽牧师的布道无聊得让人睡觉，含有幽默的成分。

第三个因素是性别差异。相对于男生，女生对讽刺女性的笑话感知到的幽默度较低，有的女生甚至反感这类笑话，完全不欣赏其中的幽默。例如，

— My wife had her credit card stolen.
— That's terrible.
— No. The thief's spending less than she was.

访谈中6名男生全部都能轻易找到笑点，并且给出平均值为4.17的幽默度。6名女生给出的幽默度均值为3.33。其中有一个女生在访谈中表示，这段对话只能说明那个丈夫太小气，没什么可笑的。

上述研究可以得出3点结论：①关于笑话的理解：就外语学习者对笑话的理解而言，笑话的结构，也就是乖讹和消解成分比笑点起着更为重要的作用；②关于笑话的欣赏：影响笑话欣赏的主要因素是外语学习者的语言水平、文化背景和性别因素；③笑话的结构对学习者理解和欣赏的不同影响：笑话的结构在很大程度上影响到了学习者对笑话的理解，但是它对学习者对笑话的欣赏并没有太大的影响。

2. 词汇语义—句法界面研究

词汇语义—句法界面研究是当代理论语言学研究的热点之一，其中心议题是：动词的语义如何影响句子的结构；动词的语义角色如何实现为句法论元。首先，我们介绍3种动词语义表征方法：语义角色表（Semantic Role Lists）、原型角色（Proto-roles）和谓词分解（Predicate Decompositions）；然后，我们介绍3种事件概念化的方法：处所分析法、体分析法和使因分析法；最后我们介绍词汇语义向句法映射的方法。这三方面的内容紧密联系，交织在一起，共同对词汇语义—句法界面研究的中心议题做出回答。

第 2 章 外语界面研究：理论与方法

1）词汇语义表征

如何表征和句法相联系的动词语义是词汇语义—句法界面研究中一个十分重要的问题。动词语义的表征主要有以下 3 种方法。

（1）语义角色表。语义角色是动词所指事件中的参与者角色，主要有施事（agent）、受事（patient）、客体（theme）、感事（experiencer）、受益者（beneficiary）、工具（instrument）、目标（goal）、处所（location）、来源（source）等。与句法相关的动词语义经常被表征为一个语义角色列表。比如，例 1 中，the cook 被赋予施事角色；the soup 为受事角色；cornstarch 为工具角色。动词 thicken 的语义就可以表征为〈施事、受事、工具〉这一题元角色列表。

例 1：The cook thickened the soup with cornstarch.

最著名的题元角色理论是 Fillmore（1968）的格语法（case grammar）和 Gruber（1976）的题元关系（thematic relations）；我们还可以参看 Jackendoff（1972，1983）。

对动词语义角色的描写有助于我们看清句子之间的内在联系。比如，虽然例 2 中的 soup 在句法上实现为宾语，例 3 中的 soup 在句法上实现为主语，但在两个句子中，soup 都是动词 thicken 的受事。

例 2：The cornstarch thickened the soup.

例 3：The soup thickened.

语义角色为我们对论元实现规律做出清晰的阐述提供了基础。将例 1 至例 4 联系起来看，我们可以说：只有在缺少施事角色时，工具角色才可以实现为句法上的主语；只有施事角色和工具角色同时缺失时，受事角色才可以实现为句法上的主语。

例 4：*The cornstarch thickened the soup by the cook.[1]

语义角色表可以用来说明动词语义的相似之处和差异，反映和句法实现有关的动词语义类。如动词 bring 和 come 的语义既有相似之处，又有差异。bring 可以理解为 cause to come 的意思。bring 的语义角色

---

[1] 例句前加 *，表示该句子不合语法。

表为〈施事、客体、目标〉，come 的语义角色表为〈客体、目标〉。两者共享客体和目标这两个语义角色，这就解释了两者语义的相似之处，而两者语义的不同则归结为 bring 所独有的施事角色。Fillmore（1970）讨论了 break 类动词和 hit 类动词，他认为这两类动词的相同点为两者都是及物动词，都带 with 引导的短语，如例 5 所示；两者之间的差异则表现为 break 类动词有致使交替（causative alternation）现象，如例 6 所示；而 hit 类动词有意动交替（conative alternation）现象，如例 7 所示。

例 5：The boy broke/hit the window with a ball.
例 6：a. The boy broke the window. / The window broke.
　　　b. The boy hit the window. / *The window hit.
例 7：a. Mary hit the door. / Mary hit at the door.
　　　b. Mary broke the window. / *Mary broke at the window.

Fillmore 认为这两类动词的相似之处可归结为两者都选择了施事和工具角色，两者的区别则归结为 break 还选择了一个受事角色，而 hit 另外选择了一个处所角色。

语义角色表作为一种描写工具十分有用，但其缺陷也非常明显。传统的语义角色理论有一些基本假设，比如完全性、唯一性、区别性等，但这些假设都是有问题的（Dowty，1991）。

完全性：句中的每一个名词短语都被选择它的动词赋予某种题元角色。但例 8 中动词 drink 的题元角色表为〈施事、受事〉，句中的名词短语 the teapot 明显不是受事角色。

例 8：The guest drank the teapot dry.

唯一性：句中的每一个名词短语都只被赋予单一的题元角色。这一假设被 Gruber 和 Jackendoff 抛弃，Gruber（1976）和 Jackendoff（1972）认为例 9 中的 Jill 在主动滚下山坡的情况下，就同时被赋予了施事和客体的角色。

例 9：Jill rolled down the hill.

区别性：同一个动词的不同论元不能共享同一种语义角色。但

第 2 章　外语界面研究：理论与方法

Dowty（1991）指出，像 meet 和 resemble 这样的动词就不满足这一假设，如例 10 和例 11 所示。这些动词的内部论元和外部论元担当的是同一种语义角色。

例 10：John met with Mary.

例 11：Mary resembles her father.

语义角色表最大的问题在于人们对语义角色的名称、数量、角色细化程度都有很大的分歧。语言学家们提出的语义角色少则几个，多则上百个（Dowty，1991；Fillmore，1977）。Dowty（1991）详细讨论了语义角色细化（role fragmentation）问题。

如何给语义角色做出准确的定义也是个难题，Fillmore（1971）把施事定义为"事件的策动者"（the instigator of the event），但 Dowty（1991）认为很多情况下，由于"边界不确定"（unclear boundary），这种定义的适用性很难判断。如何确定语义角色之间的界限对语义角色表来说是一个挑战。例 12 和例 13 中介词 with 的宾语究竟是工具还是伴随者？其判定标准是什么？这些问题都很难回答。

例 12：Jill burgled the house with an accomplice.

例 13：Jill won the appeal with a highly-paid lawyer.

语义角色具有离散性和不可分析性，语义角色表是不存在内部结构的语义角色列表，因此，它无法说明语义角色之间的相似点和差异。但语义角色之间的共性和差异性是存在的，如受事和目标之间的相似性远大于它与施事之间的相似性，一些语言中目标和受益者有相同的格标记。

面对语义角色表的种种不足，学者们提出了新的动词语义表征方法。Fillmore 认为语义角色是原始概念，不可以进一步分解。很多后续的研究抛弃了这一假设，认为语义角色可以分解为更基本的因素，这样，语义角色理论的很多缺点就可以被克服。Anderson（1971）和 Reinhart（2002）就是把语义角色分解为几个语义特征的组合。以 Reinhart（Reinhart，2002）为例，其题元理论（theta theory）把 +/−c（causing-change）和 +/−m（mental-state）这两个语义特征作为题元角色定义的基础，如表 2-3 所示。

表 2-3 题元理论中题元角色的语义特征定义

题元角色（semantic role）	造成改变 （causing-change）	心理状态 （mental-state）
施事（agent）	+	+
使因/工具（cause/instrument）	+	−
感事（experiencer）	−	+
受事（patient）	−	−

Reinhart 的题元理论还允许动词所选择的论元的两个语义特征中只有一个被赋值，如 open 的主语只需具有 +c 特征，这样一来，它的主语就可以是施事、工具或使因；而 peel 的主语则必须同时具备 +c 和 +m 这两个语义特征，这就保证了其主语必须是施事性的，如例 14 所示。

例 14：a. The wind / Mary / The key [+c] opened the door [−c, −m].

b. Mary [+c, +m] peeled the apple [−c, −m] with a knife [+c, −m].

上述这种基于语义特征的语义角色理论有很多优点，但它会把语义角色和动词的意义割裂开来。避免这一缺点的语义表征方法还有两种：原型角色和谓词分解。

（2）原型角色。Dowty（1989，1991）认为根据论元在动词所指事件中扮演的角色，动词会相应地赋予论元不同的词汇蕴涵。传统的语义角色只不过是共享的一组词汇蕴涵的标签而已。Dowty（1991）认为，语义角色无法通过一组充分必要条件来定义。原型概念是理解语义角色的最好方法。原型施事（Agent Proto-role）和原型受事（Patient Proto-role）是两个基本的角色概念，动词论元的语义角色通过词汇蕴涵的方法来确定。Dowty 认为原型施事和原型受事分别具有如下特征（即词汇蕴涵）：

原型施事特征（Dowty，1991）
• 在事件或状态中的参与意愿
• 感知能力
• 致使事件发生或致使其他参与者状态改变
• 相对于其他参与者位置移动
•（不依赖动词所指事件而独立存在）

第 2 章　外语界面研究：理论与方法

原型受事特征（Dowty，1991）
- 经历状态的变化
- 渐成客体（incremental theme）
- 受事件中其他参与者的影响
- 相对于其他参与者位置固定
- （其存在依赖于动词所指事件或根本不存在）

动词的论元满足的原型施事特征和原型受事特征的数目决定了它是更适合作为施事还是受事。Dowty（1991）提出了论元选择原则（Argument Selection Principle）。其主要内容是：拥有最多原型施事特征的论元词汇化为主语；拥有最多原型受事特征的论元词汇化为直接宾语。

例 15 中，John 具有上述所列的所有原型施事特征，同时不具备任何一个原型受事特征；a house 则具有上述所有的原型受事特征，同时不具备任何一个原型施事特征。由此，John 实现为句子的主语，a house 实现为句子的直接宾语。

例 15：John built a house.

为了处理原型施事特征和原型受事特征数目相同的两个相关论元的句法实现问题，Dowty 对其论元选择原则作了如下补充：

推论 1（Dowty，1991）：如果相关的两个论元含有相同数目的原型施事特征和原型受事特征，则两个论元都可以词汇化为主语（或直接宾语）。

推论 2（Dowty，1991）：对于三元谓词来说，拥有较多原型受事特征的非主语论元词汇化为直接宾语；拥有较少原型受事特征的非主语论元词汇化为间接宾语或介词宾语（如果两个非主语论元拥有大致相等的原型受事特征，则两者都可以词汇化为直接宾语）。

原型角色理论的优点在于它是通过原型的概念来理解题元角色，而不是把题元角色当作离散的单位来看待。例 16 中的主语 John 拥有所有原型施事特征，是最典型的施事；例 17 中的主语 the dog（传统意义上的感事）具有原型施事特征中提到的感知性、位移性和自主性，不具有意愿性和使动性，是不太典型的施事。例 18 中的主语 the scissors（传统意义上的工具）具有使动性、位移性和自主性，不具备意愿性和感知性，也是不太典型的施事。

例 16：John is eating an apple.
例 17：The dog smelt the food.
例 18：The scissors cut through the cloth.

从原型角色的视角，我们能清楚地看出，为什么语法学家们无法给施事和受事做出准确的定义。因为根本就不存在一组充分必要条件可以用来定义施事和受事。两个做主语或宾语的名词短语可能不共享任何一个原型特征。

原型角色理论克服了传统语义角色理论所固有的很多缺点，但正如 Levin & Rappaport Hovav（1995）所指出的那样，原型角色理论最大的问题是没有解释原型角色特征的来源和本质，没有说明哪些特征组合是可能的。其次，Dowty 的论元选择原则局限于及物动词的论元选择，而其他动词的论元选择则没有提及。最后，Dowty 的映射规则给每一个原型特征相同的权重，但 Davis & Koenig（2000）认为，有些原型特征拥有比其他原型特征更大的权重。

（3）谓词分解。语义角色表和原型语义角色都是围绕语义角色提出的。越来越多的研究者认为，决定论元实现的语义因素应该从动词本身的语义中派生出来，因此需要对动词的语义进行分解。谓词分解源自生成语义学中的词义分解。McCawley 将 kill 的语义分解为 CAUSE TO BECOME NOT ALIVE。将动词的语义分解为 CAUSE、BECOME 等谓词基元（primitive predicates）可以帮助解释句子之间的蕴涵关系。比如，用谓词分解法分析，例 19a 的谓词可以分解为 BE THICK，例 19b 的谓词可以分解为 BECOME BE THICK，例 19c 的谓词可以分解为 CAUSE BECOME BE THICK。例 19c 蕴涵例 19b，因为前者的谓词分解包含后者的谓词分解，同理，19b 蕴涵 19a。

例 19：a. The soup was thick.
b. The soup thickened.
c. The cook thickened the soup.

谓词分解法在 Dowty（1979）、Jackendoff（1983，1990）、Van Valin

第 2 章　外语界面研究：理论与方法

（Foley & Van Valin，1984；Van Valin & LaPolla，1997） 和 Rappaport Hovav & Levin（1998）的研究工作中得到了进一步的发展。其中 Rappaport Hovav 和 Levin 的谓词分解法在表征动词意义的内部结构方面有着广泛的影响。根据 Rappaport Hovav 和 Levin 的研究，谓词分解包括两部分：动词的结构意义和动词的词根意义。我们以状态变化类动词（change-of-state verbs）为例来进行说明。所有状态变化类动词的结构意义都可以表征如下：

[[x ACT] CAUSE [y BECOME⟨RES-STATE⟩]]

其中的谓词基元构成了谓词分解的骨架（skeleton），它代表了状态变化类动词的事件结构（event structure）。在状态变化类动词中，不同动词的语义区别则由⟨RES-STATE⟩（结果状态）来体现。体现同类动词中不同动词所特有信息的部分被 Rappaport Hovav 和 Levin 称之为词根（root）。如 dry 和 empty 都是状态变化类动词，其谓词分解的结构意义部分都可按上述结构推证，两者的区别在于词根不同，分别为⟨dry⟩和⟨empty⟩，如下所示：

dry: [[x ACT] CAUSE [y BECOME⟨dry⟩]]
empty: [[x ACT] CAUSE [y BECOME⟨empty⟩]]

从以上分析中，我们可以清楚地看出，谓词分解法是一种有内在结构的词义表征方法。谓词基元是函项，它们需要吸收的论元代表了谓语动词的论元，题元角色是一个派生概念，某个动词可以指派哪些题元角色是由其谓词分解决定的。谓词分解法可以解释为什么题元角色表中某些语义角色可以共现。

动词是对外部世界发生的事件所作的概念化表述，同一事件，人们可以有不同的概念化方式。动词的词义分解跟人们对事件概念化的方式密不可分。动词的哪些语义会影响句法结构以及动词的语义角色如何实现为句法论元这一词汇语义—句法界面的中心议题，跟人们对事件概念化的方法密不可分。Levin & Rappaport Hovav（2005）认为对论元实现有决定性作用的事件概念化的方式可以概括为 3 种：处所分析法、体分析法和使因分析法。

2）事件概念化

（1）处所分析法。处所分析法的基本观点是：空间运动事件和空间处所事件是我们识解所有事件的关键，空间运动事件和空间处所事件的表征机制可以用来表征其他事件。这一方法由 Gruber（1976）提出，其发展和完善则体现在 Jackendoff（1983，1987，1990）的研究中。

根据处所分析法，事件分为两类：空间运动事件和空间处所事件。空间运动事件涉及事物以及事物运动的路径，如 "The truck went from the factory to the warehouse."。空间处所事件涉及事物以及事物的处所。空间处所事件可以是静态的，如 "The souvenir sat on the shelf."；也可以动态的，如 "John stayed in Germany for three weeks."。Jackendoff 用 GO 表示空间运动动词，用 BE 和 STAY 分别表示静态和动态的空间处所动词。这三类动词可以被嵌套在致使事件中，如 "The worker lowered the bucket from the roof to the ground." 就是空间运动事件。"The bucket fell from the roof to the ground." 嵌套在一个致使事件之中，句子可以理解为 "John made the bucket go from the roof to the ground."。

不表示空间运动和空间处所的动词，则要理解为抽象意义上的空间运动或空间处所动词，只是这些动词所属语义场不同而已。空间运动和空间处所动词属于位置义场（positional field），其他表示抽象的空间运动和空间处所的动词分别属于领属义场（possessional field）、状态义场（identificational field）和时间义场（temporal field）。通过 Jackendoff（1983）所提出的"题元关系假设"（Themantic Relation Hypothesis），三类抽象语义场中的成分跟表示物理空间运动和空间处所的位置语义场中的成分可以形成对应关系，这样，不表示空间运动和空间处所的动词的语义理解就可以借助空间运动和空间处所类动词的语义理解机制来进行。

处所分析法可以很好地解释一些动词的一词多义现象。如例 20 中的 keep。

例 20：a. John kept the lawnmower in the shed.
　　　　b. John kept the car.
　　　　c. John kept Mary happy.

第 2 章 外语界面研究：理论与方法

根据处所分析法，例 20 中 keep 所表示的 3 个事件可以统一解释为：[CAUSE（x,（STAY y, z))]。区别在于各自所涉及的语义场不同：例 20a 属于位置义场，例 20b 属于领属义场，例 20c 属于状态义场。

Levin & Rappaport Hovav（2005）指出了处所分析法的一些缺陷：处所分析法在决定动词的主语和宾语这一问题上发挥的作用有限；很多动词语义的理解很难用处所分析法来进行分析，特别是活动类动词，如 laugh、play、think、write、cry 等都不可能依照"循某条路径的空间运动"得到自然的解读。

相对于我们后面将要介绍的体分析法和使因分析法，处所分析法对词汇语义—句法界面研究的贡献可以说是最小的。

（2）体分析法。从某种意义上来说，处所分析法强调了事件概念化中空间的重要性，这一点在其基本概念如"空间运动"和"空间处所"中足以得到反映。体分析法则强调了事件概念化中时间的重要性。"体"（aspect）指的是事件内部的时间特征，如"延续性""重复性"等。自从 Hopper & Thompson（1980）把体概念纳入动词及物性的决定因素后，体概念在论元实现中的作用就越来越多地被研究者们重视起来。Tenny（1994）提出的体界面假说（the Aspectual Interface Hypothesis）认为语义和句法之间的普遍映射原则受体特征制约，唯有体特征才是普遍联结原则中可见的部分。这无疑把体特征放到了论元实现中最重要的位置。

跟句法—语义界面相关的很多语言现象被认为跟体特征相关，如处所交替、意动交替、与格交替、中动交替等论元交替现象；助动词的选择现象；格交替现象等等。

很多研究者（如 Borer, 2005）指出，直接宾语的指称特征决定了整个事件的体特征，这就使直接宾语和体特征的联系显得非常紧密。Dowty（1991）提出了渐成客体（incremental theme）概念，渐成客体会随着动词所指事件的进展相应发生变化，在时间上，它"量度"（measure out）了动词所指的事件。如在 read a novel 中，"小说"就是"看小说"这一事件的渐成客体，随着小说一页页被读完，"看小说"这一事件也相应完成。Dowty、Tenny 等把渐成客体跟直接宾语位置联系起来。比如，参与处所交替的动词有两个内部论元，它们都可能成为渐成客体，渐成客体要词汇化为直接宾语。例 21a 中，the truck 是直接宾语，它就是渐成客体，卡车满了，事件也就完结了；例 21b 中，the hay 是直接宾语，它是渐成客体，干草都在卡车上了，事件也就完结了。

例 21：a. John loaded the truck with hay.
　　　 b. John loaded the hay on the truck.

但完结性（telicity）和直接宾语之间的关系并非如此简单。Dowty（1991）、Jackendoff（1996）、Levin & Rappaport Hovav（2005）等指出，量度事件并决定句子完结性的句法成分并非总是直接宾语，也并非总会被显性且充分地表达。比如，例 22 中，John 不是渐成客体，渐成客体是 John 运动的路径，它量度了整个事件，路径到了终点，事件也就结束了。但例 22 中的渐成客体没有被词汇化为直接宾语，它甚至都没有得到表达。

例 22：John went to the park.

Jackendoff（1996）怀疑体概念是否在论元实现中起任何作用。他认为"受动性"（affectedness）而非"量度"才是论元实现为直接宾语的决定性因素。

Filip（2012）认为体分类（aspect classification）所依据的一些基本概念，如静态对动态（stativity versus dynamicity）、完结性对非完结性（telicity versus atelicity）、持续性对时点性（durativity versus punctuality），在论元的实现中并没有直接发挥作用。Levin & Rappaport Hovav（2005）指出，状态变化类动词就论元实现而言，其句法表现非常稳定，但其体特征却表现出很大的异质性。

（3）使因分析法。如果说处所分析法强调事件概念化中的"空间"因素，体分析法强调"时间"因素，那么，使因分析法强调的自然是事件概念化中的"使因链"（cause chains）。使因分析法的主要研究者有 Croft（1991，1994）、Jackendoff（1990）、Langacker（1987，1991）等。他们都受到了 Talmy（1976，1988）关于事件参与者之间因果和力动态关系语言学编码研究的启发。

使因分析法把事件分析为使因链，使因链由一系列的环节（a series of segments）组成，每一个环节联系事件的两位参与者，一个参与者可

第2章 外语界面研究：理论与方法

以在同一使因链的不同环节中扮演不同角色。Croft（1991）提出的使因分析法包括以下基本假设：

—简单事件是使因链网络中的一个环节。
—简单事件是不分叉的使因链。
—简单事件涉及力的传导。
—力的传导具有不对称性，不同的参与者分别担任启动者（initiator）和终点（endpoint）……

根据 Croft（1991），一个典型的简单事件是造成被作用事物发生变化的一个有意愿的、无中介的致使事件，其使因链表征如下所示[1]。

简单事件的理想化认知模型（Croft，1994）

```
启动者          终点            （终点）         （终点）
  •     →      •      →       ( • )    →      ( • )
         致使            改变              状态
```

一些传统意义上的语义角色，如施事、受事、工具等可以看作是使因链上特定位置的参与者。如施事就是使因链上的启动者。Croft（1991）和 Langacker（1987，1991）指出，使因表征法能提供一个清晰的事件结构模型，能清楚地表明事件参与者之间的关系，语义角色表表征法是缺乏这种能力的。

最适合使因链表征模型的动词是致使性的状态改变类动词，使因链中的第一个和最后一个参与者很自然地对应施事和受事的角色，句法上也很自然地实现为主语和直接宾语。这类动词句法上的论元实现在各种语言中都被认为具有极强的稳定性，语言事实也支持这种看法。

使因分析法中一个十分重要的概念是"指向"（profile），该概念被用来解释某些论元交替的现象。有些动词有多种用法，每种用法都有自己的论元实现方式。从使因分析法的角度看，所有这些用法都共享一个使因链，区别在于各自指向使因链的不同部分。比如，例1至例3这三个以 thicken 为谓语动词的句子，它们的使因链是一样的，只是各自指向了使因链的不同部分而已。使因链清晰地展示了事件结构以及各个参与者之间力传导的关系，这也很好地解释了为什么工具角色只有在施事

---

[1] Croft（1994：37）对此使因链的标注作了如下说明："圆点表示事件的参与者；箭头表示力的传导关系；不带箭头的线表示非致使关系（表示状态）；带括号的圆点表明该参与者在前面的环节中已经出现过。"

缺失的情况下才可以词汇化为主语,受事角色只有在施事和工具同时缺失时才可以实现为主语。其他一些论元交替现象,如处所交替,也是因为同一使因链上不同部分被指向而导致的。

有些事件,从参与者之间力传导的关系来看,可以有不同的概念化方式,可以用不同的动词来命名同一事件,各自有其独特的论元实现方式。Croft(1993)认为有些心理活动事件根据参与者之间力传导关系的不同,可以有两种识解方式:体验者把注意力指向刺激物;刺激物致使体验者产生某种心理状态。按照第一种识解方式,在使因链上,体验者居于刺激物之前;按照第二种识解方式,情况则相反。像 look at、listen to、watch、fear 等动词属于第一类,而 frighten、amuse、interest、bore 等动词属于第二类。

使因分析法也面临处所分析法类似的问题,那些不适合上述所示简单事件的理想化认知模型的动词则只有通过类推的方法进行解读,但不是所有的动词都可以通过类推得到自然的解读。

我们讨论了动词语义的表征方式以及事件概念化的方式,接下来我们要分析动词语义表征向句法映射中所需要遵循的规则。

3)映射规则

就词汇语义与句法之间的映射关系,语法学家们提出了各种理论。现在比较一致的看法是,词汇语义的某些方面在句法结构中得到了保存。但究竟是怎样的一种保存关系,学者们是有分歧的:有人认为语义角色和句法单位之间存在直接的对应关系;也有人认为语义上的层级关系在句法上的层级关系中得到体现。Levin & Rappaport Hovav(2005)分别把这两种观点叫作"等价类保存限制"(equivalence class preservation constraints)和"显著性保存限制"(prominence preservation constraints)。

(1)等价类保存限制。等价类保存限制方法认为具有相同语义角色的动词论元有相同的句法实现方式。"施事实现为句子的主语"这种联结规则就是对这种方法的很好说明。Baker(1988)的题元指派一致性假说[1](Uniformity of Theta Assignment Hypothesis)也很好地体现了这一方法。

---

[1] Baker 的题元指派一致性假说的具体内容是:词项之间相同的题元关系在深层结构中体现为相同的结构关系。

第 2 章 外语界面研究：理论与方法

这种方法最大的优点是它使词汇语义向句法的映射具有透明性，但其面临的最大挑战是如何解决词汇语义向句法映射中的多对多问题，即同一种语义角色可以实现为不同的句法成分；不同的语义角色也可以实现为相同的句法成分。由于语义角色上的区分远多于句法成分上的区分，这个问题自然会出现。解决问题的方法有两种。第一种是把语义角色定义得更宽泛或采用广义语义角色的方法来减少语义上的区分。但这种方法无法处理论元实现中的语境依赖（context dependence）——具有某种语义角色的论元在词形句法上的具体实现取决于句中与之共现的其他论元的语义角色。比如，前面例 1 至例 3 提到，受事只有在施事和工具都缺少的情况下才可以实现为主语，工具只有在施事缺少时才可以实现为主语。第二种方法是采用抽象的句法表征来增加句法上的区别。这种方法在 Larson（1988）提出 VP 壳（VP-shells）之后被广泛采用。在 Hale & keyser（1993，2002）和 Ramchand（2008）的研究中，句法表征试图对应谓词分解的结构。Levin & Rappaport Hovav（2005）认为，词汇语义向句法的映射多数情况下满足的是显著性保存限制。

（2）显著性保存限制。显著性保存限制方法认为词汇语义中的显著性关系（prominence relations）在句法表征中得到保存。显著性保存限制方法不要求拥有某一语义角色的论元有唯一的句法实现，论元实现中的语境依赖就可以得到很好的处理。我们前面提到只有在施事缺少的情况下，工具才可以实现为句子的主语，只有在施事和工具同时缺少的情况下，受事才可以实现为句子的主语。依据显著性保存限制规则，词汇语义中的显著性关系——施事〉工具〉受事，在句法表征中要得到保存，如果句子中同时存在施事和工具论元，自然是施事论元实现为主语，工具论元要实现为主语，只有在施事论元缺少的情况下才可行。同理可得受事只有在施事和工具论元缺少的情况下才可以实现为主语。

句法上的显著性关系可以通过成分统制、语法关系或词形格层级来界定。语义上的显著性关系也可以在谓词分解或事件结构表征的基础上用类似于句法上的成分统制来定义（Wunderlich，1997），但现在通常的做法是通过题元层级（thematic hierarchy）来定义。关于题元层级，人们已经做了大量的研究工作，可参看 Fillmore（1968）、Baker（1989）、Grimshaw（1990）、Jackendoff（1990）等。

人们对词汇语义—句法界面已经进行了广泛和深入的研究，相关专著和论文不胜枚举。我们只能紧紧围绕词汇语义—句法界面的核心问题进行阐述，即动词的哪些语义会影响句子结构以及动词的语义角色如何实现为句法论元。我们介绍了词汇语义的表征方法、与论元实现有关的事件概念化方法以及词汇语义向句法映射的基本规则。这三方面的内容紧密联系，对词汇语义—句法界面研究的核心问题作出了比较好的回答。持不同观点的学者在很多问题上已经达成了比较好的共识，比如，决定论元实现的语义因素应该从动词本身的语义中派生出来；体特征、使因链在论元实现中是起作用的；词汇语义向句法映射的过程遵守显著性保存限制等。但如何确定句子的哪些意义可直接归结于动词的词汇语义，哪些意义是构式意义或语境意义，这对学者们来说仍然是个挑战。关于词汇语义—句法界面研究，我们这里介绍的都是投射主义研究方法（projectionist approaches）。从20世纪90年代早期开始，有学者开始对投射主义方法产生质疑，开始采用构式主义研究方法。由于篇幅限制，我们这里不再介绍相关研究成果，有兴趣的读者可以参看Goldberg（1995）、Boas（2003）、Iwata（2005）等。

2.2　文学界面研究的理论与方法

本节对文学界面研究的讨论主要从认知诗学、生态文学批评、文学社会学3个方面展开。

2.2.1　认知诗学

20世纪，西方文学流派众多，更迭频繁，多元发展成为当时西方文学的一个显著特点（朱立元，2005）。后半叶的两次"认知革命"推动了许多领域的"认知转向"。"然而，文学研究者对认知科学不感兴趣，这种缺席似乎令人吃惊……文学与认知科学的结合是这个时代最伟大的跨学科合作……文学研究中与认知神经科学相关学科最接近的领域——

第 2 章 外语界面研究:理论与方法

尤其是读者反应批评、格律和叙事学——都迫切需要依据认知心理学、心理语言学和人工智能(AI)的最新成果进行重新思考。"(Richardson,1999:157)随之,文学研究也发生了"认知转向","一批文学理论家和批评家,通过对人工智能、认知心理学、后乔姆斯基语言学、心智哲学、神经科学和进化生物学等认知科学不同领域的进一步研究,从中汲取灵感、方法和研究范式,取得了大量的研究成果"(Richardson & Steen,2002:1–2),主要代表人物有鲁文·楚尔(Reuven Tsur)、诺曼·霍兰德(Norman Holland)、皮特·斯托克威尔(Peter Stockwell)、戴维·迈阿尔(David Miall)、马克·特纳(Mark Turner)等。这些代表人物中既有文学研究者,也有认知心理学家,还有语言学家等跨学科研究者。此外,文学的"认知转向"不是一蹴而就的,而是多学科、多领域的学者经过漫长的探索。直到 21 世纪初,《认知诗学导论》(*Cognitive Poetics*)、《认知诗学实践》(*Cognitive Poetics in Practice*)的出版和《今日诗学》(*Poetics Today*)于 2002 年和 2003 年连续两年以专栏的形式发表了很多文学认知研究的文章,推动了认知诗学或文学的认知研究的发展。21 世纪初,文学的认知研究才成为欧美文学研究的一股"新流"。"过去 10 年认知文学研究迅猛发展,现在正是繁荣时期。"(Jaén & Simon,2012:3)

1. 文学认知研究的主要流派

"认知科学可以反过来激起文学理论家和评论家必要的反思"(Richardson & Spolsky,2004:2),认知科学的理论、概念、术语和方法可以给文学研究带来新的视野或方法。20 世纪 70—80 年代,认知诗学率先在欧洲成为文学认知研究的流派。90 年代末,北美的文学研究者也开始关注文学的认知研究,并在美国现代语言学会下成立了"文学认知研究讨论小组",这一流派后来提出了认知文学研究范式,经过近 30 年的孕育和发展,逐渐形成了以北美为中心的认知文学研究的文学认知研究流派。因此,文学的认知研究大致可以分为认知诗学和认知文学研究两大流派。

认知诗学(Cognitive Poetics)主要基于分析哲学和具身性、互动观等哲学思想,运用认知心理学、格式塔心理学、认知语言学等理论或概念研究文学文本，侧重以"文本"为导向，关注文本细读中的认知过程对文本意义的影响。认知文学研究（Cognitive Literary Studies）则主要基于现象学和心智哲学，侧重运用神经认知科学的相关理论探讨文学的理论问题，延伸出如认知历史主义、认知生态批评、认知现实主义、认知后殖民等多种研究范式。认知诗学和认知文学研究均指文学的认知研究，由于其产生的历史背景和地域渊源的不同，有些研究者习惯用认知诗学来指称文学的认知研究，因为广义上而言，"诗学"本就指文艺理论；有些（特别是以北美为主的文学认知研究者）则习惯用认知文学研究来指代文学的认知研究，在他们看来，认知文学研究涵盖了认知诗学。

2. 认知诗学

认知诗学研究有多种流派，主要以鲁文·楚尔、玛格丽特·弗里曼（Margaret Freeman）、乔治·雷科夫（George Lakoff）、马克·特纳（Mark Turner）、皮特·斯托克威尔（Peter Stockwell）等为代表（蒋勇军，2009）。然而，就文学研究而言，认知诗学主要指以以色列特拉维夫大学的鲁文·楚尔为代表的认知诗学（传统认知诗学）和以英国为中心、有文体学研究传统的文学认知研究（新认知诗学）。传统认知诗学主要用于诗歌研究，探求诗歌分析的感知效果和审美效果，新认知诗学则更多关注阅读过程的认知过程，以求通过意义的识解达到对文本意义的准确理解。它们都有把认知诗学上升到学科层次的抱负，只是各自的侧重点不同。

1）传统认知诗学

20世纪70年代，"认知诗学之父"鲁文·楚尔就开始运用认知方法研究诗歌，且尤其关注诗歌的韵律、节奏及其审美感知效果。1983年，他在《什么是认知诗学》（*What Is Cognitive Poetics*）中正式提出"认知诗学"。他把认知心理学、理论与应用语言学、格式塔心理学、俄国和布拉格形式主义、分析哲学、结构主义以及英美新批评等理论运用于诗歌分析，比较系统地阐述了知觉、认知结构、认知过程、认知稳定性、隐喻、意象、图式、脚本等认知科学概念。这本书由希伯来语写就，因

第2章 外语界面研究:理论与方法

而在英语界反响不大。1992 年出版的《走向认知诗学理论》(Toward a Theory of Cognitive Poetics)则宣告了认知诗学正式走进文学研究的殿堂。他在开篇中指出:

> 认知诗学是把认知科学作为工具研究文学的跨学科路径。"认知科学"是一个宽泛的术语,涵盖了探索人类信息处理的多个学科,包括认知心理学、心理语言学、人工智能、语言学的某些分支以及科学哲学的某些分支。它们探索知识习得、知识组织和知识运用过程中的心理过程;事实上,它囊括了人类大脑的所有信息处理活动,从直接刺激的分析到主观经验的组织。认知诗学探索认知科学对诗学的贡献:它试图发现诗性语言和形式或者文学批评家的评判是如何受到人类信息处理的制约和塑造的。
>
> (Tsur, 1992: 1)

楚尔界定了认知诗学的研究方向、研究对象以及研究目的。他并未把认知诗学拘泥于诗歌的分析,而是将其上升到了"诗学"的高度。在将认知诗学用于诗歌分析的过程中,他从语音、意义单位层次等方面对诗歌进行综合性研究,探讨诗歌欣赏的信息处理过程中可利用的心智工具,以期阐释读者细微的知觉活动机制,从而探讨文本结构和所感知的效果之间的关系,发现编码和解码的信息处理过程如何制约和影响诗歌的语言和形式的机制,尝试为系统探讨审美效果和非审美元素的结构之间的关系提供认知理论和模型。此书一举奠定了他"认知诗学之父"的地位。1998 年,他出版了《诗歌节奏:结构与表现——认知诗学的实证研究》(Poetic Rhythm: Structure and Performance: An Empirical Study in Cognitive Poetics)。虽然上述两本著作既有理论探讨,又有实证研究的具体分析,但在当时并未造成很大的反响,甚至很少有人提及,因此未能赢得文学研究领域中的典范地位。理查森(Richardson & Spolsky, 2004)认为可能有以下 4 个原因:

• 大环境的影响。虽然认知诗学在当时具有开创性,但那时的英美文学对诗学研究的兴趣日益减少,甚至完全消失,因而不大可能引起学界的注意。

●信息技术落后。当时没有互联网，信息交流缓慢、延时，导致楚尔提出的认知诗学传播范围不大，在英国和美国很难找到或获得他的相关著作。

●楚尔自身的局限性。认知诗学需要深厚的跨学科知识和多学科的理论素养，这对大多数研究者而言具有挑战性；楚尔尽管知识渊博，创新力却稍有不足。

●认知诗学的跨学科特点。认知诗学兼收并蓄、话题跨度大，这使他很难在当时树立认知诗学的典范地位。

21世纪初，认知诗学在其他学者的推动下迅速升温，也延伸出众多流派或范式，2008年，楚尔修订了《走向认知诗学理论：再版、拓展和更新》(Toward a Theory of Cognitive Poetics: Second, Expanded and Updated Edition)，对当时流行的认知诗学研究作了回应。2017年，楚尔的《认知规约即认知石化》(Poetic Conventions as Cognitive Fossils) 出版。书中，他运用很多自己过去的研究来论证传统的诗歌风格如何源于认知原则而非文化原则，而传统的学术研究认为文化和诗歌的传统可以通过社会传播的发展来解释；他在大脑的认知约束（cognitive constraints）中探寻诗歌传统的根源，并指出："久而久之，我们把一些表达特征变成了认知修饰的固化和风格的特征。"（Tsur，2017：ix）

2）新认知诗学

"认知语言学关注语言结构背后的心智过程，这为20世纪80年代的认知诗学研究提供了新的理论框架。"（Jaén & Simon，2012：13）新认知诗学，即欧洲学派的认知诗学，主要运用认知语言学和认知心理学的概念和理论，如图形（figure）和背景（ground）、指示语（deixis）、认知语法（cognitive grammar）、脚本（scripts）、图式（schemas）、话语世界（discourse worlds）、心理空间（mental spaces）、概念隐喻（conceptual metaphor）、寓指（parable）和文本世界（text world）理论等探讨文本的意义。其代表著作是皮特·斯托克威尔（Peter Stockwell）2002年出版的《认知诗学导论》和2003年出版的《认知诗学实践》。它们推动了认知诗学的发展，认知诗学在欧洲成为文学的新研究范式。

和楚尔一样，斯托克威尔在《认知诗学导论》开篇就明确指出认

第 2 章　外语界面研究：理论与方法

知诗学的研究对象和研究目的："认知诗学就是关于文学作品的阅读"（Stockwell，2002：1），聚焦于文学阅读和普遍认知之间的基本关系，但不单研究文学的写作技巧或读者，而是两者结合、更自然的阅读过程。新认知诗学关注文学的技巧，也要概括出结构和原则，而且它并不否认传统文学研究的任务与目的，只是对传统文学的研究手段感到不满意；它赞成探讨文学价值、地位和意义，但更关注文本与环境、环境与功用、知识与信仰等问题。斯托克威尔认为，传统文学批评把注意的焦点放在作者—文本—读者这三者之间移动，仅仅是强调重心的差异，或多或少强调这三角中的某一结点，而认知诗学并不局限于其中的任何一点，它的目的是"提供一种方式，讨论作者和读者对世界的理解和阐释如何在语篇组织中体现这些阐释。从这个意义上讲，认知诗学不仅仅是其重点的一个转向，而是对整个文学活动过程进行彻底的重新评价"（Stockwell，2002：5）。他坚决摒弃那种印象式的阅读和不准确的直觉，争取做到精确且系统地分析读者阅读文学文本时的状态。他批评仅仅借用认知心理学和认知语言学的一些观点将文学作为一种材料的做法，认为"认知诗学是对文学阅读和分析的彻底革新"（Stockwell，2002：6），但又并非抛弃过去在文学批评和语言分析中采用的知识和模式，而是对它们稍作调整，使之为文学阅读提供一种新的路径。他的这种新路径还是沿着认知语言学的方向，主要借助认知语言学或认知心理的理论或概念，以"语言—形式"为取向，具有文体学研究传统。

2009 年，博尼（Geert Brône）和旺达勒（Jeroen Vandaele）合编的《认知诗学：目标、成绩和空缺》（*Cognitive Poetics: Goals, Gains and Gaps*）为认知诗学提供了一个整体概括，呈现当下认知诗学研究的一些重要目标、成绩和研究空白，章节选择带有综合的目的性，运用体验认知、识解和概念化、视点心理空间、象似性、隐喻映射和概念合成、构式语法等概念，探讨（文本）世界的建构、人物塑造、叙事视角、距离话语（包括反讽）、幽默、情感和诗歌意象等，在一定程度上拓展了认知诗学的研究领域。2010 年，波兰罗兹大学举办了"认知诗学和认知修辞学国际会议"，艾琳娜·凯科沙（Alina Kwiatkowska）根据此次会议主题主编了《文本与心智：认知诗学和认知修辞学文集》（*Texts and Minds: Papers in Cognitive Poetics and Rhetoric*），并于 2012 年由兰培德（Peter

Lang）国际艺术出版集团出版。该文集主要应用认知语言学的理论分析文学和非文学语境文本，虽然方法不同，但殊途同归，探讨意义产生的心智过程，正如题目"文本与心智"所示，主要聚焦文本与心智的关系：通过心智过程的分析，阐释文本。其研究内容涉及认知叙事学、认知修辞学等领域，研究对象包括新闻、广告设计等非文学语境文本。2014年，哈里森（Chloe Harrison）等合编的《文学中的认知语法》（*Cognitive Grammar in Literature*）也是在认知诗学框架内讨论认知语言学的认知语法的运用。认知诗学相关的专著颇丰，此处不再赘述。

最近几年，认知诗学研究者通过考虑视角识解、虚拟运动和躯体反应，探讨诗学话语与具身认知的关系，强调文学体验中的情感和现象学方面的因素，如感觉、面对面的文学形式，进一步探讨涉及文本世界的文学话语和互文性，突出认知诗学研究方法的包容性和跨学科的特质，设法把文学批评和语言研究结合起来（Jaén & Simon, 2012）。

3. 认知文学研究

认知文学研究在艾伦·理查森（Alan Richardson）、艾琳·斯波斯基（Ellen Spolsky）、帕特里克·霍根（Patrick Hogan）和丽莎·詹赛恩（Lisa Zunshine）的倡导和推动下形成了一个文学认知研究阵营。认知文学研究主要在美国，其官方组织是成立于1999年的"文学认知方法讨论组"（Discussion Group for Cognitive Approaches to Literature），隶属于美国现代语言学会（Modern Language Association，简称MLA），当时讨论组只有250人，到了2015年登记在册的有2 118人。

1）认知文学研究的界定

"认知研究本身就是科学和社会科学的松散结合，这种结合从进化生物学延展到哲学认识论，兼容了经验主义和理性主义的研究方法。认知研究与各种文化研究相互勾连，反而发展成为一种人文主义与社会科学的混合学科。"（Richardson & Spolsky, 2004: 1）认知文学研究就是"运用发展心理学，社会心理学，进化生物学，情感理论，认知语言学，比较人类学，叙事学，神经科学以及对范畴化、概念化和记忆的研究成果，以阐释与实证研究为目的的一种异质网络"（Bruhn & Wehrs,

2014：1），它"不是一种新理论、新流派或批评家的新文学阅读方法，而是呼吁包容和合作，形成一种获取知识的跨学科方法"（Jaén & Simon，2012：4），因此它不是颠覆或者取代过去的理论，而是对过去理论的充实和完善。认知文学批评虽然对认知科学感兴趣，但其目的不是为了契合科学，而是为了丰富文学与文化的研究范式。认知文学研究涉及神经科学、认知语言学、认知进化人类学、认知进化心理学和发展心理学研究文学，涵盖认知叙事学、认知历史主义、认知生态批评、神经美学、认知障碍研究、认知酷儿理论、情感和移情研究、移动图形和戏剧研究等等。认知文学研究通过整合人文和科学的方法探讨认知和文学之间的复杂关系，经过"大约30年"的"孕育、发轫、生成和发展"（熊沐清，2015：1），形成两个主要流派："一个是认知诗学、认知叙事学、认知修辞学及与其相似的学科，重新考察形式批评的分析方法和观点，利用具身心智（embodied cognition）的认知结构（cognitive architecture）来理解文学；另一个是认知文化研究、文学进化研究（evolutionary literary studies）、生物诗学（biopoetics）及其相关学科，从比较的角度（至少从理论上）重新审视文化和历史研究的方法与观点，以具身心智的自然和文化历史来理解文学和其他类型的文化表达。"（Bruhn & Wehrs，2014：7）因此，集中于北美的认知文学研究者把文学认知研究看作认知文学研究，涵盖认知诗学、认知生态批评、认知叙事学、认知后殖民研究、认知历史主义、认知酷儿理论、神经认知诗学等研究。

2）认知文学研究的目的和方法

随着时代的发展，认知文学研究的跨学科对话也越来越广泛，其中包括发展心理学、进化心理学、神经科学、精神病学、认知语言学、人类学、哲学和人类生物学。认知文学研究可以看作是文学与科学的对话，即运用认知科学的理论或方法研究文学，因此有学者认为认知文学研究就是通过实验来研究文学，如眼动技术、核磁共振技术，这种研究不具有文学性。这种观点将认知文学研究狭隘化。事实上，认知文学研究主要基于具身心智，在文学文本中可以考察语言机制、叙事能力、创造力、记忆、情感等许多认知功能，以具身心智的认知结构来理解文学表达。

研究方法包括借用认知科学的理论，通过认知机制、问卷调查、神经实验等多种途径理解文学文本。"文学的认知革命有助于阐明文学历史研究所忽略的语境问题，能发现新的问题"（Richardson，2002：141），认知模式和理论能开启对较早时代关于心灵和语言的文学、哲学和科学语篇的全新的阅读方式，不是因为早期概念是当前概念的"先河"，而是因为新的兴趣、概念、术语和方法可以给历史记载带来全新的视角。认知文学研究通过运用认知科学的理论或方法考察文学不是对传统文学的否定，而是对传统文学研究的深化和发展，两者的目的并不相悖，且在方法论上可以互补。

3）认知文学研究的前景

认知文学研究经历了近30年的发展，现已成为西方文学研究的一个流派，虽然每年相关的论文和专著颇多，但并非都冠以"认知文学研究"或"认知"的标签。近几年，在文学和认知研究中，人文研究既关注生物和进化方面的因素，又强调文化和历史的因素；以后的认知文学研究将融合历史、文化和生物的因素，进行跨学科研究，"认知"的标签将会弱化（Jaén & Simon，2012）。因此，从广义上而言，认知文学研究的方法将融入文学研究中，认知文学研究不再被标签化；但从狭义上而言，认知文学研究的认知叙事学、认知历史主义、认知生态批评、认知女性主义批评、认知障碍研究、认知酷儿理论等研究范式将作为元批评理论。因此，认知文学研究更侧重于运用认知科学理论来探讨文学理论，主要以"理论为导向"，如认知历史主义，"它不是颠覆或代替新历史主义或其他文化研究，而是对他们的修正和完善"（Richardson，2010：x-xi）。"只要不将当前的模式和理论单纯地强加于早期的思想，而是严格地从历史的意义上重建过去的观念，认知历史主义最终应该能别开生面地补充以心理分析和后结构主义为指导的心智与语言的研究。"（Richardson & Spolsky，2004：23）认知文学的诸多范式正在构建或探索中，作为一门新兴的文学研究领域，"认知文学研究在许多方面才刚刚开始，随着这一领域的成熟，还有更多的东西有待开发"（Starr，2018：418）。

文学的认知研究作为文学研究的一种新的方法已经在欧美发展了近

30 年，我们应当以理性的态度对待它，客观看待文学的这种研究方法。认知诗学侧重文体学传统，以文本依据为核心，以形式—意义为取向，注重文本性的语言模式，但更把文学看作是"意向性客体"，它不仅是文本的自动存在，更是主体意识的互动活动。传统文体学是识别文本特征，而认知诗学则解释读者如何使用这些特征。认知文学研究侧重文学理论的拓展和深化，以内容—主题为取向，注重文学性，把文学看作是具身心智和文学文本互动的交际，其涵盖面比认知诗学更广。就欧美文学的认知研究发展趋势而言，认知文学研究逐渐有涵盖认知诗学研究的意向和趋势。

2.2.2 生态文学批评

生态文学批评（ecocriticism）在我国更常见的译法是"生态批评"。顾名思义，生态批评是一种将"生态学"和"文学批评"结合在一起的研究，具有明显的跨学科特征。英文 ecocriticism 一词是 ecological 和 criticism 两个词的合体。在生态批评发展的历史中，也有其他略有不同的提法和关注点，包括"环境批评"（environmental criticism）、"绿色研究"（green studies）等。

文学和文学批评对自然或环境的关注古已有之，如圣经《创世记》、古希腊的田园诗、中国的《易经》、印度的《奥义书》等。但是"生态批评"一词的正式提出一般认为可以追溯到威廉·鲁克特（William Rueckert）于 1978 年在《衣阿华评论》（*The Iowa Review*）上发表的《文学与生态学：生态批评实验》一文，鲁克特用它来指涉生态学和生态学概念在文学研究中的应用"。鲁克特认为，文学具有像太阳一样的感染力和影响力，而阅读是一种能量的传递，文学研究者将诗歌和生物圈相联系，从而释放出诗歌中的信息和影响力，使之得以传播并转化为社会行为。鲁克特的定义是从生态学研究的角度出发的，其目的是"发现文学领域中的生态学元素"，即文学在生物领域中的功能。

1. 生态批评的出现和发展

生态批评的跨学科研究在文学批评领域初见端倪要早于鲁克特的文章，见于 1974 年出版的美国生态学者约瑟夫·米克（Joseph W. Meeker）的《生存的喜剧：文学生态学研究》(The Comedy of Survival: Studies in Literary Ecology)，其中提出"文学的生态学"(literary ecology) 这一术语，主张批评应当探讨文学所揭示的"人类与其他物种之间的关系"。20 世纪 70 年代，另一位美国学者卡尔·克罗伯（Karl Kroeber）在对浪漫主义的研究中多次将"生态学"(ecology) 和"生态的"(ecological) 概念引入文学批评。1996 年，《生态批评读者：文学生态的里程碑》(The Ecocriticism Reader: Landmarks in Literary Ecology) 一书出版，正如其标题所示，该书的出版标志着生态批评作为一种有效的研究理论正式得以确立。该书主编之一彻丽尔·格罗费尔蒂（Cheryll Glotfelty）在序言中将生态批评与女权主义批评和马克思主义批评相对比，提出了明晰的定义：像女权主义批评从性别意识的角度审视语言和文学、马克思主义批评在其文本阅读中带来了生产方式和经济阶级的意识那样，生态批评采取了以地球为中心的文学研究方法，它是对文学与自然环境之间关系的研究。

生态批评显然与生态学相关思想的出现与发展有着无法割裂的关系。1866 年，德国科学家恩斯特·海克尔（Ernst Haeckel）在《生物体普通形态学》(Generelle Morphologie der Organismen) 一书中第一次提出"生态学"(Oekologie) 一词。该词由古希腊词根 oikos（住所）和 logos 组成，以表示这是关于环境和生态关系的研究。20 世纪著名生态学家尤金·奥多姆（Eugene Odum）在《生态学：自然科学与社会科学的桥梁》中提到，生态学的研究范围已经因为公众需要而扩展。由于人类对环境危机意识的普遍增强——此研究已经被广泛接受为对人与环境的整体性研究。由此可见，生态思想就是关于身处自然中的人与其生存环境之间关系的思想，是对生物环境整体性、多样性及生命圈之平衡的思考。实际上，从 20 世纪 70 年代起，多个学科领域的学者已经对环境危机和文学与文化之间的关系表现出了极大关注，文学、历史、哲学、宗教、经济等相关领域的研究无不表现出明显的跨学科特点，而生态批

第 2 章　外语界面研究：理论与方法

评对 eco 这一前缀的强调也正彰显了以"环境"和"关系"为基础的跨学科碰撞、交叉和融合，以及将人类与自然纳入同一个生态系统的整体性研究。

生态批评的发展离不开对自然和环境的重新认识和不断更新的定义。对自然的理解从"非人类"（non-human）的空间发展到"超越人类"（more-than-human）的空间，关键词从无人的"荒野""自然"，到逐渐有人的"环境""都市"。正是由于其跨学科的鲜活视角，同时不断与传统批评方法相结合，不断借鉴跨学科的新理论，生态批评理论和研究方法才能在过去的 20 多年高速发展。由于其发展就像大海的浪潮一样，一波未平一波又起，同时前一波浪潮与后一波浪潮相混合，成为下一波浪潮的组成部分，再加上生态批评与女性主义批评的紧密关系，生态批评领域的不少学者也像女性主义学者那样，用"浪潮"一词来隐喻生态批评的历史发展，如劳伦斯·布伊尔（Lawrence Buell）在 2005 年出版的《环境批评的未来》一书中将生态批评在过去 10 年的发展总结为三次浪潮，2012 年，斯科特·斯洛维克（Scott Slovic）在文章中指出 2010 年以后的生态批评已经属于第四次浪潮。

第一次浪潮大约从 1980 年开始，甚至可以说发生在"生态批评"这个术语被普遍使用之前。主要研究对象是英美两国的非小说类文学文本，即"自然写作"（nature writing）文本，关注点主要是非人类的自然或荒野（wilderness）。当然，一些生态批评学者甚至将早期生态批评追溯到文学批评领域更早对自然的关注，包括亨利·纳什·史密斯（Henry Nash Smith）的《处女地》（*Virgin Land*，1950)、利奥·马克斯（Leo Marx）的《花园里的机器》（*The Machine in the Garden*，1964）、罗德里克·纳什（Roderick Nash）的《荒野与美国思想》（*Wilderness and the American Mind*，1967)、雷蒙·威廉斯（Raymond Williams）的《乡村与城市》（*The Country and the City*，1973）、安妮特·克罗德尼（Annette Kolodny）的《辽阔大地》（*The Lay of the Land*，1975）等。英美生态批评比较公认的具有里程碑意义的开端是 1991 年乔纳森·贝特（Jonathan Bate）的《浪漫主义的生态学》（*Romantic Ecology: Wordsworth and the Environmental Tradition*）和 1995 年劳伦斯·布伊尔的《环境的想象：梭罗、自然文学和美国文化的构成》（*The Environmental Imagination: Thoreau,*

Nature Writing, and the Formation of American Culture）。在此发展过程中，生态批评也在其他英语国家迅速发展，其重读和研究对象涵盖了从古典到当代的整个西方文学史。同时，这一浪潮还波及其他非英语母语的国家。

第二次浪潮大约发生在 20 世纪 90 年代中期，不仅超出英美和英语国家范畴，而且研究对象延伸到多种文学体裁和文化研究，文本和作者也越来越趋向于具有文化多元性特征，如对贫困人口和社会边缘化者更迫切关注的环境福利和公平问题进行实质性研究。研究主题延伸到生态女性主义、环境正义、环境伦理等范畴，与性别、政治、历史、文化研究、哲学研究相结合的跨学科趋势也越来越明显。实际上，生态批评与环境保护运动的发展关系十分密切，尤其是与环保运动催生的两个学科——环境哲学和环境历史——有着天然的跨学科共鸣。也正因如此，生态批评学者早期使用的术语或名称颇多，包括"环境批评"（environmental criticism）、"文学—环境研究"（literary-environmental studies）、"文学生态学"（literary ecology）、"文学环境主义"（literary environmentalism）、"绿色文化研究"（green cultural studies）等。2002 年出版的《环境正义读本：政治，诗学和教育》（*The Environmental Justice Reader: Politics, Poetics and Pedagogy*）将这一波浪潮推到高潮。环境正义生态批评主张站在环境公正的立场上，透过种族、性别及阶级的视野研究文学、文化甚至艺术与环境之间的关系，呼吁生态批评从荒野回家，回到人与自然交汇的中间地带，从而使得生态批评不仅具有崇高的生态理想，而且也立足真实的现实世界。因此，环境正义生态批评中种族和性别视野最为突出，大大拓展了主流环境主义关于"环境"的定义，其批评手段也更加多样。

大约于 21 世纪初开始的生态批评的第三次浪潮"承认种族和民族的特殊性，但又超越了民族和国家边界"，更加充分彰显了它跨国别、跨文化、跨学科的特征。其研究主题包括以下领域：(1) 对地域与空间概念的反思。生态批评学者提出"生态世界主义"（eco-cosmopolitanism），以替代以往的地方主义思维，如厄休拉·海斯（Ursula Heise）的《地方意识和星球意识》（*Sense of Place and Sense of Planet*）。(2) 新生物区域研究。如汤姆·林奇（Tom Lynch）的《沙漠情结》

第2章 外语界面研究：理论与方法

(*Xerophilia*)中对"嵌套"生物区域的讨论。(3)多元性别研究(包括生态男性主义和绿色酷儿理论)。(4)"动物性"(animality)研究，包括进化论生态批评(evolutionary ecocriticism)、动物主体性研究(animal subjectivity/agency)、素食主义研究(vegetarianism)、非人类的正义(justice for nonhuman species)、后人类主义研究(post-humanism)等。

2010年前后，生态批评在后殖民、环境正义、城市、生物区域、地方、跨国和女性主义等领域的发展不断增长，力图构建更加平等的、反人类中心主义的话语结构。同时，生态批评在结构二元对立的话语和思想体系过程中，将注意力投向了物质性(materiality)研究，推动了生态批评的第四次浪潮。2014年，赛仁娜拉·伊奥凡诺(Serenella Iovino)和瑟普尔·奥伯曼(Serpil Oppermann)的《物质生态批评》(*Material Ecocriticism*)一书出版，她们对物质性的关注借鉴了女性主义研究的物质转向，尤其是斯黛西·阿莱莫(Stacy Alaimo)的"通体性"(transcorporeality)和"自然的伦理空间"(ethical space of nature)理论，认为人的身体在本质上属于物质世界的一部分，物质生态批评就是要阐明我们的身体和地球之间所交换的物质现象和伦理意义。

2. 生态批评的主要视域

1) 物质性的自然及其主体地位

生态批评自诞生之日起，就将矛头对准了启蒙运动以来西方根深蒂固的二元论思想，尤其注重对人与自然的关系进行反思，重新定义这个人类赖以生存的自然/环境。正如雷蒙·威廉斯所说，自然也许是语言中最复杂的一个词，它是对非人类现象的指涉，也指向物理世界中所有结构、过程和法则，同时也被用来描述乡村、荒野、动植物等与城市和人类工业文明相对立的存在。生态批评学者对自然的内涵、主体地位、与人类的关系进行了各种角度的反思和重构。首先，作为一种有生命的有机体，人类与其他动物、其他生命之间的互动基于同属于动物的生命特征——"动物性"(animality)；其次，物质世界本身充满了意象、符号、意义与意图等，人与自然界的物质交换如同语言与现实一样，并非统治与被统治的关系，而是在共存、合作中实现动态平衡。生态批评对物质性的重视不仅是对启蒙运动以来传统二元对立思想的反对，同时用新的非人类中心主义的方法来分析语言和现实、人类和非人类的存在、思想和物质，具有明显的环境人文学研究特色，它在科学和人文领域之间的一次广泛对话，涵盖了诸如哲学、量子物理学、生物学、社会学、女权主义、人类学、考古学和文化研究等领域。其理论基础是承认世界的物质性与其主体关系的复杂性。因为我们所认识的这个世界由交织在一起的体系与力量构成，并且这些体系和力量随着时间的推移而不断变化，产生出新的形式、躯体和自然体系。也正是因为这些自然体系、施事者和不同躯体的存在，"我们所居住的世界"及其所有的故事才得以获得生命。因此，所有的物质都是有故事的（storied matter），世界上的物质现象是庞大的施事网络中一个又一个的结，物质的故事以特殊的物的形式和话语形式发展，在自然和符号共同构成的景观中不断发展，无处不在，既在人类活动范围之内，也在之外（more-than-human），而物质生态批评就是要对不同的施事者的故事进行"阅读"和阐释。同时，施事能力并非人类独有，人类和非人类都是自然界的物质，都具有施事能力，因而人类与非人类才能以平等的方式构建互为联系的生态网。身体物质自我将自身的状况积极地表现出来，用社会话语阐释物质自我。因而，叙事能力不再为人类独享，非人类的物质积极参与到构建社会话语的活动中来，推翻人类优于自然、征服自然的论断，进而肯定了物质的表达能力，倡导自然的"复魅"，进而讲述自己的故事。2008年，在《物质女性主义》（*Material Feminism*）一书中，斯黛西·阿莱莫首次提出"通体性"概念。提出"通"（trans-）指的是多重的、生物间的横向贯通。后缀"身体性"（corporeality）则借鉴了女性主义对身体性的研究，来源于"身体间性"（inter-corporeality）一词。她不仅认为人类与自然实际上由相同的物质组成，而且处于不断的相互交流过程之中。"通体性"概念继续了后人类主义对"人类特殊性"（human exceptionalism）的解构，消解了人类与环境之间主体/背景的二分法，同时试图构建一个人类与其他生物有着普遍的实质性物质交换的框架或体系。

2）环境的空间整体性

在生态批评的研究过程中，地方性研究也是一个常见的批评视

第 2 章　外语界面研究：理论与方法

角。作为个体的生命，我们首先与某一个或几个特定地点或空间发生关系——我们的家乡、我们足迹所到之处。我们对环境的理解通常始于对某一地方（place）的经验。地方既是生活、交流的核心，也是建构身份、文化、历史的语境。早期的很多生态批评者也是按国别和区域进行归类和分析，但是随着"全球化"概念的出现和不断得到的广泛接受，人文科学领域的研究也纷纷拓展视野，将全球意识作为学科研究的一个重要基础。著名生态批评学者厄休拉·海斯（Ursula Heise）在 2008 年出版的《地方意识与地球意识》一书中对人与自然的"相连性"（connectedness）进行了更具当代性的阐释。她从詹姆斯·洛夫洛克（James Lovelock）的"盖亚假说"（Gaia Hypothesis）出发，追溯到加勒特·哈丁（Garrett Hardin）的"公地悲剧"（tragedy of the commons），认为"全球视野"相关的理论虽然已有一些成果，但是当代的生态和环境研究还没有在真正意义上与"全球化"的概念相结合。她提出了"生态世界主义"（eco-cosmopolitanism）或"环境世界公民"（environmental world citizenship）等概念。这一概念在空间意识上是对"栖居"（dwelling）、"再居住"（reinhabitation）、"生物区域主义"（bioregionalism）、"地方侵蚀"（erotics of place），甚至"土地伦理"（land ethic）等概念的补充。海斯认为，虽然以上这些概念或理论在地方性的环境保护中发挥了重要作用，但是这些思想太过"地域化"，而以生态为导向的研究应当紧密联系真正的全球化思想，即"去地域化"（de-territorialization）。"人类世"概念在 21 世纪的出现和传播无疑为这种思想提供了新的理论基础。虽然文学研究领域的全球化意识早在 20 世纪初已经出现，但是近年来生态批评领域的发展大大推进了这一全球意识，这得益于生态批评将非人类文化纳入其中，并将之与人类文化紧密联系，思考和研究人类文化发展所造成的全球范围的环境问题——水资源缺乏、土壤侵蚀、气候变化等等。也正如凯伦·桑伯（Karen Thornber）所说，环境破坏是一个全球现象，因此，文学研究也就应该超越文化的特殊性，将关注点投向跨文化的主题和概念，而不是只遵循文化/民族这一研究路径和空间。

3）生态与环境伦理

　　将所有的生命置于同一个系统中加以考虑，认为万物都属于宇宙的有机部分，有着内在的生态秩序，这一点最早体现在当代生态学家奥尔多·利奥波德（Aldo Leopold）的"土地伦理"（Land Ethics）中。利奥波德在1949年出版的《沙乡年鉴》（*A Sand County Almanac and Sketches Here and There*）中，提出伦理不应仅仅被用来规范人与人之间的关系，而是需要拓展其外延，涵盖土地，以及土地上所生长的动植物以及土壤、水等，这些组成部分同属于一个"生命共同体"（biotic community），其中各部分相互依赖，并各自拥有在自然状态下存在的权利，具有平等的地位。而人类作为其中的一个成员，不应凌驾于其他成员之上，将土地视作自己的财产，不应只享受特权，不承担对土地的义务。而判断一个行为正确与否就在于看它是否着眼于保护生物群落的完整性、稳定性和美感。随着生态学影响的逐步扩大，有些生态学家根据生态学原理认识到如下一种基本事实：人作为一种有机体，无时无刻不生活在特定的群落之中。于是，面对这种基本事实，人们开始考虑如下几个问题：人应该如何看待自己所生存的群落？应该如何设定自己在群落中的位置与责任？一个群落往往包括多种成员，人应该如何对待自己之外的那些成员？这样一来，传统伦理学的"人与人的关系"就变成了"人与群落的关系"，这种新关系其实还是伦理学的老问题，也就是"应该"问题，只不过扩大了伦理意义上"应该"关怀的范围，即从人扩大到了人之外的事物，包括人所生存于其中的群落以及群落中的其他成员。

4）公众性（Publicity）

生态批评的公众性首先表现在它对社会和生活现实的"参与"（engagement）之中。生态批评归根结底是在思考我们作为地球的一部分，在这个不仅包括人类的环境中的生存及生存意义。从1970年第一个"地球日"开始，全世界对人类发展与环境的关系、地球的健康与可持续性给予了越来越多的关注。生态批评的公众性更表现在它所呈现的"紧迫性"（urgency）。西方文学对自然的关注早在18世纪末19世纪初就已经出现，也不断有学者对日益发展的工业革命表达了关切和忧虑，并提出人类正在威胁着地球，而不是地球在威胁着人类，如果人类继续不加节制，地球将"很快变成这最高贵的居民所无法存身的家园"。环境在现代人类社会的影响下日渐恶化。从自然书写到生态文学，都给予环境保护很大的关注，并对人类破坏环境的行为，包括圈地运动、毁林开荒、人口增长、城市污染等等予以批评，这为唤醒公众意识、改善生态环境做出了一些贡献。这些写作或批评的基本共识是：现代社会是曾经美丽、和谐、自给自足的自然世界逐渐退化的罪魁祸首，而在此思维框架下的是一种以怀旧、哀叹的方式批判现状的"衰退叙事"（decline narrative）。21世纪以来，生态批评在世界主义视域下，在人类世、后人类主义等概念启发下，将人类看作一个"全球存在"（global being），这虽然在某种程度上掩盖了社会经济差异所导致的意识形态上的不平等，但生态启示录似的叙事方式强调灾难紧迫性，将怀旧叙事转变为着眼于未来的行动或灾难叙事，包括灭绝故事、气候叙事等。这种叙事和研究已经不仅是气候学家或者地球科学家所关注的层面，大规模的气候变化和生物灭绝叙事对于我们的历史观、认识论、本体论都会产生重大影响，将超越已有的政治思想和哲学含义。

从1996年《生态批评读本》出版到今天不到30年的时间里，学者们从主客体性、伦理、意义等各个维度对传统文学批评进行了补充或挑战，对人文学科所关注的几乎所有重要主题都进行了反思和一定程度的重构。也许，生态批评的跨学科特征是使其以鲜活的姿态旺盛发展的最重要的原因，对其他学科的思维、研究方法的借鉴不仅使生态批评的学术深度和空间都得到了很大的拓展，并且赋予它广阔的视野和发展前景。生态批评与环境史、环境哲学、环境政治等姊妹学科之间构成了良性的互相影响、互相借鉴的协同发展趋势，与相关自然科学如地理学、生态学、气象学等之间也构成了相互协作的发展网络。2012年"环境人文学"（Environmental Humanities）的诞生，更加深层地加强了这些相关领域之间跨学科、跨维度的联系，也更加深刻地反映出跨界研究在文学批评领域的重要性和必要性。

2.2.3 文学社会学

谈及文学与社会的关系，韦勒克指出：文学可以说是一种社会性的活动，它以语言这一社会产物作为自己的中介物。诸如象征和格律等基础的文学表达方式，都有社会特性……文学包含某种社会属性和功能，它不仅仅是个人思想的表达方式。因此，文学探讨所反映出的大部分问题属于社会范畴（韦勒克，1984）。从韦勒克的这段话里我们可以得出，文学即语言的产物，而语言的实质是其社会性，因此文学是一种社会性的表意实践。

西方文学批评在20世纪发展迅速，出现百家争鸣的局面，在文学研究的视野和空间方面尤为突出，但离文学的本质和意义却越来越远。作为主流的文本中心主义和形式主义将文本作为一个单独的自成一体的个体来研究，因此产生的后果也逐渐为批评家们所诟病。随着文学批评界的"文化转向"在人文学科中占据着越来越重要的位置，人文学科更加倾向于与社会科学尤其是与社会学融合。因此，将文学放在社会这个大背景中进行研究，探寻文学运作过程的理论，可以说是对文学的一种认识，而不是一种方法论。近年来，从社会学角度来研究文学引起文学理论界的广泛关注，由此延伸出巨大的发展空间，先后出现了文学社会学、文本社会学、文艺社会学、文化诗学等理论。文学与社会学的关系由此更加紧密，文学中的历史、叙事中的社会背景以及作者在作品中对社会现象的揭示都是探索和阐释人类生存现状的路径，更是对社会的文本诠释，这些都属于社会学阐释。论及社会学与文学的关系，埃斯卡皮（Robert Escarpit）和鲍曼（Zygmunt Bauman）是绕不过去的批评家。埃斯卡皮的文学社会学理论是在20世纪50—60年代产生的，后来成为法国文艺社会学一个强有力的研究学派。鲍曼提倡利用文学想象的动力及文学语言来揭示社会矛盾与社会危机，探寻在社会中生存的策略和方法。他没有迷信实证研究和数据分析，而是毅然选择放弃建构毫无生气的逻辑体系。

埃斯卡皮的文学社会学理论主要体现在《文学社会学》（1958）一书之中。该书于1986年就已经出了7版，还被翻译成20多种文字，足见其影响之大。该书提出了文学社会学的方法和原则，并从生产、传播和消费等方面首次全面地阐述了文艺社会的过程问题。在他看来，凡是文学事实都必须有作家、书籍和读者，这3个方面形成一个循环系统，图书出版是文学"生产"部门，而阅读是"消费"部门。这种不容质疑的事实就是文学社会学研究的对象。他特别强调，全面系统地考察文学

第 2 章　外语界面研究：理论与方法

书籍（而不是抽象的文学概念）的生产、流通和消费，是文学社会学研究最为有效的推动力。因此，可以认为，研究文学书籍的生产、传播与消费是埃斯卡皮文学社会学的主要特点。其著作《文学社会学》的核心内容正是围绕文学书籍展开，分为4个部分8个章节。第一部分"原则与方法"：第1章"为什么要建立一门文学社会学"，第2章"如何着手研究文学事实"；第二部分"生产"：第3章"处于时代中的作家"，第4章"处于社会中的作家"；第三部分"传播"：第5章"发表行为"，第6章"发行的圈子"；第四部分"消费"：第7章"作品与读者"，第8章"阅读与生活"。该书中译本在1987年由王美华、于沛翻译，安徽文艺出版社出版。

鲍曼提出的社会学研究被定义为与人类社会生活的协调和沟通。在鲍曼看来，每部作品都是创作者与阅读者对话沟通的一种方式，其中折射出的人文主义思想与社会生活密不可分，语言和文体不再是纯粹的功能性工具。鲍曼以独创的视角发现了社会学与文学的关联特质，恰到好处地将社会学特质与文学思想结合在一起，使用独特的理论方法探索了后现代社会里人类的生存境况。

鲍曼将社会学、文学、哲学、科学及艺术融为一体，将文学的思想及语言推送到社会学领域，有机地融合文学和社会学，形成了社会学阐释的多样性。鲍曼为我们打开了后现代消费主义社会及其现代性的文学视窗，使我们从文学中更为深刻地了解和揭示现代社会多样、复杂和不确定的一面；对人类生存现状产生更多思考，以寻求人类自由与解放之路。鲍曼理论的独特之处在于其对文学与社会学关系的考量、对文学内涵的社会学解读，以及对文学与社会学之融合的全面探寻。

鲍曼的理论认可文学与社会学的近亲关系，其理论绕开传统的社会学理论与概念，通过文学的叙事来揭示社会及人类生存的困境，因而，其论著既可以说是社会学的，也可是算作是文学的。鲍曼从一些世界名著中总结出社会学的叙事方法。他研究和总结了卡夫卡、莎士比亚、加缪、塞万提斯等文学大家的创作，并从中吸取理论精髓，从而将其社会学理论与文学交融在一起。鲍曼认为文学通过人物塑造及虚拟叙事来揭示人类生活及其真谛，因为经典的文学作品凝聚着作家对人类生存经验的观察和总结，是智慧的结晶。鲍曼的理论打破了当代社会学的方法论，为这门学科融入了新鲜的血液,为社会学及文学的发展注入了动力和活力。

鲍曼的理论强调文学叙事可以帮助社会学家透过人类生存的现实,探求其深处的危机与矛盾,进而在当代反讽世界里避免对社会现实的认知偏离。鲍曼的社会学阐释理论充分说明文学与社会学有着密不可分的关系,文学作品的虚拟叙事所揭示的社会现实,对我们理解现实社会、消除实现人类和谐社会的壁垒与障碍有着至关重要的作用。

1. 文本社会学——一种文学界面研究的理论与方法

文化多样性的冲击产生的文艺理论的泛化最终导致了 21 世纪以来学科发展及学科定位的不确定性。由此,周平远、藏策、耿占春、张德明等国内学者提出文本社会学的批评理论。其中以耿占春教授为主要代表,其论文《文本社会学的批评与方法》提出了许多有独到见解的观点。

本节基于界面研究的视角分析文本社会学,借以阐释其视界融合的特质,即文学是如何借用社会学的研究方法来做文学批评研究的;同时以根植于文本的话语批评,强调文本社会学的方法。作为对新的批评范式的一种尝试,在实践中对其进行探讨和完善是本书也是后续研究需要努力完成的。

"首先,19 世纪以来学科划分愈加精细和复杂,原本在同一学科研究的内容分散在许多不同的学科来研究;其次,学术界整合学科的呼声和尝试一直没有间断。"(董洪川,2012:3)结合学界出现的"文化转向","在我国外语界提出'界面研究'并非原创,而仅是强化某种立场或者研究态度"(董洪川,2012:3)。笔者认为,"外语界面研究"包括外语学科内部的"界面研究"及外语学科与其他学科的"跨界研究"两个重要的向度。外语学科内部的"界面研究"指外语学科不同领域间的界面交叉融合研究,如语言与文化、语言与文学、语言与翻译、文学与文化、文学与翻译等;外语学科与其他学科的"跨界研究"是指文学与社会学、文学与人类学、文学与环境学、语言与认知科学、语言与科学、语言与哲学等不同学科之间的界面融合研究。"而这两个'向度'的'界面研究'需要紧密关联外语学科的各种实际问题来开展。换而言之,外语学科的'界面研究'是以进一步促进外语学科的研究和发展为核心内

第2章 外语界面研究：理论与方法

容。"（董洪川，2012：3）综上所述，外语学科内部及外语学科与其他学科的跨界研究可以说是外语学科研究的创新点，外语界面研究可以称为外语学科研究中颇有研究价值的新趋势。

文本社会学在探讨文学创作与社会现象的关系时，将文学作品的语言结构作为核心，同时借用社会学批评、精神分析批评和结构主义批评等尝试将"文本分析"和"社会批评"融合起来，完成文学的跨学科研究即界面研究。从研究方法来看，文本社会学不拘泥于单纯的"内部研究"和"外部研究"，而是将"文本外"与"文本内"进行有机的融合。同时，其也在跨学科研究的视界融合中强调"实证"方法与"批判"方法以及"事实判断"与"价值判断"的有机融合。

文本社会学的基点是探寻文学作品如何在语言层面上对社会各类问题作出反应。它将文学与其他学科打通，综合辩证批判的方法与经验实证的方法，以文本中产生的社会语言环境为根本，揭示文本中所包含的社会意识形态性。简而概之，文本社会学是以语言为媒介，以文学文本为基点，从语言向意识形态的演绎中揭示和阐述文学与社会学的关系。文本社会学的理论核心就是凭借跨学科的研究方法，以语言为纽带，将本文结构与社会结构关联在一起，完成文本与社会意识形态之间的互通互换。

文本社会学正是在学科间交叉与融合的基础上以语言为中介结合"文本分析"与"社会批评"的一次创新。其理论本质是以语言和社会的结构形式来完成对作品的内在深度的挖掘，借助某些现存的符号学概念而彰显出它们的社会学意义。文本社会学理论认为社会是一个"集体语言的整体"，文学文本引入并阐述这类社会集体语言。简言之，文本社会学是以探寻文学创作如何在语言层面上对社会现象和人类历史进行阐述作为其理论基础的。

文本社会学通过对加缪、卡夫卡、普鲁斯特等作家作品的分析和研讨建立和完善了其理论构架，它延承了19世纪以来的实证主义传统，并在对作家创作的分析阐释中得到了社会实践的查验，因而该理论尤其强调实践性。文本社会学侧重于由语言到意识形态的演绎，采用以语言为中介的研究手段，为解读文学文本提供了充足的理论视角和方法。文本社会学秉承20世纪80年代以来文学理论成长的方向，也特别强调辩证综合。在结合社会学、语言学、符号学、语义学、精神分析学、结构主义等多种理论的基础上，文本社会学将社会学批评、结构主义批评和精神分析批评整合起来，可以说其本身就是一个跨学科的理论成果。文本社会学整合各种批评理论的界面研究的批评范式是一种跨学科的辩证的思维模式，为文学批评走向界面融合和辩证创新呈现有价值的实证范例。

综上所述，文本社会学是融合"批判"与"实证"、"外部"与"内部"于一体的跨学科"界面融合"的批评理论，该"界面融合"以"语言"为媒介。由于文本社会学在我国文学批评实践中地位重要，影响范围也越来越广泛，其界面融合特质及学科意义得到了认可，同时也吸引了更多的外语学科学者的关注。它对强化外语学科界面研究的重要作用和创新性是可以预见与期待的，不啻为一个值得探索的新方向。

2. 从文本社会学到新的文学社会学

理论家马圭尔（Mark McGurl）和艾尔沃斯（David Alworth）都做过结合文学形式与社会学理论的尝试，然而，他们提倡的是将文学与社会学并置地互为阐释，而非单纯地提出一种理论。产生的这一新的文学社会学转向于 21 世纪初初步形成。如帕露许教授（Iris Parush）及以色列古里安大学一群学者对读书俱乐部的阅读群体之社会性别及其社会特性展开研究，产生了读者反应批评的又一成果；再如耶鲁大学安德鲁教授（Dudley Andrew）和蒙纳士大学莫瑞教授（Simone Murray）等对文学与电影之间的关系作出了新的探讨，被学界评价为改变研究的社会学转向。纠结于新的文学社会学是否会诞生，探寻它如何产生显得更为重要，正如恩格里希所说，思考和探求文学与社会学之间一直存在但尚未阐明的持久"合作"才是其意义所在。以德里罗的《白噪音》为例，虽然其文学文本没有提供完整的社会学模式，却显示出"针对社会中所出现问题的新的人文科学与社会科学的结合模式"的强烈暗示。马圭尔的跨越实践理论提出：文学研究通常记录"过去"发生的事情，社会学研究却常常关注"现在"；两者对不可预测的未来都无法单独应对。文学创作与社会学思考模式的融合却可以使两者完善自己的短板。纵观 20 世纪的文学经典，以艾略特的《荒原》及现代科幻小说《时间轴》为例，

第 2 章 外语界面研究：理论与方法

作品通过对过去、现在和未来的融会贯通，促使文学创作及其研究重新校准自己，新的文学社会学便有了成长的土壤。

物质文化研究学者弗里古德（Elaine Freedgood）和后殖民理论家奎亚松（Ato Quayson）所撰写的文章从后殖民研究的视角阐释出文学作品里的社会学元素，也可被视为新文学社会学的研究成果。我们以小说《加拿大的鲁滨逊》（*Canadian Crusoes*）为例，该小说通过虚构的故事来暗指困境，借助小说自身的说服力，被隐藏的社会现实还是被揭示出来。作者通过展示对社会现实与作品虚构空间之间交互关系的无力感，揭示出现实主义小说的困惑。《加拿大的鲁滨逊》的作者凯瑟琳·帕尔·特雷尔（Catharine Parr Traill）在小说的脚注标示了加拿大当地的气候、地理特征及其动植物，这些真实的信息仿佛与她的虚构小说格格不入，但这一矛盾现象却正是后殖民研究的财富，使得学者弗里古德能够透过小说的少年历险故事，一窥殖民征服的残酷现实。

学者奎亚松通过考察撒哈拉以南地区都市街头的无业人的社会地位及其生存境遇，研究他们如何作为都市的旁观者、体验者和评论者而成为都市书写的阅读公众。其研究体现出一种能说明非洲都市阅读与写作形式的新文学社会学，同时也阐明新的文学社会学综合哲学、历史、人类学以及经济学等各学科理论，因而不再是局限于文学与社会学两个学科之间的跨越。

"文学社会学"是一个在社会现实背景下研究文学，以社会学视角探寻整个文学创作过程及意义的理论。与其将其归为一种方法论，不如将其总结为对文学的一种认识。恩格里希认为："文学社会学并没有消退，相反，它已'悄悄前往'许多学术前沿，进行着意义深远又极富创新的探索。"（严蓓雯，2011：225）

文本社会学在研究社会环境与文学作品的关系时，尝试将"社会批评"与"文本分析"结合起来，以作品的语言结构为重心，同时利用社会学批评、精神分析批评和结构主义批评等理论资源，完成文学的跨学科研究即界面研究。文本社会学整合各种批评理论的界面研究的批评范式是一种跨学科的辩证的思维模式，为文学批评最终实现界面融合和辩证发展提出一个有实证价值的案例。对文本社会学逐渐全面和深入的探讨，以及在文学和社会学批评实践中愈加广泛的运用，使得文本社会学独特的学理精华、学科价值得到了突显，同时也引起了学界的广泛重视。可以认为，它的未来是可预见并值得期待的。

文学反映的是人们的真实生活和思想，无论社会多么复杂和变化无常，无论社会中的人们是惬意着还是挣扎着，文学一直没有放下与社会交融的愿望。文学正是在寻求与社会和解的过程中，展现了文学与社会的交错与融合，同时也表达了对社会现实的批判和对未来的期许。

2.2.4 其他界面研究

前文提及的文学研究与认知科学结合产生的认知诗学、文学研究与生态科学结合产生的生态文学批评以及文学社会学等，都是文学界面研究也是文学跨学科研究。从宏观的意义上看，文学界面研究把文学与世界看作一个整体，文学既是人类想象的世界/虚构的世界，也是现实存在的一个不可分割的部分。它与世界存在千丝万缕的联系。无论是作为物质层面的工业、技术、商业、日常生活，还是作为精神层面的哲学、心理学等领域，都与文学休戚相关。文学的界面研究，既是从不同领域与视角阐发文学的意义与价值，也是从文学文本中发掘人类在其他领域的生存样态与价值诉求。乔国强（2012）在《试谈文学的界面研究》一文中指出，"文学的界面研究本身强调的是"界面"，即强调其整体性，认为文学作品与文学理论、社会思潮、意识形态等相关的问题共处于一个"浑然一体"的整体之中，在实践中注重使用相互关联或互动的方法。这一看法见地不凡。我们提倡文学界面研究的初衷，就是打破在外国语言文学学科业已形成的壁垒，从世界相互联系的角度来看待文学、解释文学，以期获得对文学更为深刻且全面的认识。当然，从学科发展的角度来看，借鉴不同学科的研究方法也能推动一个学科的创新发展。当今在高等教育中倡导建设新文科，其实质便是提倡学科交叉融合，以推动学科创新，顺应新时代需求。这点在本书后面有关章节中还将专门论述。从这个层面看，外语界面研究就不仅是打破学科壁垒、拓宽学科领域，而具有了更为重要的时代意义。

20 世纪 90 年代，英国学者 R. 卡特编著的"界面研究论丛"把"界

第 2 章　外语界面研究：理论与方法

面"更多定位在文学与语言的关系上。后来，他又编了一套"互文文本"（Intertext）丛书，包括 J. 麦克雷的《诗歌语言》（The Language of Poetry）、A. 彼尔德的《体育语言》（The Language of Sports）、A. 伽德阿德的《广告语言：书写文本》（The Landuage of Advertisement: Writte Texts）、D. 雷耶的《报刊语言》（The Language of Newspaper）、A. 罗斯的《幽默语言》（The Language of Humour）、K. 莎格的《小说语言》（The Language of Fiction），等等。后面一套丛书与前面那套丛书在研究领域方面基本没有区别，都是围绕不同语域的语言展开，重点又是语言、文学、文化相互之间的关系。这可能与当时英国高校的语言和文学教学泾渭分明有关。但是，我们提出的界面研究包含了更广的范围。就文学而论，文学与哲学、文学与历史、文学与心理学、文学与城市化、文学与工业化、文学与殖民等都属于"文学界面研究"的范畴。当然，我们这样做，并非是要将文学研究泛化，或者将文学研究视为无所不包的研究领域，或者将文学研究简单等同于政治研究、历史研究或者哲学研究，而是确立一种文学研究的视角与态度，即从一种整体的、多维的角度去考察文学、阐发文学的价值与意义。但是，无论从哪一个维度去研究一部作品或一种文学思潮，文学本身始终是我们研究的焦点和目的。

从这个意义上看，文学的界面研究就还包含了许许多多的内容。显然我们在此无法面面俱到。囿于本书的论域，我们只再简要介绍几种新时代外国文学界面研究的主要范式。

第一，文学伦理学批评。文学伦理学批评能在我国新世纪外国文学研究界成为一道亮丽的风景，在很大程度上得益于聂珍钊教授及其研究团队的不懈努力。无论从国家社科基金立项情况看，还是从重要期刊发表的论文看，文学伦理学研究都取得了不小的成绩。文学伦理学批评是一种从伦理视角阅读、分析和阐释文学的批评方法。其重要目的在于强调文学的伦理价值，即文学用于教诲的伦理价值。虽然从界面研究的视角看，我们仍然可以视其为一种伦理学与文学的"界面研究"，但是，文学伦理学批评不是简单地将伦理学的理论与方法应用于文学批评之中，而是经过了理论创立者的深刻思考，将伦理学与文学有机结合，构建的一种系统批评理论。文学伦理学批评创始者聂珍钊（2014）在《文学伦理学批评导论》一书中对这一批评理论有系统的阐述。

第二，文学与现代性研究。现代性的概念产生于中世纪后期。它是一个宽泛的概念，具有民族性、全球性、多元性、反思性的多重内涵。吉登斯认为，现代性就是现代社会和工业文明的缩略语，它是一种社会生活或者组织模式，产生于17世纪的欧洲，随后在全世界扩展。它涉及现代性的制度层次、理念层次和态度层次。在他看来，现代性的制度层次位于现代性结构的表层，是一种由理性设计的、有着明确的规则和标准的物质体系。西方现代社会的发展就是按照这种理性设计的体制而运作。理念层次是现代性的深层结构，是一种形而上的超验存在，而态度层次集中体现在"自我认同"上。霍尔在《现代性的形成》中从4个层面界定现代性：政治层面是世俗政体与现代民族国家的确立；经济层面是市场经济与私有制基础上的资本积累；社会层面是劳动和性别分工体系的形成；文化层面是宗教改革、世俗物质文化的兴起。福柯宁愿将现代性看作一种态度而不是一种历史分期，按他的说法就是"一种关系方式"，即一些人所做的自愿选择，一种思考和感觉方式，亦即将现代性作为一种思想风格。列斐伏尔沿着福柯的思路，直接将现代性理解为一个反思过程的开始，一种对知识的渴求。卡林列斯库的《现代性的五副面孔》则从历史现代性/资产阶级现代性与美学现代性互为对立的角度来阐释审美现代性。不难看出，现代性这个概念纷繁复杂、歧义丛生，不同学者对现代性的界定和阐释也不尽相同。

现代性概念对文学研究的方法论启示是多方面的。首先，它不仅提供了一种可以重构文学史的词源学方法；其次，从历史现代性与审美现代性同根同源又相互抵牾的关系中，我们发现，文学史的意识形态性，或者说现代性视野下的文学研究将文学发展置于现代性展开的历史进程之中，有利于我们探查文学虚构中蕴含的历史叙事；同时，现代性理论观照下的文学研究，拓深了我们对文学思潮、文学主题、文学题材、文学话语等方面的认知。譬如，城市文学的问题，离开了都市化进程的参照，我们对城市文学文本的分析和解读就很难做到深入；再如，西方现代作家在语言、意象和表达方式等方面的标新立异，如果离开了现代性对"新"的价值确认这一宏大背景，我们也很难给出合理的解释。

第三，文学地理学研究。文学地理学研究，是一门新近产生的学科。它的研究对象就是文学与地理环境的关系。1986年北大教授金克木发

第 2 章　外语界面研究：理论与方法

表《文艺的地域学研究设想》，这是国内较早的讨论文学地理学的文章。1995 年，曾大兴在湖北教育出版社出版的《中国历代文学家之地理分布》是公认的国内第一部文学地理学专著。英国学者 M. 克朗于 1998 年出版的《文化地理学》（中译本于 2003 年出版），也是一本有关文学地理学的经典之作。文学地理学主张从地理、空间的维度看待文学，这就改变了我们传统从历史的、时间的角度看文学的思路与方法，深化了人们对文学的理解。文学地理学重视文学与环境的关系，且尤其注重不同地域的地理环境和人文环境对作家风格形成的影响，同时也关注文学作品对特定地域和社会的反映。克朗有一段话充分说明了文学地理学研究的重要意义：

> 文学作品不仅仅是简单地反映外面的世界，只注重它如何准确地描写世界是一种误导。这种浅显的做法遗漏了文学地理景观中最有效用和最有趣味的因素。文学地理学应该被认为是文学与地理的融合，而不是一面单独的透镜或镜子折射或反映的外部世界。同样，文学作品不只是简单地对地理景观进行深情的描写，也提供了认识世界的不同方法，揭示了一个包含地理意义、地理经历和地理知识的广泛领域。
>
> （克朗，2003：72）

文学的"界面研究"还包括许多内容，譬如文学心理学、空间批评等，而"文学与语言"的关系研究也是一个特别重要的领域，只是前文提到的英美学者的成果中已经有十分详实的论述，包括最近熊沐清与笔者共同主编的由上海外语教育出版社引进出版的一套"新世纪英语语言文学界面研究丛书"中也几乎都是"文学与语言"的界面研究。因此，我们这里便不再赘述。

2.3　翻译学界面研究的理论与方法

翻译学始于实践，终于应用，从实践到应用的过程中，借鉴语言学、文学、哲学等相邻学科的基本理论，并借用认知科学、心理学、社会学、经济学、传播学、生态学等学科的最新研究思路和方法，逐渐形成翻译学与这些学科相互结合甚至融合的界面研究，目前在中国已经形成初具规模的认知翻译学、生态翻译学和社会翻译学等较为成熟的跨学科研究领域，也出现了包括翻译伦理学、翻译传播学、翻译地理学、翻译经济学等在内的新兴交叉学科或边缘学科。

2.3.1 认知翻译学

翻译过程在本质上是心理的、认知的，不仅表现为原语理解和译语表达的行为，而且反映了译者语际转化的内在心理机制和信息加工的认知过程（刘绍龙，2007）。对翻译过程的关注促成了翻译学与认知学科的界面研究。1972 年，霍姆斯（Holmes，1988）在第三届应用语言学年会上宣读论文《翻译学的名与实》，提出了翻译学的学科架构，在描写翻译学的分支研究中提到翻译过程研究，可看作认知翻译学的雏形（文旭、肖开荣，2019）。20 世纪 80 年代，西方学界开始基于认知视角的翻译研究，例如，法国释意学派提出释意理论，汉斯·奎因斯（Hans P. Krings）等人借助有声思维法（Think-Aloud Protocol，简称 TAP）进行口笔译过程研究。20 世纪 90 年代出现了有关翻译过程研究的诸多理论模式，如贝尔（Bell，1991）的信息加工模式、格特（Gutt，1990）的关联理论模式、吉尔（Gile，1995）的认知努力模式、威尔斯（Wilss，1996）的翻译决策模式等。随后，由于实证研究技术的进一步发展，认知翻译研究进入勃兴期，在方法更新、问题拓展、跨学科研究、规模化发展等方面取得了较大进展，出版或发表了一系列丰硕的研究成果。

西班牙翻译学家穆尼奥斯·梅尔廷正式提出"认知翻译学"（Cognitive Translatology）概念，主张将"认知科学+认知语言学"与"翻译学"有机整合起来，开展翻译理论与实践之间的互动研究，并列举了相关学科的发展方向，标志着认知翻译学作为一种新研究范式日益受到重视。经过十余年的发展，国内外学者高度关注对翻译认知过程的研究，从认知语言学的哲学观、语言观和表征方法等方面深入和综合探讨翻译研究中的 what、how 和 why（文旭，2017），进一步推动认知翻译学的成形和日趋成熟。

第 2 章　外语界面研究：理论与方法

认知翻译学作为翻译学与认知科学的界面研究，是将"认知科学 + 认知语言学"与"翻译学"紧密结合的一门新兴边缘学科，也可认为是认知科学的一个边缘性分支学科（王寅，2013；谭业升，2012）。认知翻译学在认知科学的框架下，以认知语言学、认知心理学的语言认知理论为基础，对翻译实践中的语言转换及其认知机制进行分析，揭示包括译者的心理过程在内的翻译（口译和笔译）的内在过程。

1. 认知翻译学的理论基础
1）认知科学及其分支学科

作为一种新兴边缘学科，认知翻译学的兴起与认知科学密不可分。学界一般认为，认知翻译学是基于认知科学（尤其是认知心理学和认知语言学）的翻译研究。换言之，翻译研究者借用认知科学的理论和方法来解释翻译现象，探索口笔译工作者的认知过程，进而揭示翻译的本质和规律。自 20 世纪 70 年代以来，认知科学的发展经历了两次范式转变：第一代认知科学挑战了当时的行为主义心理学，关注任何有关人和动物的心理，假设处于感官刺激和行为反应之间的某种表征状态，属于"客观主义哲学"（王寅，2012）；第二代认知科学主张对认知采取广义的解释，认为认知涵盖各种心智运作或心智结构，包括视觉加工、听觉加工、嗅觉加工、记忆、注意、情感、思维、语言等，属于"非客观主义哲学"（王寅，2012）。

认知心理学作为心理学的一个分支，以认知为研究对象，旨在解释人在认知活动中的信息加工过程。（认知）心理学一旦与翻译学相结合，便形成了诸多交叉学科，如翻译心理学（刘绍龙，2007；李奕、刘源甫，2008；朱珊，2017）、翻译认知心理学（颜林海，2008）、翻译审美心理学（颜林海，2015）等。翻译心理学的研究内容主要包括：感觉记忆、注意模式、知觉理论与双语翻译心理，记忆系统、知识表征与翻译心理征，信息加工、问题解决与翻译信息加工及问题解决等（刘绍龙，2007）；翻译认知心理学主要研究翻译认知加工系统、翻译思维、翻译理解的认知本质、词汇理解、句子理解、语篇理解、翻译表达及其认知本质等（颜林海，2008）；翻译审美心理学以中国古典美学思想为依托，整合审美心理机制的相关论述，详尽描述翻译审美过程中的审美主体、审美客体、审美机制、审美表达以及实证分析（颜林海，2015）。

20世纪80—90年代成形的认知语言学作为语言学的一个新兴流派，以第二代认知科学和体验哲学为理论背景，反对主流的转换生成语言学流派，强调语言研究的认知心理学理论背景和信息处理导向，认为语言的创建、学习及运用基本上都必须能够透过人类的认知加以解释。其基本假设包括：（1）语言能力是一般认知能力在语言领域中的应用；（2）语义是在认知过程中对世界图景概念化的外显表征；（3）语义的核心概念由意象图式来表征。由此可见，认知语言学主张以体验解释世界万物，强调认知主体和客观世界的互动，借此进入意义世界，并用几个认知方式来为语言的各层面提供一个统一的解释模式（赵彦春，2014）。王寅在翻译的功能观基础上，兼顾体验哲学和认知语言学的基本观点，提出了翻译的认知观（王寅，2005），概述了认知翻译学的认知科学和认知语言学两大理论来源，重点论述了翻译认知研究的具体原则和方法，如认知语言学的核心原则、范畴化、突显原则和原型理论、隐喻转喻、参照点、翻译的构式单位、识解、基于用法模型、数法并用等，从认知角度深化认识翻译过程，为认知翻译学的学科创建及其应用提出了富有启迪的思路（王寅，2012）。

2）图式理论

"图式"（schema）最早由康德（Immanuel Kant）提出，作为其先验论中的一个概念。图式作为一个心理学术语则是从英国心理学家巴特利特（Frederic Charles Bartlett）开始使用，随后经过皮亚杰（Jean Piaget）、鲁梅哈特（David Rumelhart）、波普尔（Sir Karl Raimund Popper）等人的发展而成为现代图式理论。巴特利特沿用了康德的概念，认为图式是"对过去的反应或经验的积极的组合"，并提出了用于研究阅读心理的图式概念（周笃宝，2002）。他通过实验提出图式用于语言理解的基本原则：人们从记忆中激活已有的知识结构来填补语篇中未明示的细节，最终以自己的方式理解语篇。瑞士心理学家皮亚杰则认为图式"是认知或智能结构"，人们借助这些结构来认知、适应乃至改造环境（周笃宝，2002）。

20世纪70—80年代以来，图式（先验知识）被用于语言理解和语

第 2 章　外语界面研究：理论与方法

篇解读的研究，图式理论逐渐形成。理查兹等（2000：603-604）主编的《朗文语言教学与应用语言学词典》将图式理论定义为"一种认为人们在理解语言的过程中激活相关的图式来快速、高效地协同处理和阐释新经验的理论"。图式库（schemata，schema 的复数形式）可以理解为一个参考信息的储存系统，将个人的知识经验分门别类地储存在大脑中。新信息进入大脑后，要么在大脑的图式库中建立一个新的文件夹（即新的图式），要么被归入已有的同类型的图式（理查兹等，2000）。随着大脑接受的新信息不断增加，不同门类和层次的图式群就形成了。这些图式群相互连接，久而久之就会在长时记忆中形成一个庞大的立体知识系统。图式主要分为两种：结构图式（structure schema），指读者或译者在文章结构、修辞方面的知识，包括文字符号、语音、词汇、句法和语意结构等；内容图式（content schema），指读者或译者在文章内容、范围方面的有关背景知识，包括文化知识、语用知识和专业知识等。图式有共同性和差异性，其共同性让人们得以交流。

近年来，图式理论逐渐成为国内语言学研究的热点，也被广泛应用到翻译研究中。翻译是一种语际转换活动，译者在将一种语言载体（原语）所承载的信息转入另一种语言载体（译语）时，总会自觉或不自觉地使用大脑存储的图式库。译者头脑中所具备的相关图式越丰富，对原语的理解就越精确，就更容易进行翻译认知过程中的转化和表达。谭业升（2012）指出，语言知识表征的图示—例示的级阶和范畴网络，为思考翻译单位的表征与具体翻译实践中的诸多问题提供了一个新视角。杨朝军（2019）认为，译者在翻译过程中首先要分析原文结构，揭示其隐含的图式化层次及其侧显方式，再根据需要重新编码；他通过探讨图式化理论和分析翻译（认知）过程，试图说明以意象图式为基础的翻译原则应该关注原语和译语在意象图式及其侧显、传达的事体和含义、文体风格、功能等方面是否保持一致。

3）关联理论

斯珀伯和威尔逊（Sperber & Wilson，1986）基于格莱斯语用原则提出了关联理论。关联理论是一种认知语用学理论，以关联性概念与包括认知原则和交际原则在内的关联原则为基础，分析言语交际中的话语理论。关联理论最初并不是用来研究翻译，却被后人借鉴或运用于翻译研究。格特（Gutt，1990）的专著《翻译与关联：认知与语境》提出了关联翻译理论，为翻译本体论和方法论研究提供了一套有机连贯的理论框架。他还发表了其他论著，认为关联理论足以解释许多翻译现象，并假定翻译的语际解释作用的基础是交际、语义表达、语境作用以及交际线索的推理特征，因此可以将翻译视为跨越语言界限的语际解释工具。关联翻译理论认为翻译活动是一种语言交际行为，是一种明示—推理的阐释活动，而推理的依据就是关联性。关联性的建立基于两个因素：（1）处理信息所需的努力（认知努力）；（2）语境效果。语境效果越好，推理所需的努力越小，关联性就越强；反之亦然。译者在翻译的过程中需要从原文和译文的语言文化语境出发，准确判断两种语言的特性和共性，寻找二者之间的最佳关联性。因此，最佳关联性是译者的目标，也是衡量翻译质量的标准之一。在翻译过程中，译者首先需要从潜在的认知语境中选取合适的语境假设，从原语文本的交际线索中把握原文作者的交际意图并获取最佳关联性，从而准确判断译文读者的认知语境和阅读期待，借助合适的翻译策略将原文作者的交际意图准确、有效地传递给译文读者。

2. 认知翻译学的研究方法

认知翻译学的研究方法主要取决于研究领域和对象，但无论采取哪一种方法，认知都是一种主要的观察视角或操作模式。文旭、肖开荣（2019）将认知翻译学简要概括为翻译与认知的界面研究，即探索翻译与认知的互动关系以及翻译过程中的认知机制，主要包括三大研究领域：语言认知视角的翻译研究、翻译认知过程研究和社会认知视角的翻译研究。不同的研究领域可能采取不同的研究方法，主要包括认知语言学、（认知）心理学、认知/神经科学、社会学等学科的方法。

1）认知语言学的研究方法

认知翻译研究将翻译看成一种语际认知活动，研究范围从单语习得延伸到双语转化，将语言学习者对单语认知的研究扩展到双语学习者（即译者）对双语认知转化的研究，旨在通过实例分析、实证研究、比较对照等方法，对不同语言对、不同文本类型的语际转化进行认知阐释，进而构建语际转化认知的模型，用来指导译者（尤其是口译员）的翻译实践操作。库斯默尔（Kussmaul, 2000）主张从认知角度研究翻译过程以及翻译策略、方法、技巧运用的心理过程，认为菲尔墨（Charles J. Fillmore）的场景和框架、兰盖克（Ronald W. Langacker）的图形/背景连接和焦点、尚克（Roger Schank）的主位组织观等模式和概念可以揭示译者进行创造性翻译时的心理特点（卢卫中、王福祥，2013）。认知语言学的研究模式用于翻译研究时，可能需要进行调整或完善，用以考察单语、双语、语际转化的认知原则异同，明确翻译过程三阶段即原语理解、语际转化、译语表达中认知机制的异同及其相应处理。

2）（认知）心理学的研究方法

由于翻译心理过程既有审美心理和文化心理的特征，又有认知心理的特征，心理学和认知心理学的研究方法都可用于认知翻译研究，其中包括兼具思辨性的定性研究和实证性的定量研究：定性研究主要是指对翻译实践和现象进行定性分析，考察译者是否运用自己倡导或秉承的某种翻译原则或理论指导进行翻译实践，是否做到言行一致、表里如一；定量研究主要是指译者的翻译过程通过实证观察和描写，采用数据统计分析、问卷调查、深度访谈、有声思维、实验室观察等方法，分析译者采用的认知加工模式和翻译策略、方法、技巧及其运用效果。既然翻译过程实质上是一个信息加工过程，要深入了解译者在翻译过程中的信息加工模式，就必须首先对其心理活动或思维活动进行充分观察和近乎穷尽的描写，必须借助认知心理学的研究方法，运用更多实证技术如眼动跟踪法（eye-tracking）、键盘记录法（translog）、事件相关定位（Event-related Potential，简称 ERP）、屏幕录像法、影像观察法来研究译者翻译行为的认知过程。

3）认知/神经科学的研究方法

翻译行为作为一种认知心理过程，受到大脑的支配和操作，所以研究大脑的神经机制有助于打开"黑匣子"，进而了解译者的大脑思维活动和心理活动。要弄清译者在翻译过程中的神经机制，就必须借助认知科学和神经科学的实验技术，运用电子计算机断层扫描（Computed Tomography，简称 CT）和核磁共振成像（Nuclear Magnetic Resonance，简称 NMR）等成像技术，这些成像技术有助于揭示译者在语言表征和翻译过程中的大脑活动状况，了解译者的认知努力、注意力分布、语言转化机制、翻译神经机制等，进而探究翻译过程中的人机对话、语音识别等。

4）社会学的研究方法

社会认知视角的翻译研究旨在将译者行为放在更大的社会语境下，关注社会语境与工作场所中的译者群体行为与活动（文旭、肖开荣，2019）。因此，认知语言学可运用社会学的研究方法，尤其是其中的调查研究、实验研究、文献分析、实地调查等具体方法，既可从大的方面考察社会场域、翻译环境、译者资本、社会评价、权力关系、译者群体之间的互动，也可从小的方面关注个别译者的翻译观、翻译动机、翻译态度、角色定位、职业道德等。随着网络时代数字技术、翻译技术、媒体技术的高速发展和深入运用，译者（人和机器）的工作环境和方式、人机互动时的心智活动、译作的呈现模态等成为更加重要的研究课题，由此衍生出的机器深度学习中的思维认知模拟、人机共译中的互动认知、人机共享大社会中的翻译伦理等新话题，更需要社会学。

当然，认知翻译学还可以根据具体的研究目的和对象，采用源于实践服务于实践、宏观与微观相结合、多学科多层面相融合的研究方法，推动认知翻译学的理论深化、学科建构和实践应用。

2.3.2 生态翻译学

20 世纪 60 年代以来，人类社会开始从工业文明向生态文明转型，在全球性生态思潮的影响下，国内外译学界出现了生态取向的翻译研究潮流，开始从生态、环境、生存、适应、选择等生态学视角进行翻译研究。在这个背景下，中国学者胡庚申在 21 世纪初发表了系列论著，以翻译生态与自然生态的同构隐喻为立足点，从生态维度对翻译学进行系统研究，在翻译适应选择论的基础之上，进一步提出并创立了生态翻译学（Eco-Translatology）。这被认为是中国学者首次提出的具有中国本土化特色的原创性翻译理论（陈金莲，2015），在国际译学界产生了较大

第 2 章 外语界面研究：理论与方法

影响。胡庚申等人创办了国际生态翻译学研究会及会刊《生态翻译学学刊》(汉英双语)，定期举办学术研讨会，与世界各地同仁一起探讨生态翻译学的理论发展和学科建设。

1. 生态翻译学的定义及其理论发展

胡庚申（2013：129）在《生态翻译学：建构与诠释》中指出："生态翻译学立足于翻译生态与自然生态的同构隐喻，是一种从生态视角综观翻译的研究范式。该生态翻译研究范式以生态整体主义为理念，以东方生态智慧为依归，以'适应/选择'理论为基石，系统探讨翻译生态、文本生态和'翻译群落'生态及其相互关系和相互作用，致力于从生态视角对翻译生态整体和翻译理论本体进行综观和描述。"后来，胡庚申（2019）对这一定义进行了调整，提出"生态翻译学以新生态主义为理论指导，以生态翻译的喻指和实指为研究取向，以发掘和揭示翻译文本和翻译活动中的生态理性和生态意义为学术要务，其目标是以生态化的世界观和方法论来统领和观照翻译行为和翻译研究，是一种从新生态主义理论视角综观和描述翻译的研究范式"。胡庚申（Hu，2020）在施普林格（Springer）出版专著 *Eco-Translatology: Towards an Eco-Paradigm of Translation Studies*（《生态翻译学：翻译研究的生态范式建构》），为翻译研究的生态范式勾勒了一幅全景图，从生态整体主义的生态视角、东方传统的生态智慧、翻译作为适应和选择等视角系统深入地探讨生态翻译，主要内容包括：生态翻译学的名与实、生态翻译学的形成与发展、从宏观层面考察一个完整地翻译生态系统、从中观层面论述生态翻译学的本体论、从微观层面展示生态翻译的操作、生态翻译学的理论运用和应用研究、生态翻译学对翻译研究的启示及其未来发展的"路线图"。

生态翻译学经历了 3 个发展阶段：（1）探索立论期（2001—2004），以胡庚申 2001 年在"第三届国际译联亚洲翻译家论坛"上初探翻译适应选择论和 2004 年出版专著《翻译适应选择论》为标志；（2）整合倡学期（2005—2009），以胡庚申 2006 年在"翻译全球文化：走向跨学科理论构建"国际会议上诠释生态翻译学和 2008 年发表"生态翻译学解读"专题论文为标志；（3）拓展创派期（2010—今），以 2010 年"国际生态翻译学研究会"成立和 2011 年《生态翻译学学刊》创刊及一系列"国际生态翻译学研讨会"的召开为标志。

2. 生态翻译学的基本概念体系

胡庚申（2013）在《生态翻译学：构建与诠释》一书中以"三位一体"（指以"三"字开头、三者合一的"概括词"）作为全景式概观生态翻译学研究与发展的视角。因此，本节处也借用"三位一体"的视角来简要地勾画和总结生态翻译学的基本概念体系。

如图2-3所示，生态翻译学以生态理性作为宏观指导理念和概念体系的核心，生态翻译学的3个研究对象围绕这一核心概念展开，分别为翻译生态环境、翻译文本与翻译群落，同时也体现了生态翻译学的生态、生命和生存的"三生"主题，表明"生"是生态翻译学发展之基石（胡庚申，2013）。其中，"生态"指翻译生态，即翻译的生态系统与生态环境；"生命"指文本生命，即文本的生命体征和生命境况；"生存"指译者生存，即译者的生存质量和能力发展。以此为基础，翻译生态环境、翻译文本、翻译群落之间的相互作用与相互关系进一步构成了生态翻译学的研究内容。

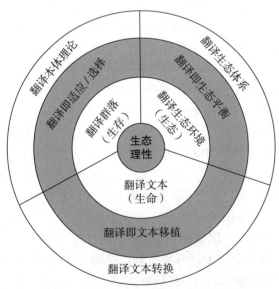

图2-3　生态翻译学的基本概念体系图

第 2 章 外语界面研究：理论与方法

在宏观生态理性的关照下，生态翻译学初步形成了宏观译学架构、中观译论体系和微观译本文本转换的"三层次"的发展格局，贯通了译学、译论、译本3个研究层次。宏观上，生态翻译学从生态视角出发，遵循生态理性，将整体的翻译生态系统细分为"4+1"的生态子系统——翻译管理生态系统、翻译市场生态系统、翻译教育生态系统、翻译本体生态系统以及它们外围的翻译生态环境依托系统；中观上，生态翻译学研究侧重于翻译本体的系统理论研究，致力于认识翻译本质、描述翻译过程、明确翻译原则、彰显翻译主体、厘定翻译标准以及回归"译有所为"；微观上，生态翻译学侧重于关注其基本理念对翻译文本的形成和译事实践的影响，即通过具体的翻译案例，评析和解读生态翻译学的基本理念对生成翻译文本和解释翻译现象所具有的认知、指导、解释和描述等功能，并明确生态翻译的若干翻译策略以及以"三维"（语言维、交际维、文化维）转换为主的翻译方法。

3. 生态翻译学的核心观点

生态翻译学的三大核心理论观点分别是：翻译即生态平衡、翻译即文本移植、翻译即适应/选择。

1）翻译即生态平衡

"翻译即生态平衡"是生态翻译学翻译观的体现，是指采用适当的翻译策略、方法和技巧促成翻译生态平衡、文本生态平衡和"翻译群落"生态平衡。这里的平衡包括跨语言、跨文化的整合与平衡，内在、外在因素的整合与平衡以及宏观、中观、微观思维的整合与平衡。具体而言，翻译生态平衡首先是指保持整体翻译生态环境的和谐与平衡；其次是指翻译生态系统内部读者、译者与原作者之间的妥协让步与宽容变通，考虑原文及其作者和读者、译文及其译者和读者等多方面因素的"翻译群落"生态与"文本生态"之间的协调与平衡。

2）翻译即文本移植

生态翻译学认为，翻译在本质上是译者适应翻译生态环境而对文本进行移植的选择活动。就文本角度而言，生态翻译可以狭义地指基于原语生态和译语生态的"文本移植",即"将一种语言生态系统里的文本移植到另一种语言生态系统中去"(胡庚申,2013:201)。具体而言,在移植之前,重点关注原文生态系统结构的可移植性,由此出发对拟翻译的文本进行选择;在移植过程中,重点关注文本的语言生态移植、文化生态移植和交际生态移植,同时关注译语翻译生态环境的重构和翻译生态的再建;在移植之后,重点关注被移植的文本(译本)在译语生态环境中的生命状态,关注培育译语生态环境以使被移植的文本得以长存。

3)翻译即适应/选择

翻译适应选择论认为,译者既要适应,又要选择。因此,"翻译即适应/选择"是指译者的选择性适应与适应性选择,翻译被描述为译者适应和译者选择的交替循环过程。适应的目的是求存和生效,手段是优化选择;而选择的法则是"汰弱留强"。"翻译即适应/选择"的理念在以下3个方面得以体现:第一,当翻译中的"信、达、雅"难以兼得、"神似、形似"难以统筹、"音美、意美、形美"难以共享时,需要译者在选择性适应特定翻译生态环境的基础上,自主做出判断与适应性选择;第二,对翻译行为的认识和实施,如对多元系统、意识形态操纵等的领悟、解读、操作与应用需要依靠译者在选择性适应特定生态环境的基础上,自主做出判断与适应性选择;第三,就翻译批评的标准而言,最佳的适应是选择性适应,最佳的选择是适应性选择,而最佳的翻译是"整合适应选择度"最高的翻译(胡庚申,2008)。

4. 生态翻译学的主要研究方法

生态翻译学是一项从生态学视角对翻译进行纵观审视的整体性研究。就方法论而言,生态翻译学的研究方法既包括适用于一般翻译研究的共性方法,又包括体现生态翻译学研究特色的个性方法,即学科交叉、类比移植以及系统综观法。

1)学科交叉法

学科交叉是跨学科研究方法。生态翻译学是翻译学与生态学的界面融合研究,以学科交叉的方法开展生态翻译学研究具有独特性和必然性。生态翻译学的学科交叉研究方法是借鉴和利用生态学的科学原理、生态理念、研究成果和研究方法等,从生态学视角对翻译活动进行整体性的综观和描述,构建和诠释生态翻译学理论话语体系。

2)类比移植法

胡庚申(2013)使用"类比移植"这一术语来概括"相似类比"和"概念移植"两种研究方法。"相似类比"是基于客观事物异同的辩证统一的研究方法。生态翻译学通过研究"翻译↔语言↔文化↔人类／社会↔自然界"的"关联序链"(胡庚申,2013),发现了翻译活动与生物自然界之间的互联关系以及翻译生态系统与自然生态系统的类似性与同构性。翻译生态与自然生态之间的类似性为运用"相似类比"和"概念移植"的研究方法开展生态翻译研究提供了基础和理据。胡庚申(2013)将生态翻译学研究中的生态概念移植、生态原理移植和生态术语移植等多个层面统称为"概念移植",因为这些移植"本质上都是一种生态概念的移植"。

3)系统综观法

系统综观是指整体性的综合观察,即从整体或宏观上予以观察。生态学是奠基于整体主义的科学,生态学的整体观是当代生态理论的核心概念。因此,生态翻译学应以生态学的整体观为方法论进行系统性、整体性的综观研究,关注整体的翻译生态系统,采用综合论证和分析例证相结合的方式,从与翻译活动密切相关的语言、文化和交际等视角审视翻译,认识生态翻译的系统组成、结构和功能,发展生态翻译系统的整体性、有效性和持续性。

2.3.3 社会翻译学

"翻译社会学"概念最早由西方翻译研究学派奠基人霍姆斯提出。他在1972年"第三届国际应用语言学大会"上宣读的《翻译学的名与实》一文中,首先提出翻译社会学(Translation Sociology)和社会翻译学（Socio-Translation Studies）这两个概念："对翻译文本在何时何地以及产生何种影响的探讨一直没有引起足够关注，如果着力推进此类研究，可以将其发展成为一个研究领域——翻译社会学（或者称为'社会翻译学'），这种称谓不算很合适但更准确，因为它既是翻译学也是社会学的一个实实在在的领域。"（Holmes，1988：72）

描写翻译学以文化转向为开始标志和重要代表，翻译与文化、性别、政治、意识形态等的关系研究成为当时的热点。在这种趋势下，文化视角也逐渐指向更为宏大的社会视角。社会翻译学将翻译看作一种社会行为，一种特定社会情境中的文化产品生产行为，这种社会行为受各种社会要素的制约，同时也对社会产生影响。从语言到文化再到社会转向，这是翻译研究超越微观文本走向宏观社会文化的趋势，也是翻译研究跨学科拓宽的标志。

1. 社会翻译学的理论基础

当前的社会翻译学主要以3种西方社会学理论为基础，即布迪厄（Pierre Bourdieu）的社会实践理论、拉图尔（Bruno Latour）的行动者网络理论和卢曼（Niklas Luhmann）的社会系统论。（汪宝荣，2018）

布迪厄社会实践理论的核心是：[（惯习）（资本）] + 场域 = 实践。行动者凭借各自的特定资本和特定惯习，在一定社会条件制约的客观环境和结构中，不断地同时创造和建构自身以及生活在其中的社会。惯习是"可持续的、可转换的倾向性，是已被建构的结构，同时也是具有建构功能的结构，也就是说，是生成和组织实践与表征的原理，这些实践与表征在客观上能够与其结果相适应，但同时又不以有意识的目标谋划为前提，也不以明确地掌握达到这些目标所必需的操作手段为前提"（Bourdieu，1990：53）。资本是社会实践理论的另一个重要概念。资本是行动者的社会实践工具，这种工具是行动者积累起来的劳动，可以是物质化的（经济资本）、身体化的（社会资本和文化资本）、符号化的（符号资本或称象征资本）。场域是指处在不同位置的行动者在惯习的指引下依靠各自的资本进行斗争的场所（宫留记，2008），包括政治、经济、文化、教育、科学等不同场域。行动者在场域中的位置由资本的质量和数量分布来界定,分处支配地位和服从地位。

拉图尔的行动者网络理论把社会看作动态过程,主张通过重构各行动者之间的相互联系、相互影响来揭示社会的本来面目(邢杰等,2019)。行动者、网络和转译是该理论的3个核心概念。行动者(包括人类和非人类行动者)具有能动性和动态性。他们地位相同,通过转译自身目的招募对方,同时保证自由联结,进而构成动态网络。布泽林认为,相对于布迪厄的社会实践论而言,行动者网络理论对翻译研究最有用的领域可能是对翻译实践过程及其参与者的研究,而布迪厄的社会实践论在两方面都阐述不多(Buzelin,2005)。鉴于场域理论与行动者网络理论的互补性,布泽林称它们为翻译研究中"意外的盟友"。他指出,"借用布迪厄社会学理论的翻译研究者,往往忽略译者对文本所作的翻译、校对和润色的分析"(Buzelin,2007:142-143),而拉图尔的研究路径侧重分析翻译生产过程,包括翻译选材、翻译模式等过程性行为。

卢曼的社会系统论认为,系统是各部分相互连结于一体的组合物,而且会在社会进化过程中不断地分化、连结。卢曼提出的社会系统具有自我指涉性与自我再生产性。社会系统是以各自不同的组织方式进行自我再生,而个体凭借着自我再生,可以将自己的内部因素同外部环境区分开来,从而凸显其主体性。赫曼斯(Hermans,1999)认为社会系统理论可以在两个方面应用于翻译研究:首先,将系统理论的观点应用于文学翻译与翻译规范研究;其次,将规范概念与期待结构进行连结。这样,我们就有可能从自我再生产与自我指涉系统的角度去进行翻译研究,同时概念化翻译的自主性与非自主性。

2. 社会翻译学的主要研究内容

西方学者从20世纪90年代末开始系统建构社会翻译学,目前已形成描述性社会翻译学、文化产品社会翻译学、基于行动者网络理论的社会翻译学3个研究领域,初步奠定了该学科结构的基础(汪宝荣,2017)。描述性社会翻译学主要以布迪厄的社会实践理论为基础,切斯特曼(Chesterman,2006)又将该领域分为译作社会学、译者社会学和翻译过程社会学3个分支。例如,瑟拉塞菲(Sela-Sheffy,2008)运用布迪厄的场域理论,解释了译者行为的制约因素与其创造性之间的冲突,认为译者之所以采用不同的翻译策略,是因为翻译场域的结构不同,同时指出译者在翻译场域内争夺符号资本,以塑造自我形象,从而提高译者职业的地位。文化产品社会翻译学主要关注译作的国际流通与传播。例如,黑尔布龙(Heilbron,2008)比较了20世纪80年代以来翻译图书在法国和荷兰市场的双向流动,发现译自法语的图书在荷兰市场占比有所减少,而译自荷兰语的图书在法国市场占比增多,这归因于翻译图书出版涉及的地理政治和地理文化因素。萨皮罗(Sapiro,2015)分析了1990—2003年间在美国翻译出版的法国文学作品和美国出版场域的结构,发现法国文学在美国属于小规模翻译生产,由此揭示了法国文学在美国越来越"隐形"的现实。最后,基于行动者网络理论的社会翻译学聚焦翻译生产和传播过程涉及的复杂交互活动(Buzelin,2013)。例如,布泽林(Buzelin,2007)以行动者网络理论为基础,采用民族志的方法考察了加拿大三家出版社文学翻译作品的生产过程。骆雯雁(2020)以行动者网络理论为基础,并根据雷丁大学馆藏资料,探究了《西游记》亚瑟·韦利(Arthur Waley)英译本的翻译过程。

3. 社会翻译学的现有不足与未来趋势

社会翻译学旨在用社会学理论探索翻译与社会之间的互动关系,克服了语言学研究范式囿于语际转换的客观主义之不足。但社会翻译学往往抛开文本谈翻译,无限扩大翻译的外延,属于离心式翻译研究(武光军,2017)。当前的社会翻译学研究文献主要运用布迪厄、拉图尔和卢曼的理论,其他社会学理论还有待挖掘,对西方其他有关理论及研究成果的引进、吸收存在明显不足。同时,研究文献往往只用一种理论,甚至仅仅选用一种理论中的某个概念(如布迪厄的"惯习"或"资本"),这样既割裂了理论本身的完整性,也削弱了理论工具的解释力(汪宝荣,2019)。

从研究方法论看,国内学者主要运用文献资料法进行个案研究,缺乏扎实的实证研究方法(王宏印,2017)。相对而言,国外采用问卷调查、民族志、观察等方法的研究较多,不仅关注译作个案,也考察翻译机构和翻译职业等。

　　社会翻译学可以借鉴功能主义理论研究翻译系统的功能及其各因素的平衡，也可以通过冲突理论研究翻译中的冲突现象，还可以运用理性选择理论研究译者选择的社会因素。同时，"新兴的笔译与口译社会学研究可能会将社会学理论兼收并蓄"（Inghilleri，2015：142）。此外，王洪涛（2016）指出："未来的社会翻译学需要遵循科学发展的内在逻辑，在培育和构建学术共同体的同时形成本学科的研究范式，方能自立门户，走向成熟。"

2.3.4　其他界面研究

　　除了上述认知翻译学、生态翻译学、社会翻译学等较为成熟的跨学科研究领域，译学界近年来也开始进行翻译学与伦理学、传播学融合的界面研究，出现了翻译伦理学、翻译传播学等新兴交叉学科或边缘学科，以许建忠为代表的学者还尝试进行翻译地理学、翻译经济学等领域的界面研究。

1. 翻译伦理学

　　尽管长期以来译者关注的焦点是忠实问题，但伦理实践也一直是一个重要话题。西方的翻译伦理研究始于 20 世纪 80 年代。1984 年，法国著名翻译理论家贝尔曼（Bernan，1984）首次提出了"翻译伦理"概念。此后翻译和伦理的关系逐渐成为译学界讨论的一个话题，列维纳斯（Emmanuel Levinas）、韦努蒂（Lawrence Venuti）、皮姆（Anthony Pym）、考斯基南（Kaisa Koskine）、切斯特曼（Andrew Chesterman）、基宁（Caesar Cowes Keeling）、戴维斯（Catherine Davis）、阿罗约（Rosemary Arrojo）等翻译理论家先后发表论著，深入探讨翻译伦理的重要性及其根本问题。韦努蒂（Venuti，1995）在区分归化翻译和异化翻译、聚焦译者隐身方面跟贝尔曼的观点相似，但他主张译文挑战顺畅和忠实的策略，强调译语和原语的差异。他在《翻译之耻：走向差异伦理》中认为，译者的某些行为是"翻译最令人不堪的耻辱""翻译向我们提出了很多有待厘清的伦理问题",并提出"存异伦理思想"(Venuti,1998:6-8)。皮姆较早响应了贝尔曼开展翻译伦理研究的号召,于1997年出版了重要的法语著作《论译者的伦理》(*Pour une éthique du traducteur*),从不同角度论及译者的身份和伦理问题,他因此被视为西方翻译伦理研究最重要的一位代表人物。他应邀担任 *The Translator* 特刊 *The Return to Ethics* 的特约主编,并在导言中宣布:"翻译研究已经转向伦理的各种问题。"(Pym,2001:129)Chesterman(2001)为该刊撰文,提出了翻译实践五大伦理模式:再现伦理、服务伦理、交际伦理、规范伦理和承诺伦理。2002年出版的《路线图——翻译研究方法入门》把"翻译伦理"列为12个翻译研究领域之一(Williams & Chesterman,2002)。贝尔曼和伍德(Berman & Wood,2005)在出版的文集《民族、语言与翻译伦理》中将"翻译伦理"作为主要理论话题。2009年版《劳特里奇翻译研究百科全书》新增了"伦理"词条,回顾了翻译伦理研究的历程,并展望了未来伦理研究的可能性和方向(Baker & Saldanha,2009)。2010年出版的《翻译研究手册》第一卷将"伦理与翻译"列为一节,着重介绍了翻译伦理由传统的求同逐步走向求异的发展历程(van Wyke,2010)。皮姆(Pym,2012)对法语版《论译者伦理》进行了修订和完善,出版英语专著《论译者伦理——文化间协调原则》,用"译者伦理"(translator ethics)取代"翻译伦理",旨在寻求翻译主体在所有可能行为中的跨文化身份,其中包括中间人、信使、职业人士、介入者、使节、合作中介等,并总结了5条译者伦理准则:(1)译者一旦决定翻译,就必须对译作负责;(2)译者要对译本可能带来的影响负责;(3)译者伦理不包括在两个文化间决策优劣;(4)翻译成本不应该超出合作带来的收益;(5)译者不是简单的信息传递者,还有责任确保翻译助力长期稳定的跨文化合作。该书探讨了翻译研究必须直面的关键问题之一——翻译伦理,重新定义了译者的身份和地位,为当代翻译研究中的主要争论提供了一个参考点,拓宽了译学研究的视野。

国内翻译伦理研究肇始于2001年。吕俊(2001)在《跨越文化障碍——巴比塔的重建》中论述了在翻译研究中引入伦理学思想的必要性,认为翻译活动是一种对话或交往,要求遵守一定的规范,翻译活动中复杂多变的问题需要伦理学的指导。此后,译学界开始关注翻译伦理,

第 2 章　外语界面研究：理论与方法

主要体现在：(1) 译介西方翻译伦理研究的新成果，如申迎丽、仝亚辉（2005），陈喜荣（2012）等；(2) 运用伦理学理论来分析翻译中的具体问题或用翻译伦理理论来评析译本，如唐培（2006），孙致礼（2007），魏家海（2010），方梦之（2012），臧夏雨（2012），刘嘉（2015），刘婷、李炎（2016），卢晶晶、倪传斌（2017）等；(3) 尝试对翻译伦理进行理论阐释和探究，如王大智（2005），刘亚猛（2005），王莉娜（2008），刘卫东（2008），祝朝伟（2010），方薇（2013），刘云虹（2013），申连云（2016），王岫庐（2016），任文（2019）等；(4) 反思国外翻译伦理理论或研究，如汤君（2007），陈志杰、吕俊（2011），刘云虹、许钧（2016），辛广勤（2018），吕奇、王树槐（2020），任文（2020）等；(5) 从译者角度进行较为系统的翻译伦理研究，如涂兵兰（2013）分析清末社会转型期译者伦理思想转变的原因，探讨这种转变如何影响译者的义利观及其对翻译原文、译语语言和翻译方法等方面的选择，而所有这些选择体现了他们的翻译伦理；冯曼（2018）通过深入剖析翻译伦理的多维表现以及翻译活动中译者角色的多重属性，探讨翻译伦理的不同维度对译者多重角色的规约作用，从理论层面构建译者的伦理决策与翻译策略选择的互动机制——译者角色伦理论。

吕俊、侯向群（2006）基于翻译作为文化间交往的社会实践性活动，根据哈贝马斯的交往伦理学或商谈伦理学提出了翻译伦理学（Translative Ethics）的设想，认为其宗旨是建立跨文化交往活动的准则。也有其他学者在论文中直接提及"翻译伦理学"的概念，如杨洁、曾利沙（2010），葛厚伟等（2017）。杨洁、曾利沙（2010）针对翻译伦理研究存在的一些误区尤其是研究范畴过窄的问题，认为有必要从学科系统建构层面对翻译伦理学的研究范畴进行整合与拓展，以拓展相应的理论研究次范畴，并明确各次范畴的研究目标和任务，从而建构包括翻译管理伦理、翻译操作伦理、翻译批评伦理和翻译伦理的翻译伦理学研究框架。彭萍（2012）结合国内外对翻译学、伦理学的定义及对翻译伦理的研究，对"翻译伦理学"进行定义和定位："翻译伦理学就是关于翻译活动、翻译理论研究、翻译批评、翻译教学等与翻译有关的一切行为的道德原则、道德评价的研究或伦理规范研究，是从伦理的角度来研究翻译问题。翻译伦理学是伦理与翻译之间关系的理论体系，是翻译学系统中的一个分支，属于泛翻译学的领域，将翻译学的视线拓展到伦理道德领域，从伦理角度对翻译进行关注和研究。"（彭萍，2012：153）她随后出版专著《翻译伦理学》（彭萍，2013），将翻译学与伦理学结合在一起，首次系统地探讨翻译伦理学的学科性质、地位、研究对象和任务、研究方法等，从伦理视角详细、系统地审视翻译理论研究、翻译实践活动、翻译批评、翻译教学等方面，对其中的诸多问题提出了自己的独到见解，在某种意义上填补了国内外该领域研究的空白。葛厚伟、郑娜、赵宁霞（2017）合著的《翻译伦理学概论》从历史角度总结和梳理了20世纪80—90年代以来中西方有代表性的翻译伦理研究成果，结合伦理学和翻译学的相关原理探讨了翻译研究的伦理转向问题以及译者的主体性与交互性转换，详细论述了译者的4个伦理原则。该书虽名为《翻译伦理学概论》，实则是对中外翻译伦理研究的综述。

2. 翻译传播学

吕俊（1997）最早将翻译与传播关联起来，认为翻译是一种特殊的跨文化传播活动，分析了将翻译学纳入传播学进行研究的必要性以及翻译学自身的特殊性。他的这种理念影响着翻译传播学的其他几位提倡者。孟伟根（2004）基于我国翻译理论研究的现状分析，认为建立翻译传播学理论的必要性体现在其自身的特殊性——它有自己的研究对象、研究宗旨和鲜明的学科特点。他阐述了翻译传播学理论9个板块的构架，即翻译传播的总体论、本体论、主体论、客体论、载体论、技法论、环境论、效果论、受体论，描述了翻译传播的基本模式，即原文→解码→译者→编码→读者或听者，并指出建立翻译传播学理论体系是对翻译学研究的一个重大贡献。唐卫华（2004）从传播学角度论述了翻译过程的传播本质——翻译即传播，并指出，用传播学的方法论如系统论、信息论和控制论来解释和说明翻译过程，关注影响翻译过程的诸要素，能更好地认识与处理翻译过程中的矛盾。吕俊、侯向群（2012：1-9）认为翻译是"一种跨文化与跨语际的信息传播活动"，将翻译过程视为一种传播过程并纳入传播学的框架，分析了传播过程的七要素及其互动与翻译活动的关系，并总结了在传播学的理论关照下翻译活动的5个特点：整体性、动态性、开放性、综合性和实用性。张生祥（2013）借用传播

第 2 章　外语界面研究：理论与方法

学的基本信息传播模式，尝试从控制研究、文本分析、媒介研究、受众研究、效果研究等几方面入手建构翻译传播学，认为翻译传播学是翻译学学科向更为精细化、系统化的方向发展的结果，对翻译学的理论建构和学科空间提供了新的研究范式。张生祥（2020）还认为，翻译传播研究有别于翻译传播学——翻译传播学是以问题为导向的研究领域，而翻译传播研究将翻译传播学精细化，当前国内外对"翻译传播学"理论的建构还处于探索阶段，尚未形成系统和具有说服力的学科体系。谢柯、廖雪汝（2016）在"名"的层面论证了翻译传播学作为翻译学和传播学的一门新兴交叉学科存在的合理性、研究的有效性和学科发展的科学性，在"实"的层面界定了翻译传播学的研究对象，即翻译的传播主体、翻译的传播内容、翻译的传播媒介、翻译的传播受众、翻译的传播效果、翻译的传播目的以及翻译的传播环境，并论述了翻译传播学的方法论以传播学方法论为参照，其基本原则是定量研究与定性研究相结合以及历时研究与共时研究相结合。一些学者基于（翻译）传播学视域，考察中国典籍英译的翻译策略（汪庆华，2015）、译介模式研究（谢柯、李艺，2015）、传播效果研究（吴玥璠、刘军平，2017）或进行文学翻译研究（郑友奇、黄彧盈，2016），或分析中国文学海外翻译出版偏差并矫正（杨瑞玲，2019），以《今日中国》（法文版）为例考察外宣翻译（尹明明，2015），以公示语英译为例探讨杭州国际形象建构（郭聪，2017），以《习近平谈治国理政》英译为例研究中国政治外宣话语中如何彰显文化自信（赵晶、赵秋荣，2019）等。

近年来，随着我国"一带一路"倡议和人类命运共同体建设的推进，翻译（学）界、传播（学）界、出版（学）界如火如荼地进行对外翻译与国际传播的理论思考和实践探索，整合翻译学和传播学两个学科的界面研究、创建翻译传播学学科、建构翻译传播学理论体系的呼声日益高涨。尹飞舟、余承法（2020：171）阐释翻译传播的本质属性在于传播的一般属性和"语言转换"的特殊性相结合，将翻译传播学界定为"研究翻译传播现象及其规律的科学，是阐释人类使用不同语言符号进行信息传递与交流的知识系统"，论述翻译传播学的学理支撑及其与其他学科的关系，从本质、过程模式、主体、客体、译者、媒介、受体、效果 8 个方面厘清翻译传播学的主要研究内容，同时指出翻译传播学总体上采取定性研究与定量研究相结合、规范研究与实证研究相结合、历时研究与共时研究相结合的原则，其中包括 4 种研究路径：翻译传播效果的实证研究，翻译传播文本的综合研究（属于基础研究），翻译传播技术的融合研究，翻译传播的社会、文化与历史的辩证研究（属于发展研究），并展望翻译传播学的社会应用，初步构建了翻译传播学的基本框架。

3. 翻译地理学

许建忠的专著《翻译地理学》于 2010 年出版，其主要观点是："翻译地理学（Translation Geography）是翻译学和地理学交叉研究的结果，具体地说，是将翻译及其地理因素相联系，将地理学和翻译学的研究成果引入相关研究，并以其相互关系及其机理为研究对象进行探索，力求打破传统的'决定论'研究模式，从系统论角度审视翻译、研究翻译，对翻译中的种种现象进行地理剖析和阐释。"（许建忠，2010：4-5）翻译地理学的主要研究内容包括 11 个板块：翻译自然地理、翻译人文地理、翻译城市地理、翻译旅游地理、翻译政治地理、翻译文化地理、翻译经济地理、翻译民族地理、翻译宗教地理、翻译行为地理、翻译与全球化地理发展。许建忠、鹿彬于 2015 年推出《翻译地理学应用性研究》，对翻译研究提出一个地域特色研究的讨论视角，展示翻译在地理空间中的文化协调作用，将翻译放在地理空间中作为空间群体意识实现的必要方式方法来研究，着重探讨翻译地理学视域下的人地关系表征、空间哲学文化表征、空间言语表征专题、空间协同言语表征、空间协同群体意识，对于实现当前空间协同目标的建构和发展具有重要意义。鹿彬（2016）的专著《翻译地理学视域下的生态话语建构研究——以新丝绸之路为例》是对上述两部著作的进一步理论完善与实践应用，反映了翻译研究、话语建构和地理空间之间的相互表征及影响关系，从翻译地理学理论视域下进行生态空间话语生产阐释，关注生态空间协同目标的实现方式和话语品牌建构，强调空间协同统一话语和生态空间群体意识在翻译地理空间探索新丝绸之路的生态话语生产。

4. 翻译经济学

田传茂、丁青（2004）结合经济学的有关原理，研究分析了我国翻译市场中个体职业译者以及各翻译公司的商业运作模式，其中特别关注翻译收费标准，并基于此尝试探讨翻译成本、翻译成本折扣、翻译价格、翻译利润以及其他经济元素对翻译的影响，以期建立一门新的学问——翻译经济学。许建忠（2014）基于翻译与经济的双向辩证关系，提出建构翻译经济学（Translation Economics），以翻译在经济增长与社会发展中的地位和作用，以及对翻译的谱系剖析和阐释，从理论上揭示翻译经济的客观规律，并结合翻译产业的实际探讨翻译经济中的突出问题。翻译经济学以翻译学和经济学作为自己的研究对象，并同其他分支学科存在内容和方法上的交叉与联系，不但强调从理论上揭示翻译经济的客观规律，而且密切结合国内外实际，立足于阐明翻译经济中的种种问题（许建忠，2014）。

自翻译的描写范式成为翻译研究的主流以来，文化学、社会学、生态学、认知科学、伦理学等学科逐渐被应用到翻译研究当中。跨界已成为翻译学者寻找研究空间的重要途径。这种趋势与翻译的本体研究形成对比、交锋与互补，在一定程度上让我们认识到翻译阐释的多元化和丰富性，另一方面也给翻译本体的固守带来挑战。翻译的跨界应尊重翻译本体，而不能一味追求高大上却不能解释语言转换的界面。否则，翻译研究将离心化、空心化，也就失去了立身之本。同时，"翻译×学""×翻译学"的学科建构在当下的中国成为一大热门，走向学科化的翻译理论和翻译界面研究依然是一种趋势，但无基本理论而创建的学科的弊端逐渐凸显，尤其是将其他学科的理论框架直接移植、嫁接到翻译学的做法，这种交叉学科或边缘学科存在 A+B、A 与 B 的"两张皮现象"，应该引起翻译学界同仁的高度重视。

2.4 外语教学界面研究的理论与方法

本节对外语教学界面研究的探讨主要从基于生成语言学的第二语言

习得界面研究，认知主义与社会文化界面的二语习得研究和二语习得与外语教学的界面研究展开。

2.4.1 基于生成语言学的第二语言习得界面研究

1. 界面概说

界面是生成语言学中的一个重要概念，是形式句法理论走向成熟的标志（石定栩，2020）。该概念的提出与语言模块论（modularity）密不可分。在生成语言学中，模块论有两层含义：一方面，生成语言学认为大脑由许多子系统构成，如视觉系统、听觉系统、推理系统等，不同系统承担不同功能。语言是大脑诸系统中的一个子系统，独立于一般认知能力，专司语言习得与语言使用等。另一方面，生成语言学强调语言系统本身是由语音、语义、形态、句法和语用等几个相对独立但又彼此连接的模块（module）构成，模块与模块之间存在界面，界面间通过连接规则（linking rules / algorithm）发生作用（Chomsky, 1995; Reinhart, 2006）。就语言本体层面而言，界面有"内部界面"与"外部界面"之别。"内部界面"指语音、形态、语义、句法之间的界面，"外部界面"指语用与句法、语义、形态等之间的界面。"界面"又有所谓狭义与广义之分。狭义的"界面"指语言内部各组块间的联系，广义的"界面"指语言能力和其他认知能力（如视觉、推理等）间的联系或指语言学与其他学科（如哲学）的关系（Ramchand & Reiss, 2007）。

作为最具代表性、最成熟的形式语言学理论，生成语言学强调句法自主性（autonomy of syntax），认为语言的形式不取决于语言的功能。但是，在实际的语言生成与使用中，句法、语义、语音、形态及语篇等均参与其中，任何句子都是形式、意义与功能的统一体。为解释这一貌似矛盾的现象，生成语言学用"界面"来描述语言子系统之间的互动关系。界面的概念可追溯到Chomsky（1986）的原则与参数理论时期。此时的界面主要指逻辑形式和语音形式与两个外部感觉和概念系统的连接，即发声—感知系统（语音）和概念—意图系统（意义）。这两个系统对句子的生成过程有一定的制约作用。具体而言，句法作为一个计算

第 2 章　外语界面研究：理论与方法

系统，需要与其他子系统进行互动，将语义和语音连接起来。在逻辑形式的接口上输出的是句子意义的表达式，是关于句子意义的结构性描写。在语音形式的接口上，语言系统输出的是语音或音位表达式，是关于句子声音的结构性描写。只有当生成语音形式和逻辑形式同时合格的表达式时，才能生成合乎语法与语义的句子。在这一过程中，如果某一层面的表达式出现问题，实际产出的句子就可能不合要求。以 Chomsky 的经典例句 "Colorless green ideas sleep furiously." 为例对此进行说明。尽管该句在句法层面合乎规矩，但语义违规导致句子无法理解。这种关系可以表述为图 2-4 的一个三分法的理论模型（Rothman & Slabakova，2011）。在后来的最简方案中，句法推导首先是从词库提取词汇项，然后形成词汇列及短语。如果特征核查未发现不可诠释特征，就转移到语音、语义两个界面层次，最后获得音义结合的语言形式。

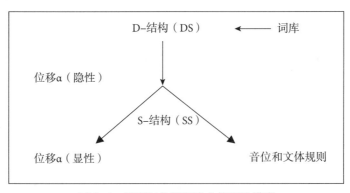

图 2-4　原则与参数理论中的理论模型

石定栩（2020）在评价生成语言学界面研究时指出，Chomsky 的"句法自主"既是一种理论假设，也是科学研究中一种常用的用于"提纯"的技术手段。人类语言极其复杂，要厘清其本质，就有必要对实际使用中的语言现象进行抽象概括，将句法过程"提纯"出来，以便更准确地描述、分析句法现象，找到句法规则，而非将其与其他语言子系统任意地切割开来。界面关系研究是在句法自主的基础上形成的，旨在探究句法与语义、句法与语篇、句法与韵律之间的互动关系，找出各组系统的句法规律。

2. 界面视角下的二语习得理论假设

就语言习得而言,生成语言学坚持语言天赋论(innateness),提出了解决语言习得逻辑问题或柏拉图问题的方案。从刺激贫乏论(Poverty of the Stimulus)入手,生成语言学认为儿童无法单纯依靠外部语言输入习得语言。一方面,儿童接触到的语言输入数量有限,内容不均衡,无法保障其能够从输入样例中提取出所有的语言规则;另一方面,0~5岁的儿童一般认知能力远未发育成熟,似乎无法应对抽象复杂的语言系统。但事实是,5岁儿童已基本掌握了自己的母语系统,语言习得不仅速度快,而且毫不费力。这种表面的不合逻辑无法从输入或一般认知能力获得解释。基于刺激贫乏论,生成语言学提出普遍语法(universal grammar,简称 UG)的概念。顾名思义,普遍语法是关于语言的普遍属性,是一种基因遗传的语言蓝图,它包含了人类语言所共有的语言信息。从语言习得的角度看,普遍语法限定了可能的人类语法,弥补了单凭输入和一般认知无法习得的语言知识的空缺。通过 UG,儿童可以限定关于目标语的假设,缩小语言学习的搜索空间,进而减轻学习负荷。

基于生成语言学的语言习得理论遵循的一个重要研究思路是,如果可以证明儿童的语法知识超出了从输入中可能得出的知识,即使允许使用一般的认知原理、信息处理和学习机制,这些知识的来源也无法解释。这些习得的语言知识就构成强有力的证据,表明学习者必须具备一些能够获得有关自然语法的先天的内置知识。

在二语习得研究中,基于生成语言学的二语习得理论旨在描述和解释第二语言隐性知识系统,即二语知识在二语学习者大脑中的表征,试图厘清普遍语法、母语知识和目标语输入知识之间的相互影响(以下称为基于二语输入的习得)。研究者关注的主要问题包括普遍语法的可及性问题、语言习得关键期问题、母语迁移问题、可学性问题(即学习者能否习得从输入中无法获取的语言属性)等。这些问题相互交叉,彼此重叠,核心还是在围绕刺激贫乏论展开。从研究结果可以看出,成人二语学习者的语言习得与儿童语言习得在路径和最终成就上有所不同,但学习者习得的一些二语知识确实无法仅仅从二语输入、母语知识或课堂教学中获得(Rothman & Slabakova,2018)。

第 2 章　外语界面研究：理论与方法

进入 21 世纪，语言界面现象习得成为基于生成语言学的二语习得关注的一个重点问题。与单纯的句法或语义习得相比，界面之间需要跨域的信息整合（如句法和语义、句法和语篇等），因此在计算上更加复杂。基于这一推断，Sorace 及其同事（Sorace & Serratrice，2009）提出了界面假设（Interface Hypothesis）。该假设认为，在信息整合中，语言内部领域之间的界面（如句法与语义）比外部界面（如句法与语篇）消耗的加工负担要少。因此对于成人二语学习者来说，句法—语义界面不会造成太大困难，高水平的二语学习者最终可以习得这些语言现象。但相比较而言，句法—语篇界面现象的习得极具挑战性，二语学习者往往难以习得（Sorace & Serratrice，2009）。

和界面假设不同，Slabakova（2019）提出的瓶颈假设（Bottleneck Hypothesis）认为，纯粹的句法参数、普遍的语义原则并不造成习得困难。二语习得的瓶颈在于功能形态（functional morphology）习得，因为这类习得过程涉及一系列影响整个句子语法和语义的语义，句法和形态特征。尤其当二语句法形态与语义出现错配会使习得变得更加困难。借助近年来生成语言学关于参数的新理论，Slabakova（2019）构建了一个参数习得难易层级，如图 2-5 所示。

图 2-5　参数习得难易层级

参数由宏观到微观，主要与功能语类特征值的适应范围有关（参见 Slabocava，2019）。具体如下：

• 宏观参数：所有相关类型的中心语都共享该特征，如中心语后置语序。

• 中观参数：某一特定类型的中心语享有该特征，如罗曼语族的空主语。

• 微观参数：某一具体小类中心语共有该特征，如主语附着语素。

• 纳米参数：个别词项享有的特征值。

根据参数层级，我们可以预测，与中观参数相比，宏观参数将更容易习得。依次类推，中观参数要比微观参数更容易习得。这是因为层级越往右，该参数在语言输入中的证据可能越来越少，因此造成习得困难。一般而言，普遍的语义特征、纯粹的句法操作（如合并、一致）等无须耗力即可习得。但是，在当母语与二语在句法形态与语义上出现不匹配时，习得难度就会增加。Slabakova 的瓶颈假设中没有探讨纳米参数，但她指出当微观参数受到冗余信息、频率、语义模糊等影响时，其难度等同于纳米参数习得。

前期研究有一些证据支持这一层级。例如，研究发现大多数学习者在较早阶段就掌握了中心语后置语序、罗曼空主语等。但当句法形态与语义出现不匹配时，习得就变得具有挑战性。以定指（definiteness）和实指（specificity）为例，定指指交际双方共享的一个指称，而实指仅指说话人可识别的一个指称对象。从语言类型考察，有些语言用冠词表达定指，有些语言用冠词表达实指，而有些语言则没有冠词这类表达定指或实指的词类。前期研究显示，对于母语中没有冠词的英语学习者，他们选择定冠词时会在定指和实指两个语义特征之间摇摆，出现误以为英语定冠词表达实指的情况，即在下列例 23b 的情况下误用不定冠词，例 24a 的情况下误用定冠词。Ionin & Wexler（2004）的研究证明了这种观点。在例 23b 的语境中，33% 的以俄语为母语的学习者会误用不定冠词 a，而在例 24a 语境中，36% 的学习者会误用定冠词 the。这说明部分学生误将英语冠词与实指建立了语义联系。

例 23：

[+ 定指，+ 实指]

a. Joan wants to present the prize to the winner—but he doesn't want to receive it from her.

[+ 定指，− 实指]

b. Joan wants to present **the** prize to the winner—so she'll have to wait around until the race finishes.

例 24：

[− 定指，+ 实指]

a. Peter intends to marry **a** merchant banker—even though he doesn't get on with her at all.

[- 定指, - 实指]

b. Peter intends to marry a merchant banker—even though he hasn't met one yet.

上述两个理论,其实对于二语习得难易程度做出了不同预测。界面假设认为难度主要在外部界面,而瓶颈假设则认为难度在内部界面,尤其当句法形态与语义产生错配时习得任务最具挑战性。针对上述两个假设关于哪个界面造成习得困难的论断,White(2011)指出,究竟是因为研究中所选的语义—句法现象比较容易习得,还是语义—句法现象总体上比较容易习得,依然值得进一步研究。Montrul(2011)则认为,一个具体的语言现象,实际上很难判断究竟属于哪个语言界面。有些认为属于形态—句法或者句法—语义的界面现象,后来发现与语篇因素紧密相关,使得"内部界面"与"外部界面"的区分显得没有多少实际意义。由此,她提出多维界面(multiple interfaces)的概念,认为许多语言现象涉及句法、形态、语义、语用和语篇等因素,研究中需要具体现象具体分析。后面我们将结合二语论元结构习得中的两项前期研究,来进一步考察界面现象习得。

3. 语义语篇习得

在句法研究中,句子是否允许宾语省略被概括为参数差异,称为话题脱离参数。但是,后期的一些研究发现,依据上述参数对语言的类型区分并不完全符合语言事实。例如,按照参数设置,英语不允许空宾语。但在真实语言使用中,不管是口语还是书面语,都存在大量宾语省略的句子,如例 25 所示。

例 25: 空宾语

a. They ran away but we followed (them).

b. John aimed at the target and missed (it).

c. The team was doing well, so Mary joined (it).

(Ingham, 1993: 96)

对于这类句子，研究者给出了不同解释。一些学者认为，英语宾语能否省略主要是一个词汇层面的问题，由动词语义决定（Ingham, 1993）。另一些学者则指出，空宾语不是一个单纯的句法问题，也不仅仅是词汇语义层面的问题，其允许与否受语篇条件限制（Mittwoch, 2005）。下面，我们结合前期研究对英语空宾语句的语篇与语义限制条件做一系统分析。

1）空宾语结构的语篇限制条件

空宾语句根据其描述的事件类型可分为事件句（episodic sentence）和习惯句（habitual sentence）两类（Mittwoch, 2005）。事件句通常用来描述某人在某时间点或时间段做某事，如例 26 所示。

例 26：a. John is eating/reading/drinking.（Mittwoch, 2005: 238）
b. They attacked at night.（Mittwoch, 2005: 250)

习惯句用来描述一个重复性（iterative）或通指性（generic）的事件，如例 27 所示。

例 27：a. I usually buy in that shop.（Mittwoch, 2005: 246）
b. Fido bites.（Mittwoch, 2005: 244）

Goldberg（2001）利用信息结构中焦点和主题等概念分析了英语中使役动词（causative verbs）的宾语省略现象，并归纳出了空宾语句的语篇限制条件。根据主题和焦点的特征，Goldberg（2001）分析指出，英语中省略的宾语是句中既非焦点又非主题的成分。首先，空宾语不是焦点成分。焦点的基本特征无法预测，但空宾语的所指在述谓结构或语境中均可预测。另外，焦点成分在语音上可以重读，但省略的宾语即使在句中还原也不可重读，如例 28 所示。

例 28：a. *The chef-in-training chopped THINGS and diced THINGS all afternoon.
b. *Tigers only kill BEIINGS at night.
c. *The singer always aimed to dazzle PEOPLE.

（Goldberg, 2001: 511）

第 2 章　外语界面研究：理论与方法

其次，省略的宾语也不是主题成分，有两类证据可以证明这一点。第一，主题成分通常有定指，而省略的宾语绝大多数情况下无定指。第二，主题成分一般有前指替代成分，而省略的宾语却不能做后一句子的先行词，如例 29 所示。

例 29：The chef-in-training chopped and diced all day.
　　　　*They were put into a large salad.

但在某些语境里，省略的宾语也可以有定指，具有一定的主题色彩，如例 30 所示。

例 30：— Let's get all of these ugly dishes out of here before your data arrives.
　　　　— OK, you break and I'll sweep.
　　　　— You wash, I'll dry.

（Rice，1988；Goldberg，2001：515）

基于以上分析，Goldberg（2001）提出了空宾语句的语篇限制条件——语篇低度突出限制条件（low discourse prominence constraint）：当受事在语篇中不被强调，或者说受事在语篇中不是主题（或者焦点），而动作行为是被强调的对象时（通过重复性动作、强烈的情感立场、话语主题化或对比性焦点等），受事宾语则可能被省略。

2）词汇语义对空宾语结构的影响

英语宾语能否省略也与动词语义有很大关系。前期研究发现，在施事动词（agentive verb）中，活动动词要比成就动词更易于省略宾语。在所有动词类型中，最不容易省略宾语的是可以进行使役转换的表状态变化（change-of-state）的动词（Goldberg，2001；Lemmens，1998，2004；Mittwoch，2005；Levin & Rappaport Hovav，2005），如 break、open、close 等。研究者对此从不同角度作了分析，认为状态变化类动词宾语不易省略与以下 3 点有关：第一，与动词描述的事件类型有关。Levin & Rappaport Hovav（2005）认为，在一个描述状态变化的事件中，很难想象没有表示状态变化的事件参与者（即受事宾语）参与。第二，与宾语指称的不可预测性有关。Goldberg（2001）认为，像"break"

这类动词，其宾语指称范围较广，省略后仅凭句子语境很难恢复，如例31所示。

例31：a. That man always recycles.
b. *That man always breaks.

（Goldberg，2001：512）

在例31a中，动词recycle描述的是一个回收可再次利用垃圾的事件，其宾语指称非常清晰。而在例31b中，动词break描述的事件非常含糊，泡沫、电视机及人的感情等都会破，但破的方式及产生的后果各不相同，必须依赖宾语才能获得必要的信息。Goldberg（2001：512）指出："很难想象有这样一种语境，语篇上强调'打破'这个动作，但什么东西被打破却无关紧要。"第三，与状态变化类动词属于作格性（ergativity）系统有关。Lemmens（1998，2004）借助功能语法（Davidse，1991）关于及物性系统（transitivity）与作格性系统（ergativity）的区分，分析了这类动词不能省略宾语的原因。Lemmens指出，状态变化类动词不能省略宾语是由于它们属于作格性系统。在作格性系统中，事件过程（process）和受事宾语构成事件结构的核心，在句法层面宾语必须出现。而可以省略宾语的及物动词属于及物性系统（transitivity），事件过程和施事主语构成事件结构核心，宾语仅是其扩展成分，因此可以省略。

上述解释虽然角度不同，但一致的观点是：表状态变化的动词携带的受事宾语是该类动词描述的事件中最为核心的事件参与者，对该事件的解读、句子的理解主要取决于宾语，所以宾语不能省略。

高育松（2009b）调查了以汉语为母语的英语学习者对英语空宾语句的习得。共有90名分属低、中、高三个水平组的汉语母语学习者和24名英语本族语人士参加了本研究。低水平组由国内一所专科学校刚入学的30名学生构成，中水平和高水平组受试分别由国内某大学30名非英语专业的二年级学生和30名英语专业的三年级学生构成。研究采用句子纠错的方式，要求被试首先判断一个句子是否符合英语语法，然后再对判断为错误的句子进行改正。句子共计53个，其中空宾语句22个，旨在调查学习者对空宾语句的词汇语义及语篇限制条件的掌握情况。

研究结果显示,语义、语篇因素均对汉语母语学习者习得英语空宾语句产生影响,而且英语水平不同的学习者表现也不尽相同。

首先,语义因素制约学习者空宾语结构习得。所有受试组对由状态变化类动词构成的空宾语句的拒绝程度均显著高于合乎语法的空宾语句,这说明语义因素对受试的句子判断有制约作用。

其次,语篇因素影响被试对句子的判断。除低水平组外,其他三组受试均能够区分符合语篇条件和违反语篇条件的句子。上述发现充分说明,空宾语习得是一个涉及语义、语篇和句法接口的问题,研究学习者空宾语习得必须同时考虑句法、语篇、语义等因素。但必须指出,判定空宾语习得不是一个单纯的参数重设问题,也并非否认英汉语间的差异对学习者的影响,相反,我们的研究结果同样证明了语言类型差异的作用。例如,研究中一个非常有意思的现象是,受试对空宾语句的接受程度(不管是合法句还是不合法句)与其英语水平成反向关系:即英语水平越低,对该类句子的接受程度越高。我们认为,这一现象可能就是两种语言在主题脱落(topic-drop)参数上的差异造成的。汉语可以省略主题,而英语则不能。以英语为母语的人士在判断空宾语句时,受英语主题不可脱落的影响,即使在宾语可以省略的情况下也会比较保守,有时会认为不省为好。而汉语母语学习者虽然对合法的空宾语的接受程度远高于不合法的句子,但受汉语主题脱落的影响,不仅对合法句的接受程度高于母语人士,对违反语篇条件的句子接受程度也远高于母语人士,这与 Yuan(1997)的研究结果相一致,即汉语母语学习者对英语空宾语句的判断受母语主题脱落参数的影响。

第三,语篇突出是一个层级概念。所有被试,不管是二语学习者还是母语人士,对习惯句的接受程度普遍高于事件句。如上文所述,习惯句中省略的宾语是一个无定指的光杆复数名词,而动词描述的又是一个重复发生的通指性事件,这使得宾语在句中成为一个非主题又非焦点的背景化成分,语篇突出度非常低,而且动作的重复性将动作本身变成句中高度突出的语篇成分。相比较而言,事件句描述一个特定的事件,其宾语有时可以构建为有定,可能会给受试造成该宾语为主题成分的印象,故而接受程度相对较低。不合法的空宾语句则由于其宾语在句中为焦点或主题成分,语篇突出程度最高,则无法省略,所以受试对这类句子接受程度最低。

第四，语篇限制条件的习得是一个渐进过程。研究数据显示，低水平组对习惯句、事件句及违反语篇的句子的接受程度没有显著差别，这说明低水平学习者对语篇因素并不十分敏感。中水平组受试对习惯句的接受程度显著高于对语突类的接受程度，这说明他们对语篇限制条件有一定认知。但是，在判断符合语篇的事件句和违反语篇条件的句子时，中间组却无显著差异，这说明当空宾语句用于描述具体事件时，他们难以判断省略的宾语是否是一个既非焦点又非主题的成分。只有到了高水平阶段，他们才能对事件句中省略的宾语在信息结构中的地位有较为准确的判断，开始意识到有些事件句中宾语可以省略，而有些则不能省略。

本节结合前期研究，探讨了英语空宾语句的语义、语篇特征及其对以汉语为母语的学习者英语习得的影响，发现学习者对英语空宾语句的语义和语篇限制条件均有一定认知，但语义语篇因素对不同水平的英语学习者有不同的影响。

4. 句法形态母语迁移

在二语界面现象习得研究中一个有趣却又悬而未决的问题是：如果语言由几个模块组成，母语迁移是否也以模块的方式进行（Montrul, 2000）？或者说，学习者是将母语语义、语用和形态等同时迁移到二语中去，还是仅迁移其中某一模块？Montrul（1997, 2000, 2001a, 2001b, 2001c）的母语迁移模块说对此给出了明确的答案，该观点认为既然语言由几个不同的模块构成，母语迁移也可能以模块的方式进行。就论元结构习得而言，学习者未必将母语语义与形态同时迁入二语，而是仅迁移其中的某一模块。

前期研究发现，二语学习者在论元结构习得中确实会将母语语义和/或形态迁移到二语中去。例如，Chen（1996）在调查以汉语和法语为母语的学习者习得英语心理动词（psych verb）时，发现学习者有将母语形态迁移到英语的行为。在使役转换习得中，Moore（1993）发现在以汉语、韩语、日语、阿拉伯语及西班牙语为母语的英语学习者中，只有西班牙语母语学习者对及物使役句的判断最接近英语母语人士，其原因是西班牙语和英语及物使役句均无形态标记，而其他几种语言却需要

第 2 章　外语界面研究：理论与方法

使役标记。上述研究均发现了母语形态迁移现象，但对迁移的方式并未给出明确解释。

Montrul（1997，2000，2001a，2001b，2001c）通过调查二语学习者习得英语、西班牙语和土耳其语使役结构转换，发现尽管学习者母语背景不同，但都犯有过度概括的错误，如错误地接受类似"The chicken cut."这样的句子。Montrul 认为，既然大多数语言使役转换的语义限制条件基本相同（Levin & Rappaport Hovav, 1995; Pinker, 1989），如果二语学习者是根据母语语义分析二语，则不会犯此类错误。错误的发生说明学习者并未迁移母语语义，他们迁移的仅仅是母语形态。她同时发现，在习得英语使役转换时，西班牙语组受试认为由 get 构成的被动句（如"The window got broken."）要比非宾格句[1]（如"The window broke."）更符合语法。在习得西班牙语使役转换中，英语组受试更倾向于接受错误的无形态标记 se 的句子，而拒绝有形态标记的正确句子。在习得土耳其语使役转换时，英语组受试认为没有标记的土耳其语非宾格句要比有标记的句子更符合语法，而西班牙语组受试则认为有标记的非宾格句比无标记的更加符合语法。上述差异说明二语学习者主要根据母语形态来判断二语句子。

但是，并非所有研究都支持母语迁移模块说。Kim（2005）的研究显示，在习得英语使役转换时，韩语学生并未将韩语使役标记 -hi 迁移到英语中去。Montrul（2001b）在调查二语学习者习得运动动词（motion verb）及物化用法时，发现受试亦受母语语义的影响。

以上研究显示，尽管母语影响二语论元结构习得，但研究者对母语形态、语义、语用诸层面如何互动、迁移是否以模块的方式进行等问题并未达成共识。为更好地理解语言界面现象习得中母语迁移的作用，高育松（2009a）调查了二语学习者对英语非宾格句的习得，试图揭示母语迁移的内容与方式。

前期有关非宾格句的习得研究发现，二语学习者对英语非宾格句的被动化与其母语形态紧密相关，这为母语迁移模块说提供了实证支持。例如，Hirakawa（1995）发现日语学生将英语非宾格句被动化的现象

---

[1] 由可进行使役转换的动词构成的非宾格句又称为去使役句（anticausative sentence）。

与日语非宾格句有形态标记相关。Kondo & Takako（2005）调查了以日语和西班牙语为母语的英语学习者将非宾格句被动化的现象后发现，西班牙语组受试对可进行使役转换（causative alternation）的非宾格动词（如 close）的被动化程度远高于不可进行使役转换的非宾格动词（如 appear），而日语组受试在两类词上并无显著差异。他们认为这种差异是由母语形态迁移所致。因为在西班牙语中，可进行使役转换的动词在非宾格句式中需要加 se，而不能进行转换的动词则不加。而 se 是一个多功能的语素，可以标记被动、中动和去被动等结构。正是受此影响，一些学习者将非宾格句被动化。在日语中，两类动词在非宾格句中都需要形态标记，所以日语受试无显著差异。

但是，高育松（2009a）通过调查中韩英语学习者对英语非宾格句的习得，发现模块迁移说并不成立。为理解之便，我们首先对 3 种语言的非宾格动词做一简要介绍。

英语中用于非宾格句的动词，有些可进行使役转换，有些则只能出现在非宾格句中，如例 32 和例 33 所示。

例 32：a. John broke the window.
　　　　b. The window broke.

例 33：a. The rabbit disappeared.
　　　　b. *The magician disappeared the rabbit.

在英、汉、韩三种语言中，不能进行使役转换的非宾格动词均不加形态标记，如例 34 所示。

例 34：a. thokki-ka nathana-ss-ta
　　　　　rabbit-Nom appear-Past-Dec
　　　　　"The rabbit appeared."
　　　　　"兔子出现了。"
　　　　b. *thokki-ka nathana-i-ss-ta
　　　　　rabbit-Nom appear-Pass-Past-Dec
　　　　　"*The rabbit was appeared."
　　　　　"*兔子被出现了。"

第2章 外语界面研究：理论与方法

在可进行使役转换的动词中，英语无形态变化，谓语动词在及物使役句和非宾格句中同形，如例32所示。韩语使役转换有3种形式：中性动词类（neutral type）、使役动词类（causative type）和去使役动词类（anticausative type）。中性动词类是指在使役转换中动词的及物形式（如例35a）与不及物形式（如例35b）同形，无形态变化。

例35：a. John-i tol-ul wumciki-ess-ta.
　　　　 John-Nom stone-Acc move-Past-Dec
　　　　 "John moved the stone."
　　　 b. tol-i wumciki-ess-ta.
　　　　 stone-Nom move-Past-Dec
　　　　 "The stone moved."

在使役类转换中不及物动词是基本词，使役动词通过在不及物动词后加后缀-hi构成（Kim, 2005; Son, 2006）；而在去使役类转换中及物动词是基本词，不及物动词通过在及物动词后添加后缀-hi构成。如表2-4所示，使役类动词nok（melt）在非宾格句中无形态标记，但用在及物使役句时需加形态标记-hi（nok-i-）。而去使役类动词yel（open）用在及物使役句时无形态标记，但其非宾格用法却要添加形态标记-hi（yel-li）。

表2-4 韩语使役类与去使役类转换比较

使役动词类	去使役动词类
a. Chelswu-ka elum-ul nok-i-ess-ta. Chelswu-Nom ice-Acc melt-Cau-Past-Dec "Chelswu melted the ice." b. Elum-i nok-ass-ta. ice-Nom melt-Past-Dec "The ice melted."　（Son, 2006: 29）	a. Inho-ka mwun-ul yel-ess-ta. Inho-Nom door-Acc open-Past-Dec "Inho opened the door." b. Mwun-i yel-li-ess-ta. door-Nom open-Anticau-Past-Dec "The door opened."　（Son, 2006: 104）

汉语使役转换也有两类，一类是及物和不及物同形，如例36a、例36b所示。另一类是不及物动词为基本词，如例37a，而使役及物用法要么在表状态的不及物动词前加上一个表使役的词构成复合词（杨素英，1999），如例37b，或通过加使役动词"使""让""叫"等构成（何

元建、王玲玲，2002），如例 37c。

例 36：a. 水手们沉了船。
b. 船沉了。

例 37：a. 杯子破了。
b. 他打破了杯子。
c. 种族动乱使这里的人民失去了家园。

归纳起来，由不能进行使役转换的动词构成非宾格句时，3 种语言均不添加形态标记。但就可进行使役转换的动词而言，韩语使役类动词与英语和汉语一样，非宾格句无形态标记，而去使役类动词则与英语被动句类似，需加形态标记 -hi。

如上文所述，前期一些研究（Kondo & Takako，2005）发现，学习者将非宾格动词被动化的错误与母语形态有关（如 The package was disappeared.）。就中韩英语学习者而言，如果母语形态发挥作用，我们可以做出如下假设：在习得英语非宾格句式时，汉语学生不会存在将非宾格句被动化的现象，而韩语学生将去使役类动词构成的非宾格句被动化的程度会明显高于使役类动词构成的非宾格句。

高育松（2009a）发现，英语组在不能进行及物转换的动词构成的非宾格句中没有出现被动化现象，但两组二语学习者均有被动化的现象。另外，韩语组在去使役类动词和使役类动词构成的非宾格句中均有被动化现象，但在被动化程度上并没有显著差异。所有这些证据说明，母语形态对被动化并不产生显著影响。

该项研究说明，二语学习者在一定条件下会根据母语来分析二语，但母语迁移并非以模块的方式进行，学习者的某一具体行为往往由语言不同层面因素间的互动所致，有句法形态的根源，也有语义或语用的根源。另外，母语与二语在类型学上的相似程度也会影响二语学习者的母语迁移。

本节首先对生成语言学中的界面思想及相关理论进行了论述，然后重点分析了二语习得领域中两个重要的基于界面思想的习得理论，最后结合两项实证研究检验了语义、语篇、句法形态对学习者二语习得的影响，发现语义、语篇及句法形态制约学习者习得二语论元构式，而且学习者的某一具体行为往往是模块间的互动所致,有句法形态的根源,亦有语义或语用的根源。

2.4.2 认知主义与社会文化界面的第二语言习得研究

如果从 1967 年 Corder 发表 "The Significance of Learners' Errors" 一文算起,二语习得已经经历了半个多世纪的发展。由于影响二语习得的内外部因素纷繁复杂,描述并解释二语习得就成为一项极具挑战性的任务。其中,内部因素包括二语习得起始年龄、一般认知能力、语言学能、第一语言知识、二语自身特征(如语音、语义、形态及句法特征)等,外部因素包括二语输入、二语使用、二语接触时长、家庭社会经济地位、课堂教学等。不同研究者从不同视角出发,赋予不同因素不同的权重,形成了不同的理论假设,经历了从认知主义向社会文化的转向。本节首先描述二语习得研究长久以来在先天与后天、形式与功能等方面的争议,然后结合近期研究趋势,探讨学派鸿沟间形成界面、搭建桥梁的可能性。

1. 二语习得的"社会转向"

早在 20 世纪 90 年代,二语习得形成的理论就多达 60 余种。以 Long(1993)为代表的学者将之斥为理论泛滥。他们认为,这些理论在形式、类型、理论渊源、研究手段及研究范围等方面各不相同,不利于二语习得发展成为一门常规科学。因此,二语习得需要清理门户,按常规科学的标准构建稳定的研究范式。但也有学者指出,作为一种极其复杂的现象,二语习得需要多元视角、多元理论(Firth & Wagner, 1997;Atkinson, 2011)。不过,在貌似众多的理论背后,还存在着理论构建的不平衡和研究方法上的偏见。例如,认知主义理论占据主导,而基于社会文化视角的理论长期受到冷落。鉴于此,"研究者提倡二语习得应该有一个社会转向",将社会文化因素放在理解二语的核心位置(薛小梅、高育松,2015)。

从"社会转向"的提出到今天又过去了 20 多年,二语习得研究出现了两个明显的学科发展新趋向（高育松，2014）。第一，越来越多的研究者强调将社会因素放在理解二语学习的核心位置，从社会维度重新界定认知、语言等核心概念。在方法论方面，开始摆脱量化的、认知主义的认识论，不再一味寻找类似早期语素习得研究那样的普遍发展规律，而将研究重心转向语言变异。研究方法更为多样，既有实质性的、阐释性的方法，也有语料库、计算机模拟等手段，对语言现象提出一种非因果关系的、基于概率的解释。理论模式主要有互动假设、社会文化理论、复杂性理论、身份理论、语言社会化理论和社会认知理论等，其中又以社会文化理论影响最大。受维果茨基社会文化理论的影响，研究者利用中介、内化、调节、私语、最近发展区等概念来解释二语习得，强调互动不仅促进语言发展，而且是语言发展的根本动因。复杂性理论则提出语言是一套复杂的适应系统，呼吁从全新的角度研究语言的变异性，提出解释个体语言变异和发展变化是理解二语习得的关键。动态系统理论（de Bot et al.，2007）认为二语学习者自身构成一个动态系统，包括认知环境（如记忆、智力、母语等）、社会环境（如对二语的接触、受教育程度等）、教学环境（如课程、教材、教法等）、社会政治环境及客观物质环境等，这些因素均会影响语言学习与使用。社会认知理论则以具身认知、延拓认知等为理论基础，认为心智、身体与周围世界综合作用于二语习得，语言学习是基于情境的、分布式的适应协调外部环境的过程。身份理论、话语分析理论对认知主义将二语学习者斥为"有缺陷的交际者"提出批评，指出学习者拥有多重社会身份，语言学习不是简单的符号学习，其中还包括身份、社会权力关系的协商建构等。语言社会化理论则提出，学习者在习得语法与语篇的同时，还包括社会实践和文化价值的学习（Atkinson，2011）。

第二，与"社会转向"遥相呼应的是认知语言学、构式语法等基于使用的语言学习理论的兴起。基于使用的语言学习理论强调语言扎根于具体的使用事件，是一个具有开放性、动态性、非线性和不确定性等特征的复杂适应系统，其基本单位是形式—意义相匹配的构式。语言能力是人们应用一般认知能力，在对语言使用经验分析的过程中涌现出来的。本质上全新的、复杂的语言结构是从简单的、基本的结构中衍生而来的。语言发展是一个从组块到低层次的类型再到抽象结构的由简到繁、自下而上的数据驱动的统计学习过程，反映了形式与功能匹配的发生概率。在语言习得研究中，样例频率（token frequency）、类型频率（type frequency）和齐普夫定律（Zipf's Law）等频率因素发挥着关键性的作用。语言学习者是聪明的统计学习者，他们对输入中的频率因素非常敏感。一般而言，高频词、高频构式习得早于低频词、低频构式（Ellis，2002）。

从影响语言的因素看，认知主义强调语言学习的内部因素，将二语习得视为一种内在的、个体的、部分先天的认知过程。虽然他们承认语言习得发生在特定的社会文化环境，会受具体情境及说话人的影响而产生变异，但语言习得的心理机制基本相同，学习者内在的语言发展大纲，或者说普遍恒定的语言习得顺序，不会因外部环境不同而发生根本变化。语言虽然是一个"社会符号系统"，但首先是认知的产物，在学科属性上，二语习得研究归属认知科学范畴。相比较而言，社会文化理论认为心智、身体与周围世界综合作用于二语习得，语言学习是经验的、情境式的、适应协调外部环境的过程。基于使用的语言习得理论更加聚焦语言输入，强调频率在语言习得中的决定性作用。

2. 认知主义与社会文化间的界面

认知主义与社会文化理论长期的理论交锋，似乎给人一种水火不相容之感。但仔细考察会发现，二者其实在许多方面存在着互动的界面，对二语习得的描述与解释具有互补性。非常有趣的一个现象是，两个阵营的学者近年来表现出了对话的意向。2017 年"第 14 届国际认知语言学大会"在爱沙尼亚塔尔图大学召开，其中一个分会场主题为"频率之外：儿童形态句法习得中的认知因素"。该会场的学者探讨了频率与语言形式特征对儿童母语习得或双语习得的影响。研究发现，在进行构式提取时，学习者必须同时注意形式和意义。当形式具有较高凸显度时（如具有更多的语音成分、语音上重读、话语处于突出位置等），构式提取会更快（Dąbrowska，2017）。Kjærbæk & Basbøll（2017）在调查儿童习得丹麦语名词复数标记时发现，由于丹麦语有多个名词复数词缀，这些词缀在输入频次、词干透明度、词缀可预测性与能产性上各不相同。

丹麦儿童在名词复数标记中出现的错误，是这些因素之间的综合作用，而非单纯的频率因素。另外，在儿童习得爱沙尼亚语变格规律中，研究发现形态变化的复杂度与通用性对学习者产生影响，而非仅仅由于频率因素（Vihman et al., 2017）。

无独有偶，2018年，生成语言学习得理论的代表学者Rothman和Slabakova在《二语习得研究》（SSLA）上撰文描述了基于生成语言学的二语习得理论的现状及未来发展。文章对其最新理论观点、研究动向进行了简明扼要的描述，其中最值得注意的有以下几点：首先，近年来基于生成语言学的二语习得研究开始重视以前不太关注的问题，如学习者个体差异，儿童二语习得、三语习得等。第二，尝试更多的研究方法，包括更复杂的行为实验和心理、神经语言学方法。第三，更加关注输入在二语习得中的作用，承认语言习得在某种程度上是一种统计学习。例如，通过某种基于频率和搭配的统计学习机制，学习者会习得词汇和固定表达。更为重要的是，语言输入是学习者参数重置的主要驱动力。第四，不同理论具有互补性。文章指出，社会文化理论和生成语法很少提出先验互斥的主张。语言计算具有遗传成分和语言是人类互动的副产品两种观点并不矛盾。研究者没有必要一定要将先天后天对立起来，兼而有之亦有可能。

两位作者最后指出，每个理论提出的问题都值得认真研究。问题虽然不同，但无好坏之分，也无特权可享。所有理论都可能助推二语习得发展。一个理论首要的任务是在其设定的领域内验证其理论主张，在整个探究过程中可能会摒弃一些主张，但同时也会形成一些共识。只有当理论内部的主张详尽无遗地接受了检验并且形成坚定共识时，我们才有可能将所有方面整合起来，形成二语习得的发展理论。

基于使用的语言习得理论跳出输入频率，转向内部因素，关注认知、语言本体特征等因素对习得的影响；而基于生成语言学的习得理论认可语言学习在某种程度上是一种统计学习，开始重视频率对二语习得的影响。两大范式的理论反思与相互借鉴，无疑有助于更加全面系统地理解第二语言习得的过程与规律，让我们看到，语言界面现象习得不仅受句法形态、语义语篇互动的影响，而且还与输入频率有很大的关系。下面我们继续以汉语为母语的英语学习者空宾语句的习得为例（参见上

第 2 章 外语界面研究：理论与方法

一节），考察语言本体特征与外部输入特征如何交互影响学习者的语言行为。

高育松（2009b）在调查汉语母语学习者习得英语空宾语结构时发现，尽管低水平组受语义因素制约，但他们对语篇因素并不敏感。另外，同为不合法句，中低水平组对状态类的接受程度显著低于对语突类的接受程度，而高水平组与母语组则在这两类句子上无显著差异，这似乎说明语义对中低水平组的影响大于语篇因素。受基于使用理论的启发，我们认为这与学习者接触到的语言输入有很大关系。如前所述，状态变化类动词由于语义制约很少用于空宾语句，学习者在语言输入中难以接触到由此类动词构成的空宾语句。但是，由于施事动词可以允许空宾语结构，学习者在正面输入中能够接触到由该类动词构成的空宾语句。输入中的这种分布特征会使学习者更倾向于接受由施事动词构成的空宾语句。但随着英语水平的提高，学习者对空宾语句的语篇限制条件会有一个更加清晰的认知，语篇和语义因素会对他们有相同的制约作用，所以高水平组和母语组对两类句子的判断趋同。

另外，输入因素也有助于我们进一步认识主语宾语习得中的不对称性现象。前期空宾语研究中的一个重要发现是主语和宾语在习得中的不对称性，即母语为主题脱落型语言的学习者在习得二语为非主题脱落型语言时，能够比较早、也比较容易地拒绝无主语的句子，但比较晚、也比较困难地拒绝无宾语的句子。这种不对称的现象很难简单地归咎为母语迁移。因为如果母语迁移是决定因素，那么二语学习者对无宾语和无主语句子的判断应该一致。Yuan（1997）从句法角度对不对称性做了解释。他认为，在主语习得中，以汉语为母语的学生要消除其二语中的空主语现象，必须认识到英语中的 I 特征[1] 是标注了的弱特征。由于二语输入中存在一些正面证据，如 do- 支持、系词 be 等无语义内容却携带一致和时态等形态特征的语素存在，所以能够帮助学习者认识到英语中的 I 特征是有标注的，而汉语中的 I 是没有标注的。另外，当学习者注意到英语动词的光杆词干时，就会意识到英语中的 I 特征是弱特征，最终放弃空主语。但就空宾语而言，由于在学习者接触到的英语输入中没有

---

1 最简方案认为，句子的最小结构为屈折语素词组（inflectional phrase，简称 IP）。IP 中的中心语为 I，标注句子的时态以及 I 与指示语之间在人称、数和性别上的呼应。

像习得主语那样有 do- 支持、系词 be 等表示一致或时态关系的功能语素存在，所以学习者很难将母语中获得的主题脱落参数设定为主题不可脱落参数，由此造成了主宾语习得中的不对称现象。

笔者认为，Yuan（1997）的解释忽略了英语中空主语句与空宾语句也不对称的事实。具体而言，在学习者接触到的英语语言输入中，除个别情况外，句子主语都不能省略，但宾语并非如此。如本研究所示，英语中的不少及物动词在一定的语篇条件下是可以省略宾语的，这就造成了英语语言中空主语句缺失、而空宾语句普遍存在的不对称性，即学习者在语言输入中很少会见到空主语句，但却可以接触到一定量的空宾语句，而这些句子让他们认识到英语宾语并非不可省略。这从一定程度上解释了为何他们对空宾语句的接受程度远高于空主语句。也就是说，输入中空主语与空宾语的不对称性导致了习得中空主语与空宾语的不对称性。

总体而言，我们可以得出如下基本结论：在界面现象习得过程中，句法形态、语义语篇与输入频率之间存在复杂的互动关系。学习者的一些习得行为可能与母语和二语之间的形态句法差异有关，而有些则与语篇因素有关，另一些则可能是由于输入频率所致，甚至可能是这些因素交互作用的结果。鉴于此，在研究中我们需要综合考虑上述因素，尤其要关注因素间产生的交互作用，才有可能全面描述并解释二语界面现象习得。

生成语言学习得理论与基于使用的语言学在先天与后天、形式与功能等方面持有截然不同的观点，有些不同是本体论、认识论层面的差别，而有些则是研究思路与方法上的取舍，不存在孰优孰劣的问题。二语习得涉及众多内外部影响因素，因素之间存在极其复杂的互动关系。要想全面系统地描述并解释二语习得，学派之间的交流对话、相互借鉴无疑有助于我们跳出思维定式，从多维视角理解二语习得的过程与机制，推进学科发展（高育松、王敏，2014）。

2.4.3 第二语言习得与外语教学的界面研究

二语习得旨在揭示二语知识表征、二语发展及二语使用，传统上被视为认知科学的分支。但是，随着二语习得的"社会转向"及"双语转向"，研究者开始越来越关注现实问题，履行社会责任，不断推动自身向前发展，研究领域不断拓宽，研究视野更加多元。根据不同的研究重心，二语习得形成了基础二语习得研究（Fundamental SLA，简称 FSLA）、课堂二语习得研究（Instructed SLA，简称 ISLA）和应用二语习得研究（Applied SLA，简称 ASLA）（Han & Nassaji, 2019）。基础二语习得研究关注二语习得中的独特现象，课堂二语习得研究侧重对二语学习过程与机制的实验干预，而应用二语习得研究则调查各种教育环境中真实发生的语言学习过程。这 3 个子领域相互补充，共同增加了二语习得的学科活力。

这里我们主要探讨课堂二语习得研究。从界面视角考察，课堂二语习得关注的是二语习得与二语课堂间的界面。广义上，课堂二语习得旨在调查显性/隐性有意注意形式的教学干预的发生过程及其社会认知机制。这里的教学既包括参与主体（如教师、学生），也包括社会环境（如学校）。从狭义上讲，课堂二语习得指以二语习得理论为基础，通过实证研究调查对学习机制、学习条件的系统操纵是否及如何影响第二语言习得（Loewen, 2015）。

从课堂二语习得的定义，我们可以看出其与外语教学的区别。与外语教学不同，课堂二语习得的重心不在如何"教"，而在干预学习者的学习过程或认知机制，调查其是否能够促进二语学习。例如，通过给阅读材料中的目标词加下划线吸引学习者关注词汇学习，设计不同任务类型及任务条件平衡学习者在语言准确度、流利度及复杂度上的注意力资源等，即属于课堂二语习得研究的范畴。研究的重心不在于寻找最佳教学方法，而在于调查对学习过程与机制的干预能够在多大程度上影响二语学习。

从 20 世纪 80 年代开始，二语习得领域出现了大量基于课堂的二语习得研究（Loewen, 2015; Loewen & Sato, 2017; Long, 2015, 2017; Nassaji, 2015; VanPatten, 2017）。这一研究领域的兴起，一方

面是因为大多数二语学习者是在课堂学习第二语言，课堂教学对二语发展至关重要；另一方面，课堂教学对二语学习的促学效应不尽相同，对不同环境的学习者产生不同的影响。这些因素或许能够解释为何近年来课堂二语习得研究始终充满活力。下面我们将首先回顾课堂二语习得的理论基础，然后结合近期研究探讨其效应。

1. 理论基础

不管是基础二语习得研究，还是课堂二语习得研究，共同关注的一个重要理论课题是注意力与二语习得的关系。早在20世纪70年代末，Krashen（1982）在监控模型中就指出，语言习得实质上是一种隐性学习（implicit learning），显性学习（explicit learning）作用不大，习得与学习之间不存在界面。但该主张随后遭到不少学者的反驳（参见 Swain, 1998; Smith, 1981; Doughty & Long, 1998）。争论之初，注意力并不是一个焦点问题。后来，随着对二语学习者在线语言理解和产出中的加工行为的研究，VanPatten 发现学习者在言语加工时注意力主要在意义提取上，而语言形式大多被忽略（VanPatten, 1996, 2002a）。他的研究发现将注意力这一概念引入到二语习得研究中来，使注意力成为二语习得研究中的一个核心概念。在同一时期，Schmidt（1990）提出了有意注意假设（Noticing Hypothesis），认为注意到具体的语言形式是习得该形式的充分条件，研究者对该假设褒贬不一。承认显性学习的重要性、提倡有意注意形式（focus-on-form）教学的二语习得研究者、二语/外语教师，往往将该假设作为他们教学与研究的理论依据。反对者则提出，二语发展是一个无意识的习得过程，注意力的作用充其量只是有助于二语学习者的元语言知识发展。另有研究者认同注意力对二语习得的重要作用，但认为 Schmidt 的有意注意假设未能准确描述注意力在二语学习中发挥作用的机制，因此从不同角度对有意注意假设进行了修正。其中较有影响的是 Tomlin & Villa（1994）建立在 Posner 神经科学基础上的"更为精确的注意力"分析模式，Robinson（2003）将短时记忆纳入注意力机制的理论尝试等。接下来我们将首先对上述理论模式作简要介绍，然后分析不同理论的分歧及缘由所在。

第2章 外语界面研究：理论与方法

1）VanPatten 的语言输入加工原则

VanPatten 关注的问题是二语学习者在加工语言输入时的行为及其对二语教学的启示（VanPatten，1996，2002a，2002b）。他们对注意力的基本理解源于注意力资源有限说，其基本假设是：语言加工是语言形式与语言意义的双重加工，鉴于注意力资源的有限性，学习者在语言实时加工时要在形式与意义之间分配注意力。VanPatten（1996）研究显示，学习者在实时加工时注意力主要分配给意义的提取，而形式往往被忽略。在此研究基础上，他提出了语言输入加工中的4个原则（VanPatten，2002a）：（1）意义加工先于形式加工；（2）加工无语义形式的前提是无须消耗注意力就能加工提取意义；（3）在以句子/话语为单位的语言加工中，学习者默认的加工策略是将句中遇到的第一个名词当成施事或主语；（4）在以句子/话语为单位的语言加工中，学习者首先加工句首成分。

这4项原则有实验证据作支撑，但并非没有问题。DeKeyser et al.（2002）指出，VanPatten 加工原则的基本构念与当代认知科学理论相抵牾。例如，他对于注意力概念的理解是过时落伍的。根据 DeKeyser 等人的观点，注意力应是一个多维无限的资源库。而且，语言加工是一个单任务作业，VanPatten 关于语言加工是一个相互竞争的双作业任务的论述有待商榷，因为同时注意形式与意义是完全可能的。由此，VanPatten 实验中将注意实义词操作化定义为注意意义，将注意功能词操作化定义为注意形式的做法不能成立。注意实义词或注意功能词只存在任务难度上的差异，而非意义与形式之别。

DeKeyser 等人的批评不无道理，但有些地方也有失公允。例如，关于注意力是一维资源库还是多维资源库需视具体情况而定。在大多数情况下，言语加工是一个涉及听觉或视觉注意、要求言语反馈的一维资源。其资源量在特定时间内是有限的。再如，VanPatten 关注的问题是在实时言语加工中学习者在做什么、能做什么，而非简单的单任务双任务的算术计算。研究表明，无论是母语习得还是二语习得，学习者都有加工实词先于语法标记的倾向。

2）Schmidt 的有意注意假设及其他

根据记录自己学习第二语言的学习日记，Schmidt 认为"有意注意是将语言输入转化为语言摄入的充要条件"（1990：129），"注意力对理解二语和外语学习的每个方面都是必要的"（2001：10）。这些方面包括中介语发展、语言变异、流利性、个体差异和教学等。为了准确理解有意注意假设，我们有必要对 Schmidt 对注意力内涵的界定作一介绍。Schmidt 早先对注意力没有作严格界定，其内涵大致是常识性直觉性的认识。后来，他对注意力的理解和界定与早期心理学有关注意力的论述相一致，可以明显看到威廉·詹姆斯对他的影响（2009）。有意注意（noticing）被定义为学习者注意力和意识的集中，和威廉·詹姆斯一样，Schmidt 将注意力和意识视为同质的东西，认为注意力即意识。不同之处在于 Schmidt 将意识按程度进行分级。有意注意是程度较低的意识，等同于注意力，为语言学习所必需；理解（understanding）是较高级别的意识，指对语言规则的抽象归纳，但并非语言学习的必要条件。至于有意注意的内容，Schmidt（2001：5）认为是"输入中言语的表层结构成分——语言例子，而非这些语言例句所反映的任何抽象的规则或原则"。有意注意假设将注意力视为二语习得中的决定因素，但许多研究者对其假设中核心构念的效度一直存有疑义。Tomlin & Villa（1994）指出，有意注意这一构念过于粗糙，不能准确描述注意力机制。他们依据 Posner 及其同事对注意力的研究结果，提出了一个更为精细的包含警觉、定向和侦觉 3 个子系统的注意力工作机制。这 3 个子系统与二语习得有不同的相关性。警觉指学习者将要加工语言输入的准备状态；定向指学习者根据以前的学习经验将注意力导向外界输入刺激的意义或形式；侦觉是对具体输入信息的侦察和识别。警觉和定向虽然重要，但并不是将输入转化为摄入的关键。根据 Tomlin & Villa（1994）的观点，侦觉负责单独将输入转化为摄入。从这点可以看出，侦觉与有意注意最为相似。但是 Tomlin 和 Villa 有关注意力与意识关系的论述又使这两个模式分歧更为明显。他们认为，注意力和意识是可以分开的，3 个注意力子系统都无须意识的介入。这一观点的依据来自语义启动实验。意识在他们看来，是"任何认知或外界刺激的主观经验"（Tomlin & Villa，1994），而 Schmidt 则认为注意力和意识是同一事物的两个方面。

第 2 章　外语界面研究：理论与方法

受 Tomlin 和 Villa 观点的影响，Leow（1998）尝试检验该观点的效度。他的实验研究将警觉、定向和侦觉 3 个注意力系统分离为 3 种二语学习实验条件，学习任务是二语形态学习。实验结果显示，警觉和定向并未有效促进侦觉，只有侦觉到的信息才能获得进一步加工。Leow 的实验被誉为天才的设计（DeKeyser，2003），但实验本身的效度依然受到 Simard & Wong（2001）的质疑。他们认为 Leow 的实验有两个致命的瑕疵。第一，Leow 没有对警觉和定向进行操作化定义，因而很难对其做较为精确的测量。事实上，警觉在 Leow 的实验中从未被看作一个独立变量进行研究，因为在所有实验学习条件中，警觉总是与定向或侦觉同时存在。同样，由于 Leow 的实验把学习材料中需要学习的语言形态用斜体标注或提供其他暗示，导致（定向）实验组中定向依然存在。也就是说，定向也未能分离出来受到单独观察。因此，Leow 的实验并没有提供侦觉能够在没有警觉和定向的情况下单独存在的有力证据。Posner 在与 Simard 和 Wong 的个人交谈中（参见 Simard & Wong，2001）也指出，像语言加工这样复杂的作业通常需要注意力中 3 个系统的协同工作。很难想象一个人侦觉到了刺激目标却没有将注意力定向到该目标。第二，Leow 的实验也未能提供在实验学习条件下注意力与意识相分离的任何证据。

有关 Tomlin 和 Villa 更为精细的注意力机制的争议仍在进行，但有一点我们需要指出的是，研究者对关于运用神经科学研究结果解释二语习得的有效性存有疑义。Gregg（2003）指出，人们普遍的感觉是基于神经科学的解释要更加"真"，更能反映"本质"。不可否认，以神经元为基础的解释确实要比认知心理学的解释更为精细。但问题是，神经层面的解释是否适用于解释诸如语言学习这样的认知活动。如果精细（finegrainedness）是理论构建的一个标准，"为何我们只止步于神经元？为何不在亚原子微粒层面上解释语言能力？"（Gregg，2003：104）当然，精细并非争议的本质。问题关键在于运用神经科学研究结果解释二语习得的有效性。另外，Tomlin 和 Villa 忽视的一点是，神经元本身就暗含了神经网络的协同。因此，3 个注意力系统理应是一个协同作业的神经网络。语言加工需要 3 个系统协同进行，每个系统都有其他系统不可替代的作用。

二语习得中另一个颇有影响的注意力理论是 Robinson（1995，2003）提出的"侦觉加复述"（detection plus rehearsal）模式。Robinson 认为二语习得领域以前对注意力的研究仅仅局限在知觉系统，而注意力与记忆和行为控制之间的关系没有引起研究者足够的重视。在他看来，后者对理解二语习得过程更为重要，因为注意力和记忆是语言加工中两个相互制约的因素。此外，将记忆纳入注意力研究范畴，有助于消除 Schmidt 与 Tomlin 和 Villa 的分歧。Robinson 认为有意注意应该定义为"在长时记忆编码开始之前，侦觉加短时记忆中的复述"（1995：196）。关于意识，他认为短时记忆受到激活达到一定程度后就成为意识的一部分，而复述正是激活短时记忆进而将其转化为意识的所要求的程度。复述的性质取决于加工类型。自下而上的数据驱动加工涉及简单的维持复述，而自上而下的概念驱动加工涉及扩展复述和激活长时记忆的相关图式。扩展复述有助于将输入信息组织成为抽象的组合。

考虑到记忆在语言加工和学习中的重要性，Robinson 的"侦觉加复述"模式无疑推动了二语习得注意力的研究。近年来该领域的研究已将记忆作为一个独立变量来考察其与注意力的关系，研究结果显示，个体工作记忆的差异与二语学习有较高的相关性（Williams，1999；Mackey et al.，2002）。但该理论存在难以将"侦觉加复述"进行操作化定义的问题。这部分解释了为什么 Robinson 的观点在二语习得文献中广为引用（Schmidt，2001；Leow，1997，1998；Williams，1999；Gass et al.，2003），但并未见到验证其构念效度的实证研究。

以上理论观点虽有不同程度的分歧，却都认可注意力在二语习得中的关键作用。但是，也有学者对注意力在二语习得中的作用持怀疑甚至否定的态度。Truscott（1998）指出，Schmidt 的有意注意假设在3个方面不堪一击。第一，该假设的认知理论基础非常薄弱。在认知科学中，将注意力与意识等同仅仅是个假设，而非实证研究发现的事实。第二，该假设的语言学理论基础不够牢靠。在论及有意注意的内容时，Schmidt 显得语焉不详。该假设没有说明学习者注意到的应该是传统教学语法意义上的语言形式（特殊疑问句、被动语态等），还是乔姆斯基生成语法框架下的规则（屈折词短语 IP、成分统制等）。关于这一点，Schmidt 仅简单的谈到学习者应该注意他们可以用来设定参数的输入，

第2章 外语界面研究：理论与方法

但他未回答知觉系统中一个语言输入刺激信号如何促使学习者设定或重新设定一个语言参数。第三，Schmidt 有关意识程度从低到高的区分含混不清。例如，在句法学习中，学习者应该注意到输入语言中的什么才能学会一个语言形式？是否需要学习者注意到一个句子中所有的单词？但是，句法规则并非单词的堆砌。另一种可能也许是学习者需要注意到构成句子基本单位的实义语类。但问题依然是，学习者应该注意到实义语类的什么方面。在 Truscott 看来，Schmidt 在大多数情况下指的是理解，而非有意注意。因此，有意注意与理解两个级别的意识之间的区别并不清晰。

鉴于以上不足，Truscott 认为有意注意假设应在反映语言能力的无意识知识和可以意识到的元语言知识的区别的基础上重新构建，即有意注意与元语言知识习得紧密相关。语言能力的发展不是任何有意注意的结果。这样，注意力在二语习得中的作用仅仅局限于元语言知识的发展，这与 Krashen（1982）关于习得与学习无界面的观点相吻合。

本节主要回顾了二语习得中注意力研究的主要理论观点。各种理论涉及的主要问题是注意力在二语学习中的作用和注意力与意识的关系。大多数研究者认同注意力在二语习得中的核心作用，但对注意力在言语加工中的机制存有分歧（VanPatten, 1996, 2002a, 2002b; Schmidt, 1990, 1995, 2001; Tomlin & Villa, 1994; Robinson, 1995, 2003; Leow, 1998; Simard & Wong, 2001）。关于注意力与意识的关系问题，Schmidt 和 Robinson 倾向于将其视为同质的现象，而 Tomlin、Villa 以及 Truscott 等则比较赞同将注意力和意识区别为两个本质上不同的现象。笔者认为，考虑到这两个概念的复杂性，在二语习得注意力研究中，不妨将注意力与意识之争暂且搁置，将研究重心放在研究学习者语言加工行为上，重点考察影响学习者外语学习注意力导向的因素及各因素之间的关系，认识外语学习中学习者注意力的工作机制。

2. 有意注意形式教学研究

课堂二语习得研究关注的核心问题是：在二语课堂中对学习者的学习过程或机制进行干预、引导学习者将注意力投向语言形式是否可以促进二语学习。研究者预测，学习者在加工第二语言输入时，教学干预应该能够操纵学习者的注意力，使某些语言形式更有可能被学习者注意到并最终习得这些形式。为区分有意注意形式的研究与传统机械的语法知识灌输，Long 对有意注意语言形式教学（focus on form）与单纯的语言形式教学作了区分（Long & Robinson, 1998）。他指出，语言形式教学是传统的语法教学，而有意注意语言形式教学是指"教学核心集中在意义与交际上，但当语言形式显现时，可有意识地将学习者注意力导向这些语言形式"（Doughty & Long, 1998: 3）。Long 的交互假设（Interaction Hypothesis）认为，有意义的互动交际是二语习得的一个必要条件。意义协商，尤其是包含本族语人士或更高水平的交际者提供的交际调整的意义协商，能促进学习者对语言形式的习得，因为意义协商将输入和学习者内在能力，尤其是选择性注意力和输出有效地连在一起（Long, 1996: 451-452）。交互假设将 Hatch 关于对话与理解是发展二语交际能力的要件的观点与 Swain 的输出假设统一起来，其核心机制是注意力。无论是输入加工、言语交际，还是输出加工，都是以意义理解和表达为中心。只有将学习者的注意力导向目标语言形式，才能习得该形式。

在有意注意教学研究文献中，促进有意注意是指一系列引导学习者注意力的教学干预手段。从注意力的投入程度看，通常分为隐性教学与显性教学；从干预方式来看，包括输入优化、规则解释、语言输出、反馈等（Doughty & Long, 1998）。输出和反馈又被称为互动优化（interaction enhancement）或协商会话/会话反馈（negotiated interaction / interactional feedback）（Long, 1996; Mackey et al., 2000）；从干预时间看，有意注意可发生在学习者加工输入、生成输出或获得反馈之时。在不同的加工阶段，注意的内容也有所不同。在输入加工阶段，学习者可能将注意力导向新的不属于自己的二语系统的语言形式；在输出加工阶段，学习者可能会意识到自己想要表达而又无法表达的内容，从而认识到自己二语系统的不足；在获得反馈阶段，学习者可能会意识到自己的产出与目的语的标准表达之间的差距。如果将语言学习视为关于语言规则的假设构建过程（hypothesis testing process），有意注意便能够使学习者形成假设、检验假设、修正假设或推翻假设等，

第 2 章　外语界面研究：理论与方法

从而发展自己的第二语言系统。

　　从研究方法看，研究者更多采用定量研究，研究设计一般为组间和组内变量相结合的准实验或实验研究，考察变量主要为有意注意促进手段与学习者习得效果，后来学习者二语水平和语言结构也常常作为两个介入变量受到观察。

　　2019 年国际知名期刊《语言教学研究》(Language Teaching Research) 出版专刊总结课堂二语习得研究的最新发展。Sok 等的元分析论文抽取了近 35 年（1980—2015）的 88 项实证研究，涉及 7 574 位学习者，从研究背景、研究被试、研究设计、教学类型及研究结果等方面进行了分析。总体来看，研究中年龄较小的学习者得到了更多的关注，设计依然采用实验或准实验研究设计，测量中许多研究加入延时后测。研究结果显示，显性教学和隐性教学短期效应无显著差异，但长期效应存在显著差异，总体上隐性教学优于显性教学（Sok et al., 2019）。

　　从专刊论文看，目前研究者关注的一个热点话题是从课程角度探讨课堂二语习得研究。Ellis（2019）研究了基于任务的教学，这是过去 15 年来主导 ISLA 领域的教学框架。他试图调和两个对立的变体——基于任务的语言教学（TBLT）(Long, 2015) 和任务支持的语言教学（TSLT）(Ellis, 2003)。TBLT 强调隐性学习和附带学习，将任务作为教学、学习及测评的基本单位，而 TSLT 则更倾向于显性学习，通过任务来支持元语言学习，强调陈述性知识的积累。Ellis 通过提出一种"模块化课程"来解决两者之间的关系，该课程既包含基于任务的构成要素，也包含基于结构的构成要素。该课程由独立的（即非综合的）基于任务的模块和基于结构的模块组成。该课程模块坚持语言流利性优先的原则，首先包含一个基于任务的模块，依据有意注意形式理念来实施（Long, 1991），帮助学习者实现基本的语言流利性，然后引入辅助性的语言结构模块，通过操控学习者的选择性注意力，提供显性的以语言准确性为目标的课堂。

　　Leow（2019）从课程角度提议，在课堂语言教学中，因为存在众多限制条件，如持续时间短、依赖教科书等，所以采用显性教学是最实用和最有效的选择。这个提议就其本质而言，还是涉及意识、注意力在二语习得中的作用。如前文理论部分所述，研究者对二语习得是否需要注意力、需要何种程度的注意力一直存有争议，这种争议在课堂二语习得研究中表现为显性教学与隐性教学之别。Leow（2019）站在显性教学一边，他认为元语言意识是知识内化的关键，而这一过程又与知识深度相关。使问题更加复杂的是，显性/隐性教学与显性/隐性学习之间没有一一对应的关系。尽管教学可能是隐性的，但学习者可能会显性理解，反之亦然（Nassaji，2015）。而且，当我们思考显性教学与隐性教学、显性知识与隐性知识之间是否存在界面、显性知识是否可以转化为隐性知识时，还有可能涉及以下一些问题（Han & Nassaji，2019）：

• 哪种类型的知识（显性知识或隐性知识）是更为有机的知识（即真实可用的知识）?

• 什么因素引起深层加工？为什么有必要辨析语法规则，弄清形式、意义进而使用？

• 显性教学包括哪些范围？范围是否足够充分？

• 显性学习会提升学习者使用语言的能力吗？

• 对个别语法要素进行分散的教学是否可以带来完整可靠的第二语言系统的发展？

Byrnes（2019）从课程思维角度入手，提出 ISLA 应与现实世界建立更广泛的联系，在理论、研究和实践方面相互融合、彼此影响，进而描述了乔治敦大学德语系教师开发的课程体系。该课程整合了系统功能语法和基于任务的教学理念，课程内容从简单到复杂，从学习者熟悉的话题到陌生的话题；角度从具体到抽象，从一元到多元等。该课程体系既基于任务又基于体裁，动态灵活，兼顾时间安排、教学节奏和重难点等。Byrne 描述的课程体系很大程度上是一种自上而下的设计，强调课程思想是教师专业知识的产物。但是，正如 Han 和 Nassaji 所言，这种做法的风险是有可能将学习者边缘化。课程设计中学习者起什么作用？其作用能否被教师的专业知识所替代？另外，尽管 Byrne 承认中介语的发展是课程思想和教育背景的重要来源，但她并没有提供将两者联系起来的途径。

Lyster（2019）则将教师发展纳入课堂二语习得研究。在实践教学中，如何在形式和内容之间保持平衡，如何在创造关注形式的同时又不忽略意义一直是一个亟待解决的难题。在设计课程时，这一问题变得更

第 2 章 外语界面研究：理论与方法

加复杂，因为不仅需要关注与语言和内容相关的各种教学目标，而且还需要关注有效评估其影响的方式（Nassaji & Kartchava，2019）。Lyster 和同事创立的在职教师职业发展工作坊在这方面发挥了良好的示范作用。在该工作坊，研究人员与教师可以在教学材料选择、内容与语言整合等方面展开合作。这种合作不仅有助于探究基于内容的二语课堂教学模式，而且有助于二语教师的专业发展。Lyster 指出，如果没有教师和研究人员之间的协同合作，课堂二语习得提升语言教学的努力可能会受到影响。

在过去的 35 年中，第二语言习得取得了长足发展，关注领域、研究视野不断拓宽，跳出了认知主义一派独大的局面，更加关注社会文化、教育教学等与二语习得的关系。研究者响应现实世界需求，更加具有使命意识，不再局限于二语知识表征等基础问题的研究，而是将目光投向二语课堂，调查课堂环境下二语学习过程与机制，为优化二语教学提供了理论支撑与实践指导。

2.5 词典学界面研究的理论与方法

现代词典学包括理论研究和编纂实践。词典编纂的历史悠久，可追溯到几千年前中东亚述人（the Assyrians）和中国古人编纂的单语、专业词典（Yong & Peng，2007），理论反思从 16 世纪以后开始零星增长（Hausmann，1989），而系统的科学研究则始于 20 世纪中叶（Bogaards，2013）。尽管如此，从词典编纂过程所涉及的各种决策来看，词典学家一直在以隐性的方式进行着理论化的实践（Piotrowski，2013）。因此，词典学理论研究享有基础性地位，能为词典工程提供决策依据、指导原则和优化方案。

Manual of Lexicography（Zgusta，1971）的发表奠定了现代词典学的基础（De Schryver，2009）。随着词典专著、词典学术期刊、词典百科全书等系列成果的问世，现代词典学已发展成为一门具有完整体系的成熟学科，呈现出多学科、跨学科的本质属性（Hartmann，2001），与语言学、计算机科学、信息科学等邻近学科密切相关，为学科层面的界面

研究奠定了可行性基础。其中，词典学与语言学的跨学科合作尤为持久和显著：在借鉴、借用、嫁接或融合认知语言学、批评语言学等主流学派或分支的理论、方法、概念和研究思路的基础上，逐渐形成了词典学研究新范式，以界面合力推动着现代词典学的深入发展。本节对词典学界面研究的讨论主要从认知词典学和批评词典话语研究两个方面展开。

2.5.1 认知词典学

当下，就学术产出和学术影响力而言，认知语言学是语言学领域的主流之一（Geeraerts，2016），已成为一个多学科、跨学科、超学科的语言学流派（文旭、司卫国，2018）。因其与词典学的学科属性契合，跨学科发展势在必行。认知词典学的兴起和繁荣就是词典学诸平面与认知语言学在理论和方法论上不断拓展交融的产物，本质上隶属于广义界面研究范畴。从 Quine（1978）首次提出 cognitive lexicography 的概念至今，认知词典学研究成果丰硕，多方位、多角度的切入点形成了交错复杂的研究界面。随着界面研究整体转入新的发展阶段，我们有必要对认知词典学现有研究成果进行深入系统地耙梳。鉴于此，本节选择国内外具有代表性的学术著作和期刊成果进行分析，立足研究视角和研究方法，探讨国内外认知词典学界面研究现状，以期拓展和深化未来国内界面研究。

1. 认知词典学单界面研究

认知词典学的研究视角或研究任务是认知语言学与词典学跨界合作的接口，也是实现学科对接的基础。根据词典学主要研究趋势（Hartmann，2001；Bogaards，2013）与认知辞书（词典）学之核心研究任务（王仁强，2010a），词典学为认知语言学提供了 6 个可对接的核心界面——历史视角、评论视角、类型视角、结构视角、用户视角和信息技术视角。由于界面对接切入点通常不止一个，认知词典学的界面研究便呈现出点、线、面纵横交错的复杂性，可分为单界面研究和多重界面研究。

第 2 章　外语界面研究：理论与方法

国际认知词典学界面研究兴起于 20 世纪 80 年代基于认知主体的用户视角（Baxter，1980），在发展中拓展至结构视角、评论视角和信息技术视角。国内相关界面研究虽起步较晚——直至 20 世纪末（章宜华，1998）才出现接入结构视角的认知词典学研究——但发展势头强劲并迅速扩增了用户视角、评论视角、类型视角和历史视角，并新增信息技术视角。至此，词典学与认知语言学界面研究的系统性得以建立。依据认知语言学切入词典学各界面的点线数量，结构视角和用户视角在国内外认知词典学单界面研究中享有原型地位，其他视角均为边缘成员。限于篇幅，在此仅聚焦原型单界面研究。

1）结构视角的界面研究

认知语言学框架下的结构界面研究可细分为微观结构视角、宏观结构视角和混合结构视角。因微观结构内部复杂，其科学性与系统性问题一直是词典学研究的核心，自然也是认知语言学首要切入、需要提供新方案的界面。

国际微观结构视角沿释义、例证、标注等主线展开研究。释义主线上，义项排序、释义原则、义项识别与区分和释义表征模式是较凸显的切入点。Van der Meer（1999）指出，基于使用频率的义项排序不能体现词义的衍生路径及其关联性，不利于提高英语学习者对词条内部结构进行认知加工的主动性，继而探讨了概念隐喻对多义词条义项排序的有效性，弥补了非英语母语学习者所缺乏的相关认知背景，以助推他们的词汇发展。针对已有专科词典的编纂缺陷，Norman（2002）以个案研究方式探寻了基于用法视角下专科词典科学术语的编纂原则，肯定了基于语料库数据提取义项的可行性和充分性，反驳了 Landau（1974）关于术语词条意义只能由专家规定的观点，强调科学词典学中的描写主义原则。然而，仅凭语料库数据的真实性仍无法完全保证词义描写的科学性，因为自然交际的话语意义往往具有统计学意义的概率特征，义项的识别应以语料库数据为基础，分析词条的共现模式，在此基础上进一步区分词义的常态与拓展用法，明确语文词典应以词汇意义的常态用法为描写目标（Hanks，2008，2013），从理论和方法论层面发展了词条义项的识别与区分。释义表征模式拓宽了单一理论框架下的狭义释义研究，以原型理论、框架语义学、概念隐喻、概念转喻、图式理论等多重整合框架下综合了义项区分、义项排序、词条结构组织等内容的广义释义模式探讨为主（Atkins & Rundell，2008；Xu & Lou，2015；Dalpanagioti，2019）。例证主线上，Wojciechowska（2015）在概念转喻框架下以 shipment 为基点，对比分析了英语单语学习词典和 BNC 语料库的例句用法，区分了本义、转喻义和转喻义类，依据义项搭配和类连接模式差异优化了词条义项的例证表征，使行为—结果类转喻词条的研编具有可行性与可操作性。标注主线上，Pulcini & Scarpino（2017）调查分析了意大利语单语词典、意英双语词典非适应英语化词条（non-adapted Anglicisms）在单复数变化、性别属性和词类上存在的问题，再以 email 为例，通过语料库基于用法模式分析对比了该词条的语法标注情况，发现数量范畴与性别属性符合语料库的常态用法，但词类标注严重不足，建议以基于用法和语法规定相结合的折中方式来处理词典中外来借词的语法信息，一方面凸显了词类标注在词典编纂实践中所遭遇的困难，另一方面更反映了词类难题在语法理论中的重要性与复杂性。

虽然国内微观结构视角主线与国际研究的重合度较高，但在研究内容、研究对象和研究范围上自身的阶段性特征也较鲜明。释义主线以释义方式、释义原则、义项区分和释义表征模式为主要切入点。章宜华（1998）以英语学习词典的动词为研究对象，指出充分必要条件下的释义方式和替代性原则难以准确、全面描写词义，也不符合自然语言语义生成的心理表征，无法满足用户的学习需求，提出用原型理论框架下结合概念结构、语义结构、句法结构和语用规则的新型释义方式来革新释义传统，以有效提高积极型英语学习词典的释义质量。施春宏（2012）以现代汉语大、中型语文词典"驴"字词群的释义为基础，从概念隐喻、概念转喻和意象图式出发，分析了词义结构的认知属性，探讨了词义生成的认知基础，即认知过程结构化的词义、认知凸显定位后的词义成分以及词义结构关系衍生中的拓扑性特征，概括出现代汉语语文词典词条释义在认知理据、认知因素和认知机制上应遵循的一般认知原则，以增强词义结构分析的可操作性，提高词义分析的描写力、解释力和可预见力。义项处理是词条释义的基础，涉及义项区分、义项收录、义项排序等内容，体现了对词条潜在意义的深入挖掘。鉴于意义潜势的理据性及

第 2 章　外语界面研究：理论与方法

主要实现方式，钟兰凤等（2013）建构了基于概念隐喻的义项区分模式，以提高英语学习词典词条释义的完整性与一致性，而对多义词条意义潜势发展轨迹的呈现也有助于提高英语学习者的隐喻能力，拓宽了概念隐喻—词典学界面研究的已有维度。释义表征模式涵盖面广，包括认知语言学框架下狭义和广义的释义模式探讨，均表现出较稳定的发展趋势：前者如基于框架语义学的汉语动词释义模式（于屏方，2005）、整合了框架语义学与理想认知模型的意义驱动释义模式（章宜华，2006）以及综合了概念隐喻和概念转喻的汉语惯用语释义新模式（曹向华，2020）；后者如概念隐喻视域下结合义项关系、例证与提示语以强化认知语境的释义表征（赵彦春、黄建华，2000），基于用法视域下结合词类标注以提高义项精度的释义表征（王仁强，2006a）或基于构式语法的英语方位构式表征（蒋华华等，2014）。标注主线主要涉及喻标注与词类标注，而后者的代表性更显著。王仁强（2006b，2010b，2014）从范畴化、原型理论、语法隐喻、概念转喻、语法化、基于用法等多个认知视角出发，对典型汉英词典、现代汉语词典和英语学习词典的词类标注进行了系统研究，深入探讨了现代汉语词典词类标注体系，词类标注的理据、标准与程序以及双语词典词类标注原则，在此基础上建构的双层词类范畴化理论（Wang，2014）不仅能有效解决现代汉语单语、双语词典兼类词词类表征难题（王仁强、黄昌宁，2017），也助推了认知视角范畴化理论的发展。例证主线上，胡文飞（2020）以汉语儒学词为研究对象，在认知框架下对主流汉英词典儒学词的例证功能展开历时研究，发现其配例数量少、对汉语单语词典例证依存过高等问题，抑制了例证的认知与交际功能；在此基础上儒学词与主流英汉词典圣经词的对比分析进一步揭示了汉语儒学词在特征显著性与系统性方面的不足，为优化汉英词典儒学词例证的配置模式提供了实证支持，弥补了儒学词例证研究少、研究方法传统的缺陷，是认知视角创新例证模式的最新探索。

　　宏观结构视角研究侧重词典的多样性收录对象。国际研究以复合词和术语词目为主，国内研究则更关心收录基本单位和异形词。Bagasheva（2011）对英保双语词典复合动词收录情况的对比分析显示，在复合倾向趋同的前提下保加利亚语复合词的能产性远低于英语，而图式理论所揭示的语言构词模式利于较全面地发掘保加利亚语中具备独立性的复合词。Mheta（2017）运用认知语法原则阐释了概念隐喻在修纳语专科词典术语发展中的积极作用，展示了新造术语实现的方式和手段，可保证专科词典术语条目扩展中的科学性和系统性。"词"是词典收录的基本单位之一，也是现代汉语语法研究的热议点，杨端志（2003）以概念隐喻、概念转喻和理据性为基础多方位探讨了词的划分标准，提倡造词本义理据性与命名心理认知原则的结合；王仁强（2011）则依据现代汉语词范畴特征调查结果，在原型理论与基于用法框架下再论词的判断标准。

混合结构视角研究往往在认知语言学框架下从不同主线的多个点切入，形成了结构视角子界面的多维相接。例如，Kövecses & Csábi（2014）展示了如何利用框架语义学建构匈牙利语概念词典、以实现词条编排的理据性原则，阐释了概念隐喻和概念转喻在英语多义词义项区分与语义关联、隐喻信息专栏以及习语义识别、释义和排序中具有的潜在优势，指出认知语言学概念有助于建构符合认知主体心理词汇知识结构的词条信息模式，能有效提高词典的友好性与系统性。此外，概念隐喻与互文性概念相结合，对双语词典在结构、释义、例证、用法等方面的整体设计也具有借鉴意义（刘莺、高圣兵，2010）。

2）用户视角的界面研究

用户视角是词典研究范式归位认知主体的必然选择（陈伟、张柏然，2007），包括词典使用和用户主体两个方面，是词典学理论研究的重要组成部分（Gouws，2016），为认知语言学切入词典学的界面研究提供了多个接口。国内外认知—用户界面研究以词典使用研究、词典使用相关性研究、用户主体研究为主，词典使用与用户主体相结合则为国际研究的另一主线。

国际词典使用研究在词典类型和使用场景上种类丰富，用户群体多样化，多角度探寻了词典使用的有效性，为改善词典结构或特征、更新词典使用研究方法、设计词典使用教学、描绘词典使用文化等研究目标提供实证数据。Baxter（1980）以问卷调查方式搜集了英专用户词典使用习惯和偏好，结合观察法，论述了不同类型英语学习词典对交际需求和课堂词汇行为的积极作用。De Schryver et al.（2006）利用网络日志对斯瓦希里语—英语在线词典用户实时查询行为的调查旨在优化在线词典的设计特征；Lew et al.（2013）使用眼动追踪技术对波兰中高级英语学习者在翻译任务条件下，使用双语词典选择多义词目标义项和对等词的过程记录是对词典使用研究新技术潜力的探讨。为提高词典使用技能教学的针对性，学者们利用多样化的使用场景采集了不同认知水平用户的词典使用数据：Schofield（1982）通过观察归纳出高阶词典用户在英语阅读任务中的词目查询步骤；Chan（2012）通过译句、造句的任务设计证实了英语单语、双解类学习词典在产出性任务中的有效性，调查了英语专业用户在英语学习型词典使用中所遭遇的困难，发现与其思维过程中所用语言具有相关性；Li & Xu（2015）通过动词短语义的识别任务验证了在线英语学习词典的有用性，掌握了用户查询在线英语学习词典的困境，填补了已有研究对中低级英语学习者关注极少的缺口；Gromann & Schnitzer（2016）以不同语言背景下的大学生为研究对象，运用实验手段、问卷调查、观察和引导式访谈相结合的混合实证法，分析出用户针对专业课程学习的专科词典资源选择及查询方式。Kosem et al.（2019）则以在线问卷调查的方式对近万名用户开展了一项针对通用语文词典使用情况的跨国研究，从用户词典态度和使用习惯剖析了欧洲词典文化的共性与个性。

　　国内词典使用研究多围绕异质类英语词典进行，用以改善词典设计、提高用户使用效率、设计针对性教学或培训。罗思明等（2004）依据翻译结果，结合问卷调查、观察和有声思维，调查了用户词典使用技能和词典使用要素，并基于相同任务下高、低阶用户词典使用行为差异绘制了理想高阶用户使用词典的心理表征图。陈玉珍（2011）聚焦英汉双解学习词典，从查询需求、使用技能、词典评价、词典期望和词典使用教学需求等方面对英专用户发放调查问卷，并增设理解任务，进而掌握用户使用策略。陈玉珍（2020）还考察了在线词典使用对同类型用户搭配产出和记忆产出的影响，探寻了影响其词典使用效率的主要因素，进一步丰富了词典使用研究的用户数据。

　　用户特征研究以各类型词典设计的用户特征因素为主，其中国际研究在词典类型上覆盖面更广。例如，澳大利亚土著语词典考虑了用户土著语和英语文化水平低、土著语知识面狭窄等困难（Corris et al.,

2004），学校词典设计应拓宽用户范围，以学生和词典使用教学的教师为主，重视个人词典使用能力、个人词典文化、词典教学元素和语境因素的综合作用（Beyer & Faul，2010）。改善电子词典信息的组织形式还可依靠用户在数字媒体生成性内容中隐含的真实需求（Holdt et al.，2017），开辟了基于非词典使用的用户研究新路径。英语学习词典设计需探索能促进用户词汇能力发展的认知方法（赵彦春，2000），而英汉双语学习词典的完善应在用户现实需求上借鉴英语单语学习词典的设计特征（魏向清，2013）。

综上，认知词典学单界面研究是词典学与认知语言学跨学科合作的起点，为界面研究的横向拓展奠定了基础。结构和用户视角界面研究的丰硕成果是对认知语言学理论流派的积极探讨、应用和深化，也是对词典学研究方法的丰富和发展。

2. 认知词典学多重界面研究

认知词典学六大界面接口是相互关联的有机体，点、线、界面的不同组合为认知语言学的跨界研究提供了新接口，形成了双重、三重的界面研究格局，其中又以双重界面研究为主。

1）双重界面研究

国内外认知词典学双重界面研究在用户—结构、用户—评论、用户—历史、结构—历史、结构—评论和历史—评论类型上重合，而用户—类型与用户—信息界面则为国际研究特色。结构、用户视角是单界面研究的核心，两者在理论和方法上的互补优势自然成为吸引学者探索双重界面研究的焦点。依据对接点、线所属结构维度，用户—结构界面研究可细分为用户—微观结构、用户—宏观结构、用户—混合结构、用户-索引结构（Gouws，1996；孙东云等，2009）和用户—中观结构（章宜华，2008）界面。其中，后两类在双重界面研究中脱离了混合结构，以独立身份增加了主线数量。与单界面研究相比，用户—结构界面研究在主线上重合度较高，但从切入点或研究范围来看，整体上更加丰富、广阔，主要体现为理论框架、研究方法和研究主线的多样化重组，是对已有单界面研究主线的拓展与补充。例如，用户—结构视角下基于

第 2 章　外语界面研究：理论与方法

任务条件的词典使用研究开始逐年增多，国际趋势更明显。相应地，研究方法也趋于复杂。德国埃尔朗根纽伦堡大学学者 Carolin Ostermann（2015）的专著《认知词典学：基于认知语义学理论的词典编纂新方法》是对认知词典学理论建构和编纂实践的新近探索。作者以英语单语学习词典为研究对象，在认知语义学框架下针对特定词条类型、选择相应理论视角介入词典结构视角进行界面研究：第五章聚焦如何利用框架语义学对"指人名词"类词条进行排序和例证选取，以实现词典的认知宏观结构和例证的认知特征。第六章详述了基于概念隐喻的抽象"情感"名词类词条的认知释义模式。第七章展示了认知原则性多义理论如何呈现"小品词"义项之间的理据性与连贯性。其中，作者利用词典使用主线、采取问卷调查与测试相结合的实证法验证了认知框架例证和认知释义对英语词汇习得的有效性。Lu et al.（2020）在翻译实验中，运用学前测试、学后即时、延时测试和统计分析等手段，调查了英语学习词典针对词条义项线性排序和原型认知排序的不同处理方式在英专用户多义词习得中的有效性。上述针对理论设计的实证研究不仅能揭示模型的优缺点、充实使用研究的有效性维度，更能提高用户—结构研究在理论层面的针对性。

用户、结构视角也是非核心双重界面研究中的关键节点，以用户视角的聚集能力更强，吸引了类型、评论、历史和信息技术视角的加入。用户—类型界面在国际研究中起步最早，其余三类发展基本同步。整体而言，用户类双重界面研究在主线、方法和内容上有同异性，并存于界面内与界面间。研究主线上，词典使用和用户特征是国内外用户视角的主要贡献，其分布趋势因对接视角的不同而各异：前者是用户—类型视角的主流，后者为用户—评论的主干，在其他视角中则相对平衡。理论框架上，聚焦用户的认知特征。研究方法上，实证化取向在国内外研究中较为一致。例如，结合实验、测试和统计分析，Laufer & Hadar（1997）首次将双解词典纳入用户视角，展开针对不同类型词典使用有效性的比较研究。基于文本分析，研究者评述了英语学习词典的内在教育价值（陈丛梅，2015）和专科词典在国家语言智能化建设中的重要性（Nkomo，2019），解析了系列历史词典在适应儿童用户认知能力与社会意识形态变化（Iversen，2018）以及不同层次英语学习用户的多样化需求方面所蕴藏的价值（赵连振等，2020）。以技术特征分析或技术开发为主的研究手段则集中在信息技术视角，主要探寻了科技资源如何服务于词典设计与编纂的技术创新（Kwary，2012）。

结构节点上，桥接评论、历史视角的国际研究发展均衡，国内研究偏向前者。与用户节点的双重界面相比，结构类在理论框架上选择更丰富、运用更灵活，如针对释义、词类、例证等主线的探讨可从认知语法（胡文飞，2014）、认知批评话语分析（Chen，2017）、社会认知路径（Norri，2019）或双层词类范畴化理论（王仁强，2020）入手。内容上，结构—评论视角与之近似，但切入点不同：国内外研究均以微观结构表征实践的评价为主，涉及释义、词类、例证、语用标注等主线，国际研究新增了对宏观结构词目识别系统框架的评估（Qin & Gao，2019），而结构—历史视角与之不同，重在发掘认知语言学理论对历史词典的积极影响（Molina，2008）或揭示历史词典或词典历时变化中所隐含的认知编纂理念（王迎春，2019）。

历史—评论视角在双重界面研究中地位边缘，是单界面边缘视角融合发展的产物，也是双重视角研究中的最新进展。认知视角下，从语言、权力和意识形态的互动性对中医汉英词典历时研究可能性的探索为专科双语词典评论研究提供了新路径（李振等，2019），针对荷兰语—汉语历史词典对等翻译策略的批评性分析（Heijns，2020）有助于理解对等/等值概念的层次和类型。

2）三重界面研究

国际三重界面研究以用户—结构节点进一步向评论、信息技术和历史视角延伸，国内研究则以结构—历史节点实现与评论视角的对接，反映了学界在认知词典学双重界面研究基础上的不断发掘。例如，Dziemianko（2011）在实验条件下调查了中高级用户的词典使用情况，继而从动词、名词编码系统对英语单语学习词典的用户友好性进行评估。Ye et al.（2018）从用户查询行为和学习需求分析了《五车韵府》（1819）的"可学性"理念，体现出历史词典对未来外向型汉英学习词典设计的启迪意义。陈文革、吴建平（2012）则在社会认知视角下，从历时角度对比分析了《新英汉词典》例证，阐释了语言使用与社会互建的共变关系,是认知词典学评论研究的拓展性尝试。

可见,认知词典学多重界面研究是对单界面研究的深化和拓展。点、线、界面的增加和互联为词典学和认知语言学的跨界交融提供了源源不断的资源,弥补了单界面研究视角的不完整,提高了界面对接的可及性。认知理论和研究方法在多重界面中的整合也能在一定程度上弥补其在单界面研究中的不均衡分布,多方位探讨理论和方法论的融合。

3. 认知词典学界面研究前瞻

认知词典学的兴起与繁荣见证了词典学学科领域研究的持续发展态势,是解决学科内涉及多学科复杂难题的必然选择,符合现代科学研究融合性发展的普遍趋势。跨学科研究以学科性为前提,而立足词典学的认知界面研究可有效防止词典学独立学科地位被泛化,进而补充和深化已有学科研究成果。整体上,认知词典学发展历经数载,界面研究在深度和广度上不断进步,其中以结构、用户界面研究的纵向、横向成果最为丰厚,但非原型视角在单界面研究或多重界面研究中仍有被边缘化的危险,与原型界面研究成就的巨大落差严重影响了认知词典学界面研究的整体性推进。基于已有界面研究的成果与不足,未来国内认知词典学需要在以下方面巩固、深化和拓展:

第一,巩固已有研究成果。认知词典学界面研究应注重点、线、维度和界面在整体性均衡与重点发展上的有机结合。在单界面研究中,加大对历史、评论和类型视角的研究力度,改变其边缘化状态;加强结构视角非微观结构维度、微观结构非释义主线的跨界对接,提高结构界面研究的可及性;强化用户视角的使用相关性研究和用户主体研究,平衡用户界面研究维度。多重界面研究应充分利用单界面研究成果,优先增强双重界面研究,缩小单、双界面研究差距,并在此基础上增加三重界面研究,循序渐进推进认知词典学界面研究的发展。

第二,深化单界面研究,拓展多重界面研究。在单界面研究中,补充、加强信息技术视角界面研究,以适应和应对信息时代网络媒体走向融媒体趋势下对电子/网络词典(辞书)研发在语言技术层面的需求和挑战;增加认知语言学理论在非结构视角研究中的类型,强化认知语言学社会视角研究;提高实证研究法在非用户视角界面研究中的比例,保持实证研究与理论思辨的均衡;积极吸纳认知语言学新兴实证研究手段,促进认知词典学界面研究在方法论上的成长;增加界面研究的词典类型,丰富用户群体的层次性,构建多样的社会词典文化。在此基础上,拓展非原型界面间、原型界面与非原型界面间、已有原型界面间的对接口,弥补现有双重界面研究在种类、维度、主线和切入点上的不足,为三重或多重界面研究的发展奠定基础。

第三,加强认知词典学研究界面之间的互动性。界面研究体现的是学科间和学科内接口处的互动关系,即认知语言学在理论和方法论上能为棘手的词典学难题提供新视窗,词典学领域对相关议题的探讨、应用和深化是对认知语言学学科研究的检验、发展和创新;认知框架下多个界面的交互融合也是对认知词典学界面关联和互动的探寻。因此,多方位、多维度地推进认知词典学界面研究能深化词典学和认知语言学的自身发展,形成界面研究与学科研究之间的良性循环。

简言之,未来国内认知词典学界面研究应基于现有研究成果,不断探寻新的对接口和切入点,在反思、继承、借鉴和创新中继续发展。

2.5.2　批评词典话语研究

词典批评是词典学理论研究的重要分支,指按照一定的标准、原则和方法,从特定视角对词典结构、内容等方面进行描述、评论等(Svensén,2009;罗思明、曹杰旺,2006;章宜华、雍和明,2007)。词典批评对词典理论的发展、完善以及词典本身的编纂实践意义重大。词典批评关系到词典编纂的质量和词典学理论研究,是推动词典学理论与词典编纂实践发展的重要力量(武继红,2004)。

批评话语研究,作为批评语言学(Critical Linguistics)的重要分支,源于批评话语分析(CDA)。批评话语研究是话语研究的终极走向,是话语研究的语言学范式在经历"批评语言学"和"批评话语分析"两个发展阶段之后(田海龙,2019)进入的第三个发展阶段(Krzyzanowski & Forchtner,2016;田海龙,2016)。事实上,无论是批评语言学、批评

第 2 章　外语界面研究：理论与方法

话语分析还是批评话语研究，都关注语言在建构社会权利关系中的作用和功能，强调语言、权利和意识形态之间的互动关系。近年来，批评话语研究的跨学科分析不断发展，已经从传统的文学批评、话语分析应用拓展到语篇分析、词典研究等领域。

本节将回顾并分析批评词典话语的历时发展和现状特征，基于历时视角，梳理词典批评的发展路径，并总结批评词典话语分析的研究现状（包括理论、范式和方法），归纳分析当前批评词典话语研究所存在的问题。

1. 批评词典话语研究的历史发展：从词典批评到批评词典话语的历时转向

词典批评是现代词典学理论的重要基础之一，词典批评不仅促进了词典理论的完善和发展，也提高了词典的编纂水平。然而，随着批评话语研究的推进，词典批评已经从传统的宏观评价转向微观的话语批评，从语言、文化的批评与分析衍生到社会、权利的描述与解释。事实上，对比分析词典批评和批评话语分析，我们不难发现这种发展的必然性，因为词典批评为批评词典话语分析提供了研究对象与分析路径，而批评话语分析则为词典批评提供了理论框架。

1）词典批评丰富了词典理论研究，为批评词典话语分析确立了研究内容和研究路径

词典批评是词典理论研究的重要内容，对完善词典编纂意义重大，这在学界已经形成共识。魏向清（2001：59）指出：“词典理论的研究正是从词典批评实践开始的。”词典批评实践历史悠久，是促进词典编纂质量提高的重要推动力量。词典批评研究，内容广泛，形式多样，既涉及微观的样条分析，也涉及宏观的评价体系建构。词典批评的一个核心问题是如何建立衡量一部词典的标准（武继红，1999）。词典批评的重要性及其与词典编纂的相关性为词典批评的拓展与创新奠定了坚实的基础。

事实上，基于词典批评的历时分析显示，它已经形成了比较完善的理论体系。其研究内容清晰，研究视角科学。一方面，相关研究对词典

批评的分析已经形成了完整的结构模式，包括结构分析和标准讨论。在词典批评的分类方面，相关研究以总体原则为主，同时也涉及单语和双语词典的分类研究。陈楚祥（1994），章宜华、雍和明（2007）等都讨论了词典的总体评价标准。同时，基于词典的批评研究也拓展到了双语词典领域，涉及批评领域的界定和评价标准的构建，如姜治文、文军（1998），魏向清（2001，2005）等相关研究。另一方面，词典批评研究已经形成了系统的研究体系，具有科学的研究视角和丰富的研究内容。在词典批评视角方面，当前词典评论主要涉及批评目的、批评原则等核心要素。此外，词典评价方法也是词典批评理论研究不可或缺的一部分，对词典批评实践具有极大的指导作用。Jackson（2002）等探讨了批评目的，邹酆（2004）、马启俊（2009）等阐释了批评原则，而Chan & Taylor（2001），章宜华、雍和明（2007）等则基于详实的例证探讨了批评方法、批评目的以及批评原则等，共同构成当前词典批评的研究框架和结构体系，也为后续的批评词典话语分析明确了研究对象与分析路径。

2）批评词典话语分析拓展了词典批评的研究框架

批评语言学的发展延伸了传统语言学的研究范围，这对词典学研究具有启发意义。批评话语分析为词典学提供了理论框架，并创新了词典研究的传统范式，让词典学由传统的离散性语言分析转向系统性社会研究。

首先，批评话语分析构成词典批评研究的理论框架，明确了批评词典学的结构体系和研究模式。无论是篇章词典学，还是交际词典学，都倾向于将词典看作篇章结构进行交际，这为词典研究从传统的结构分析转向批评话语研究提供了可能。此外，批评词典话语研究中的解释性评述也确立了词典批评的风格，改变了传统词典批评的误区和不足。

一方面，话语研究确立了词典批评的结构体系，有利于提高词典的交际性和社会性。语篇、话语是当代文化与社会政治研究中的重要概念，是批评语言学进行语言研究的基本语境（Fowler & Kress，1979；Fairclough，1989；陈伟、赵彦春，2014）。将词典置于语篇框架内进行分析和研究，最早可以追溯到20世纪后半期，词典学界（Frawley，

第 2 章　外语界面研究：理论与方法

1989）、语言学界（Sinclair，1991；Hoey，2003）都将词典视为一种特殊语篇，将词典和词典学问题置于篇章语言学框架中，整体考察词典的编纂和使用。词典语篇（话语）的整体性、层次性和开放性凸显了词典使用的交际性。词典的本质是语篇，也是话语，因此批评话语研究框架在词典批评中极具应用潜势，能服务于批评词典话语研究。词典语篇中的相邻成分并没有形成连续的文章，但它们仍然构成明显的宏观语义关系。这样，话语就成了以意识形态为中心的批评理论的基本条件，其中意识形态通过话语表现出来，话语帮助建构现存的意识形态（陈文革、吴建平，2012）。批评话语分析关注权利、政治和意识形态，并在研究方法上极具跨学科特征，重视对功能语言学相关理论（包括语篇结构、话语体系、评价理论）的整合与应用，增强了词典在语言、文化研究中的社会性。

另一方面，"批评话语"在词典研究中的解释性和中性本质为批评词典话语分析限定了语体特征和文体风格，增强了词典研究的阐释性和政治性。词典是社会的重要工具，是记录语言和文化的重要载体，词典批评有利于提高辞书编纂质量，完善辞书编纂体系。批评话语的研究目的是揭示语篇中含而不露的意识形态意义，尤其是那些人们习以为常的偏见、歧视和对事实的歪曲，并解释其存在的社会条件和在权力斗争中的作用（辛斌，2005）。话语研究中的批评已经从传统的"否定性评论"上升为"中性解释"，即"批评不存在否定的含义，其本质就是揭示、解释话语中隐含的各种意识形态和权力关系"（李桔元、李鸿雁，2014）。批评话语研究中的解释性本质为词典批评话语研究提供了可能性。

其次，批评话语分析拓展了词典批评研究的框架，将词典从离散的成分分析延伸到系统的话语研究。批评话语分析拓展了词典批评研究的框架，注重研究内容的多元性和研究方法的整合性。

一方面，拓展了研究内容，形成了以词典结构成分为载体，以政治性、社会性和文化性为主体的多元研究体系，并强调定性与定量有机结合。传统词典批评在内容方面有失均衡，主要关注微观结构成分，重视语言和文化信息。此外，在述评类词典批评研究中，词目、对等词、例证、体例、词性标注和修订等备受青睐，但是对于参见结构、词典的外部装帧和内文版式等方面涉及较少。批评话语分析不仅基于语言表征结构进行分析，且关注词典显性结构中隐含的性别特征、权力和意识形态，如性别分析、种族主义研究以及词典话语与社会的互动特征研究。

此外，传统的词典批评在研究方法方面以定性分析为主，多局限于传统的主观内省。然而，目前词典批评仍停留在依靠评论者的翻阅和直觉感受的阶段。相反，批评词典话语研究则强调定性与定量的有机结合，既重视基于抽样的系统调查，也关注微观层面的质性分析。陈文革和吴建平（2012）通过抽样分析，对《新英汉词典》不同版本的例证进行历时对比（以定量分析为主），揭示了语言使用和社会共变的特征。批评话语分析已经从话语层面的分析转向社会层面的分析，通过对话语的规范性分析，发现话语中的道义伦理，之后解释这些道义伦理与社会现状的关联度，解释这些社会现象的特征（田海龙，2019）。总体而言，批评词典话语的研究方法正在从"规范性批评"（normative critique）转向"解释性批评"（explanatory critique），即概括出词典表征中隐含的社会问题，分析问题根源并系统解释其可能造成的后果。

另一方面，批评话语分析创新了研究视角，关注语篇分析模式，重解释说明。传统的词典批评研究多以评介、评论和批评为主，研究主体多元且关注离散的成分分析。总体而言，传统的词典评价主体身份涉及词典学家、语言学家、翻译家及语言教师等，评价主体的差异性也导致评价点的不同。词典学家对辞书的评论多以总体描述为主，且多奉行"先扬后抑"的风格，如汉英词典评论一半以上都未将评价目的清晰地呈现给读者，评价语气往往以称赞为主。但翻译家或词典用户则关注词典批评，如陈中绳（2003）对《新时代汉英词典》系列翻译纠错以及对诸多汉英词典的通病调查。词典批评话语分析则立足于篇章视角，从编者体验角度、权力关系、意识形态等视角进行分析，其目的在于通过批评的方式对词典中的语言意义或用法提出质疑，或者描写、说明、解释语言的形式与功能之间的关系，以及语言所蕴含的权力、意识形态、政治立场等，因此研究视角较新，研究内容更丰富。

第 2 章　外语界面研究：理论与方法

2. 批评词典话语研究的理论、范式与方法

1）批评词典话语研究以词典篇章理论为基础，强调语境知识

首先，批评词典话语研究以词典篇章理论为基础，关注篇章系统性。词典在本质上是语篇，这点体现在词典的多个层面，如总体结构（Sinclair, 1991）、宏观结构、微观结构（Sinclair, 1991）等层面。词典就是语篇，词典内部各个功能组成部分包括前言、释义、例证等都是这个大语篇下面的亚语篇（subtext）（Sinclair, 1991; 陈文革、吴建平, 2012）。从宏观结构上看，词典就是由一组意义连贯、内在衔接的语句系列构成，作为一个整体发挥功能的语义单位。语义的系统性、结构成分的衔接性和功能的整体性凸显了词典结构的篇章属性。此外，词典的微观结构也极具语篇特征，词典中的每个词条均可视作一个个独立语篇（篇章或文本），并通过释义、例证和标注形成结构完整、相互关联的语篇。Sinclair（1991）倡导从语篇的角度整句释义，并据此编纂了《柯林斯英语词典》。事实上，无论是交际词典学还是认知词典学，都强调从整体视角来分析词典组构成分，重视基于篇章视角的系统分析。由此可见，词典在本质上以语篇形式存在，并以话语形式适应于人类的交际需求和认知需求。

其次，批评词典话语研究重视语境模型，强调语境知识管理。批评话语分析重视语境模型以及语境知识管理，认为语境模型是语言使用者在交际事件中构建的心理结构，是语境与话语之间的界面。此外，批评话语分析也关注语境知识的管理，因为语境知识是语境模型的关键成分。换言之，语言使用者通过语境模型构筑并生成有利于语境复现的认知界面，并通过语境知识的管理和聚合，形成系统的语境模型。话语生成和理解过程中的知识管理既是话语处理的重要方面，也是批评话语分析中的关注要点（Wodak, 2011）。语境模型的研究在批评词典话语研究中主要涉及双语词典的语境重构。语境重构指的是某话语要素从一语境中的话语文本向另一语境中的话语文本的动态转移或转变过程（Linell, 1998）。

2）批评词典话语范式的研究与方法

首先，从传统的评论转向"中性批评"，从描述性转向解释性。传

统的词典批评，多以描述性为核心，注重对传统词典的褒扬。Chan & Taylor（2001：173）指出："赞扬或批评的方式往往比清晰的结论更能体现评论者对所评价词典的态度。"研究表明，学界对词典的评论以赞扬为主，对不足之处则轻言指出，语气温和。批评词典话语研究则强调中性解释，在评论风格方面，已经从传统的以褒扬为主转向"中性批评"为主。事实上，批评词典话语研究不仅从描述性转向解释性，还更多地凸显作者基于社会学视角而形成的观点或者结论，并重视基于社会视角的剖析与阐释，强调基于分析而形成的观点或者结论。

其次，批评内容从语言、文化转向政治、权力和意识形态。早期的词典批评内容比较宽泛，倾向于编者或者评论者的主观分析，且词典批评与词典评论的界限模糊、分类主观。无论是Jackson（2002）对词典内部批评准则和外部批评准则的区分，还是其他学者对词典信息数量、词典信息质量和表征模式的分类表述，都表现出类型主观、操作性不强的特征。词典批评转向批评词典话语分析，不仅为词典批评确立系统的研究框架和分类标准，还在分析模式方面提供了操作指南。批评话语分析以政治学为核心，关注政治、权力和意识形态，这对未来的批评词典话语分析极具指导意义。

一方面，性别研究是批评词典话语研究的主体，且多表现在释义中。如对比分析法语词典的释义特征，个别研究认为"女性"在释义中与家庭高度关联，或者发现man和woman的定义明显偏袒男性。另一方面，政治与文化也是批评词典话语研究的热点。通过分析西班牙词典信息与政治因素的相关性，人们发现两者"无直接关联，但词典编纂者一向关注政治现象"。此外，也有人认为《美国传统词典》（*The American Heritage Dictionary*，1992）有"亲日立场"，并在释义和例证中间接宣扬日本殖民主义。在国内，陈文革和吴建平（2012）通过对比发现，1975年版《新英汉词典》突出了词典的政治功能，将词典或外语视为一种政治（斗争）的武器，而世纪版（2000年版）则强化了词典的教育和社会功能，淡化了词典的政治宣传功能。此外，文化、种族与宗教也是批评词典话语分析中的关注重点。

第 2 章　外语界面研究：理论与方法

3. 批评词典话语研究的问题与不足

首先，批评词典话语研究以描述性为主，解释性不足。传统的批评以描述性或评论性为主，词典批评更多是对词典中的优缺点进行介绍和描述，缺乏有效的评价。评论在本质上是评价性的，因此评论者应该牢牢把握评价性特征进行词典评价。事实上，这种研究范式延续到了批评词典话语研究。批评词典话语应强调描述性与解释性结合，关注深层分析和说明。

其次，批评词典话语研究以主观评论为主，客观性不足。词典的评论者大多是根据直觉和主观判断进行评价的，评价标准因人而异，因典而异，且尚未建立一套基本得到认可的实用的词典评价标准（Jackson，2002）。现有的词典批评大都是概括性的，缺乏具体的操作细节，因此难以运用到词典编纂中。此外，相关术语不规范也是批评词典话语研究所面临的一大问题。Swanepoel（2008）指出，为了提高词典批评的质量，研究者应该给相关概念（如评价和批评）一个清晰并且与词典学相关的定义。

最后，批评词典话语研究以离散性分析为主，系统性不强。一方面，研究内容有离散性。回顾基于批评词典话语的相关研究（陈文革、吴建平，2012），我们发现其主要集中于性别对比、政治文化、宗教研究等方面，总体以微观分析和对比研究为主，内容较离散，系统性不强。但事实上，批评话语研究中的"探寻事物之间的相互联系"的研究动机对词典学研究极具启发意义，有利于从编者角度分析词典话语中所蕴含的社会责任和社会意义等，因为批评在广义上是指将社会政治责任与社会意义上的社会建构联系起来。另一方面，就研究路径而言，相关研究集中于词典释义结构和例证结构，关注词典微观主体结构，但未能实现宏观与微观结构兼顾，释义、例证与标注并重的系统性分析。

本节通过历时回顾和现状分析，系统阐述了批评词典话语研究的历史发展、理论基础和现状特征。通过历时回顾，本节系统梳理了从词典批评到批评词典话语的历时转向，并从词典学、批评语言学等学科视角分析了批评词典话语研究的理论基础和研究框架。此外，本节还回顾了现代词典批评话语研究的范式和方法。在研究内容上，当前批评词典话语研究关注性别、权力关系、意识形态等焦点问题,并在评论风格上从传统的解释性批评转向描述性的"中性批评"。但总体而言,当前的批评词典话语研究还存在不足,需要强化解释性,增强客观性和系统性,形成系统、科学的批评词典话语研究。

第 3 章
外语界面研究：前沿与热点

21 世纪是信息化、数字化的世纪，各类新兴技术手段层出不穷，学科交叉趋势愈演愈烈。近年来我国政府不断强调的对外话语体系构建及 2018 年教育部高教司正式提出的"新文科建设路径"，更是为当前外语学科的发展提供了重要机遇。本章主要结合多模态、大数据、外宣与新文科等四大方面，从语言学、文学、翻译学、外语教学等角度讨论我国当前外语界面研究的前沿与热点问题。

3.1 外语多模态界面研究

多模态（multimodality）的引入拓展了外语界面研究的维度，在关照语言符号系统的基础上，将图像、声音等非语言符号纳入意义的生成与建构，为传统的语言学、文学、翻译学以及外语教学研究提供了新的视角。

3.1.1 语言学多模态研究

为提高社会对自闭症谱系障碍人群的关注，世界各国越来越多的文学作品聚焦于这一群体。英国作家马克·哈登（Mark Haddon）于 2003 年所著小说《深夜小狗神秘事件》（*The Curious Incident of the Dog in the Night-Time*）便是其中一部。该书的主人公，亦即第一人称叙事者——15 岁的少年克里斯托弗·布恩——具有惊人的记忆力及超凡的数学天赋。他知道世界上所有国家及其首都的名称，可以背出 7 057 以内所有的质数，也能轻松地画出他去过的任何地方的地图。尽管书中从未出现"自闭症"或"艾斯伯格症"等字眼，但是该作品展现在读者面前的是一位生活在自己的小世界，不愿和他人交流也不能理解他人想法的"怪孩子"。故事从克里斯托弗在邻居花园里发现一只死去的贵宾犬开始。他决定侦破这起谋杀案，不顾父亲的一再警告展开调查。在寻找真相的过程中，一个被父亲隐藏了两年的秘密逐渐浮出水面。原来他的母亲并非死于心脏病，而是离开了他们在伦敦生活。于是，克里斯托弗决定独自一人去伦敦寻找母亲。他凭借非凡的才智和勇气，克服了常人难以想象的重重障碍，终于完成了自己的心愿。

该书一出版就荣登英国畅销书排行榜第一名，作品陆续以 35 种文字在全球出版，并荣获英国"惠特布莱德年度图书""大英图书奖年度最佳童书"以及英国《卫报》最佳儿童小说奖等多项文学大奖。目前，国内外针对该作品的研究大多从故事内容与叙事结构层面展开，包括其采用的第一人称叙述视角、侦探故事情节、跨界小说性质以及作品的后现代性等（Ciocia，2009）。还有一些研究聚焦于作品的语言层面，探究作者如何通过词汇、语法、指示语、修辞性语言及主人公在交际过程中表现出的语用失败等手段来暗示他是一名艾斯伯格症患者（Semino，2014）。然而，虽然作品中的 59 幅图像、图表等非文字模态在整体意义建构过程中起到了不可或缺的作用，以往的研究却鲜有提及和讨论。本节采用多模态研究中图文关系的理论和方法，并结合基于语篇对读者图式的影响将语篇进行的分类，尝试对作品中图像与文字的配置关系及其表达作用进行深入研究，以期对作品做出新的阐释。

1.《深夜小狗神秘事件》中的图文关系研究

功能语言学认为，不同的模态构成解释经验、生成意义的不同方式，其理论现在被广泛应用到对多模态语篇的分析之中（宋成方、刘世生，2015）。国内外众多系统功能语言学家及相关学者在多模态话语理论与应用方面展开研究，取得了较为丰硕的成果（胡壮麟，2007，2011；孙毅，2012；杨信彰，2009；张德禄，2009；张德禄、王群，

2011；Kress，2010；Kress & van Leeuwen，1996）。近年来，涉及图文关系的研究逐渐成为多模态研究的四大领域（其他3个领域分别为与声音、动作及识读能力有关的研究）之一。研究的语类主要包括漫画、新旧媒体、电影宣传海报、双语图画书等（李华兵，2013）。关于图文关系的研究最早可追溯至"自然"与"规约"之争（谢妮妮，2014），柏拉图在《克拉底鲁篇》中就记录了关于图画与语言是自然符号还是规约符号的论辩。20世纪以来，学者们纷纷从哲学、符号学以及认知语言学等不同领域对图文关系进行过探讨。罗兰·巴特以新闻报刊、图文广告和新闻摄影等为语料进行观察和分析，提出了图像和文字间存在的3种关系，即锚定、说明和接力。锚定关系指文字固定图像意义。与文字相比，图像具有多义性与不确定性，像是一条由所指构成的漂浮链，因此需要通过文字手段固定和控制这一所指漂浮链。比如观众对于在广告语篇中图像的所指会进行不同的解读，这时就需要文字信息发挥"锚定"作用来限定具体的所指。在说明关系中，图像变成了文字的寄生信息，用于阐明文字语篇。比如经常出现在科技语篇中的图表说明与文字内容的关系就是如此。接力关系则指图像与文字信息相互补充，共同构成更高层次的组合关系。比如在漫画中，说话者及其语境通常由图像表示，对话内容则由文字表述，出现在对话泡中。接力关系也较多出现在视觉动态性图文关系中，如影视对话可呈现图像画面所没有表达的意义以推动剧情进一步发展（Barthes，1977）。巴特的图文关系说为以后的相关研究奠定了基础，但也有学者指出他的论点只是一种简单的定性描写，虽具有一定的直观性和主观性，但在广度和深度上存在简单化的倾向。Martinec & Salway（2005）和 Martinec（2013）在结合巴特的"锚定—说明—接力"图文关系理论和 Halliday & Matthiessen（2014）有关小句的逻辑—语义关系的基础上，提出了一个包含"地位"和"逻辑—语义"两个子系统的图文关系系统。

1）"地位"关系

如图3-1所示，Martinec & Salway（2005）提出的"地位"系统包括平等与不平等两个子系统，前者又可被细分为独立与互补两种关系，后者则包括图从属于文和文从属于图两种情况。他们的研究聚焦于图与文的平等关系，研究语料多选自广告、儿童图画书以及电脑新媒体等语篇。Martinec（2013）指出，由于该类语篇的文字部分缺少在图与文之间建立联系的明确的指示语成分（如定冠词和表示方位的指示词），因此需要读者积极进行推理，参与到图文整体意义建构过程中。这也是广告和儿童图画书中广泛应用图文平等关系的原因。

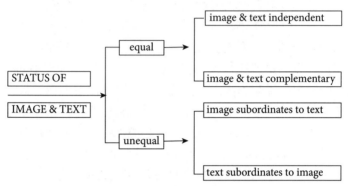

图 3-1　图文关系"地位"系统

与之不同的是，《深夜小狗神秘事件》中图文不平等关系所占比例远远超出图文平等关系。如表 3-1 所示，在作品中出现的 59 幅图像中，有 45 幅由带有明显指示性词语的文字引出，如 "which looked like *this*." "it looked like *this*." "the map was like *this*." "they were written like *this*." 等（斜体为笔者所加）。根据 Martinec & Salway（2005）的研究，指示词的出现是判断文从属于图的重要标记。由此我们可以判断，该小说中有 76.3% 的图文关系表现为文从属于图这一不平等关系。在另外 14 幅与文字构成平等关系的图像中，10 幅和文字构成互补关系，以完成更高层次的意义建构。

由此可见，哈登在文中使用图像等非文字模态的功能并非局限于增强作品的视觉效果，提高对读者的视觉冲击力。实际上，图像等非文字模态在协同文字符号共同传递与建构语篇意义的过程中，已经起到了二者互补的作用，图文缺一不可。

第3章 外语界面研究：前沿与热点

表 3-1 《深夜小狗神秘事件》中的图文"地位"关系统计

图文关系		数量	比例
平等	独立	4	6.8%
	互补	10	16.9%
不平等	图从属于文	0	0%
	文从属于图	45	76.3%
合计		59	100%

2）"逻辑—语义"关系

Martinec & Salway（2005）提出的"逻辑—语义"系统包括扩展和投射两个子系统，限于篇幅，本节只讨论前者，如图3-2所示。扩展系统可细分为详述（elaboration）、延展（extension）和增强（enhancement）。若图中的参与者、过程和环境与文字表述相同，就属于详述关系；若图中出现新信息，则属于延展关系；若图中提供了时间、空间和因果等相关信息，则属于增强关系。

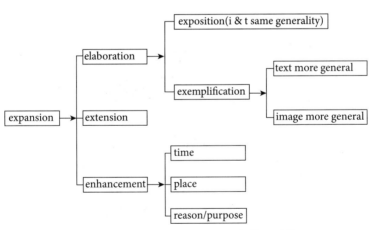

图 3-2 图文关系"逻辑—语义"扩展系统

图 3-3 中的参与者、过程和环境与前后文文字一致，再现了文字"我们所在的银河系是一个由群星组成、直径长达十万光年的巨大圆盘，而太阳系位于这个圆盘边缘的某处。当你朝着圆盘平面90°的方向，也就是A方向看去时，看到的星星不会太多。但如果你是朝B方向看，

星星就多得多了，因为你朝着银河系的主体部分望去"（p. 14[1]），属于典型的详述关系。而图 3-4 则与图前文字"我从我的包里拿出一张纸，就像考试一样凭着记忆画出了一张动物园的地图，就像这样"（p. 108）构成了延展关系，图像提供了更多有关动物园的详细内容。

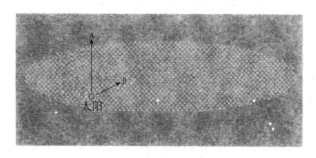

图 3-3 银河系图

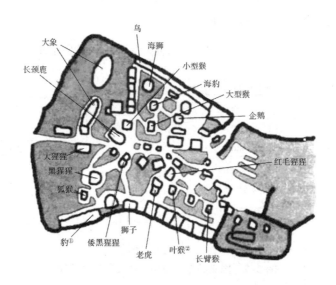

图 3-4 动物园地图

在克里斯托弗独自一人踏上伦敦寻母之路后，图像与文字展现出了

---

1 本节使用的《深夜小狗神秘事件》译本为印姗姗译，2011 年版，海口南海出版公司出版。所标页码均为该译本中的相应页码，下同。

一种新型的"逻辑—语义"扩展关系。当他第一次走进小镇的火车站时，发现车站的候车大厅与他平日里玩儿的玩具火车组合里的候车大厅并不一样。图 3-5 中的参与者、过程和环境与图前文字表述相同，"它是由一条地下通道、几段楼梯、一间商店、一间咖啡厅和一个候车室组成的，就像这样"（p. 171），图像将文字信息再次呈现出来，二者属于详述关系。在图后文字中，克里斯托弗明确表示，"不过上面这幅不是车站的精确地图，因为我当时很害怕，观察得不是非常仔细，只记下了这些，所以这只是一张概图"（p. 172）。然而，这张图给读者留下的印象却是一张有一定精确度的、很像出自专业人士之手的火车站候车室平面图。同样，图 3-6 中的时间表精确到了 8 点 32 分、43 分和 51 分，并不像图前文字所表述的"这是一张粗略的星期一时间表，不是精确的"（p. 182）。图 3-5 和图 3-6 与主人公的文字评价构成了鲜明的对比，这一图文"逻辑—语义"扩展关系在前人提出的系统中尚未提及，笔者将这一关系称为冲突关系。正是通过图像等非文字模态的使用，才使图文扩展关系中的冲突关系成为可能，使主人公对精准的高标准要求及其过目不忘的非凡记忆力深入人心。

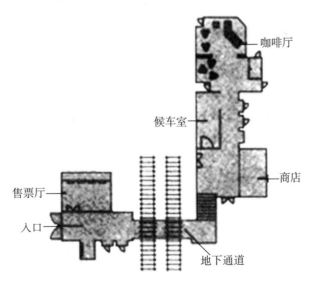

图 3-5　火车站候车室平面图

上午：

7:20	起床	8:10	读书或者看看录像
7:25	刷牙洗脸	8:32	乘校车去学校
7:30	给托比喂食、换水	8:43	路过热带鱼商店
7:40	吃早饭	8:51	到达学校
8:00	穿校服	9:00	学校晨会
8:05	整理书包	9:16	上午第一节课

图 3-6　主人公的星期一时间表

2.《深夜小狗神秘事件》的多模态意义建构

Cook（1994）认为，某些语篇的首要功能是改变读者图式，愉悦感受、逃避现实和提升自我等阅读感受均是这一功能的衍生效果。为了更加具体地分析文本图式的更新效果，Cook 将图式进一步分为 3 个层次，即世界图式、语篇图式和语言图式。Stockwell（2002）曾指出，图式理论的吸引力在于其把知识结构看作是动态发展的东西，有助于我们重新探讨文学性和文学语言问题。他还区分了图式保持（信息输入符合已有图式）、图式强化（增加新信息以强化现有图式）、图式更新（现有图式被修正）等情况。

1）图式保持

克里斯托弗有正常的认知能力，智力表现非凡，但在社交和沟通上与患有自闭症的孩子有相似的问题。在使用非语言行为（如面部表情）来协助社会互动上表现出明显的障碍。美国心理学会的一项研究显示，目前尚不可通过血液或染色体检验等科技手段确诊自闭症。因此，表情识别测试成为诊断自闭症的一项常用手段[1]，它可以有效地反映人类的思维读解能力，即将行为解释成潜在思想状态的能力。认知心理学也把这种能力称为"思维理论"。该理论一直受到认知心理学家的关注，因为他们遇到的很多病人（自闭症患者）出现了"从身体看思维"这一能力的缺失（Zunshine，2006）。《深夜小狗神秘事件》中第一次出现图文共同参与意义建构就反映了这一状况。当克里斯托弗回忆自己 8 岁时的一

---

[1] 来自今日医学新闻网站。

第 3 章 外语界面研究：前沿与热点

次经历时，文中出现了多幅表示不同面部表情的图片。

八年前，当我第一次遇见雪凡的时候，她给我看了这幅图：

我知道它代表"难过"，这也是我发现那只狗死了时的心情。然后她又给我看了（这）一幅[1]：

我知道这代表"高兴"，就是我读到阿波罗太空任务相关消息时的心情，或者凌晨三四点钟不睡觉，在大街上走来走去，假装全世界只有我一个人时的感受。

接下来，她画了另外一些图案：

可是我说不出它们的含义。
……

我把这一做法告诉雪凡，她拿出一支铅笔和另一张纸，说我这么做可能会让人觉得（如下所示）：

（p. 2-3）

---

[1] 英文原文为"Then she showed me this picture,"，使用了明确的指示语 this。此处译文未将"这"翻译出来。

根据是否出现明确指示性成分这一判断标准，上述选段中出现的前两组图像与文字呈现不平等关系，文字部分出现的明确指示语成分"这"将信息重点转移至图像中去，使文字信息从属于图像。而后两组图像与文字则构成平等关系，其中第三组文字与图像的关系相互独立，而第四组则呈现图文互补关系，文字与图像组合以完成更高层次的意义建构。笔者发现在出版该书的出版社 Vintage 网站上提供的段落节选中[1]，上一段文字中出现的四组图像被处理成相应的文字说明放在了括号中：（哭脸）（笑脸）（各种不同的哭、笑、困惑、惊讶表情）（困惑表情）。

通过对比可以发现，在小说主人公明确表示不能理解也说不出那些较为复杂表情图案的含义后，若像出版社网站上提供的段落节选那样，采用文字模态对面部表情进行区别性描述，则有悖于事实，造成描写前后不一致，自相矛盾，从而影响语篇衔接与连贯。哈登采用文从属于图及图文互补进行意义建构这一手段更忠实于他所塑造的人物形象，图像信息输入符合读者已有的图式，构成图式保持，从而增强第一人称叙事者的可信度。

2）图式强化

克里斯托弗在讲述自己的经历时，会加入很多在读者看来有些啰嗦甚至不必要的细节。Semino（2014）从语用的视角进行了解读，她认为这些违反了格莱斯量的准则和关系准则的细节描写对读者理解克里斯托弗独特的认知和思维方式起到了至关重要的作用。在他独自一人踏上去伦敦寻找母亲的路途以后，这些看似不必要的细节更多地出现在读者的视野中。笔者认为，这些看似不必要的细节，特别是非文字模态的应用，不仅暗示了克里斯托弗具有独特的认知和思维方式，更为读者全面地了解其思维过程提供了可能。比如下面这段有关克里斯托弗第一次在火车站候车大厅的自动取款机取钱的经历：

> 我像爸爸带我去购物时教我的那样，把银行卡插进了提款机，机器提示"请输入密码"，我输入了"3558"，然后按下"确认"键，机器又提示"请输入金额"，旁边有几个选项：

---

[1] 来自出版 *The Curious Incident of the Dog in the Night-Time* 的出版社 Vintage 网站。

第3章　外语界面研究：前沿与热点

←　10 英镑　　　　20 英镑　→
←　50 英镑　　　　100 英镑　→

其他金额

（只能输入10的倍数）　→

（p. 178）

图像的使用将自动取款机屏幕上的显示直接展现在读者眼前，使读者也仿佛置身于火车站大厅的自动取款机前，与第一人称叙事者的视角融为一体。Schank & Abelson（1977）区分了脚本和蓝图这两个重要概念。脚本指源于相关记忆且用于理解话语的概念结构，包括情景、人物和工具脚本（Stockwell，2002）。例如，在餐厅就餐这一情景脚本一般就由客人进入餐厅、点菜、就餐、结账、离开餐厅这一系列事件构成。与脚本相比，"蓝图"指更普遍的概念结构，即尚未程式化为"脚本"的结构，常被用于适应新情景。在自动取款机取钱这一本应作为脚本出现的情景对于克里斯托弗来讲却是陌生的，他需要调动自己已有的和父亲去超市购物结账时的脚本来应对取款这一新情景。熟悉的插卡和输入密码脚本用文字表达，而选择取款金额这一新脚本则用图像模态表示出来。在克里斯托弗独自去伦敦寻找母亲的经历中，他遇到了无数类似取钱这样在普通人看来再熟悉不过的脚本，比如买票乘坐火车、地铁，购买地图，查找路线等。由于克里斯托弗独自去过最远的地方只是位于街角的一家小便利店，那些普通人在日常生活中经常遇到的经历，对于我们的主人公确是另外一番经历与挑战，都需要他从自己以往的生活经历中调动有限的"脚本"以形成新的"蓝图"。Margolin（2003：278）指出："在小说中有关认知机制的描写，特别是对该机制运作失败的描写，本身就是一项强大的认知工具。它可以使我们意识到某些认知机能和思维运转方式并不是理所当然的。"克里斯托弗在适应新环境时需要克服的困难和非凡的勇气是无法在"我从自动取款机里取了50镑"这一看似简洁、只使用文字模态的表达中表现出来的。美国知名女作家哈珀·李（Harper Lee）曾在其成名作《杀死一只知更鸟》中写道：你永远不可能真正了解一个人，除非你从他的角度去看问题。正是图像模态的使用将读者再熟悉不过的认知机制前景化并赋予读者机会站在主人公克里斯托弗的视角观察他眼中的世界，新视角的增加使读者图式得以加强。

3）图式更新

在以往的电影电视作品中，自闭症人群常被刻画为在数学领域天赋异禀的天才式人物，如电影《雨人》中由达斯汀·霍夫曼扮演的哥哥等角色。书中的主人公克里斯托弗亦是如此，他借学校心理辅导老师基文思先生之口说出了大众对他们热衷数学这一现象的误解："基文思先生说我喜欢数学是因为它让我有安全感。他说我喜欢数学是因为数学意味着去解决问题，而这些问题虽然难却又很有意思，最后总会有一个明确的答案。他的意思是，数学和现实生活不一样，现实生活中没有明确的答案。"(p. 78)克里斯托弗借用著名的"三门问题"（Monty Hall problem）[1]来说明数字并非像大众认为的那样简单，总有明确客观的答案，数学问题远比想象的复杂。克里斯托弗将两种解题过程呈现在读者眼前，一为数学方法，另一为画图方法（如下所示），反映出两种典型的思维模式，即线式思维和图式思维。

方法一：
用 X、Y、Z 分别代表三扇门。
C_x 代表汽车就在 X 门后，依此类推。
H_x 代表主持人打开了 X 门，依此类推。
假设你先选择了 X 门，那么你改变主意后赢得汽车的概率（P）可以用下面的公式来表示：

$$P(H_z \wedge C_y) + P(H_y \wedge C_z)$$
$$= P(C_y) \cdot P(H_z \mid C_y) + P(C_z) \cdot P(H_y \mid C_z)$$
$$= (1/3 \times 1)(1/3 \times 1)$$
$$= 2/3$$

(p. 80)

---

[1] 三门问题（Monty Hall problem）亦称为蒙提霍尔问题、蒙特霍问题或蒙提霍尔悖论，出自美国的电视游戏节目 Let's Make a Deal。其名称来自该节目的主持人蒙提·霍尔（Monty Hall）。节目中，参赛者会看见三扇关闭了的门，其中一扇的后面有一辆汽车，选中后面有车的那扇门可赢得该汽车，另外两扇门后面则各藏有一只山羊。当参赛者选定了一扇门，但未去开启它的时候，节目主持人开启剩下两扇门中的一扇，露出其中一只山羊。主持人其后会问参赛者要不要选换另一扇仍然关着的门。问题是：换另一扇门会否增加参赛者赢得汽车的概率？如果严格按照上述的条件，即主持人清楚地知道，哪扇门后是羊，那么答案是会。不换门的话，赢得汽车的概率是 1/3；换门的话，赢得汽车的概率是 2/3。

方法二：

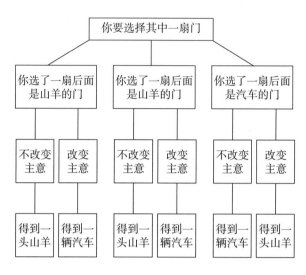

（p. 81）

"三门问题"曾因违反大众的直觉受到热烈的讨论。当此题目第一次出现在美国一份名为《巡游》的杂志专栏里时，有近万名读者给杂志写信指出"错误"，"信件中有92%都说它错了"（p. 79），其中不乏具有博士文凭的数学家和科学家。克里斯托弗先用他最熟悉、最得心应手的数学方法解题，随后又转用图式思维方法将解题过程直观地展现在读者面前。这不得不令我们反思，在生活中我们曾多少次只依靠自己的直觉进行判断，得出了错误的结论却不自知。克里斯托弗偏爱质数，全书的章节均以质数编号（如第2、3、5、7、11……229、233章），因为"质数无法套用任何数学模式，它们就像生活，非常有逻辑，但即使花上一辈子的时间去思考，你也无法找出其中的规律"（p. 17）。如果说略显简单的文字会使成年读者感到无趣，那么文中多次以图像模态出现的复杂的数学、逻辑等问题及解题过程引起的反思则令他们欲罢不能。

缺乏想象力常被用作确诊自闭症的一项指标，比如蹒跚学步的孩子会表现出对"过家家"等角色扮演游戏缺乏兴趣。随着年龄的增长，想象力缺乏的表现也呈现变化趋势，如表现为无法理解电视剧或文学作品中的虚构人物和情节等。克里斯托弗"在大多数时候都在看有关数学和自然科学的书"，他"不喜欢普通的小说"（p. 7）。而这背后的原因是由于他缺乏想象力而无法理解虚构的人物和情节吗？克里斯托弗对外太空抱有浓厚的兴趣，他会用"高兴"来形容他"读到阿波罗太空任务相关信息时"的心情（p. 4）。他喜欢夜晚在花园里仰望星空，也时常会拿着手电筒和星座图来到户外（p. 152）。在谈到"猎户座"的命名问题时，他认为如果仅因为它看上去像一个拿着大棒和弓箭的猎人（如图 3-7 所示），就将它称之为"猎户座"，那么"真的很无聊"（p. 150），因为如图 3-8 所示，"这只是些星星，你大可以按你想要的方式将这些点连起来，你可以让它看上去像一个挥动着雨伞的女人，或是像希尔斯太太从意大利买回来的那台带把手的咖啡机，上面正有蒸汽冒出来，或者像一头恐龙。"（p. 151）

图 3-7 "猎户座"　　　图 3-8 "恐龙"

由此可见，我们的主人公非但不缺乏想象力，反而超出了常人的想象力水平。从小我们所受的教育就告诉我们这个星座叫做猎户座，因为它看起来像一名猎人。直到克里斯托弗将图 3-7 和图 3-8 的两幅图像展现在读者面前，我们才意识到对其进行阐释的多种可能。笔者在 2015 年 6 月参加一次有关文学史与文学批评的学术讲座中第一次见到上述两幅图像，当时的主讲嘉宾是德国慕尼黑大学现代英语文学系主任、欧洲科学院院士 Christoph Bode 教授。他向现场观众展示了上述两幅图像以论证其秉持的文学价值相对性观点。他认为文学和艺术只有在具体的情境中对具体的读者才有意义，文学经典也是如此，没有适合所有读者的文学经典，经典对不同读者的含义是不一样的，读者应该怀着开放和世界性的态度来阅读。德国著名的文学批评家伊瑟尔（1974: 282）曾将文本阐释比喻为星座观察，"当两个人望向同一星座时，一个人看到的是一把锄头，而另一个人看到的可能是一把长柄的勺子。文本就像组成星座的每一个星星，固定不变。而文本阐释就好比将星星以不同的方式连接起来，呈现多样的解读"。这为克里斯托弗不喜欢小说提供了另外一种解释，理解小说并对其进行解读具有极大的主观性与任意性，这违背了他一贯奉行的推理过程。哈登在其博客上谈及本书的主题时写道："这是一个关于克里斯托弗，同样也是关于我们自己的故事。"[1]这一主题正是通过不断更新作者的图式得以实现的。

本节应用 Martinec & Salway（2005）和 Martinec（2013）提出的图文关系系统对《深夜小狗神秘事件》中使用的 59 幅图像等非文字模态与文字构成的图文"地位"关系进行了分析，并对图文"逻辑—语义"关系作出了补充。作品中非文字模态与文字构成的"地位"关系主要有以下 3 类：文从属于图、图文互补及图文独立，其中 76.3% 的图文关系属于第一种情况。同时，非文字模态使图文"逻辑—语义"冲突关系成为可能。本节还结合 Cook（1994）基于语篇对读者图式的影响将语篇进行分类，发现在哈登这一聚焦自闭症群体的作品中，图像等非文字模态在协同文字符号共同传递语篇意义的过程中所起的作用不容小觑。作品通过文字与非文字模态间的互动刷新读者的语言图式，进而保持、强化、更新读者有关自闭症谱系障碍群体的世界图式。这在一名患有艾斯伯格症的 19 岁男孩的母亲写给哈登的留言中可以得到印证，她认为《深夜小狗神秘事件》在促进大众对该群体的理解与关怀方面比她读过的任何一本教科书和专业期刊都更有效果。[2] Palmer（2004）在谈到阅读小说带来的乐趣时指出，小说使读者有机会直接了解到某一人物脑海中思考的内容。对于在真实生活中要不断通过观察其他人的身体行为推断其所思所想的读者来说，这无疑是一种轻松的方式。他还指出："叙述者和读者有关小说中人物的思维建构对于理解一部作品是至关重要的，小说叙事本质上就是有关思维运转的描写。"（Palmer，2004：5）任何小说作品都体现了人物行为描写与心理分析之间的平衡。本节发现，哈登在其作品中使用图像等非文字模态增加了心理描写的部分，使某一人物脑海中的思维过程直接"展示"到读者面前，将读者从身体看思维这一过程的

---

1 来自《深夜小狗神秘事件》作者马克·哈登的个人网站。
2 来自英国《卫报》官方网站。

认知负荷降到最低（傅晓玲，2014）。一项发布于 2015 年 4 月 2 日[1] 的调查数据显示，目前在中国大约有 1% 的人患有自闭症，其中年龄在 14 岁以下的人群超过 200 万。[2] 马克·哈登在《深夜小狗神秘事件》中从未使用过"自闭症"或"艾斯伯格症"等字眼，整部作品都力争使读者摘掉有色眼镜去看待以主人公克里斯托弗为代表的群体，引领读者慢慢走近这些"星星的孩子"，他们只是采用了和大多数人不同的视角来观察这个大千世界。了解一个群体在于倾听他们的想法并与之沟通，尊重他们的与众不同之处。《深夜小狗神秘事件》中的多模态形式和社会功能完美地结合，作品以文学形式表达了对社会的悲悯情怀，可谓匠心独具。

3.1.2　文学多模态研究

随着数字化信息时代传播媒介的多元化以及符号生存的复合化趋势，文学的研究对象除了传统的纸质文本以外，正逐渐向由多种符号系统组成的超文本拓展，在文本形态、文本模式和文本主体等方面都发生了较大的变化，涌现出了表演文学、数字文学等新文学样态。在数字化的语境之下，一个文本很难是单一符号的，文本中多种符号系统的共存和协同就变得必不可少，而在此过程中无论是语言符号之间、语言与非语言符号之间，抑或是非语言符号之间互动所产生的意义就需要被合理地阐释。传统的基于单一纸质文本的细读、阐释与分析之局限性日益凸显，文学理论研究与时俱进的现实迫切性也逐步突出。

20 世纪 90 年代兴起的社会符号学将"模态"发展为一个理论概念，并由此引发了影响深远的多模态研究。多模态研究关注符号的物质性、符号主体的感官性（视觉、听觉、嗅觉、触觉等）以及多媒介符号的整合性在文本意义生成中发挥的重要作用。我们将多模态引入文学的理论与实践研究之中，并非是为文学研究下一个固定的结论，而是希望在"万花筒式"的大理论背景下视之为一种认识论，从而能够聚焦语言文字的音、形、义三重维度，通过"跨模态建构"充分参与到文学意义

---

[1]　自 2008 年起，每年的 4 月 2 日被定为"世界自闭症关爱日"。
[2]　来自人民网官方网站。

的生成与建构,这无疑会有助于传统的文学理论和实践走向更为多维的空间,同时也为重审文学与媒介的关系提供新见。

1. 何谓多模态

从社会符号学出发,"模态"可以被定义为"在社会文化中形成的创造意义的符号资源"(Kress,2010:79),即传递信息的不同方式或渠道,如音、光、声、影等,语言只是其中一种形式。

从认知文体学出发,"模态"又可以被定义为"能够使用具体的感官过程来解释的符号系统"(Forceville,2009:22)。在这一视阈下,"模态"的具体所指就包括视觉模态、听觉模态、触觉模态和味觉模态等各感官模态。

概括而言,模态这一概念有两个基本特征:一是注重符号本身的物质性。"模态是指由社会所塑造、由文化所赋予且能够产生意义的一切符号资源。图像、书写、设计、音乐、姿势、演讲、动态影像、音带、3D物(3D objects)等,都是在表征和传播领域中经常出现的模态示例。"(Kress,2010:79)二是强调符号使用者的感觉与体验。模态本质上是一种感知过程,包括视、听、嗅、味、触等感官经验,不同模态在感知活动中往往相互作用(Forceville,2009)。

有关多模态的定义可谓纷繁复杂、层出不穷。随着时代的发展与历史语境的变迁,多模态的定义也加入了不同的学科视角。如多模态是"来自不同符号系统的意义的结合"(Kress & van Leeuwen,1996:183);多模态是"在设计一个符号产品或事件时使用的多个符号模态"(Kress & van Leeuwen,2001:20);"本质上,多模态指在具体语境中一种以上的模态并存的现象,这些模态包括书面语言、口头语言、形象等。"(Gibbons,2012:8)

虽然学界对多模态这一概念的理解至今尚未统一,我们仍然可以大致归纳出:交际活动中如果只有一个感官参与意义的互动与协作就是单模态,有两个或两个以上感官参与互动的就称为多模态。

关于多模态大致有3层基本含义:

一是不同模态的物质性。物质性是符号意义生成中必不可少的原料,文字、言语、音像、手势、眼神等不同的物质材料皆具有不同的意义潜势，它们经由不同模式的符指过程（semiosis）形成不同的符号模态。

二是不同模态的感官性。符号主体的感知过程或身体感觉都会参与到符号化过程中，从而表现为视觉模态、听觉模态、味觉模态、触觉模态、嗅觉模态等不同的感觉模态。

三是不同模态的整合性。所有模态在交际语境中互动产生意义，"在多模态交际中，模态既各自独立发挥作用，也共同发挥作用，即模态本身产生意义，同时通过彼此的互动和交接产生意义"（Chuang，2006：373）。

多模态视野旨在强调：第一，"所有传播活动都是多模态的，即使写下来的语言文字也同样如此"（Kress，2010：82）；第二，语言的运用通常与其他多种符号相互关联；第三，"各种符号是一个联合与整体，而非单一模态的孤立运作"（Alison，2012：421）。所有模态都是通过对社会符号过程做出反应而构建、创造和转变，因此它们不是静止的，而是流动的（Chuang，2006：374）。因此，模态是一个动态变化的系统，新模态可能随时产生，旧模态也会在交际中发生质的变化，甚至消亡。

2. 多模态与文学研究范式的转换

物质性、感观性和整合性是文学研究不可或缺的维度，尤其是步入20世纪以来，文学的物质性得到空前凸显，文学整合其他媒介和艺术所开启的感官经验也进一步丰富。因此，"多模态研究甫一兴起便迅速向文学领域迁移，在审视文学实践新变、推动文学理论扩容、深化文学研究范式转换等方面呈现出活力"（张昊辰，2020：111）。就研究范式而言，多模态与新批评、结构主义等为代表的文学理论相比，已经触及当下文学研究中的困境，这启发我们重新审视文学研究中的既有范式，重新考察文学文本的基本构成以及文学分析与媒介的关系，并实现文学意义的跨媒介建构。

3. 从语言文本到多模态文本

传统意义上，文学文本被理解为主要甚至仅由文字符号构成，但如果我们仅将目光聚焦在文字符号本身，就脱离了文学分析的初衷与归宿，文学分析不是对于文字符号编排规律的探讨，因为其中涉及的文体、叙事、认知、意境等因素都超出了文字符号系统本身的范畴，并触及多模态的多元符号系统。多模态研究证明了"文本是符号的集合"这一观点的合理性与合法性，文学文本成为语言符号与非语言符号有组织的集合，包括语言的、听觉的、视觉的、思维的，等等，而这些符号的意义需要以多模态的视角加以梳理和分析。

立足于文学研究，上述对模态与多模态的理解带来的启示是，所有文本都是多模态的，包括文学文本。单模态并非文本的真实特性，而是将各种符号资源从其所发生的交际活动中提炼出来并进行探索的一种模式而已。

狭义上的文学文本通常是以纸张为载体的文字符号的系统。文学分析的主要内容是对由文字符号所表达的意义潜势和文本作者所传达思想意蕴的理解与阐释。因此，文学分析首先涉及文字符号模态的视觉模态分析。从这一角度出发，传统的文学分析会被认为是一种单模态的符号分析系统。但事实上，文学文本作者创作文本的初衷不是、也不可能是单模态的。无论是作者的创作体验抑或是读者的阅读体验都远远超出了视觉模态这一单一范畴。多模态特征未必十分凸显的文学传统样式也同样能以多模态方式被接受，这是因为任何文学经验总是包含着读者的（潜在视觉的和听觉的）想象能力和阅读情境，因此都具有不同程度的多模态特征。单模态的文学分析方法无论从任何角度出发，均不可避免其局限性和片面性。

文学文本来源于作者的现实生活体验，这种体验与读者的体验方式类似，涉及视觉、听觉等全部的感官模态，是一种多模态的体验系统。作者通过现实体验所获得的所有模态符号，经由作者思维中的意识加工以文字符号的形式呈现，再借助视觉模态符号进入读者所获得的阅读情境范畴。读者结合本身的现实经验形成对于文学作品的阐释，而这一阐释同样是多模态的。也就是说，读者通过阅读过程中的视觉符号获得信息，进而视觉模态映射到读者的阅读情景范畴，在读者的意识中重新分离出视觉、听觉、味觉、嗅觉和触觉等多种模态的感官体验。这就构成了文学解读过程中的多模态解构与重组。不同读者的多模态体验与文学文本作者的原始体验将产生不同程度的重合和偏离。重合程度的高低决定了读者对文学文本的认知和解读程度。但毫无疑问，对文本的多模态解构与重组有助于对作者创作意图全方位的理解，进而深化对文学文本的理解。

多模态视角揭示了文学文本意义的动态性、交互性与开放性，否认了文本存在固定的意义，凸显了文本意义的不确定性，颠覆了静止封闭的文本意义观。多模态强调文学文本中不同模态的联合与互动，包括文学文本物质材料呈现出的多样性、各感官体验的交织状态和多介质符号在符指过程中的整合性。这样，文学文本就成为由多种符号意义交互形成的多模态系统。对于符号文本的解释不是追求一个恒久不变的意义核心，而是关注文学作品中符号意义的转换、扩散、增值与消减的动态过程。文学作品作为一个辩证统一的整体，其中每一个多模态符号都因相互之间特定的联系而衍生出各自的符号意义，每个符号意义都超出了文本本身的能指意义，从而形成了构造文本阐释的网络结构，成为生发、阐释和传播符号意义的符号场域。

基于这种对文学文本本体构成的多模态认知，文学研究范式便从封闭走向开放，文本意义由规定走向描述，文本内容由作品走向跨模态的互文。

4. 从单一媒介细读到跨媒介建构

我们常将印刷文学视为一种相对稳定且单一的媒介，并以此为基础对其进行"媒介特性"分析，但印刷文学中的字体、字号、标题、版式及标点符号等副语言要素，插图、颜色、线条的粗细、人物图像大小等视觉要素均可被视为多种模态。

因此，如果我们在文学分析时忽视文本的多媒介维度，那么感觉经验在文学意义构成中的重要作用、不同模态之间及它们和文学文本整体意义建构之间的复杂关系，就难以得到深入与广泛地探讨。多模态可使我们重视文学文本的多媒介性，有助于我们关注新媒介语境下文学的活力与潜能，这样传统文学研究中被长期忽视的物质性、感官性维度才能受到关注，多模态印刷文学、数字文学、表演文学等新文学样态才能获得较为科学的审视，文学的意义与观念才能发生质的改变，从而实现文本意义的跨媒介建构。

第 3 章　外语界面研究：前沿与热点

文学与媒介之间的深刻关联由来已久，文学总是通过与光学技术、电影蒙太奇、报纸并置等媒介的互动来实现自身的革命与创新。文学作品中也经常渗透着其他媒介或艺术的感知方式，如小说中的蒙太奇式书写、图像小说、数字叙事等，这是数字环境下媒介形态相互转化生成的常态化趋势。那么，对文学文本的分析与意义的阐释就涉及新媒介对旧媒介形式的重塑，新文学类型对传统文学类型的借用，以及文学对其他媒介形态或艺术形式的借用。数字艺术之间的跨媒介建构更趋凸显，这也从另一方面拓宽了传统印刷文学的再媒介化方式，如数字文学的网页字节、超链接等特征的涌现。

多模态文本的跨媒介建构主要包括全方位、多角度的分析文学作品中所涉及的各个媒介的模态，做好分类并分析各模态的突出特征，将这些突出特征放置在相应的媒介语境中，分析其中语言模态与非语言模态之间的跨媒介关系与协同作用、不同模态协同产生意义的过程以及对作品整体意义建构的影响。从微观角度探究各种媒介之间复杂信息交叠、融合之后的内在关联与显著特征，从而能从多视角、多方位、多层次对数字媒介语境中文学文本的意义做出更为系统的阐释。

质而言之，文学作品的跨媒介意义建构是对文学的物质性、感官性及其多重符号化方式给予足够的关注与探究，使文字、图像以及声音之间的互动与配合得以实现，读者得以关注文本的物质特征并获得多感官沉浸式体验，给读者的阅读感受带来多重媒介交织的情境感受。"对跨媒介机制的发现和探讨，不仅表明了媒介对文学形态的深刻影响，更从媒介面向揭示了文学多模态得以形成的原因。"（张昊辰，2020：117）

由数字信息语境的变化引发的文学转型及由此引发的文学研究范式转换，无疑是一个过于庞大的主题，但立足于多模态这一维度，我们仍可从文学本体的认知与跨媒介意义建构等方面入手对其做较为深入的透视和一定程度的聚焦。

多模态是文学研究新老范式交融、文学与其他学科交互影响的催化剂，也是文学在数字信息化背景下自我更新和跨界探索的推动力。我们将多模态引入文学研究领域，为革新传统的文学研究方法和研究范式、突破文学研究瓶颈、解决文学研究存在的问题提供了新视角。文学的多模态研究涉及的是对文学文本本体的重新认知、文学文本介质载体的转型及跨媒介建构，从而促进文学研究方法与意义的变迁。文学自身的文化包容性和开放性使得它对文学的多模态化具有天然的人文导向。多模态不仅构成了文学文本的基本再现形式，其本身也参与到新的文本形式的建构中来，并使新的意义不断生成与传播。因此，多模态对于今日的文学而言，不仅是借助新语境、新媒介、新介质展开的一场大胆革新，而且是对文学本质的一次深入探索。

3.1.3 翻译学多模态研究

翻译研究的疆域从来都不是封固在语言文字之中。随着科学技术的迭代更新，互联网的普及，社交媒体、移动通信和其他数字技术的发展，文本与图像和声音等模态相结合共同创造意义并传递信息，多模态的翻译研究也随之展开。不同于过去以语言为中心的单模态翻译研究，国内外学者将翻译放置于多模态的语境中，结合其他传统研究途径，多视角、多维度地对多模态翻译的理论和应用问题进行探讨。本节简要介绍目前翻译学多模态研究的几个热点领域和前沿问题，以期为未来多模态翻译研究的发展提供一些方向。

1."多模态"和"多模态翻译"术语的讨论

"多模态"一词自20世纪90年代出现[1]以来，以其为主题的相关研究迅速发展。这一术语现在也被广泛使用，但多模态的概念在不同学科中的表达却不尽相同。Kress & van Leeuwen（2001：20）把多模态看作是一种理解文本符号复杂性的新方法，将其定义为在"设计一个符号产品或事件时对多个符号模态的使用"。模态（mode）则是"在社会文化中形成的创造意义的符号资源"（a socially shaped and culturally given semiotic resource for making meaning），包括图像、写作、音乐、手势在内的多种模态都被用于交流和表达（Kress，2010）。顾曰国（2007：3）

---

1 对于"多模态"这一术语的出现时间，有学者认为是20世纪90年代中后期（参见Jewitt et al.，2016），也有学者认为这一概念最早出现在20世纪20年代的知觉心理学领域（参见余小梅、耿强，2018）。

第3章 外语界面研究：前沿与热点

认为模态是"人类通过感官（如视觉、听觉等）跟外部环境（如人、机器、物件、动物等）之间的互动方式。用单个感官进行互动的叫单模态，用两个的叫双模态，三个或以上的叫多模态"。

在考虑了各种研究传统后，Carey Jewitt、Jeff Bezemer 和 Kay O'Halloran（2016：3）提出了"多模态的3个关键前提：（1）意义是由不同的符号资源构成的，每种符号资源都具有不同的潜力和局限性。（2）意义的创造涉及多模态整体的生产。（3）如果我们要研究意义，我们需要关注所有用来构成完整整体的符号资源"。这里，Jewitt 等人所强调的"多模态"的所有这些前提的基础在于"对创造意义的文化和社会资源的关注"，也就是对多模态的关注（Jewitt et al., 2016）。在21世纪全球化普及以及数字媒体等社交平台的蓬勃发展的大背景下，这些创造意义的文化和社会符号资源不再以单一的形式出现。文字、声音、图像、颜色、光亮、动作等都是意义的资源，语言和非语言的符号共同参与意义的创造，从而完成信息的传递。

翻译研究中涉及多模态概念的论述则可以追溯到 Roman Jakobson（1959）的翻译三分法：语内翻译（intralingual translation）、语际翻译（interlingual translation）和符际翻译（intersemiotic translation）。传统的翻译研究所聚焦的就是发生在两种不同语言符号之间的语际翻译，而符际翻译则是用非语言系统的符号来翻译语言符号。Jakobson 从符号学角度来划分和定义翻译具有重要的意义，因为翻译并不是局限于语言之间的。符际翻译这一概念的提出将非语言系统的符号纳入翻译研究的范畴之中，打破了长期以来以语言为中心的翻译活动，拓展了翻译研究的疆域。

为了更细致地分析和区别同一模态间和不同模态间的意义转移，Kress（2010）提出了"转译"的概念，并将其划分为转导（transduction）和转换（transformation）：转导指意义从一种模态转移到另一种模态（例如，由诗歌到以诗歌为基础的绘画）；转换则表示同一模态下意义的转移（例如，一首中文诗的英文版）。针对多模态文本的翻译，Kaindl（2013）则将翻译分为模态内（intramodal）翻译和模态间（intermodal）翻译。近来他又指出模态、媒介和体裁是翻译理论研究的三大基石，可以克服翻译研究的语言中心地位，同时将翻译在媒介和体裁层面上分为媒介内（intramedial）翻译和媒介间（intermedial）翻译，体裁内（intrageneric）翻译和体裁间（intergeneric）翻译（Kaindal, 2020）。Kress 和 Kaindal 两人各自的翻译分类都是多模态研究和翻译研究结合的产物，模态的引入有助于该领域相关研究的定位和发展，但是新的术语以及过于细化的分类在实际应用中的争议与混淆却也无可避免。

对于"多模态翻译"这一概念，许勉君（2017: 41）认为至少有三层含义："首先是多模态话语的翻译，包括但不局限于影视/视听作品、漫画、连环画、题画诗、儿童读物、广告等的翻译；其次指翻译中不同模态之间的转换与综合运用，如将文字模态转换为图像模态，或将诗歌改编成带有音乐、图像、动漫效果的歌曲等；第三指将多模态理论灵活运用于翻译教学和实践中，如利用网络技术创建翻译资料库、搭建师生交流平台，运用多媒体技术展示多媒体文本，从而调动学生多个感官系统参与学习，以取得最佳学习效果。"王红芳和乔孟琪（2018: 100–102）则认为多模态翻译就是"多模态话语意义的翻译"。"多模态翻译的重点在于多模态话语翻译中多模态信息的转换，其本质上是不同模态的话语之间的转换与翻译。"

虽然学界目前未就多模态、多模态翻译等概念达成共识，但都普遍认识到需要将翻译研究与多模态研究联系起来。正如 Carreres & Noriega-Sánchez（2020: 198）所说，"鉴于翻译和多模态领域的研究尚处于起步阶段"，这些对于术语的讨论都是可以预料到的。在当今的大环境下，无论如何界定，翻译活动都包含了各种符号系统的转换，模态符号所呈现的意义都是翻译研究者和实践者不能忽视的信息。由此，多模态翻译的研究也就围绕着多种模态符号所共同创造并呈现的意义展开。

2. 视听翻译

视听翻译（Audiovisual Translation，简称 AVT）一直是多模态翻译研究的主要对象，它也是多模态与翻译结合最早的领域。视听翻译随着电影产业的发展而出现。从早期的"电影配音"（film dubbing）、"电影翻译"（film translation）到"媒体翻译"（media translation）、"屏幕翻译"（screen translation）、再到"多媒体翻译"（multi-media translation），然后到现在较为通用的"视听翻译"，视听翻译术语的演变相应地展现了这一研究领域的发展。

1）字幕翻译

笔者于2020年8月30日分别用"多模态""多模态翻译"和"多模态口译"对CNKI中的文献进行了篇名检索，同时含"多模态"和"翻译/口译"的文献共263篇，其中期刊论文187篇，硕士学位论文33篇，博士学位论文1篇，会议论文11篇，图书2部，报刊文章1篇，学术辑刊论文4篇，特色期刊论文24篇。263篇文献中，讨论字幕翻译的有60篇。

从本次的检索数据来看，字幕翻译（subtitle translation）已然成为国内对多模态研究的一个热点话题，但通过整理和梳理这60篇文献，笔者发现其中大多数研究者都是以多模态话语分析理论为视角，采用Kress & van Leeuwen（2001）和张德禄（2009，2018）的理论框架来讨论影视作品字幕的翻译，主题和研究视角都较为单一。

通过对国外相关文献的检索，笔者发现除了传统的字幕翻译外，国外的学者们还关注到了多模态转录（multimodal transcription），听障者字幕（subtitles for the deaf and hard-of-hearing），弹幕（danmu），以及字幕翻译与粉丝翻译（fan translation）的社会问题。比如，Christopher Taylor（2003，2014，2016）借助Thibault的多模态转录模型来分析电影字幕，将影片分割成帧、镜头、相，以帮助译者分析；Joslia Neves（2019）通过回顾听障者字幕的实践和学术研究，提出了听障者字幕由协调范式向"丰厚（回应）字幕"（enriched/responsive subtitles）模式转变；Luis Pérez-González（2020）则将关注点放到了当下风靡中国的弹幕视频网站A站（AcFun弹幕视频网）和B站（哔哩哔哩弹幕视频网），讨论字幕在现代媒体领域中不断演变的角色、弹幕翻译的归属问题，以及弹幕对观众选择文本和与其他观众互动的影响；而Marie-Noëlle Guillot（2019）对字幕从业人员与粉丝字幕共同构成的字幕翻译模式的关注，也从不同的角度对字幕翻译进行了探索。

2）口述影像

现在对口述影像（audio description）的范畴归属依然存在着

一些争议。但是，早在 2004 年 Pilar Orero 就在自己编写的 *Topics in Audiovisual Translation* 的导言中讲到视听翻译包括任何媒体或形式中用于作品制作（或后续制作）的一切翻译或多符号转换，以及媒体无障碍传播的新领域，为聋哑人和听障者提供的字幕和为盲人和视障人士提供的口述影像，人们熟悉的字幕翻译、配音翻译、画外音翻译、歌剧戏剧的唱词字幕翻译也都涵盖在内。

口述影像和听障者字幕都是视听翻译的特殊形式，主要是为残障人士提供无障碍服务。虽然学界已经把口述影像划入翻译研究的范畴，但对口述影像翻译相关问题的研究还是一个新兴的领域。国外的一些学者开始从多模态的视角探讨口述影像的脚本翻译，将多模态语料库应用于分析像电影口述影像这样的多模态翻译产品当中（Remael & Vercautere，2010；Hurtado & Gallego，2013）。国内有关口述影像翻译的研究，截至 2020 年 8 月 30 日，笔者在 CNKI 上检索到的相关研究仅有 3 条，有从视听翻译研究的新发展角度对口述影像理论与实践研究的综述和评价（鄢秀、罗康特，2019），也有对语音合成在口述影像中的应用的实验与调查（肖维青、董琳娜，2020）。与国外相比，我们的研究还存在一定的差距。

3）视听翻译的其他领域

视听翻译强调"视听文本翻译过程中的多符号、多维信息的转换"，"当人们使用不同的符号资源或模态来制作、翻译视听文本时，视听文本就具有了'多模态'属性"（王红芳、乔孟琪，2018：102）。多模态与视听翻译研究的结合，使图像、声音、动作等模态与文本被置于同等重要的位置，拓宽了视听翻译的视野，从对文字文本的关注扩大到了视听作品中所包含的所有符号系统。

除了上述视听翻译研究相关领域外，多模态与游戏、绘画诗、舞蹈作品等翻译相结合的尝试也值得肯定。这些作品翻译过程中涉及的大量非语言模态，包括图像、音乐、手势、动作等都影响着信息的传递和理解。近期，一些外国研究者也开始在这些方面进行尝试。例如，Minako O'Hagan（2019）在自己的研究中对游戏本地化进行了讨论，回顾了游戏本地化的历史和发展、主要特征和要素等内容，同时也关注到了粉丝翻译和众包社区引发的社会以及伦理问题。金斯顿大学的副教授 Helen Julia Minors（2020）则对舞蹈作品的多模态翻译进行了研究，并通过案例分析说明舞蹈这种多模态艺术作品的意义传递是可以通过"感官、语言和文化"翻译来实现的。

3. 多模态翻译 / 口译教学

1996 年新伦敦小组（New London Group）开辟了将多模态设计应用于语言教学的先河，同时也激发了国内外教育领域的从业者和研究者对多模态研究的兴趣。[1] 信息技术在教育教学领域的广泛应用以及学校教育技术设施的现代化发展也为多模态教学创造了条件，推动了多模态翻译 / 口译教学的研究与实践。

在国内，有的学者结合翻译内容、翻译形式、译者任务、翻译工具的多样化，以及翻译人才培养和翻译市场的要求，从课程设置、教学内容、教学过程、教学评价等方面构建翻译教学模式，实现多模态教学（李丛立、张小波，2013）。有的学者引入新的理论视角，借助立体论构建了包含网络协同教学、虚拟仿真训练、远程训练、协作训练、多媒体个性化训练，集各种多维空间技术多模态于一体的立体式多模态口译教学模式（康志峰，2012）。有的学者针对教学现状，提出利用多媒体网络收集素材，创建口译预料资源库，拓展第二课堂，探讨网络技术在口译课多模态教学的运用（陈卫红，2014）。

4. 图画书的翻译

除开视听翻译和多模态翻译 / 口译教学两个热点领域，一些特殊文本的多模态翻译也开始吸引研究者的关注，其中就包括图画书的翻译。图画书和图画书翻译的研究者很早就意识到了图文的交互作用，结合多模态的研究也随即开展。

---

[1] 1994 年 9 月，Courtney Cazden, Bill Cope, Norman Fairclough, Gunther Kree 等 10 位学者相聚美国新罕布什尔州的新伦敦，共同商讨当前的教育现状。之后，1996 年，他们以"新伦敦小组"名义撰写的文章在《哈佛教育评论》上发表，首次提出了"多元读写"（multiliteracies）的概念，强调了"多模态设计"在对学生的多元读写能力培养中的重要性（参见 New London Group, 1996）。

学者们首先关注的就是图画书的图像、文字和声音模态以及三者之间的关系。Nikolajeva & Scott（2000）将图文交互作用分成五类来解读构建图画的故事。Oittinen 则在图文的基础上，强调了视觉、声音和节奏间的互动，指出图画书中不仅文字与图画关系紧密，而且声音和节奏也帮助造就了图画书的感情环境（Oittinen，2000; Oittinen, Ketola & Garavini, 2018）。国内研究者对图、文、音三者关系的探讨更多围绕文字、语篇、文体等方面进行。周俐（2014）运用系统功能多模态语篇研究和社会符号学的分析方法对图画书的图、文、音三个模态的功能及相互关系进行分析。徐德荣和何芳芳（2015）研究了图画书文字的突出语相，通过分析其所蕴含的符码实现等效翻译。徐德荣和江建利（2017）进一步强调图画书的风格就是图画、文字以及图文关系三要素构成的有机整体，译者应通过"品文""研图""识关系"和"辨风格"来把握图画书翻译中的图文关系，进行风格再造。

其次是对图画书译者和读者的研究。图画书翻译的研究者对置身于图像、文字和声音之中的译者和读者也展开了研究和探讨。Emer O'Sullivan（2003）探讨了译者在译本中的创造力和显性作用，认为翻译交际模式结合了叙述学理论和翻译研究，有助于促进译者的"变化"同时提高其交际水平。Oittinen et al.（2018）从译者的阅读过程以及对图画书中文字与图像叙述的理解来讨论和审视了译者的工作。

还有研究者关注了图画书的翻译过程、策略和方法。Lathey（2010）通过大量的个案研究，考察了翻译家的翻译方法和策略，发现翻译家们都强调了翻译中对于"音"的考虑，以及对译文的可表演和演绎元素的重现。Oittinen et al.（2018）通过分析图画书的人物塑造与专有名词的翻译探讨了图画书翻译的特征，还通过分析职业译者和学生译者的翻译日志，聚焦了其在图画书翻译中遇到的问题和解决的策略。

5. 多模态口译语料库

多模态口译语料库是一个全新的领域，"国内外目前还没有具有一定影响的多模态口译语料库"（刘剑、胡开宝，2015: 79）。多模态语料库是"包含经过转写、处理与标注的语言文本及与文本紧密关联的音视频数据库"（Heiss & Soffritti, 2008: 51）。"传统的口译语料库多为基

第3章 外语界面研究：前沿与热点

于口译语料转写而成的单模态文本语料库，而多模态语料库可以通过多媒体技术承载口译活动现场的多模态（听觉和视觉）内容。"（齐涛云、杨承淑，2020：3）

在多模态口译语料库的建设方面，"上海交大的多模态口译语料库建设填补了国内空白"（许勉君，2017：43）。在《多模态口译语料库的建设与应用研究》一文中，刘剑和胡开宝（2015）也就团队在规划和建设多模态口译语料库的经验和相关的建库技术进行了经验分享，展望了多模态口译语料库的应用前景。前不久，齐涛云和杨承淑（2020）又介绍了所在团队正在建置的多模态同传语料库——"职业译员英汉双向同传语料库"（简称ECTSIC-P），并对多模态同传语料库的建置意义和开发过程进行了详细的论述。

同时，基于多模态语料库的翻译也成为目前研究的一个趋势。Soffritti（2019）在自己的文章中分享了将多模态语料库用于视听翻译研究的方法，分析了由视听文本及其翻译所构成的多模态资源结构，讨论了涉及多模态语料库设计、编纂、加工与维护的一些问题。

6. 翻译学多模态研究的未来展望

综合上述几个近年来国内外翻译学多模态研究的热点和前沿问题，我们不难发现，翻译学与多模态的跨学科合作拓宽了翻译学的研究领域。从研究理论、研究对象到应用实践，研究者们跳出了单一语言模态的束缚，将视角放置于一个更多元化的意义世界中，探讨信息的传递。但同时，通过对比我们也看到了国内研究与国外的差距，这对我们未来的研究具有重要启示。了解国外学者所活跃的领域，定位我们所处的位置，有助于我们探寻新的研究方向和重要的研究主题。基于文献梳理的情况，笔者认为未来国内的多模态翻译研究可以从下面几个方面做出努力：

第一，加强多模态翻译理论的构建。目前国内外对多模态研究的相关术语并没有达成一致，国内研究更多是在借鉴国外的理论框架中进行的。

第二，拓展多模态翻译实证研究的领域。一些热点领域和前沿研究，并未引起中国学者足够的重视，如口述影像、听障者字幕、网站翻译、游戏翻译等实用性较强的领域,都是值得尝试的方向。

第三,加快多模态口译语料库建设和应用。目前,我国语料库的研究相对滞后,对现有数据库的应用研究较少。

第四,加大多模态翻译相关从业人员的培训。一些多模态翻译领域的研究,需要从业人员具有较高的专业背景知识、敏锐的观察能力,以及对现代化研究技术的掌握。

第五,推进国内外多模态翻译研究的交流和互动。在积极学习和引进国外的先进理念和实践经验的同时,也要努力地把国内研究和应用推广出去。

3.1.4 外语教学多模态研究

多模态话语是指人类运用视觉、听觉、触觉等多种感官,通过语言、图像、声音、动作等多种手段及符号资源进行交际的现象。自20世纪70年以来,多模态现象已经引起越来越多语言学家的关注,研究领域涉及教育教学、话语分析等。在信息化时代,随着互联网技术、大数据以及人工智能的不断发展,多模态话语在日常学习及生活中无所不在,无时不有。多模态符合新时代人们通过电视、广告、新媒体、影视等媒介获取信息、认识世界的需要,也因此吸引了大批二语习得、外语教学和计算机辅助语言教学等领域学者的注意力,使他们尝试将多模态应用到二语/外语教学与学习之中。本节主要探讨多模态输入对二语/外语学习的影响。

1. 多模态输入的理论基础

多模态作为信息呈现、组织和存储的一种方式,能够调动人的多种感觉器官对信息进行加工处理、整合重组。Mayer & Anderson(1991)的研究生动地展示了多模态输入相比于单模态输入在促进深度加工、增进理解方面的优越性。在研究中,他们设计了三种任务条件来测试学习者对自行车轮胎打气筒工作原理的理解。第一种条件要求被试聆听有关自行车轮胎打气筒工作原理的文字描述。例如,被试将听到类似如下文字:"将手柄向上拉时,活塞向上移动,进气门打开,排气门关闭,空气进入气筒下部;当按下手柄时,活塞向下移动,进气阀关闭,排气阀打开,空气通过软管排出。"(Mayer & Anderson,1991:485)第二种任务条件是要求被试观看展示自行车轮胎打气筒如何工作的动画,该动画描绘了向上拉手柄而后向下推手柄时泵的运动过程。第三种任务条件是要求被试不仅听气筒工作原理的文字描述,而且同步观看动画。每种任务结束后,要求被试完成以下两项任务:任务一是记忆力保持测试,要求被试用文字描述自行车轮胎打气筒的工作原理;任务二是问题解决测试,要求被试回答类似"假设您向下推动并拉起手柄几次,却没有空气出来。为什么?"这样的问题。

研究发现,在前两种单模态任务条件下,即单纯聆听文字描述或观看动画,被试任务完成情况并不太好。但在既聆听文字描述又观看动画的多模态任务条件下,被试任务完成情况明显优于前两种单模态条件,尤其是在问题解决测试中表现得更好。

为何多模态优于单模态?前期研究先后提出了双重代码理论(Paivio,1986)、认知负荷理论(Paas & Sweller,2014)、多媒体认知学习理论(Mayer,2014a,2014b)以及 Schnotz(2014)的文本和图片整合理解模型等。限于篇幅,这里不再一一详述,而仅从定量和定性角度阐释其异同。Mayer(2014a,2014b)指出,对于多模态优于单模态的理论解释,可粗略地分为定量和定性两种观点。定量观认为,与在一个媒质上呈现内容相比,两个媒质可以展示更多内容,就如同双行道要比单行道能通过更多车辆一样。以自行车轮胎打气筒工作原理为例,文字与动画同时呈现就如同给被试提供了两次接触学习内容的机会,即与单模态相比,双模态让学习者增加了一次接触打气筒工作原理的机会。但 Mayer(2014a,2014b)指出,这种解释也存在一定的问题,因为该实验是将文字与动画两种模态视为两种等效的内容呈现方法。

与定量观不同,定性观认为听觉言语和视觉图片是两种本质上就不相同的呈现方式,但二者具有相互性。当我们将听觉表征和视觉表征在大脑中进行整合时,就会获得更加深刻的理解。可以看出,定性观否认不同媒质等效的观点,而是认为不同媒质各有所长。例如,言语对于呈现抽象内容更有用,而图像对于呈现直观且自然的内容更加有效。简而言之，图像和言语之间不能画等号，只有当学习者能够在视觉图像和听觉言语之间建立有意义的联系时，理解才会发生，即当我们够将听到的"进气阀打开"与看到的"进气阀在泵缸运动的画面"联系起来时，才能更好地理解自行车轮胎打气筒的工作原理。因此，将不同媒质中的信息在大脑中进行整合，进而建立联系才是获取最佳理解的有效机制。

在外语教学中，利用人类可以有效整合不同媒质信息的能力，可以帮助语言学习者进行有效的词汇记忆、听力理解甚至是语法学习。下面我们将结合实证研究来进一步分析多模态输入在外语教学中的应用。

2. 多模态输入在外语教学中的应用

多模态输入包括插图版有声读物、视听材料、带文字说明的视听材料（captioned audio-visual input）、带字幕的视听材料（subtitled audio-visual input）及有文字注释的视听输入（glossed audio-visual input）等。这些信息概括起来可分为两大类：一类是影像+声音+字幕/文字解说；另外一类是图片+声音+文本。近10年来，已经有越来越多的研究开始关注二语习得各个方面的多模态输入规则及其意义。二语习得国际知名期刊《第二语言习得研究》(*Studies in Second Language Acquisition*)出版专刊探讨多模态输入对二语学习的影响，代表着该领域的最新研究成果。下面我们将结合专刊论文，分析多模态输入对二语学习者语音、词汇、程式语言及语法学习的影响。

Wisniewska & Mora（2020）调查了视频输入对学习者二语语音发展的影响。90名母语为西班牙语/加泰罗尼亚语的英语学习者参加了此项研究，他们被随机分配到4种学习环境中进行了为期8周的实验。4种学习环境分别为"字幕+关注语音""字幕+关注意义""无字幕+关注语音"和"无字幕+关注意义"。实验前后分别对被试的语音加工技能（语音分段、词汇提取速度和句子加工）、语音感知准确度以及发音准确度进行了测量。研究结果显示，长期观看二语视频（无论有无字幕）有助于二语学习者语音加工技能的提升，但对语言感知准确度没有显著影响。就发音准确度而言，在有字幕的观看模式下，只有当其注意力被引导到情节上时，发音准确度才会有所提高。相反，如果要求被试在观看带字幕视频的同时关注语音形式，其发音准确度并无显著提升。

第 3 章　外语界面研究：前沿与热点

而在无字幕模式下，学习者如果将其注意力集中在发音上，那么其二语发音准确度也会有所提升。

该项研究有两点值得注意。首先，尽管视频输入有助于学习者二语语音发展，但并非对所有的语音技能都有促进作用。另外，该研究显示，在"字幕 + 关注语音"的条件下，学习者发音并无显著提升。这一研究结果说明，在多模态输入条件下，如果学习者任务过重，反而会增加其认知负荷。因为在此种情况下，学习者既要阅读字幕提取意义，又要按任务要求关注视频语音，导致其注意力在意义与形式之间产生竞争，超出学习者的信息加工能力，故而达不到预期的学习效果。

在词汇附带习得研究中，大量研究调查了阅读与词汇习得之间的关系，发现广泛阅读是增长词汇量的有效方式。近年来，研究者也开始关注听力、视频对学习者词汇习得的影响。Brown et al.（2008）的研究发现，无论是书面输入还是书面与听觉输入相结合的模式，都要比单纯的听觉输入更能有效地促进学习者词汇知识的增长。Vidal（2011）的研究结果表明，两种输入模式都能有效促进词汇学习，但阅读模式效果明显优于听力模式。Rodgers & Webb（2019）的研究指出，电视节目提供了高频和低频词汇的重复接触，因此通过定期观看可以促进学习者二语的词汇的增长。二语电视娱乐节目可能与泛读文本具有类似的功能，都有助于学习者二语词汇的发展。Feng & Webb（2020）研究了文本阅读、听力以及视频二语输入对随机词汇学习的影响。被试是 76 名中国某大学英语翻译专业的学生，他们被随机分配到 4 个组：阅读组、听力组、观看电视组和控制组。研究采用一段近 1 小时的纪录片作为研究材料，从中选取 43 个单词作为目标词。目标词词频从 3 次到 33 次不等。研究结果显示，阅读、听力和视频 3 种输入均可实现有效的单词学习，且学习者通过 3 种模式习得的目标词汇均可在记忆中保持一周。但与前期研究有所不同的是，3 种输入模式效果相似，听力没有明显低于阅读或视频，视频输入也没有体现出明显优势。该研究的另外一个发现是，频率与词汇学习之间没有显著的相关性，但学习者已有词汇知识与其词汇学习有显著相关。

Feng & Webb（2020）的研究显示，视频输入可以作为一种有效的模式引入外语教学，辅助学生学习词汇。但必须指出的是，他们的研究也发现了与多模态理论预测不一致的地方。在 3 种输入模式中，阅读和听力输入属于单模态，视频输入属于多模态。依据学习者能够有效整合不同模态输入信息这一基本假定，视频输入应该更具优势。另外，研究也发现频率并未对词汇习得产生显著影响，这同样与前期研究发现有所不同。鉴于此，后续研究应该对不同模态输入和频率对词汇习得的影响展开更加深入的研究。

Puimège & Peters（2020）调查了观看二语电视节目对学习者学习程式语（formulaic sequences）的影响。程式语指说话人以整体形式辨识、存储和提取，而且具有较完整的结构与意义功能或参与语篇构建、使用频率较高的多词单位。程式语对于学习者言语交际的流利性与地道性有重要影响，但同时也是习得中的一个难点。前期大量研究显示，观看电视节目会促进单个词汇的学习，但关于是否影响程式语学习却尚无定论。本研究以 42 位母语为荷兰语的中高级英语学习者为被试，调查观看一小时纪录片是否能够促进被试程式语习得。结果显示，观看二语电视节目对程式语学习有很大的促进作用，在观看结束后，被试学习到的目标程式语至少可以在其记忆中保留 5 天。与此同时，研究还发现，语料库频率、搭配节点关系和学习者的词汇水平（已有的词汇知识）也是影响程式语习得的重要因素。例如，纪录片中程式语出现频次越高，学习效果越好。从搭配节点关系来看，学习效果最好的组合是名词—名词和形容词—名词，最难的是动词—介词。从词汇水平来看，词汇量较大的学习者往往会从二语视听输入中获得更多的词汇。此外，程式语语义透明度越高，学习效果会越好。在二语学习中，纯粹的习语和隐喻类习语的学习最为困难。Puimège & Peters（2020）研究的贡献在于将单词学习研究拓展到多词学习研究，发现多模态输入同样适用于程式语学习。

Lee & Révész（2020）调查了多模态输入对语法学习的影响。研究设计了 3 种语言输入环境："视频＋无字幕""视频＋字幕增强""视频＋字幕未增强"。所谓字幕增强，是指对字幕中包含目标语法项目的句子使用一种不同的颜色进行排版增强，起到一种吸引学习者注意力的作用。目标语法项目为新闻报道中所使用的现在完成时和一般过去时。72 名母语为韩语的英语学习者参加了此项研究，他们被随机分配到上述 3 种多模态语言输入环境中。为了更准确地观测学习者注意力的分配情况,研究采用眼动仪对眼球活动进行追踪。结果显示,无论有无文本增强,字幕的使用都有助于语法知识的获得。与字幕未增强组相比,字幕增强组的被试更加关注现在完成时并获得了更多的目标语法知识。字幕增强与字幕未增强条件下,注意力与二语语法学习效果呈正相关。

与单纯的文本输入相比,多模态输入集文字、图像、声音于一体,有生动、直观和具体可感知的特征。学习者在输入加工时,可以同时动用视觉、听觉、触觉等多种感觉器官,对来自不同媒质的信息进行加工、整合与存储,有利于更加深入的理解且有助于记忆保持。多模态元素丰富,契合新时代学习者获取信息的方式,如果能在教学设计中得以恰当运用,则能够兼顾不同偏好学习者的学习需求,进而提升外语教学的质量。

3.2 大数据时代的外语界面研究

大数据(big data)因其海量的数据规模、快速的数据散播及其多元的数据样本迅速在各学科领域引发新的研究热潮,为后真相时代的新闻语篇叙事分析、数字人文视阈下的外国文学研究、数字化时代的翻译学研究以及新型外语教育教学体系建构中新范式和新方法的出现提供了可能性。

3.2.1 大数据时代的语言学界面研究

自 2016 年入选《牛津词典》年度词汇以来,"后真相"(post-truth)这一概念逐渐成为研究关注的热点。"后真相"被定义为"诉诸情感与个人信仰比陈述客观事实更能影响民意的情况"[1]。在后真相时代,雄辩胜于事实,人们将情感和感觉置于首位,证据、事实和真相反而置于次要的位置。新闻不再以追求唯一确切的真相为目标,而是转变为一种被

---

1 牛津词典解释原文为 "relating to or denoting circumstances in which objective facts are less influential in shaping political debate or public opinion than appeals to emotion and personal belief"。来自牛津英语词典网站。

消费的大众文化。没有情节，没有悬疑，没有趣味和没有温度的新闻就没有被关注和消费的价值（胡翼青，2017）。

1. 后真相时代新闻的叙事特征

后真相时代新闻语篇的首要特征是"真实性"的后置。新媒体的广泛应用拓宽了表达渠道，降低了信息传播的成本，使每个人都能成为新闻的创作者。由于准入门槛的降低及传统"把关人"角色的缺失，海量信息涌向新媒体平台，虚假新闻屡见不鲜，反转新闻甚至已经成为常态。2018年某微信公众号发布一篇题为《花季之殇，成长之痛》的文章，称长沙一12岁女孩在公交车上遭尾随性侵后导致怀孕。该文章被多家媒体、网站转载，引发社会关注。随后，长沙警方就此展开调查。经查，该文中所称"长沙12岁女孩公交车上遭尾随性侵"系虚假事实。还有媒体打着"非虚构写作"的大旗，堂而皇之地造假。在《一个出身寒门的状元之死》一文被网友发现是虚假新闻后，其所属微信公众号"才华有限青年"竟发布声明，称"本文章系非虚构写作，但故事背景、核心事件是绝对真实的"。此行为被网友称为"侮辱智商"，后因社会影响较坏，该媒体被《人民日报》点名批评并彻底封号。然而，即使是真实的信息，也容易在碎片化传播中失真。新媒体时代由于技术的发展、对时效性的追求和读者阅读习惯的改变，媒体更多采用动态写作、随时更新的报道方式。但由于单条信息量小，碎片化报道必须有所侧重，必须强调某些方面，忽略另一些方面。信息的零散使读者无法对新闻事件有完整而连贯的了解，导致部分读者以偏概全、断章取义，使新闻真实性大打折扣。

与新闻失真相伴的是新闻对感官刺激的追求。媒体为博人眼球，吸引流量，使用感性的文字或有强烈视觉冲击力的图片、影像对事实进行渲染，强化某些"感人"的细节，突出"个人化""临场感""冲突感"。纪楠（2018）指出，在2017十大虚假新闻之一《十堰一农妇遭五步蛇空袭怒撕毒蛇为儿加菜》一文中，作者使用"激烈较量""流血不止""紧紧抓住"等现场感强烈的词语，刺激读者感官，将各种细节描写得扣人心弦，令读者对农妇的母爱和勇气产生敬佩和感动之情。然而，事实真相并不像新闻中所描述得那样具有戏剧性，所谓的"为儿加菜"更是无稽之谈。又如曹芮和董雪（2018）指出，《北京青年报》曾发布《中国女留学生日本遇害，江歌室友刘鑫透露遇害细节》一文，但刘鑫没有向记者透露过案件的细节，文章中的细节从何而来？另外，与"江歌案"相关的文章中，点赞前十名的基本都呈现出强烈的感情倾向，将刘鑫作为消费品，煽动公众情绪，吸引公众注意力，以达到其商业目的。

以往传统媒体为了迎合不同读者的需求，在素材的选择和呈现上均体现多样化原则，读者有较大可能性接触与自己认知、兴趣和品位不同的报道与材料。但在新媒体时代，算法过滤器根据个人大数据自动推送文章，很好地迎合了读者的需求。且随着社交媒体平台的发展，人们更多通过朋友圈、微信群等社交群分享观点、沟通信息。而社交群体内的人们拥有相似的价值观与兴趣爱好，使得人们每天得到的信息大多经过了"立场过滤"。人们逐渐将自己封闭在所属的社交圈层之中，对符合自己立场的观点照单全收，对不符合自己立场的观点充耳不闻，甚至即便知道是虚假新闻，即便知道其存在夸张和煽情叙事，也毫不在意，选择继续接受。正如网友所说，虽然故事是假的，但是感动是真的。最终，这形成一个恶性循环，未来再无真相可言，因为一切都是真相，一切都可以是真相。后真相时代对真相的解构，直接冲击和挑战了新闻的核心，导致了媒体的真相危机，给社会带来不良的影响。如何应对这个危机，是当下媒体研究讨论的热点。

2. 后真相时代新闻叙事的新思路

事实上，后真相的危机也并非没有解药。雄辩和事实本质上并无冲突。一切的雄辩最终要落实到某种事实，而事实也需要雄辩的技巧来吸引读者，说服读者，发挥其公共价值。新闻的真实性和出于情感的写作方式可以达到某种程度的统一。呼吁解释性报道的回归，为读者提供更多高质量的阅读材料，加强与读者的交流与互动，或许是解决后真相危机的一味良药。2016年普利策解释性报道奖获奖作品《一桩难以置信的强奸案》(An Unbelievable Story of Rape)[1]为如何平衡诉诸情感的叙事方式与新闻真实性、客观性及其对公共价值、理性思考的追求提供了新思路。

解释性报道是深度报道的一种。杰克·海敦（1980: 211）指出，"解释性报道是一种加有背景，揭示新闻更深一层意义的报道……要告诉读者某则新闻的意义及其前因后果，是对复杂的事件进行整理和解释"。美国报纸编辑协会于1933年正式确认了这一文体形式。很多人将解释性报道和特稿混为一谈。事实上，普利策奖在1985年便将解释性报道从特稿中独立出来，设立单独的解释性报道奖。特稿强调的是新闻创作的文学性。普利策新闻奖认为，一篇杰出的特稿首先要关注的是高度的文学性和创造性。而解释性报道侧重对背景材料的挖掘和对新闻事件的解释，在报道的客观性、全面性上更为突出。

《一桩难以置信的强奸案》由美国非营利新闻组织The Marshall Project及非营利性网络媒体ProPublica合作撰写。这篇长达一万多字的报道穿插讲述了两则发生在美国不同州的性侵案。一则是警察将受害者作为虚假报案的骗子告上了法庭，受害者最终被迫承认自己编造了一切；另一则是两名女警从不同地区的案件中找出联系，最终逮捕了罪犯。罪犯承认自己在不同州犯下的罪行，受害者之一是那位被当成骗子的女孩。普利策奖委员会认为报道"检视并揭露了执法系统对性侵案件调查的失败以及对受害者创伤治疗的无能"。读者普遍反映该报道"充满了悬疑色彩""故事的叙事结构非常有趣""设计和布局非常出色"。[2] 该报道语言较为简洁、平实[3]，没有对受害人外貌、穿着等无关信息的描绘和渲染，没有夸张、煽情的语言，也没有过多评价性词汇的使用。作者运用了独特的叙事手法，在展现故事来龙去脉的同时，揭示了美国执法系统的弊端，也让读者深切地感受到受害者的心理创伤，赋予平实的语言以强大的力量，增强了报道的可读性，发挥了新闻报道的公共价值。下

---

1 原文参见ProPublica网站。

2 线上交流会所有评论参见Digg网站。

3 该报道共11 969字，平均每个句子12.71个单词，每个单词1.53个音节，Flesch易读值64.21，易读程度为标准；Flesch-Kincaid年级水平为7，意味着7年级学生可以看懂。数据来自Count Wordsworth网站。

面笔者将从 Genette（1980）的叙事三分法出发，阐释该报道的叙事特征及效果，并希望通过透彻的案例分析启发"后真相时代"的新闻创作，推动和丰富中国新闻语篇的叙事研究。

3.《一桩难以置信的强奸案》的叙事分析

Genette（1980）认为叙事包含三重含义：第一层含义是对一个或一系列事件的陈述，即口头或者书面的话语，被称为"叙事"；第二层含义是真实或者虚构的，作为话语对象的接连发生的事件，以及事件之间连贯、反衬、重复等不同关系，被称为"故事"；第三层含义是某人讲述某事的陈述行为，被称为"叙述"，叙述行为可以指作者创作作品的过程，也可以指作品内部不同叙述者的叙述行为。

1) 新闻故事

就新闻而言，故事是一切新闻作品的核心，新闻围绕着新闻事件发生。新闻最大的特征在于故事的"真实性"或"非虚构性"。该报道中存在两则独立的事件：一则是受害少女被控告谎报案件；另一则是警察调查案件，并最后逮捕犯人。两则事件的基本要素汇总如表 3-2 所示。

表 3-2 报道中两则事件的基本要素

	受害少女被控谎报案件（事件一）	警察调查案件（事件二）
时间	2008 年 8 月— 2009 年 3 月	2011 年 1 月— 2011 年 2 月
地点	华盛顿州林伍德市（Lynnwood, Washington）	科罗拉多州戈尔登市（Golden, Colorado）、科罗拉多州威斯敏斯特市（Westminster, Colorado）
人物	受害少女 Marie、Marie 的养母 Shannon McQuery 和 Peggy Cunningham、阶梯项目（Ladder Project）的专案经理 Wayne Nash、林伍德市警察 Jeffrey Mason 和 Jerry Rittgarn、罪犯	戈尔登市警察 Stacy Galbraith、受害者们、Galbraith 的丈夫 David、威斯敏斯特市警察 Edna Hendershot、奥罗拉市警察 Scott Burgess、罪犯 Marc Patrick O'Leary
事件	Marie 被侵犯。报警后，她的养母们和警察均认为她有说谎嫌疑，Marie 最后被迫承认自己虚假报案，警察因此将 Marie 告上法庭。	戈尔登、威斯敏斯特、奥罗拉的警察通过合作破获了一起连环性侵案。罪犯 O'Leary 被抓获，警察在其硬盘中发现受害者的照片，其中包括 Marie。

(续表)

	受害少女被控谎报案件（事件一）	警察调查案件（事件二）
原因	Marie 被怀疑说谎的几个理由：(1) 被侵犯后，Marie 并没有任何歇斯底里（hysterical）的迹象，也没有感到生气（upset），没有任何明显的情感（no emotion），甚至还想买和出事时使用的一模一样的床单；(2) Marie 讲的故事充满戏剧性，像电视剧的情节；(3) Marie 是一个喜欢寻求关注的人；(4) Marie 不满意现在所住的公寓，可能希望通过编造故事获得新的公寓；(5) Marie 前后的证词不一致。	戈尔登市的案件和威斯敏斯特及奥罗拉市发生的案件类似。三个案件中受害者对犯人的描述相似，犯人的犯罪行径类似，都使用了粉色索尼相机。最后警察通过受害者住所旁边的一辆可疑皮卡找到了突破口。

这两则事件在时间、地点、事件、原因和大部分人物上均没有一致或相似之处。看似不相关，但两者都有一个共同的人物，即罪犯。这个共同人物使这两则故事联系在一起，形成这篇报道。如将事件仔细梳理，可以还原故事的基本逻辑或序列，如图3-9所示。序列，是比事件更高一级的叙事单位，多个新闻事件按照一定逻辑有序排列，形成序列。

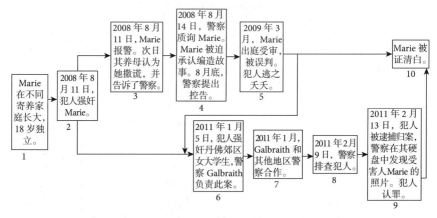

图3-9 事件序列图

由上可见，两则事件分别组成两个基本序列，两个基本序列又形成了复合序列。两个序列有前后之分，受害少女被控告谎报案件在前，发生在 2008 年；警察抓捕犯人在后，发生在 2011 年。前者以少女被误判，犯人逃之夭夭为结尾；而后者则以前者的结尾，即犯人逃跑、继续犯事为开头，以警察抓到犯人为结尾。两者最后又都回到了受害者 Marie 身上，达到了共同的结局，即 Marie 的清白。这两则故事看起来独立，实则关系密切、前后相扣，前者间接导致了后者，后者又证明了前者的错误，二者殊途同归。

2）新闻话语

由上述分析可得两个相对独立的新闻事件。作者在报道中打乱了两个事件的自然顺序，将两个事件分为了 10 个部分，并进行重新整合。图 3-10 中的每一个方块都代表 10 个部分中的一个。若将 10 个部分按其真实发生的顺序编号为 1~10，事件一发生在事件二之前，为 1-2-3-4-5，事件二为 6-7-8-9，10 为二者共同的结局，最终整合为 1-2-3-4-5-6-7-8-9-10。在报道中，叙事的顺序变为 5-6-1-7-3-8-4-9-2-10。若将叙事顺序进一步整理，可以得到图 3-10。

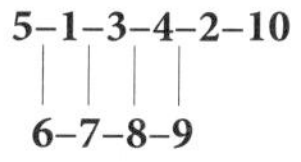

5-1-3-4-2-10
｜｜｜｜
6-7-8-9

图 3-10　报道中事件的叙事顺序

其中，5-1-3-4-2 为事件一的叙事顺序，6-7-8-9 为事件二的叙事顺序。作者将两个事件进行了交替叙事，事件二穿插在事件一的叙事中，同时事件一叙事顺序也发生了畸变。这样的切割组合方式被称之为叙事蒙太奇手法，也是本篇报道最突出的叙事特征之一。

蒙太奇是电影创作的主要表现手法和叙事方式，指有意识地对镜头进行剪辑与拼接。该报道主要采用了平行蒙太奇的方法，即以不同时空发生的两条或两条以上的情节线索的并列表现和分头叙述而将其统一在一个完整的结构之中。平行蒙太奇的特色在于它毫不重视事件的原始时间。它将许多时间相距可能是十分遥远的事件并列在一起，目的在于从两者的对比中体现出某种涵义。因此，马塞尔·马尔丹（1980）称，平行蒙太奇是最细腻、最有力的一种蒙太奇样式。两则事件中警察对待案件的态度存在着强烈的对比。事件一中的警察不负责任，不仅没有仔细调查案件，还利用受害者无知及脆弱的心理，剥夺受害者保持沉默、聘请律师的权利，对其进行精神折磨，在长时间审问的过程中，设圈套引诱受害者书面承认自己谎报案件。在受害者想要撤回报告时（报告对警察有利），以"收回其公寓""测谎失败可能坐牢"等话语威胁受害者，最终导致受害少女不仅没能获得保护和赔偿，反倒被当成谎报案件的犯人，再次受到伤害，生活受到了极大影响。而事件二中的警察是负责任的典范。Galbraith 警官的原则是"听并验证"（listen and verify）。她选择倾听受害者的声音，然后仔细核查。她注意到罪犯可能不是第一次作案，并在得知威斯敏斯特及奥罗拉也有类似的案件时，马上和两地的警察开展合作。经过仅一个月的时间，就把犯人逮捕归案。事件二中的警察们工作能力强、效率高、有责任心，与事件一的警察产生了巨大的反差。作者用平行蒙太奇的方式揭露了事件一中警察的偏见与不作为，同时也赞扬了事件二中警察们的高度责任感。

平行蒙太奇还可以制造悬念。平行蒙太奇通过阻断情节来打破观众的期待，造成情节的曲折跌宕，让观众猜不到情节，从而对情节发展和人物命运产生急切的期待心理。报道的第一个情节是受害少女出庭受审，被控谎报案件。她的生活因此受到了很大的影响，失去了朋友和亲人的信任，需要接受心理治疗，并缴纳罚款。读者在看到第一个情节的时候，会被勾起强烈的好奇：为什么明明是受害者，怎么会成了犯人？但作者没有马上给出答案，而是转而叙述第二个事件。第二个事件又是另一个案件，读者还没满足因第一个事件引起的好奇心，马上又被第二个事件吊起胃口。这时，读者好奇心加倍，但又摸不着头脑，只能一步一步地跟着报道，期待报道有一个具体的交待。在这个过程中，读者一直处于一种疑惑的心理状态，但始终得不到解答，一直到最后，才明白事实的真相。作者通过平行蒙太奇巧妙地设置了悬念，吸引并成功地保持了读者的注意力。这也是为什么很多读者在阅读该报道时有一种读侦探小说的感觉。

此外，该报道还使用了大量的转述引语。Leech & Short（1981）将转述引语分为 5 类：直接引语、间接引语、自由直接引语、自由间接引语、叙述性转述。经统计，报道中不同类型转述引语的分布情况如表 3-3 所示。

表 3-3 报道中不同类型转述引语的分布情况

	直接引语	间接引语	自由直接引语	自由间接引语	叙述性转述	总计
数量	88	70	20	51	24	253
字数	1 352	1 058	295	667	221	3 593
占全文字数（11 969 字）比例	11.3%	8.8%	2.5%	5.6%	1.8%	30.0%

由上表可见，报道中转述引语共占据了全文篇幅近三分之一，其中又以直接引语为主要转述形式。辛斌（2006）指出在新闻报道中直接引语只占少数，报道者通常倾向于把信息来源的言语转化为间接引语。而该报道的作者更多使用了直接引语，直接引语数量较间接引语多 18 个。通过直接引语的使用，作者报告了原话的内容，准确地保留原话的风格，使得说话者的主体地位得到了较大程度的保留，增强了文章的真实性和客观性。在 88 个直接引语中，26 个来自受害少女，20 个来自开展合作的警察，11 个来自少女的养母 Peggy，9 个来自少女的养母 Shannon，6 个来自罪犯，2 个来自其他受害者，剩下的零散地来自林伍德的两个警察及其他相关人士和作者引用的调查报告。通过对受害少女及开展合作警察话语的大量引用及引号的强调作用，作者成功地将读者的注意力引到受害者儿时曲折的经历，被林伍德警察压迫后害怕、绝望的心情及科罗拉多警察为破解案件的全身心投入和负责，突出了报道的主题以及目的。通过对少女养母怀疑其说谎话语的直接转述，推动故事的发展。直接引号的使用还可增强报道的画面感、节奏感和对话性，使报道更加生动。直接引语的使用是所有引语中最耗费时间和精力的，要求作者一字不漏地记录说话的内容，因此需要作者进行大量的转写工作，但其优势也是显而易见的。由此可见作者为撰写报道付出了巨大的心血。

辛斌（2006）还指出，自由直接引语和自由间接引语在新闻报道中几乎不出现。但在该报道中，作者却较多使用了这两种转述方式。自由直接引语和自由间接引语一般多使用在文学作品中。在使用自由直接引语时，有两种方式，一是没有引导句，二是没有引号。在 Marie 讲述自己儿时经历时，出现了多处没有引导句的自由直接引语，例如，

"I was on like seven different drugs. And Zoloft is an adult drug — I was on that at 8."

...

"I would spend hours at the beach watching the sunset go down and that was one of my favorite things. There was a particular photo that I really liked that she took. We went to the ocean, it was like 7 o'clock at night, I don't know what we were thinking, I got in there and I jumped out and swung my hair back."

...

"It was awesome."

这时作者暂时退出叙事,由少女直接向读者讲述,读者和人物之间的距离达到最小值。读者可以真切地感受到少女儿时的不幸、和朋友们在一起的快乐以及申请到项目公寓时的期待。没有引号的自由直接引语出现在少女接受警察质询时:

Pretty positive or actually positive? Rittgarn asked.

Maybe the rape happened and I blacked it out, Marie said.

What do you think should happen to someone who would lie about something like this? Rittgarn asked Marie.

"I should get counseling." Marie said.

作者连用了3个不用引号的自由直接引语,起了欲扬先抑的作用,用没有引号的自由直接引语突出、强调了后面那句有引号的部分,预示了受害少女最后的结果:被法院强制接受心理治疗。

在描述犯罪场景时,作者也使用了不加引号的自由直接引语:

Turn away, he told Marie — and she did. Roll over onto your stomach, he told her. She did — and then he straddled her, putting the knife near her face.

Put your hands behind your back, he told her. She did. He bound her wrists and he covered her eyes. He stuffed cloth into her mouth to muffle any sound.

第3章　外语界面研究：前沿与热点

That was an interesting conversation you were having, he said, letting her know that he had been there, listening, waiting.

You should know better than to leave the door unlocked, he told her.

Roll back over, he told her — and she did, and then he raped her, and while he raped her he ran his gloved hands over her.

引号的省略让自由直接引语在文中的明显程度远低于直接引语，有助于产生一种阴暗、低沉、恐惧的氛围。同时由于没有了引号的间隔，引语和后续动作自然连接，体现出少女在被劫持的情况下，只能听从强奸犯命令的无助。

对报道中其他受害者对犯罪场景的叙述，作者采用的是"一个间接引语 + 若干个自由间接引语 + 一个直接引语"的形式，例如，

The woman told Galbraith she was 26 years old, an engineering student on winter break from a nearby college. She had been alone in her apartment the previous evening. After cooking green mung beans for dinner, she curled up in bed for a marathon of "Desperate Housewives" and "The Big Bang Theory" until drifting off. At around 8 a.m., she was jolted awake by a man who had jumped on her back, pinning her to the bed. He wore a black mask that seemed more like a scarf fastened tight around his face. He gripped a silver and black gun. "Don't scream. Don't call or I'll shoot you," he told her.

...

A 59-year-old woman told her that she had been asleep in her home when a man jumped on her back. He wore a black mask. He tied her hands. He stole her pink Sony Cyber-shot camera and used it to take pictures of her. Afterward, he made her take a shower. He picked up a kitchen timer and set it to let her know when she could get out. "I guess you won't leave your windows open in the future," the man told the woman, who had recently been widowed.

这两个例子的转述方式高度重复。作者使用这样的方式突出强调了不同案件之间的相似性及罪犯犯罪行为的惯常性。自由间接引语省略了引导词，使得说话内容之间更加连贯，加快了说话的节奏，给读者一种一气呵成的感觉，突出了罪犯犯罪行为的老练。

另外，该报道采用了多重视角结合的叙事方式。首先，报道采用了第三人称全知视角。何纯（2006）曾经对新闻报道全知视角是否存在提出了质疑。他认为这个问题的提出，前提是因为新闻报道是新近发生甚至是预料会发生的事实，这个独有的性质决定了报道新闻时对信息无法全部掌握。就算是调查性报道，也无法像文学叙事那样直接深入人物的内心世界，告知受众人物当时的心理动机，也无法轻易加入对事件、人物的评论，以避免损害新闻的真实性和客观性。该报道提供了另一种思路。首先该报道发表于 2015 年 12 月，事件发生在 2008 年底和 2011 年初，前后间隔 7 年和 5 年，关于事件的信息已经非常完备，作者有条件做详尽的调查和访问。在《我们如何报道〈一桩难以置信的强奸案〉》[1] 一文中，作者详细列举了他们访谈的所有人物及查阅过的所有资料，包括相关部门的公共记录文件、警察局的调查报告、犯罪现场照片、监控录像案件回顾、犯人提审视屏、法庭证据、法医报告、新闻报道、专业文献等。大量调查使作者了解事情的前因后果及人物在事件中的行为、想法和感觉，能最大限度地接近全知视角。

报道主要采用了外视角叙事，保证了新闻的客观性，但也有内视角叙事的部分。除了上文中的转述引语，作者还通过思想报告（thought report）的方式，体现人物的心理活动。例如，

> As she headed home that night, Galbraith's mind raced. "Who is this guy?" she asked herself. "How am I going to find him?" …Most had been assaulted by a boyfriend, an old flame, or someone they had met at a club. Those investigations often boiled down to an issue of consent. Had the woman said "yes"? They were tough for cops and prosecutors. Juries were hesitant to throw someone in prison when it was one person's word against another's. Rapes by strangers

---

1　原文参见 ProPublica 网站。

were uncommon — about 13 percent of cases. But there was still the issue of the woman's story. Was she telling the truth? Or fabricating a ruse to cover a sexual encounter gone wrong?

作者采用了直接思想和自由直接思想报告结合的方式，展现了 Galbraith 警官在回家路上对案情的思考。一般新闻报道中很少出现思想报告，因为新闻报道以"真实性"为首要追求，使用思想报告，容易招致"作者如何知道报道中人物怎么想的"的质疑。除非作者有确切的证据（如录音或视频）证明报道中的人物确实如其撰写的那样想，才会使用思想报告。在《我们如何报道〈一桩难以置信的强奸案〉》一文中，作者特意指出"该报道中人物的语言和思想来自访谈或相关文件"。作者在与人物深入交流的前提下，在保证报道真实性的情况下，通过直接思想和自由直接思想报告，仔细再现了人物当时的思想，拉近读者与人物的距离，邀请读者参与对事件的思考与探索，增强了读者与人物的共鸣，提升了读者的阅读体验，也实现了新闻报道的公共价值。

此外，作者的叙事视角在几个人物之间自由地切换，包括受害少女、养母、警察及罪犯。这样的多元视角叙事，让报道更加平衡与客观。

3）叙述行为

胡翼青（2017）指出，对时效性的追求使得大众传播媒体用"对真相的叙述"代替了真相本身。当事件与事件的叙述之间时距很短时，人们根本无法区分真相本身和制造的真相。在新媒体时代，这个时距被缩短到了最小值。该报道从事件发生到发表间隔至少 5 年，这样的延迟性使作者能够有足够的时间核实信息、组织叙事，发挥真相"把关人"的作用，比新兴社交媒体碎片化新闻线索具有更高的可信度，比传统的新闻报道具有更高的公共价值。另一个值得关注的点是两家新闻机构的合作方式。普利策奖的颁奖词中写到"The Marshall Project 和 ProPublica 合作报道美国强奸案的原因和方式是 21 世纪新闻工作的典范"[1]。新闻机构之间存在着激烈的竞争，谁能够第一时间发出报道，谁就能在新闻战中占领先机。当得知另一家机构也在调查同一件事件后，新闻机构

---

1 原文参见普利策网站。

的反映往往是和对方比赛,谁抢先发表,谁获胜。然而 ProPublica 并没有选择这么做。T. Christian Miller 在调查科罗拉多跨辖区强奸案时从 Marie 的律师处得知 Ken Armstrong 也在调查 Marie 的案子。Miller 和 ProPublica 的主编出于对新闻质量的考量,一致认为合作会比竞争带来更好的结果。双方都发挥了自己最大的优势,最后产生了这篇接近完美的作品。这样的合作方式值得其他新闻工作者借鉴。此外,除了该报道之外,两家新闻机构还发表了关于新闻制作过程的报道,如《我们如何报道〈一桩难以置信的强奸案〉》《关于那个难以置信的故事》等。同时,他们还在网上列举了所有相关的文件、资料和数据,读者可以根据需要进行检索和核验。作者还推荐了相关的新闻报道供有兴趣的读者选阅,并举办交流会,和读者进行沟通与互动。这样的方式有效地利用了网络的优势,保证了新闻的广度与深度,增加了公众对新闻的理解,开创了公众参与的新模式。

在新闻媒体高度市场化的今天,这样的延迟叙述和深度报道在一定程度上得益于两家新闻机构的运营模式。Herman & Chomsky(1988)指出美国媒体发布的信息是经历了 5 层过滤器之后的产物。这 5 层过滤器,包括所有权、广告、消息源、新闻批评和意识形态,让美国新闻的真实性、客观性、中立性成为神话。媒体面临着一系列信任和公共危机。为了寻求新的突破,新闻领域开始出现了改革,新类型的新闻机构出现,其中包括了非营利性的新闻机构,如该报道所属的机构 ProPublica 和 The Marshall Project。非营利性机构和传统媒体之间最大的区别在于其财务模式。ProPublica 和 The Marshall Project 的资金来源基本依靠公益产权性质的慈善捐款。ProPublica 2016 年度报表显示其收入 69% 来自基金会的捐款,27% 来自个人捐款,4% 来自利息及其他收入。The Marshall Project 2015 年度报表显示其收入 55% 来自基金会的捐款,43% 来自个人捐款,2% 来自利息及其他收入。这样的模式使新闻机构可以在最大程度上保持报道的独立性。ProPublica 现任董事会执行主席 Steiger 指出私人捐助和新闻生产之间实际上存在着"防火墙"。董事会成员不会事先知道要报道什么,更不会主动进行干涉,哪怕编辑团队有时候会邀请董事会为其出谋划策,这些点子也会通过主编或执行主编漏斗式层层传递，确保记者不受直接影响。[1] 非营利性新闻机构在接受捐款之前会向捐款机构提出"不得干预"的原则。因此，相较于传统媒体，非营利新闻机构能摆脱利润的枷锁，有条件更加重视新闻的质量和公众的利益，花时间、花精力去做有深度、有温度的新闻报道。

该报道的作者在合作的基础上，展开大规模调查，吸收了文学叙事的手法，突破了新闻叙事的传统和局限，既保证了新闻的真实性和客观性，又增加了报道的可读性、生动性和深刻性，让故事更丰满、完整地呈现在读者面前。他们还通过网络向读者提供了相关的背景资料？与读者进行互动，最大程度上发挥了新闻的公共价值。当然，作者这样做的条件在于他们所属机构的非营利性。Pickard、Stearns & Aaron（2009）提出了未来5种可行的新闻生产模式，第一种即为非营利及低度营利模式。Downie & Schudson（2009）描绘了新闻业6条"重建"路径，第一条就是呼吁非营利性质机构介入既有新闻业。在信息娱乐化、碎片化的今天，本研究分析的解释性新闻报道语篇为我们提供了应对后真相危机的新的灵感。

3.2.2 大数据时代的文学界面研究

随着数字信息媒介的发展，人类社会逐步进入大数据时代，数字化已逐渐深入至人文学科领域，并正在改变以纸质媒体为主要研究对象、定性分析为主要研究方法的传统人文学科。数字媒介和人文学科的结合与交叉，重构了传统人文研究的知识谱系与认知概念，从而引发了研究范式的革新，将人文学科引向了更为系统、更为多元、更为复杂的新研究领域，自此数字人文应运而生。国内学界业已注意到这股学术新浪潮，但尚未形成明显的数字人文研究共同体。虽然部分学者在这一领域做出了尝试性的理论探讨，但研究中利用数字技术的途径和手段还比较单一。毫无疑问，数字人文在研究方法、路径、视角等方面对传统的人文学科研究产生了巨大的冲击，同时也提供了崭新的思路，这必将引导人文学科走向一个新的发展阶段。

---

1 原文引自 Hélène Schilders 于2008年撰写的Non-Profit Journalism: Is Philanthropy the Answer? 来自普利策中心网站。

1. 数字人文：人文学科发展的新阶段

数字人文（Digital Humanities），也称人文计算（Humanities Computing），其历史并不长，一般认为可追溯至1949年。它是将现代计算机技术和网络技术应用于传统人文学科研究而产生的新型交叉研究领域，体现了当代学科研究相互渗透、互为交叉的时代特点，恰如有学者指出："从20世纪后半叶开始至今，文理学科融合、基础研究和应用研究相结合的跨学科研究不断涌现，是当代科学史上的一个显著时代特征。"（陈海珠、包平，2017：11）Hockey（2004）将数字人文的发展划分为4个演进阶段：起步阶段（1949—1970），研究焦点是如何突破计算机科技的局限性来进行语言学方面的研究；联合阶段（1970—1980），学科重点从纸质媒介转向了电子媒介，致力于将语料库建设和文本创建、存储等技术联合起来；新发展阶段（1980—1990），计算机语言学迅猛发展，研究者通过个人计算机以更便捷、更有效的方式进入数字人文领域；成熟阶段（1990—今），由于互联网的出现与普及，数字人文研究机构共同参与合作，并在全球范围内迅速壮大，数字人文的工具和平台都变得更加繁复多元，其研究边界不断拓展，研究范畴也向人文学科的诸多分支学科延伸。简言之，早期的数字人文被认为是利用计算机进行定量分析的一种人文研究，主要体现为方法论的革新。随着数字化技术的普及和互联网应用的发展，数字人文的研究和应用领域变得更加宽泛，尤为强调数字技术媒介与社会文化语境中的人文研究之间的关系。

人们对数字人文的定义可谓纷繁复杂，层出不穷。随着时代的发展与历史语境的变迁，数字人文成为一个处于变化发展中的概念，不同时期不同领域的学者对其内涵与外延的界定并不一致。可以肯定，这一概念仍将处于定义与再定义的过程之中。"一方面，传统人文学科开始将数字文化，以及与其相关的社会、文化、思想问题作为考察对象进行研究。数字人文可以被认为是传统人文学科发展的新阶段。另一方面，数字人文将数字技术使用于传统人文学科的研究，进一步促进方法论的革新、研究领域的拓展和新研究问题的出现。两方面的合力使得数字人文的内涵与外延变得复杂、多样，并不断演化。"（王广禄、吴楠，2017：1）

第 3 章　外语界面研究：前沿与热点

虽然数字人文的内涵和外延至今未有共识性的定义，但没有人否认交叉性是数字人文的核心，即它是数字媒介和传统人文的联姻，是将现代数字技术应用于传统人文研究的新型跨学科研究领域。具体来说，数字人文站在一个新的理论高度重新审视数字技术与人文研究的关系及其带来的影响，使用数字媒介的工具和平台来重新考察传统人文学科的既有课题，检索、挖掘、分析和利用海量的数字资源，将人文学科各领域的研究成果数字化，并为人文研究提出问题、界定问题和解决问题提供新的视角，甚至产生新的研究范式。王宁（2017）指出数字人文以两种方式运行：它运用数字媒介的工具和技术来解决传统的人文学科问题，同时又使人性化的研究模式通过数字媒介来承担。

质而言之，数字人文将现代数字技术运用到传统的人文研究之中，为后者带来了根本性的革新，究其本质，这是一种研究范式与方法论的创新。"数字人文不仅是要挑战或者改变人文学科原有的知识结构，更多的是要创造新的研究秩序和结构。而要做到这一点，研究就势必会涉及不同学科间的互通与融合，以及从事不同职业人士之间的协同与合作。"（Stoehr，2016：95）因此，我们认为，数字人文开启了人文学科发展的新阶段，必将彻底改变传统人文学科的研究范式，这并非耸人听闻，而确有充足的学理依据。

2. 数字人文对外国文学研究的启示

作为人文学科之一的外国文学研究，其研究对象除了传统的主流纸质文本外，已逐渐向由多种符号系统组成的超文本拓展，在文本形态、文本模式和文本主体等方面都发生了较大的变化，传统的基于单一纸质文本的细读、阐释与分析之局限性日益凸显，外国文学理论研究与时俱进的现实迫切性也逐步突出。外国文学研究若要突破目前的瓶颈状态，则需要转换视角，借鉴数字人文的研究方法论，探究大数据语境下的外国文学研究范式。由于数字人文在国内仍属于新兴研究领域，目前深入探索数字人文与外国文学研究之间关系的相关研究寡鲜，仅有《数字人文中的文本挖掘研究》（郭金龙、许鑫，2012）、《数字人文作为一种方法：西方研究现状及展望》（戴安德等，2016）、《走向媒介间性——评〈比较文化研究中的数字人文与媒介间性研究〉》(黎会华、楼育萍，2016)、《数字人文背景下"远距离可视化阅读"探析》(胡悦融等，2017)、《比较文学：数字化时代的企业》(黄维樑，2017)等研究论文。因此，我们拟在简要勾勒数字人文作为一种跨学科研究领域发展概况的基础上，阐释数字人文对外国文学研究范式的革新价值。

从数字人文的定义中，我们可以得出其基本特征为人文性与科学性相结合、文理相结合、定性与定量相结合。

那么具有跨学科、交叉性的数字人文能为外国文学研究范式带来什么样的启示呢？笔者认为以数字人文的显著特征为切入点，可以简要概括为以下两点：一方面，数字人文将外国文学研究者从繁重、机械的文献调研、文本对比等工作中解脱出来，使其在学术研究中具有更广阔的归纳、演绎和推理的空间，以及更加开放的跨学科协作空间。"数字人文加快了人文学科资源的大众化获取和知识流动，突破了原有自主探索的封闭学术文化，形成跨学科与公众参与的开放学术文化与科研运行机制。"(柯平、宫平，2016：25)数字人文可以从基础数据的层面，帮助研究者实现真正的跨学科协同合作，并从方法和路径的层面打通数字技术与外国文学的综合研究，研究者可以利用数字技术更有效率地梳理大量文献资料，定位有研究价值的文献记载。研究者还可通过提高研究视角来比对成千上万条文本数据，检索和分析一定时期内海量文学文本中出现的时间、地点、人物、事件等符号信息，快速地观察并分析大量文献之间潜藏的脉络与规律，识别和总结其中的模式。比如研究者可以利用数字技术，准确地勾勒出一定历史时期内、一定区域内或者特定群体中外国文学文本中所使用的特定词汇，描绘出文学主体此消彼长的可视化图谱，或者总结出某一历史时期文学界的诗学主流趋势，等等。

另一方面，通过数字化工具、软件等手段将社会科学领域的某些研究方法引入外国文学研究领域，可反思并创新传统的外国文学研究方法和研究范式，为突破外国文学研究瓶颈，解决外国文学研究存在的既有问题提供新视角。数字人文与外国文学研究的融合首先涉及的是文学文本介质载体的转型，从而导致研究方法与意义的变迁。外国文学作为人文学科的分支领域，其自身的文化包容性和开放性使得它对文学的数字化具有天然的人文导向。作为媒介形式的数字化不仅构成了外国文学经典文本的基本再现形式,数字化本身也参与到新的文本形式的建构中来,并导致新的意义不断生成与传播。数字人文的工具技术能帮助研究者在数据庞大的海量信息中快速而准确地梳理与聚焦课题,从宏观角度把握外国文学研究脉络中的焦点问题,从微观角度探究各种复杂信息交叠、融合之后的内在关联与显著特征,从而能从多视角、多方位、多层次对数字媒介语境中文学文本的意义做出更为系统的阐释。这样,一定历史时期内、一定地域内的文学文本就演变成巨大的数字库,有利于研究者将数据统计方法应用到不同类型的文学文本的历时或共时的分析之中。如此一来,原本具有人文性的外国文学研究便增加了一定的科学性,从而产生了多元的考量维度。

因此,数字人文可以帮助研究者从更深层次、更多维的视角出发,将外国文学文本置于特定的历史语境、特定的地域文化中加以动态的观察与分析,使他们能够"从自身的学科立场出发,扩展到其他领域,并能以问题导向出发,与其他学者协同研究,促进实验研究层面的资源最大共享化、分析方法的最大通约化和知识内容的最大综合性"(徐力恒,2017:3)。

3. 数字人文视阈下的外国文学研究范式

数字人文的科学方法论和跨学科性质为建构外国文学研究新范式提供了可能性,我们将外国文学视为文本内外部互动的整体系统,而如何通过借鉴数字人文的工具与平台研究外国文学就是如何更有效的实现对文学文本的自我观察,对大规模数据的准确梳理,以及对潜在文本模式的合理总结。

1)从定性研究到定量辅助定性研究

传统的外国文学研究者较多采用定性研究的方法,其创作或研究较多基于对文学文本基础数据的思辨与阐释,而且由于研究者的学术背景不同,归纳、演绎、推理的路径与方法也会不同,因此,这种研究方法个体性差异大,往往无固定或可遵循的模式,研究方法也较多具有一定的主观性。而社会科学研究者较多采用定量研究的方法,其研究结果较多基于对基础数据的统计分析,具有一定的规律性且可以在一定的条件下重复再现，并应用到其他更大样本量的数据分析之中。

数字人文视阈下的外国文学研究范式应以定量辅助定性研究，将社会科学的定量研究方法与人文科学的定性研究方法结合起来，对文学文本的既有信息进行检索、提炼和呈现，并从多层面、多维度生成二次信息，提出新的问题，得出新的结论。这种定量辅助定性的研究方法是"在没有理论假设的前提下发现新的问题，挖掘研究对象的隐性模式、趋势与相关关系，得出依靠传统单纯的定性方法无法发现的问题或得出的答案的创造性，为深入研究文本提供了新颖而广阔的研究空间"（胡悦融等，2017：9）。

具体而言，数字人文可以利用数字技术分析文本、验证假设、建构模型并定量分析文本内容。其研究主张是对大量的文本进行计算、分类、聚类和分析。数字工具和平台利用文学文本中的语义标志、语法特征或词频计数等，可以自动聚类不同体裁、不同风格的文学作品，归纳出文学文本中的模式特征，并将这些潜在的规律或模式制作成量表，从而对大量未知文学样本进行分类检测。例如，研究者如果要探究两百年来经典英语小说中对话的特征、变迁及其与当时社会文化语境之间的关系，单纯采用传统的定性研究范式恐怕很难有效地展开研究，因为毕竟样本的规模很大，单纯依靠人力难以实现对大数据的分析。但研究者如果在数字人文视阈下开展研究，则可以首先利用定量研究方法，建立模型，即使用小说文本中对话部分的语法特征（如发音、情绪、从句结构等）来测量小说文本在多大程度上是对话性的。其次，将这一模型应用到相应的经典英语小说的语料库中，检验不同时期海量英语小说中使用对话的情况，将小说中的对话风格语法化。最后，采用定性的方法，将定量研究所得数据与文本所处的社会文化语境结合起来，总结潜在的规律，挖掘特定作者如何改变叙述与对话所占的比例，来达到顺应或对抗传统文学创作常规，为我们重新认识小说文本研究及其方法论提供契机，等等。

定量辅助定性分析可在外国文学文本形态发生变化的同时，采用信息提取、词汇检测与统计的研究方法，该方法在分析一定历史时期内、一定地理区域内或一定群体中文学文本生产的增加或衰落以及文学流派的竞争更迭显示出强大的威力，突破了传统的基于单一文学文本定性分析的局限。

2）从对传统纸媒文本的线性细读到大数据背景下对超文本的远读

外国文学传统研究模式下研究者对文学文本的阅读方式往往是线性的细读（close reading），这种阅读方式遵循文本的叙事逻辑与顺序，通过阅读文学文本中错综复杂的叙事线索、多元的叙事主题、丰富的人物形象及交织的人物关系，来总结文学文本的主题，解读作者的写作意图，以及分析文学创作与社会文化背景的关系等等。研究者往往关注单一文学文本中少见而非泛在的写作模式，深蕴而非浅显的信息，更多的聚焦文学文本的差异性而非普遍性。"由于传统的文本是按照一定的语义、语法以及规律线性构建起来的，线性细读的方式遵循了文本的创作规律，被长期视为文学研究与评论所需的有效手段。"（胡悦融等，2017：1）

随着数字媒体时代的到来，外国文学文本信息体量指数不断攀升，面对迅速增长的文本语料库，研究者需要通过更有效的阅读方式实现更系统的信息筛选。超文本的信息生产与组合方式重构了原有的线性文本结构，互联网超链接和搜索功能的存在也使得研究者的阅读路径与渠道有了更多的选择。传统细读的阅读方式所能覆盖的文学文本数据量相对整体总量十分有限，这一局限性受到人的阅读、理解与认知能力的影响，几乎难以克服。在外国文学研究中仅仅依靠线形细读，无法全面、系统地了解大规模文本所涉及的广大的研究范围，因此无法在研究中述其表象，探其本质。转换阅读策略才是突破这种局限性的可行性方案。

数字人文视阈下的远读（distant reading）模式，源于大数据时代人文研究思维范式与技术的转型，通过量化的方法，对庞大的文学文本体系中的类别因素、内容要素和结构元素做出解释，以计算机和大数据来考察文学文本内外部体系。远读模式更关注大规模文学样本数据的整体情况，研究者可以通过远读总结出文本、作者或作品体裁在更宏观的文学语境中的历史地位。这一概念的关键在于对外国文学研究中"证据"之本质的理解：

> 数字图书馆和海量图书数字化的时代，证据的本质已然发生很大改变。这并不是说我们不用再读书去搜集和记录它里面

的随机性的事实,而是在强调,大量数字语料库提供给我们前所未有的文献记录,也要求一种新形式的证据搜集方式与意义生成过程。21世纪的文学学者不能再满足于轶闻式的证据,不能再从那些少量的、具有代表性的文本中得到随机的事实,我们必须努力将研究发现的那些有意思的东西,放置在文本的上下文中去理解,这些上下文包括大量不那么有意思的文本。

(Jockers,2013:8)

大数据时代新媒介的出现,使得针对大规模超文本的阅读模式之转型变得势在必行,数字人文概念中的远读模式所关注的文学文本的数据是散点的,而不是聚焦的,它的视觉效果是马赛克式的,非远观而不能窥其全景。

3)从传统的文本阐释到文本的深度挖掘

传统的外国文学研究者对文学文本信息的处理方式主要以个性化的理解、解读和阐释为主,侧重的是研究者的直觉体验,其研究目的是通过这种方式总结文学文本的叙事模式、文本组织和意义呈现等等。然而新媒介的出现改变了文学文本、作者、读者、意义、信息等诸多传统概念,研究者对于处于各种媒介系统之中的文学文本之分析,依赖的是复杂化和异质化的文本数据资源,他们不再满足于分析小规模的文学样本,而需要整合不同信息来源的文本之间交融互动的数据,通过审视不同类型的数据,从中发现潜在的规律。

文本挖掘(text mining)是数字人文领域的一个重要概念,"它是数据挖掘的下位概念,是利用数字技术从文本数据中提取有价值信息的方式"(Hofmann & Andrew,2016:II)。具体而言,"文本挖掘是指为了发现知识,从文本数据中抽取隐含的、以前未知的、潜在有用的模式的过程。它是一个分析文本数据,抽取文本信息,进而发现文本知识的过程。这里的知识包括各种模式、模型、规则或趋势等。"(郭金龙、许鑫,2012:13)

研究者将数字技术应用到文学文本数据之中,运用文本挖掘技术才能更有效地处理不同体量和不同种类的文本数据。这些数据之所以重要是因为它们代表了文本创作主体思考与思辨的方式,研究者通过对这些

第3章 外语界面研究：前沿与热点

数据的挖掘，可以推测出创作主体对特定事物与现象的看法，判断他们在文学创作群体中所处的地位，进而阐释文本与文化、历史、社会的联系，以及这些联系是否能使得作者、文本以及文体整合成一个集中的文学文化，等等。

数字人文技术可以实现对文本的深度挖掘，运用科学统计的方法归纳作者的写作风格、人物的关系网络、作品中人物的情感倾向、作品中潜在的叙事模式等。

第一，挖掘文学作品中作者的写作风格。"对于文学作品中写作风格的研究主要是探讨语义要素的分布情况，因为这些要素创造了某种特定的文体特征，通过分析这些文体特征，可以帮助我们理解小说的语体、意义和结构。"(Muzny et al., 2017: 31)研究者可以利用计算机辅助技术[1]对作者在不同历史时期创作的所有文学文本在用词、句式等方面的特点进行定量统计分析，通过对文本数据的聚类得出作者写作风格的显著特征，因为每个作者的风格都具有某种无可替代的、无法篡改的独特特征。

第二，挖掘复杂的人物关系网络。研究者可以利用数字软件自动从文学作品中抽取人物之间的相互关系，利用可视化技术绘制出各个人物之间错综复杂的社会关系网络，并挖掘其结构特征。这样，外国文学研究者可以利用文本结构分析、文本摘要、文本分类等文本挖掘技术，对大规模文学文本中人物关系和背景有一个全面、系统而深入地认知与理解。

第三，挖掘文学作品中人物的情感倾向性。传统文学作品的情感分析，只能通过文本阐释对单一的、小篇幅的文学文本进行简单统计或者人工分析。而利用文本挖掘的方法，则可以对海量的文学作品的情感倾向性进行自动分析与预测，并通过聚焦重要情感特征词的分布和关联，挖掘出特定人物总体的情感特征。

第四，挖掘潜在的叙事模式。外国文学作品一般都具有独特的叙事结构、意义呈现规律和语义特征，通过文本挖掘可以发现文本中隐藏的叙事模式，并通过可视化技术加以呈现。文本可视化将文本中交错复杂

---

[1] 目前文本挖掘最受欢迎的计算机辅助工具是 KNIME、RapidMiner、Weka、R、Python 等。

的或者难以使用语言符号表达的内容和规律以视觉符号的形式呈现出来,并通过数字软件增加视觉符号信息互动的功能,快速而准确地获得大量文本数据中所潜藏的关键信息。

单纯的文本化、数字化已然是一个过时的研究思路,基于大规模文本数据而进行的文本深度挖掘凸显了将数字人文应用于外国文学研究的优势。

综而言之,我们所建构的数字人文视阈下的外国文学研究范式主要采用定量辅助定性的研究方法,通过对大数据背景下超文本的远读方式,实现对外国文学作品的文本挖掘。但是需要说明的是,在这种研究范式中,无论是定量还是定性、远读还是细读、文本挖掘还是文本阐释都不是泾渭分明的两极,它们往往是处于一种跨学科存续体的状态,代表了一种倾向性。我们从数字人文视阈下的外国文学研究范式的结构图(见图3-11)可以得出:在从数字技术到外国文学的这一存续体中,越靠左端,数字技术在外国文学本体研究中所占的比重越大,反之,越靠右端,使用数字技术的比重越少。这一存续体中的任意一点都是数字技术与外国文学的某种特定的跨学科结合方式,只是数字技术在外国文学研究中所占的比重不同而已。

由此,我们可以得出数字人文视阈下的外国文学研究范式不是数字人文与外国文学的简单叠加,而是一种"更加复杂的数字技术、文本内容和思辨思维的有机结合"(Stoehr,2016:96),因此兼具思辨性与实验性、哲学性与科学性。数字技术固然启动了外国文学研究的新方向,但如果没有传统的人文研究的沉淀与积累,新的数字技术也无法引领外国文学研究迈向真正的革新之路。因此,最终实现数字人文与外国文学之间的优势互补和资源共享才是这一研究范式的要旨。

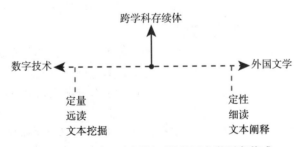

图3-11 数字人文视阈下的外国文学研究范式

第 3 章 外语界面研究：前沿与热点

本节在简要梳理数字人文领域的发展脉络的基础上，以数字人文对外国文学的启示为切入点，尝试性地建构了数字人文视阈下的外国文学研究范式，主要包括定量辅助定性研究方法，大数据背景下对超文本的远读模式，以及文本的深度挖掘方式三方面，指出数字人文作为一个以跨界与融合为特点的新兴领域，必然会改变外国文学研究的某些方面，引发我们对外国文学研究范式的重新思考。

通过分析与论证，笔者得出数字人文视阈下的外国文学研究范式是在跨学科视角引导下形成的对外国文学文本的一种复合性研究模式，有利于我们突破学科壁垒和边界进而发现新问题，挖掘研究对象的隐性模式、规律及趋势，从而为外国文学研究带来张力与生机。

3.2.3　大数据时代的翻译学界面研究

克罗宁（Michael Cronin）在《数字化时代的翻译》(*Translation in the Digital Age*)中诠释了数字技术以及互联网对翻译的深远影响，他在开篇扉页这样说："翻译正处在一个革命性的剧变期。"（Cronin，2013）这样的表述不仅仅意味着数字网络的介入正在传统的翻译实践中掀起新一轮的革命，同时也在提醒翻译学界在数字时代背景下从认识论和方法论维度，重新思考翻译研究的本体及价值。2020 年，辛纳（Carsten Sinner）等以《数字化时代的翻译：翻译 4.0》(*Translation in the Digital Age: Translation 4.0*)为题提出"翻译 4.0"的概念，建议将当代翻译研究理解为一种编程表达式，类似于通常用来指涉互联网技术不断应用于人、机、产品之间沟通的工业 4.0 和互联网 4.0（Sinner & Paasch-Kaiser，2020）。可见，翻译研究正"遭遇"着大数据科学时代"第四次范式"的浪潮（肖开容，2018）。不管怎样，数字化时代已悄然改变了译者、机器、文本、读者、出版商等之间的互动方式，本节拟基于大数据时代背景，考察中国文学"走出去"中的翻译接受与影响、翻译技术与模式以及翻译传播与出版 3 条路径，借以窥视大数据时代的翻译学界面研究。

1. 大数据：翻译接受与影响

中国文学外译，尤其是"中国现当代文学自 20 世纪 50 年代以来所进行的一系列有关于'走出去'的尝试，深刻反映了中国文学海外传播过程中所承受的种种现代性焦虑与文化复兴压力"（胡安江，2019：191）。在这样的焦虑与压力之下，其译介效果总体上并不令人满意，具体体现为目标语译本读者的接受效果不佳，以致并未达成文化交流的初衷，译作的海外影响力也就无从谈起。

1）数据分析

近年来，国内已有部分学者开始运用大数据平台提供的技术和信息对中国文学在海外的接受情况展开分析，力图探索出一条中国文学融入欧美主流文化圈的路径。其中，亚马逊（Amazon）作为全球最具影响力的网络图书销售平台之一，其网站书目数据具有"大体量""多类型""速度快"等特点，颇受中国学者的青睐。陈梅、文军（2011）率先以"Chinese Classics"为关键词键入亚马逊网站，调研了中国典籍英译在国外阅读市场的现状，包括网页相关度信息比例、文本内容翻译比例、译者分类、出版社分类与读者参评人数最多的前 10 译本分析；刘立胜（2017）则以"Chinese Literature"为关键词键入亚马逊网站，对中国文学的海外销量、文体内容、译者选择、出版选题以及图书评论展开了数据分析。除了上述亚马逊平台以外，还有诸多其他类型的数据库可供研究者检索。如殷丽（2017a）借助了 WorldCat 书目记录数据库检索到世界各国图书馆的馆藏数据，并利用 Academic Search Complete 和 JSTOR 数据库搜索海外权威期刊上的同行专家书评，同时将亚马逊海外读者书评纳入考量，对《黄帝内经》英译本在英美国家的接受现状展开了数据搜集与分析；张岩、梁耀丹、何珊（2017）对莫言等 5 位获奖作家的作品在美国亚马逊的销量、世界图书馆联机数据（OCLC）以及谷歌趋势（Google Trends）等方面的数据展开了采集和统计分析，综合考量中国图书的海外影响力；张晓雪（2018）则是基于 Google Scholar 学术板块中的被引频次以及亚马逊销量与评价，考察了《论语》英译本在海外的流传程度和传播效果。以上研究均是利用多元化的大数据搜索引擎和信息技术，通过分析海外用户大数据，实时了解不同题材种类图书的落地效果和受众态度。事实上，通过各类图书在目标国的接受度检验，可为中国文学从"走出去"到"走进去"提供实时有效的数据参照，并以此建立起具有高度自适应性的智能匹配系统，即基于大数据平台为不同地区读者用户制定个性化的翻译选材、策略、译者与出版社的择取等方案，力求扩大中国文学的海外影响力。

2）读者书评

亚马逊的读者书评在很大程度上与作品的销量和阅读量成正比，这为中国文学的海外接受和影响提供了来自市场的个性化与多元化检验，为下一步的翻译决策提供了重要的参考。亚马逊读者书评，主要由总评论统计、读者ID、评论标题、评论内容、买家自评星级（5星制）、评论时间以及其他网页浏览者对该评论的投票等部分组成。通过一系列严格保密的核心算法对每条评论进行权重统计与叠加，根据计算结果得到各条评论最终对外展示排序。书评的具体内容长短不一、视角多样，不仅是读者对文本内因素（故事情节、叙事技巧、创作风格、译文可读性等）的阅读反馈，还包含涉及文本外因素（作者/译者、封面装帧、出版社、图书定价等）的购买体验。事实证明，这些评语的确能很大程度上影响到潜在读者的购书比例（龙晓翔，2019），同时为中国文学的海外接受度和影响力考察提供了较为直观的信息反馈。基于此，殷丽（2017b）以《大中华文库》和英国《企鹅经典》丛书在美国亚马逊网站上的5 662条海外读者书评数据为研究对象展开研究；缪佳、余晓燕（2019）选取了麦家《解密》的141条读者书评进行了数据整理及分析，借以考察其在海外普通读者中的接受状况。不可否认，以读者评论为代表的数据资源具有一定的可信度、普适性与反哺性。通过普通大众读者的真实购书体验与阅读心得等译本落地效果，可为翻译的各个环节提供具有一定规模的数据参照。

特别值得注意的是，数据应是"为我所用"，而非"被其所用"。有学者指出，亚马逊图书排行榜所体现的"读者导向"之内核是商业逻辑；"数据至上"的未来是"数据主义"（谭小荷，2018）。的确，亚马逊利用其强大的数据库，以"顾客至上"的理念强化了畅销书籍的商业价值，同时也在一定程度上弱化了文学作品的文学性。随着大数据预测性的改善，这些书目数据只会变得更有吸引力，加剧人们对数据的痴迷，进而使人们陷入对"数据主义"的盲目崇拜当中。在大数据时代潮流的冲击下，我们必须理性利用大数据，使之成为明智判断与决策的有用工具，否则，大数据有可能让我们陷入工具理性的牢笼。迈尔—舍恩伯格（Viktor Mayer-Schönberger）以及库克耶（Kenneth Cukier）在《大数据时代：生活、工作与思维的大变革》（*Big Data: A Revolution That Will Transform How We Live, Work and Think*）一书中曾谈及大数据会带来的三大风险，即隐私侵犯、预测性惩罚与数据独裁（Mayer-Schönberger & Cukier, 2013）。假若我们对数据信息、分析结果过分崇尚和滥用，读者和书籍本身都有可能成为数据独裁下的受害者。因此，如何合理利用大数据平台、有效综合数据技术与人文思维理应成为翻译研究者的必修课。

2. 大数据：翻译技术与模式

随着技术软件与工具的大量应用，有学者归纳出 4 种翻译形态：机器翻译、人助机译、机助人译和人工翻译（Hutchins & Somers, 1992）。显然，这 4 种模式早已不能代表如今在中国文学"走出去"方针指导下蓬勃兴起的线上翻译模式，如众包翻译、云翻译、机器翻译、人机互助等多种组合模式。

1）机器翻译

传统的人工翻译依靠的是译者对语言准确度的把握、对原文意义的阐释，在更大程度上依赖于译者的语言能力和知识储备，具有较大的主观性和不稳定性。机器翻译（Machine Translation，简称 MT）则随着大数据技术的不断发展，衍变出了统计机器翻译（Statistical Machine Translation）和神经网络机器翻译（Neural Machine Translation）等类型。如今，我们所熟知的机器翻译即在理想规模的大数据中，快速搜索定位具有最高相关度的译文表达，具有快速、高效和稳定的特点。以谷歌翻译为例，其"本质是一种大数据分析模型，翻译结果则是基于训练好的模型，进行样本外预测泛化的结果"（斯介生等，2016：110）。随着新技术的不断更新，网页翻译、社交平台翻译、移动设备翻译 APP 等机器翻译新形态叠踵而出,开始满足普通用户的多元化需求。然而,部分学者对于将机器翻译运用到文学领域持反对观点,他们认为"理论上机器翻译系统可以翻译任何文本,但是,目前的计算机程序不可能像经验丰富的文学专业人士或文学翻译专家,能全面考虑翻译过程中各种复杂的因素而做出理想的选择"(李英军,2014:25)。总体而言,机器翻译更大程度上适合程式化的信息型文本,而对于如小说、诗歌等表情型文本而言,目前无论哪种翻译工具都还显得捉襟见肘,因此现阶段文学作品的翻译更有赖于传统的人工翻译模式。

有鉴于此,人机互助模式弥补了传统人工翻译低效的缺点,同时在一定程度上解决了机器在文本阐释和语言表达方面的弊端。一方面,翻译记忆工具(Translation Memory,简称TM)、计算机辅助翻译(Computer-aided Translation,简称CAT)(如SDL Trados、Déjà Vu、iCAT)等技术形式让机助人译业已成为常态,其自动记忆和搜索机制极大地提高了翻译效率和准确性。此外,人助机译(Human-aided Machine Translation,简称HAMT),即当下多款机器翻译系统提供了译后编辑(Post-editing,简称PE)功能,实现了翻译效率与译文质量之间的平衡。因此,CAT+MT+PE正逐渐成为时下最热门的组合翻译模式,力图在翻译速度、翻译质量和翻译体量中寻求最佳平衡。

2)众包翻译

除了以上所涉翻译技术以外,大数据也为"众包"翻译模式的兴起提供了虚拟平台,极大地降低了译者之间及其与发起人、出版商、审校编辑等之间的沟通成本,翻译的效率得以大大提升。众包(Crowdsourcing)概念由美国资深编辑杰夫·豪(Jeff Howe)在《众包的崛起》(*The Rise of Crowdsourcing*)中首创,是"网上协作翻译(Online Collaborative Translation)的一种形式,是数字化时代最新,也是覆盖面最广、发展最快的翻译模式"(邵璐,2019:126)。分散在各个不同物理位置的译者以电子计算机作为使用终端,通过高速互联网作为相互连接的媒介,组建了针对不同翻译项目的虚拟平台,各独立个体间链接成了一个有机的整体,可以统一行动、统一部署。正是得益于虚拟平台的组建,译者可以链接在同一个工作网络内,通过协同作业、远程展示、数据记录、流程控制、历史版本查看、多终端办公等多种基于大数据的工作模式，将原本需要线下协作的工作内容搬到了互联网上，省略了诸多复杂烦琐的工作流程，极大地节约了沟通成本。同时，在翻译工作进行过程中，相关的编辑与校审也得以同步展开，各项工作在虚拟平台内部可双向透明且即时可达，翻译效率得到了前所未有的提升。在这样开放协作、多线并行的"线上模式"下，翻译的体量与速度都是传统人工翻译所不能企及的。

众包翻译的典范莫过于 Facebook 与 Wikipedia 的用户自发翻译行为，此外也广泛应用于影视翻译（字幕组）、新闻/信息领域（Global Voice，TED Open Translation Project，NewsHour）、非营利组织（The Rosetta Foundation，Kiva）、在线语言学习（Duolingo）、政府组织机构（世界银行，欧盟）、文化翻译（译言网）等（陆艳，2013a）。因此，"众包翻译正是利用网络这一线上翻译平台，营造了一个人声鼎沸的大众狂欢场"（胡安江，2017：88）。但不可否认的是，众包翻译模式下"非雇佣关系"的管理机制和译者角色的微妙变化激发了有关"译者职业伦理"论题的讨论，其质量也因译者之"众"以及质控体系的松散常引发学界的诸多质疑和诟病。

3）云翻译

云计算（Cloud Computing）技术从 20 世纪 90 年代末诞生以来，亚马逊、微软、谷歌、阿里巴巴等业界巨头纷纷涌入该领域。在以大数据云计算为中心的时代潮流中，"依据云计算的 SPI（SaaS、PaaS、IaaS）三层架构服务理念，一些语言服务提供商通过构建云翻译平台把云计算技术引入了翻译行业"（王家义等，2018：80）。

其中，IaaS（Infrastructure as a Service，基础设施即服务），即基础层，常规是指物理服务器、网络设备、储存设备等基础资源的综合硬件平台，通过一系列的技术手段将其进行整合，提供强大的计算能力、网络交换能力及数据储存能力。"在云计算时代，翻译产业发展的一个重要内容就在于通过翻译的云存储，实现翻译资源的合理分布。"（陆艳，2013b：57）PaaS（Platform as a Service，平台即服务），即平台层。平台层主要为应用开发者进行设计，在平台层中开发者摆脱了传统的计算机软硬件维护，十分方便地调用各种计算机资源，将精力集中在软件的开发与维护上。对于翻译行业而言，平台层主要是以构建翻译管理平台为核心，包括了四大主要模块：客户管理、众包管理、翻译管理、内容管理。SaaS（Software as a Service，软件即服务），即应用层。应用层面向终端用户，用户不再需要购买任何的软硬件，也不再需要对其进行费时费力的维护，仅需按照自己的使用需求进行即时租赁即可。在云翻译平台下的应用层中，译者可以直接使用已开发完毕的各种翻译应用，如 PC 端的独立软件程序、手机端的翻译 APP、网页端的在线翻译甚至各种随身翻译机等，通过这些相关翻译应用直接在线调用云翻译平台下的各种资源，实现多语言在线互译、用户及时反馈等云功能。从以上关系可以清晰看出，这三层架构体系的逻辑顺序是先有 IaaS 作为基础，再有 PaaS 作为平台，最后才是 SaaS 的具体应用。

基于此，云翻译即为利用云计算的强大计算处理能力、结合机器翻译的功能需求、按众包翻译的流程顺序及逻辑布局，进行特殊化定制开发以实现文本翻译的具体应用落地技术。通过云计算的三层架构平台，将机器翻译技术融入 SaaS 层中，将其开发成为稳定译文 API（应用程序接口），同时在 PaaS 层中将众包翻译纳入，可通过双向透明的人为干预手段来校正机器翻译所产出的译文，再通过平台层进行管理统筹、共同协作等措施，使其成为可靠的云翻译平台。

3. 大数据：翻译传播与出版

"数字化"科技革命的一个直接后果就是使人类的文化形态由"印刷文化"时代进入"电子文化"时代（陶李春、张柏然，2017：69-70）。自从电商巨头亚马逊推出了划时代的电子阅读产品 Kindle 且取得巨大成功后，在全球范围内随即开启了一个新的阅读纪元——电子阅读时代。电子阅读与传统的纸质阅读最大的不同之处在于，电子阅读的首要条件是全文实现电子化并且可以根据阅读载体的不同进行相匹配的二次排版。依托大数据技术，电子阅读衍生出了有声书、视频阅读等多元的数字化阅读媒介。正因如此，目前市面上出现了更为多样的"出版形态"，丰富了内容出版的载体，也拓宽了出版物的边界（张莉，2019）。

不可否认，文本的电子化与数字化媒介的出版路径将会不断随着新技术的更新而改写甚至颠覆传统翻译路径中的流通、传播和接受状况。在传统的纸质出版模式中，读者无法通过"搜索"的方式获取相关书籍的信息和内容。如今，无论是读者的阅读方式，还是翻译出版的营销和传播策略都离不开"关键词搜索"。

值得注意的是，这势必涉及搜索引擎（Search Engines）的相关技术，而怎样在搜索排序中获得一个较好的排名从而使得自己的产品能够获得更好的传播，这就涉及搜索引擎优化（Search Engine Optimization，简称 SEO）技术。正如某些学者所言，"虚拟翻译出版要考量网络营销的效度问题，搜索引擎优化（SEO）成为必然选择"（杨会勇，2016：66）。通俗地说，SEO 指的是通过一系列的细微调整，提升网页与目标关键词的匹配程度，从而使得网页在关键词搜索排序中处于领先地位。了解这一工作原理，合理利用搜索引擎这一中介渠道，将读者与译者紧密联系起来，这必将成为数字时代译者的工作重点之一。具体来说，如何利用 SEO 技术可以从以下两方面着手：首先，译者需确定合理的翻译关键词。对于相同所指的语言表达，译者可以摒弃已经过时的词汇，选取权重较高的"关键词"予以替换，以迎合大众的阅读喜好和搜索频率。其次，译者应了解当今搜索引擎的发展趋势。两大搜索巨头谷歌与百度，都分别给出过关于 SEO 技术的官方优化指引，并且会随着技术的迭代而保持指引的更新。因此，作为一名受"电子出版"时代背景影响的译者应该保持对 SEO 技术的敏感，使自己的译作符合其规律以获得一个更好的搜索排名，从而提升译作的知名度进而获得更好的传播效能。这在中国文学"走出去"的对外传播过程中至关重要，是"充分贯彻'数字化传播''数字外交'的理念，建立健全'数字化中国'的传播网络"（胡安江，2019：72）有力的技术支撑与具体体现之一。

综上所述，我们不难发现，大数据时代背景下的中国文学"走出去"更多地体现了"数字化"的特质。从翻译接受与影响来看，我们理应充分利用大数据庞大的数据库检索、搜索引擎与读者反馈考察译本接受效果及其影响力，并据此制定匹配目标读者市场的翻译选材、策略、译者与出版社的择取等方案，但同时需警惕对数据的盲目崇拜与滥用；从翻译技术与模式来看，我们理应充分利用人机互助模式（CAT+MT+PE）

的互补优势、众包翻译模式开放协作、多线并行的平台以及融入了云计算、机器翻译技术与众包翻译平台的新兴云翻译模式；从翻译传播与出版来看，我们理应认识文本的电子化与数字化媒介的出版路径，合理利用搜索引擎优化（SEO）技术获取更好的传播效能。同时，我们也应当清醒地意识到：对于大数据时代的翻译学研究而言，机遇、挑战与不确定性并存。译者、机器技术、翻译平台、译本出版与读者接受等之间被大数据连接成了一个庞大的翻译网络体系，对其中任何一个环节的考察都应综合将工具理性与人文理性纳入考量，力求在追逐大数据时代红利的同时，不忘对翻译的本质及其价值的探寻。

3.2.4 大数据时代的外语教学界面研究

以计算机及网络为核心的信息技术，在给我们的社会生活带来广泛而深远影响的同时，也冲击着现代教育，成为教育教学改革的重要推动力。大数据、云技术、人工智能、泛在学习等概念早已进入教育话语体系，影响和塑造着我们的教育理念与教学实践。如何充分利用信息技术，使其更好地服务于外语教学，一直是外语教育研究领域关注的一个核心话题（Chapelle & Sauro）。本节将从技术与外语教育的界面入手，探讨大数据时代技术创新对外语教育带来的革命性变化。我们首先从历时的角度简要回顾技术与外语教育的关系，然后聚焦新一代信息技术为外语教育教学改革与创新带来的新机遇，最后探讨语料库对外语教学的影响。

1. 历史回顾

技术与外语教育之间存在着非常紧密的关系。早在1918年，西方就有研究者探讨留声机在外语教学中的使用，分析使用留声机作为法语教学辅助手段的优缺点。总体而言，在20世纪上半叶，技术对外语教学的支撑主要表现为各类音频、视频、电影等视听材料。历时考察技术与外语教学的关系，会有一个有趣的发现，即技术在多大程度上影响外语教育，一方面取决于特定时期的技术发展，另一方面又与特定时期主流的外语教学理念与方法有很大关联。例如，语法翻译法是教授拉丁语和希腊语的传统方法，在 20 世纪前半期依然是外语教学的主要方法。由于不强调听说能力培养，以这种方法为主导的外语教学并未充分利用已有的技术支持外语教学。但从 20 世纪 50 年代开始，随着自然法、直接法、听说法等教学方面的流行，许多学校开始兴建语言实验室。教师可以通过录音带、录像带的播放，为学生提供地道发音的教学材料。

自 20 世纪 60 年代始，以计算机技术为代表的信息技术开始影响外语教学，计算机辅助语言教学（CALL）对外语教学带来了变革性的影响。Warschauer & Healey（1998）将计算机辅助语言教学分为 3 个阶段：行为主义计算机辅助语言教学阶段（1960—1970）、交际式计算机辅助语言教学阶段（1970—1980）和融合式计算机辅助语言教学阶段（1980 年后期至今）。

行为主义计算机辅助语言教学在技术上主要依靠大型机，在学习理论上受行为主义刺激—反应理论的影响，强调重复性的语言操练。计算机被视为一个不知疲倦、机械而又耐心的教师。学生可自定步调、没有心理负担地学习。在这一时期，最具代表性的模式就是美国伊利诺伊大学开发的教学系统 PLATO。该系统的硬件系统由中央计算机及其教育终端构成，可提供多种课程的学习。具体到二语学习，学习者可通过系统进行句型操练、语法学习和翻译测试等。根据 1980 年的课表，可教授汉、英、法、俄、希腊、拉丁、西班牙及世界语等 8 种语言。

第二阶段是交际性计算机辅助语言教学阶段，在技术上以个人计算机为代表。在 20 世纪 70—80 年代，新型的个人计算机为更加个性化的外语学习创造了更大的可能性。从外语教学理论看，听说法等基于行为主义的语言教学方法受到批判，而强调交际能力培养的交际法教学逐渐成为主流。该模式强调语言使用而不是语言形式本身，强调隐性而非显性语法教学，鼓励学生尽可能使用目的语进行交际，而非仅仅练习预先设定的语言。交际性模式符合认知理论的主张，强调学习是发现、表达和发展的过程。在此期间开发的计算机辅助语言教学软件包括文本重建程序（该程序允许单独或分组工作的学生重新排列单词和文本并从中发现语言和意义的模式）和模拟（激发学生结对或进行小组讨论探索）等。

第三阶段称为融合式的计算机辅助语言教学，在技术上以多媒体网络计算机为代表。到20世纪80年代末,外语教学理论由认知观向社会认知观转向,社会文化理论在外语教学中的影响更加凸显(Atkinson,2011)。该理论模式认为,学习者作为一个社会存在,其认知发展和语言习得是通过语言中介的社会互动来实现的。语言教学因此更加强调在真实的社会环境中有效和恰当地使用目的语。基于任务、基于项目和基于内容的教学方法都试图将学习者融入真实的语境,将各种语言学习和运用的技能进行整合。从技术角度考察,当时微型计算机与本地和远程服务器的联网已成为常态。联网的计算机成为智能工作站,不仅支持本地化活动,如文字处理、图形/绘画程序和软件开发工具,而且还支持集中的因特网服务,如电子邮件和万维网。这种多媒体网络计算机为学生综合使用各种技术提供了更多可能性。外语教学理论与计算机技术两方面的变化,催生了融合式计算机辅助语言教学。该模式一方面重视语言技能(听、说、读、写等)的融合;另一方面强调将技术更全面地融入语言学习全过程。在这种模式中,学习者使用各种技术工具进行语言学习和使用,而不再是每周一次到语言实验室进行脱落语境的练习(Duval et al.,2017)。

从语法翻译法到听说法再到交际法,从大型机到个人机再到多媒体网络计算机,见证了外语教学与教育技术不断融合、共同发展的历程,对外语教学产生了革命性的影响。在这一历程中,虽然语言教学中使用的依然是文本、音频、视频、图像等基本媒质,但其技术格式、组织方式、获取渠道及在语言教学中的作用却发生了巨大的变化。无可争辩的是,技术已经越来越多地融入语言学习,并且正在逐渐成为日常教学实践的一部分。通过计算机软硬件在学校教育中的应用,形成了辅助教师"教"、支持学生自主"学"、基于计算机软硬件的教学评价与管理以及可提供数字化教学资源支持的"数字化校园"(何克抗,2019;郭绍青,2019)。

2. 新一代信息技术变革外语教育

上述依据Warschauer & Healey(1998)对计算机辅助语言教学发展阶段的描述,更多反映的是传统信息技术与外语教学的界面关系,即以计算机与多媒体应用为代表的信息技术。进入 21 世纪，新兴信息技术风起云涌，正在对包括外语教育在内的中国教育产生深远的影响。这些新兴技术主要涉及大数据、云计算、人工智能和"互联网＋教育"等四个方面（何克抗，2019）。

大数据指一种规模大到在获取、存储、管理、分析方面大大超出了传统数据库软件工具能力范围的数据集合，具有数据规模海量、数据流转快速、数据类型多样和价值密度低等四大特征。"云计算"（Cloud Computing）概念由谷歌公司首席执行官 Eric Schmidt 于 2006 年提出，之后很快成为信息技术领域最令人关注的话题之一。"云"实质上就是一个网络，而云计算是指依托互联网，采用分布式处理、并行处理和网格计算等方式，向用户提供安全、快速、便捷的数据存储和网络计算的服务模式，是一种新的 IT 基础设施的交付和使用模式。通过互联网，用户可以随时随地获取计算服务、数据存储和网络资源（孙柏祥，2010）。

人工智能技术指开发用于模拟、延伸和扩展人的智能的技术及应用系统。2017 年国务院印发的《新一代人工智能发展规划》指出，经过 60 多年的演进，特别是在移动互联网、大数据、超级计算、传感网、脑科学等新理论新技术以及经济社会发展强烈需求的共同驱动下，人工智能加速发展，呈现出深度学习、跨界融合、人机协同、群智开放、自主操控等新特征。总体而言，这些新兴技术在各个领域的应用，标志着信息技术已经从计算机时代走向互联网时代，教育信息化也从以计算机辅助教育应用为中心走向以数据、计算和服务为中心（孙柏祥，2010)。

面对新一代信息技术带来的机遇与挑战，国家先后出台《促进大数据发展行动纲要》（2015）、《新一代人工智能发展规划》（2017）、《教育信息化 2.0 行动计划》（2018）等战略规划。前两项由国务院印发，代表着国家层面对大数据、人工智能等新兴信息技术未来发展的顶层设计，规划中都涉及未来教育信息化建设内容。

《促进大数据发展行动纲要》提出建设教育文化大数据工程，具体内容包括完善教育管理公共服务平台，推动教育基础数据的伴随式收集和全国互通共享。建立各阶段适龄入学人口基础数据库、学生基础数据库和终身电子学籍档案，实现学生学籍档案在不同教育阶段的纵向贯通。推动形成覆盖全国、协同服务、全网互通的教育资源云服务体系。探索发挥大数据对变革教育方式、促进教育公平、提升教育质量的支撑作用等建设内容。

《新一代人工智能发展规划》提出建设智能教育，即利用智能技术加快推动人才培养模式、教学方法改革，构建包含智能学习、交互式学习的新型教育体系。开展智能校园建设，推动人工智能在教学、管理、资源建设等全流程应用。开发立体综合教学场、基于大数据智能的在线学习教育平台。开发智能教育助理，建立智能、快速、全面的教育分析系统。建立以学习者为中心的教育环境，提供精准推送的教育服务，实现日常教育和终身教育定制化。

2018年由教育部印发的《教育信息化2.0行动计划》（以下简称《行动计划》），则是推进"互联网＋教育"的具体实施计划。《行动计划》明确指出，"教育信息化2.0行动计划"是加快实现教育现代化的有效途径。没有信息化就没有现代化，教育信息化是教育现代化的基本内涵和显著特征，是"教育现代化2035"的重点内容和重要标志。《行动计划》指明了我国未来教育信息化的基本目标，提出到2022年基本实现"三全两高一大"的发展目标，即教学应用覆盖全体教师、学习应用覆盖全体适龄学生、数字校园建设覆盖全体学校，信息化应用水平和师生信息素养普遍提高，建成"互联网＋教育"大平台，推动从教育专用资源向教育大资源转变、从提升师生信息技术应用能力向全面提升其信息素养转变、从融合应用向创新发展转变，努力构建"互联网＋"条件下的人才培养新模式、发展基于互联网的教育服务新模式、探索信息时代教育治理新模式。

《行动计划》提出构建一体化的"互联网＋教育"大平台。引入"平台＋教育"服务模式，整合各级各类教育资源公共服务平台和支持系统，逐步实现资源平台、管理平台的互通、衔接与开放，建成国家数字教育资源公共服务体系。

《教育信息化2.0行动计划》是国家层面的顶层设计，是教育信息化的行动指南。外语教育信息化属于教育信息化的一部分，政府、学校、企业机构等都在为外语教育信息化服务。下面我们通过一些典型案例，来展现外语教育信息化近年的发展与未来的趋势。

教育技术在外语教学中的应用，有助于优质外语教育资源突破时空限制、构建泛在学习环境、促进教育公平、提高教育教学质量。以下两个案例均来自西部欠发达地区甘肃，教育技术的有效应用，正在改变并提升该地区的外语教育质量。

1）中美网络语言教学项目

计算机辅助语言学习研究人员很早就认识到了游戏在外语教学中的潜力，Baltra（1990）指出，冒险和模拟游戏尤其可以促进语言学习，原因有以下3点：（1）游戏整合了听、说、读、写4种技能；（2）游戏的目标不是单纯教授词汇或语法，而是促进有意义的语言使用；（3）游戏结合了基于发现的教学技术，可以促进学生之间的合作和互动。

中美网络语言教学项目始于2002年，是中美两国教育部合作的项目。项目通过中美双方专家合作，应用网络、多媒体和模拟等先进技术和教育理念，开发出将英语、汉语作为第二语言、以动画为主的网上教学课件，为中美两国学生分别学习英语和汉语提供良好的学习资源，缓解外语师资短缺和教材匮乏问题，提升二语教学质量。2008年该项目在甘肃启动，在兰州四十六中、皋兰三中等学校试行美方开发的学习软件The Forgotten World。该学习软件分为两部分。第一部分以动漫连环画的形式讲述故事，共12集。通过了解故事，学生可以拓展英语文化的知识，提升口语听力。第二部分以游戏形式训练学生，以获取基础知识，其中包括7种游戏形式，用于学生语音、听力、口语、阅读及写作等技能训练。该项目的最大特点是学生可以通过该软件进行人机互动、游戏学习，实现了让学习者在游戏中学习、在娱乐中提高的新型教学模式。

2）甘肃"互联网+"师范院校支教项目

甘肃一些偏远的农村薄弱学校往往存在师资不足的问题，尤其缺少英语、音乐、体育、美术等课程专业教师。为了能够开齐上述课程，学校通常安排其他学科教师兼代。但是，由于兼课教师缺乏系统的专业知识与技能，在课堂教学中难以有效组织教学，这成为阻碍教学质量提升的一个主要障碍。随着"教育信息化2.0"在甘肃的大力推进，甘肃全省中小学互联网接入率目前已达97.25%，全省接入带宽不足100M

的中小学减少到 1 559 所,全省中小学接入带宽 100M 以上的学校占 86.75%。"信息高速路"的建成为甘肃发展"互联网+教育"提供了物质基础,为农村薄弱学校学生同享大城市优质教育资源提供了技术保障。在此大背景下,2019 年初,甘肃省教育厅启动"互联网+"师范院校支教服务项目,打造智慧教育,缩小城乡教育差距,推动教育均衡发展,促进教育公平。该项目从 2019 年 3 月开始试点,6 月全面实施,西北师范大学、天水师范学院等省内 8 所师范院校对口支教深度贫困县,选派 149 名指导教师和 352 名优秀师范生,通过"实地+远程"方式开展混合支教,为甘肃东乡族自治县、礼县、宕昌县等 9 个深度贫困县 120 所农村薄弱学校开设美术、音乐、英语、体育、语文、数学、科学、信息技术等 8 个科目,支教班级 584 个,上课学生达 9.2 万人次。

该项目一方面充分发挥"互联网+教育"的优势,为破解农村薄弱学校教育发展困境,解决师资不足,开齐、开好国家规定课程提供了新的思路。另一方面,该项目把师范生教学能力培养置于真实教学情景之中,使学习与教学实践有机融合,是对"互联网+"条件下师范生培养模式的有益探索。

3)智慧外语教学解决方案

与上述案例不同,北京外研在线的 Unipus 智慧教学解决方案,则代表着未来学校外语教育信息化的方向。Unipus 智慧教学解决方案,将场景、平台、内容、技术四大板块有机融为一体,涵盖教材、课程、平台、专项工具、智慧场景和云方案,为高校提供一站式外语教学支持服务。开发的系列产品包括 U 校园智慧教学云平台、iTEST、iWrite、中国教学外语慕课平台 UMOOCs、Utalk、iLearning 等,覆盖教、学、评、测、研全流程,可满足教学全场景需求,能有效解决备课、教学、自学资源不足的问题。

外研在线开发的 U 校园智慧教学云平台,集数字课程、课堂互动、教学管理、测评、教师发展、课程制作及自主学习资源库等各功能于一体。iTEST 智能测评云平台为高校外语教学提供在线测评资源与服务。基于云服务和大数据,iTEST 支持电脑、手机等多终端考试,支持听、说、读、写、译全题型的智能评分,将日常教学、自主学习和测试评估有效结合，通过海量题库及个性化题库管理系统，为院系建立多维度评价体系、进行数字化教学评估提供专业的解决方案。iWrite 英语写作教学与评阅系统采用双核引擎机制，能够实现语言、内容、篇章结构及技术规范 4 个维度的机器智能评阅，支持日常大班教学、小班教学、续写教学与写作中心一对一辅导等多种教学场景，全面提升写作教与学的效果。Utalk、Ulearning 提供的便捷且海量的外语学习资源，为实现 4A（Anyone，Anytime，Anywhere，Anydevice）泛在学习打下了坚实的基础，能够保障任何人在任何地方、任何时刻使用任何科技工具进行个性化的外语学习。

除学校教育外，外语信息化不可忽略的一支生力军来自校外教育。据艾瑞咨询发布的《2017 年中国成人在线外语教育行业白皮书》显示，目前市场上提供的在线外语教育产品与服务，大致可分为课程类、工具类和学习社区类。课程类包括直播课和录播课两类。前者具有实时互动、场景性强的优点，后者则具有内容体系化强等特点。国内代表性的服务提供企业主要有沪江网校、新东方在线、CCtalk、腾讯课堂、51Talk 无忧英语等。工具类主要为外语学习提供辅助工具或某一技能的训练，例如词汇记忆（如百词斩）、词汇查询与翻译（如有道词典、金山词霸等）及口语听力训练（如英语流利说、口语 100）、翻译（百词斩）等。学习社区类主要通过 PC 端和移动端，为学习者搭建外语学习经验交流平台，向学习者提供外语学习方法与策略等（如大耳朵英语、大家论坛等）。

现有在线语言教育仍存在授课内容与形式相对固定，尚不能满足个性化学习需要的问题。但是，人工智能在教育中的应用，已经可以为学习者提供自适应、个性化的外语学习环境，而 VR/AR 等技术的应用，又可为学习者提供场景化、浸入式的学习体验。艾瑞研究院指出，理想化的在线课程具备以下 8 个特征：学习过程个性化、学习内容定制化、学习方式多样化、学习时间弹性化、教师角色多元化、教学方式生态化、教学评价深度化、教学单位去壁垒化。尽管其中一些特征依然是愿景，但毫无疑问是未来外语教育的努力方向。

3. 语料库与外语教学的界面
1）语料库概要

"corpus"一词源于拉丁语，原意为"身体，躯体"，现在是指以文本和多媒体形式收集的任何口头或书面语言（蔡雷，2009）。Sinclair（1991）对语料库的定义如下：语料库是存储在计算机中的自然语言的集合，它能反映语言状态和语言变化的特点。Crystal（1991）将语料库定义为语言数据库的集合，可以是书面文本，也可以是录音讲话的抄本，可以作为语言描述的来源，也可以作为验证语言假设的手段。杨惠中（2002）认为，语料库是指按照一定的语言学原则，运用随机抽样的方法，收集自然出现的连续的语言运用文本或话语片段而建成的具有一定容量的大型电子文库。

从语料库的研究和应用来看，语料库的发展可以分为以下几个阶段。第一阶段是传统语料库的发展阶段。从19世纪后半期到20世纪前半期，英美等国进行大量的方言调查来收集语言，其收集的调查结果汇集而成的方言库即为早期的传统语料库。第二阶段是从20世纪50年代出现的现代语料库阶段，1964年Francis和Kucera编制完成了世界上最早的机读语料库——Brown语料库。自20世纪70年代以来，英国国家语料库、朗文英语语料库等相继建成。我国对语料库的研究与建设始于20世纪70年代末，中文语言资源联盟，国际中文语言资源联盟等一些大型语料库相继建立。

随着语料库的迅速发展，满足不同需求的语料库应运而生，出现通用语料库（如英国国家语料库BNC）、专业语料库（如诺丁汉英语语篇语料库CANCODE）、比较语料库（如国际英语语料库ICE）、平行语料库（如联合国平行语料库）、历史语料库（如Helsinki语料库）、学习者语料库（如儿童母语语料库CHILDS、中国英语学习者语料库CLEC）等。不同类型的语料库规模大小各异，使用目的不同，可分别用于语言本体研究、词典编撰、翻译研究、外语教学等领域。

近年来，大数据、云计算及人工智能飞速发展，语料库研究与应用出现与现代信息技术相整合的态势。语料库建设呈现出大规模、多样化的趋势，语料库的使用更加便捷友好，用户可在多种终端设备上对语料信息进行提取、存储及展示,这些都为语料库在外语教学中的应用奠定了坚实的基础。

2)语料库在外语教学中的应用

语料库不仅仅是学者研究语言用法时的研究资源,也是语言教学中重要的一部分。在语料库语言学刚刚兴起的时候,Leech(1997)等学者就认为语料库在语言教学中的应用可分为间接应用和直接应用两种。间接应用包括基于语料库编撰字典、语法参考书与教材,基于语料库和计算机开发多媒体课件、语言学习软件包和测试评估工具等;直接应用包括讲授有关语料库的知识,教授语料库探索的方法和利用语料库资源进行教学等(何安平,2004)。具体而言,语料库在外语教学中的应用可归纳为以下几个方面。

(1)学习者语料库建设及应用。学习者语料库是一种由语言学习者产生的文本集合,既可以是母语学习者产出语言,也可以是二语学习者产出语言。建设这类语料库的目的在于描述学习者在语音、词汇、句法及语篇等层面的语言产出特征,考察学习者语言发展过程与规律,服务语言习得研究与语言教学实践。例如,CHILDES 是世界知名的儿童英语语料库,迄今已收入近 30 种语言的数据,为研究儿童语言发展提供了重要的数据支撑。

国内学者桂诗春、杨惠中、梁茂成等一贯重视中国英语学习者语料库建设。中国学习者英语语料库(CLEC)收集了包括中学生、大学英语 4 级和 6 级、英语专业低年级和高年级在内的 5 种学生的语料一百多万词,并对言语失误进行标注。其主要目的是观察各类学生的英语特征和言语失误的情况,描述中国学习者英语学习规律,为我国的英语教学提供有用的反馈信息(杨惠中,2003)。

中国大学生英汉汉英口笔译语料库(PACCEL)是我国第一个学习者英汉、汉英口笔译语料库,由国内学者文秋芳等开发建设。该语料库收录了全国 18 所高等院校英语专业三、四年级学生的英汉、汉英口译和笔译翻译测试语料。其中口译部分约 50 万字词,笔译部分约 160 万字词,总计 210 万字词。对口笔译教学和研究、翻译测试、教材编写、英语师资培训、英语网络课程建设等具有重要价值(文秋芳,2008)。

第3章 外语界面研究：前沿与热点

中国学生英语口笔语语料库（SWECCL）的设计总规模为200万词，其中SECCL子库为100万词，WECCL子库为100万词。数据库由南京大学和外语教学与研究出版社合作开发，北京外国语大学中国外语教育研究中心立项资助，主要研发人员为文秋芳、王克非、梁茂成等。该语料库对英语教材编写、英语测试、英语师资培训、英语网络课程建设等具有重大价值与意义（文秋芳，王立非，2008）。

（2）语料库与教学材料编写。语料库可为学习者辞典、语法书、课程大纲和教材设计开发提供重要信息。杨慧中（2010）指出，语料库对真实语言各方面（词汇、句法、语义、语用、语篇等）的描述，为外语教学大纲的制定、教学目标的设定以及教学内容的选择提供了坚实可靠的依据。

在外语界久负盛名的《柯林斯英语语法大全》及《柯林斯英语语法系列》的一大特色就是所有例句均来自真实语料。该系列丛书主编Sinclair（1999）在序言中指出，真实的例句具有杜撰句所缺乏的交际价值，反映的是真实英语的语法，即人们日常说的、写的英语语法。这些例句经过精心挑选，是用法的范例。Sinclair进一步举例指出，语料库提供的一组真实例句可以共同说明在单个句子里不明显的语言使用特点。如下所示：

——The moment work stops, disorder is liable to break out.
——If he gets promoted, all hell will break out.
——This caused an epidemic to break out among them.
——This final destructive fever had to break out somewhere.

通过分析这组句子，可以发现只有坏事发生才用break out。如果是编撰的例句，则未必能够突显出该短语的真实用法。正是由于语料库具有反映真实语言使用的特点，才使其在课程大纲制定、学习者辞典编撰、教材开发等方面发挥越来越重要的作用，并被视为确定目标词汇及语法附表的重要依据。

（3）语料库在外语课堂教学中的应用。研究者提倡将语料库应用到外语课堂教学中来，鼓励学习者采用数据驱动方式开展学习。数据驱动学习是一种自下而上的学习方式。教学中教师可为学生选择语料库中的相关语料，或指导学生使用语料库搜索引擎进行自主学习。在学习过程中，学习者扮演了"语言侦探"的角色（Johns，1997），依据真实语料自己探索发现目标语中的语法规则和使用特点。一方面，这种自主学习方式有助于推动学习者去记住他们努力找到的东西。另一方面，由于语料库数据可以揭示先前未被注意到的语言使用模式，这有助于学习者注意到老师忽略的东西或教科书没有涵盖的内容。除了有助于具体教学，数据驱动学习还可以帮助学习者提高运用语境推断语义的能力。由于语料库中的语料基于真实语言使用场景，学习者可通过语料库中的语境共现行或句子的形式来理解语义、搭配及用法等。

在过去的几十年中，语料库已被许多教师应用到外语教学的各个方面，包括词汇教学、语法教学、翻译教学以及文化教学等。何安平（2019）教授指出，语料库可以应用到课堂教学的各个环节。课前备课环节可以通过语料库进行语料选辑和微本制作，课堂教学环节可以进行批量语言事实呈现，也可以引导学生基于语言频数信息和局部语境分析归纳语言使用的规律，课后可以让学习者通过语料库进行语言使用规律验证与探究等。

何安平（2019）将利用语料库开展外语教学归纳为两大特点，一是凸显语言的使用频数；二是关注语言的使用语境。这两个特点与当前学界主流的基于使用的语言习得理论相契合。首先，基于使用的语言习得理论认为，频率是语言习得的关键因素。语言扎根于具体的使用事件（usage event），是一个具有开放性、动态性、非线性和不确定性等特征的复杂适应系统，其基本单位是形式—意义相匹配的构式。学习者利用其一般认知能力，对语言输入分布特征进行分析的统计学习过程，反映了语言形式与其功能匹配的发生概率。根据该理论，语料库提供的频率信息可以成为我们判断语言教学次序或重点的依据，也可以通过频次预测学习者可能遇到的学习困难。

另一方面，语料库不仅提供了真实的语例，而且提供了相应的语境。例如，语料库检索中，词汇索引通常以上下文关键词（KWIC，全称 key word in context）的格式出现，这种格式使得学习者可以快速浏览目标词汇的上下文语境，有效提高学习者推断生词含义的概率。另外，由于学习者会接触到同一个单词的许多上下文语境，因此会更容易借助上下文探究理解词汇在不同语境中的搭配、语用等语言使用规律（Timmis，2015）。

语料库也为语法教学提供了新的视角。首先，借助语料库可以有助于教师与学生超越规定性语法教学、跳出绝对的"对"与"错"二元对立的窠臼。以英语research一词为例，英语词典通常将该词标注为不可数名词，同时也可用于复数。但具体语境中究竟如何使用并不明确。借助语料库，我们便可以客观了解到research一词单复数的使用情况。在美国当代英语语料库（COCA）检索research一词，可以得到26.628 3万条。检索researches，仅得到894条。为进一步确定其单复数用法，我们又分别检索more research和more researches，分别得到2 178条和2条。单复数用法在数量上的差别说明，尽管本族语人士也会使用research的复数形式，但从使用偏好看，research在绝大多数情况下仅使用单数形式。其次，凭借海量数据，语料库可以使学习者通过接触大量不同文体的文本，注意到特定语域的语言特征，提升学习者语域意识（Campoy-Cubillo & Bellés-Fortuño，2010）。

近年来，语料库为翻译学习和教学以及计算机辅助翻译提供了一个新的平台，对于提高学生翻译的准确性和效率，激发学生的学习兴趣具有重要的意义。例如，绍兴文理学院创建的中国汉英平行语料库收录中国经典文学作品、鲁迅小说及毛泽东等伟人著作的双语语料，同时还包括有中国大陆、香港及台湾的法律法规汉英平行语料库。这为学习者的翻译实践、翻译评价、翻译研究提供了良好的平台。

语料库是一种语言大数据，对于外语教学大纲设计、教材开发、课堂教学提供了新的思路与手段，对于提升外语教育教学质量具有重要意义。但与此同时，我们也应意识到语料库存在的一些局限性。

首先，就是经典的"负面证据"问题。语料库告诉我们语言中什么是可以的，但并未告诉我们语言中什么是不可以的。语料库中不存在，并不一定意味着不可用。另外，语料库提供的发生频率，仅反映某种语言现象是否频繁发生，但并未直接提供是否得体的信息。例如，在语料库the Bank of English中显示expire of很少见（在3 519个语境共现行中有5个语境共现行中含有expire），而die of则较频繁（在85 511个语境共现行中有5 259个语境共现行中含有die of），但这个频数差异并未直接回答 expire of 在语境中是否得体（Timmis，2015）。

其次，语音数据的转录可能会丢失某些语音语态信息，如语调和肢体语言等。此外，仅通过语境共现行，不可避免地会丢失原始文本的特征和结构。最后，从语料库中得出的关于语言使用的结论只是基于频率的推断或推论，不应该将其视为终极真理性的法则。

总体而言，语料库应用于外语教学是语料库发展的重要方向之一，对外语教学的促进作用非常明显。首先，作为一种大数据库，语料库为大纲制定、教材编写、教学重难点选择提供了重要依据。其次，语料库提供的真实语言使用有助于学生观察语言现象并且总结归纳出该现象的规律和用法，培养学习者的自主学习能力，突出以学生为中心的课堂教学理念。最后，语料库与教育信息技术的有机整合，为变革外语教育教学模式、提升外语教育质量提供了新的机遇与挑战。

以互联网、人工智能、云计算等为代表的新兴信息技术让我们进入了大数据时代，为创新人才培养模式、推进教育现代化提供了无限的可能。外语教育研究者、外语教师应该顺势而为，充分利用新兴技术，加快外语教学方法改革，构建包含智能学习、交互式学习、泛在学习、个性化学习在内的新型外语教育教学体系。

3.3　对外话语体系建设中的外语界面研究

近年来，"对外话语体系"（discourse system）日益成为人文社会科学领域中的研究热点，是中国特色对外话语体系及其在英语世界的译介与传播中的重要概念。本节拟在语言学与翻译学学科相关理论下就对外话语体系的研究内容、研究视角以及符合中国国情的中国特色对外话语体系的构建、发布、译介、传播与接受等主题展开讨论。

3.3.1　语言学与对外话语体系建构

界面在人文社会科学领域主要指两个或以上学科，或学科内部两个

第 3 章　外语界面研究：前沿与热点

或以上分支之间交流或互动的接触处，界面研究是一种方法论，指两个或以上学科，或学科内部两个或以上分支共同影响和制约并合力描写与解释同一事实、问题、观念、理论、实践的一种活动或过程（刘丽芬，2019）。按照这一定义，话语研究应该是界面研究中较为典型的案例。这是因为，话语可以被看作是一个具体语言使用与相关社会因素的辩证统一体（田海龙，2020）。因此，作为一种社会实践的话语研究涉及语言和社会两个方面。语言与社会界面研究为我们观察语言运作机制提供了一种视角和研究方法，主要有系统功能语言学、社会语言学、批评话语分析等（杨信彰，2014）。从以上观点出发，中国对外话语体系[1]研究与语言学、传播学、社会学、政治学、马克思主义理论等相关学科联系密切。本研究认为，中国共产党所提出的中国特色话语体系是党领导全国人民在民族独立、国家建设、改革开放、民族复兴过程中，在特定历史阶段提出的鲜明政治话语，体现了党在社会主义新阶段睿智的政治话语范式的转换。而作为中国特色话语体系重要组成部分的中国对外话语体系，是中国国际沟通互动的需要，其本质是一种意义的生产、流通与消费。本节中的中国对外话语体系侧重作为话语主体的中国在跨文化传播语境下，在与世界沟通过程中形成的理念体系、知识体系、价值体系、观念体系以及由此所表现出来的话语范式、话语模式和话语风格。在这一视角下，中国对外话语体系是作为新兴大国的中国与西方守成国家之间的意义沟通实践的产物，是在中国与世界各国话语互动过程中以及中国文化的对外传播过程中和中国国家身份建构过程中的话语实践的表现形式。

1. 话语体系概念的提出

话语体系是中国革命、建设和改革开放过程中实践的产物，具有鲜明的中国特色。1938 年的六届六中全会上，毛泽东就提出要使马克思

---

[1] 从语言学的角度，对外话语体系一般是指我国在对外传播过程中形成的话语风格或是话语模式。关于这一概念，国内不同的学者有不同的理解和界定，如陈汝东（2015）的全球话语体系，刘立华等人的中国特色话语体系，甚至有学者直接用中国话语（陈曙光，2019）概括这一中国的话语实践。其他的表述还包括中国国际话语体系（贾文山、刘长宇，2020）、国际传播话语体系、中国模式的话语体系、全球中国话语体系等。

主义在中国具体化，使之在其每一表现中带着必须有的中国的特性。邓小平针对当时党内存在的由于思想僵化带来不好文风的现象，提倡大家应该学会用自己的话来写文章，要用马克思主义的立场、观点、方法来分析问题，解决问题。2013年8月，习近平在全国宣传思想工作会议上强调："对世界形势发展变化，对世界上出现的新事物、新情况，对各国出现的新思想、新观点、新知识，我们要加强宣传报道，以利于积极借鉴人类文明创造的有益成果。要精心做好对外宣传工作，创新对外宣传方式，着力打造融通中外的新概念新范畴新表述，讲好中国故事，传播好中国声音。"（习近平，2013a）2013年11月12日，《中共中央关于全面深化改革若干重大问题的决定》再次提出："提高文化开放水平。坚持政府主导、企业主体、市场运作、社会参与，扩大对外文化交流，加强国际传播能力和对外话语体系建设，推动中华文化走向世界。理顺内宣外宣体制，支持重点媒体面向国内国际发展。培育外向型文化企业，支持文化企业到境外开拓市场。鼓励社会组织、中资机构等参与孔子学院和海外文化中心建设，承担人文交流项目。"（习近平，2013b）2015年5月，习近平就《人民日报》海外版创刊30周年做出重要批示，他希望《人民日报》海外版以创刊30年为起点，总结经验、发挥优势、锐意创新，用海外读者乐于接受的方式、易于理解的语言，讲述好中国故事，传播好中国声音，努力成为增信释疑、凝心聚力的桥梁纽带。2016年5月，习近平在哲学社会科学工作座谈会上的讲话指出："要按照立足中国、借鉴国外，挖掘历史、把握当代，关怀人类、面向未来的思路，着力构建中国特色哲学社会科学，在指导思想、学科体系、学术体系、话语体系等方面充分体现中国特色、中国风格、中国气派。"（习近平，2016b）2018年8月，习近平在全国宣传思想工作会议上指出："要把握正确舆论导向，提高新闻舆论传播力、引导力、影响力、公信力，巩固壮大主流思想舆论。要加强传播手段和话语方式创新，让党的创新理论'飞入寻常百姓家'。"（习近平，2018）

在话语体系这一概念的产生背景下，我们不妨把对外话语体系界定为围绕某一事件形成的多个话语（文本）之间的一个系统。例如，在抗击新冠病毒的对外话语实践中，中国政府通过领导人讲话、媒体报道、政府部门公告、外交部发言人讲话等话语形式积极讲述中国的抗疫故事,澄清疑虑与担忧,呼吁国际社会团结合作。以上各种话语形式(文本、图片、音视频等)和各种话语体裁(如新闻报道、演讲、社论、故事、宣传片、广告等)构成了这一社会实践的对话话语体系。对外话语体系具有一定社会文化的语境特定性,话语体系也是中国政府的理念、观点、知识的体现形式。这一话语体系表现在中国作为话语主体在讲述自己故事时采取的话语模式、话语风格以及话语结构。因此,中国对外话语体系是党领导中国人民在社会实践中形成的思想理论体系和知识体系的外在表征,蕴含了特定的思想立场和价值观念,并且具有一定的社会政治功能。中国对外话语体系是阐释中国特色社会主义道路的意义实践,是在国际层面讲述中国故事、塑造国家身份、建构话语权的意义实践。从这一意义上来说,中国对外话语体系具有鲜明的政治特点。

2. 对外话语体系研究的 3 个维度

以上有关话语体系的论述蕴含了 3 个维度。首先,对外话语体系是中国特色话语体系的重要组成部分。中国对外话语体系是我国在对外传播过程中形成的思想理论体系和知识体系。徐崇温(2011)指出:"所谓中国模式的话语体系,是指中国特色社会主义在把马克思主义基本原理同中国的具体实践结合起来的过程中,在总结我国革命、建设和改革的历史经验和人民群众的创造、吸收和借鉴人类社会创造的文明成果的基础上,就模式,特别是中国模式问题的各个方面发表的一系列观点,它反映了马克思主义中国化的世界观、价值观和方法论,能够帮助我们正确分析和认识关于模式,特别是中国模式的一系列重大原则问题。"(徐宗温,2011:4-5)陈世锋和刘新庚(2014)认为,"中国话语、中国模式、学术话语、话语权等概念,虽难以清晰准确地定义,但首先应对其基本内涵和相互的结构关系做一个清楚描述。国际社会中国与国之间话语权的竞争,是经济实力、军事力量、政治影响力、文化吸引力等诸多因素综合作用的竞争,所以话语或话语权是一种综合体,并常以某种模式统而称之。"(陈世峰、刘新庚,2014:5)

第二,中国特色话语体系的本质,归根到底是要回答"我们是谁,我们如何表达自己"的问题。对中国特色话语体系这一问题的思考同样适合中国对外话语体系这一范畴。这一问题的本质则是中国国家民族身份话语建构与表达方式的问题。就话语自身的特点来说，不同民族由于文化、政治、历史、地理等种种因素的差异，会有自己独特的"话语方式"，这种方式是客观存在的，不以人的主观意志为转移。任何思想理论体系和知识体系都需要一定的话语（语言、符号等）来表达，也就是同样一个社会事件或是社会实践，我们可以有不同的话语表征（discourse representation）。话语的不同表达对于思想理论体系和知识体系的传播具有不同的作用（张国祚，2012）。如果在对外互动中没能注意到不同民族长期以来形成的"话语方式"的区别，就不能产生与目的受众之间的良性互动。新华社社长、新华社国家高端智库首席专家蔡名照（2016）在 2016 年 4 月举行的"首届新华社国家高端智库论坛"上指出，一个国家在世界上的声音能否传得开、形象能否树得起、影响能否打得出，关键在于这个国家的话语能否被国际社会听得懂、听得进、听得信。

  第三个要思考的问题则是中国对外话语体系的社会功能研究。对这一问题的回答则要涉及话语的社会建构功能研究。中国当下的实践一旦以话语的形式表达出来，就会形成社会现实的一种建构。因此，话语体系是一种建构现实、影响社会的力量。文化理论家埃德加（Edgar）等人指出："由于各种社会实践和机构（如政治、教育、宗教和法律）既是由话语形式组成，同时也是话语形式之内的东西，因而话语就成为在社会语境之中意义产生和组成的方式。从这一意义上来说，话语构成一种论述的建构，即话语是用语言系统构建人类体验社会生活的能指方式，因而也构成了知识样式。"（Edgar & Sedgwick，1999：117）

  综合考虑以上 3 个维度，我们在本节中尝试从宏观角度把中国对外话语体系这一研究课题分为 3 个研究问题，其中包括，（1）中国在对外传播实践中的国家身份或是国家形象的话语建构策略研究；（2）中国对外话语体系形成的历程、内容、路径、模式，以及中国对外话语体系与世界话语之间的互动关系研究；（3）中国对外话语传播实践研究。中国对外话语体系与国家身份的建构策略主要回答在中国特色话语实践中，话语主体或是客体身份建构的话语策略，即话语实践在形塑国家民族身份时的话语策略、运作机制以及建构模式。中国对外话语体系建构研究

第3章 外语界面研究：前沿与热点

主要关注中国对外话语体系建构的历程、内容、路径、模式，以及中国对外话语体系与世界同类话语的逻辑关系等内容。中国对外话语体系传播实践研究具体考察中国话语传播实践过程中的路径与模式，提出优化话语传播效果的对策和建议。以上3个研究内容，国家身份的建构策略是中国对外话语体系研究的核心内容，中国对外话语建构与对外传播实践是该研究的两个有机组成部分，其中中国对外话语建构侧重话语的历史进程，中国对外话语传播则侧重中国话语与世界话语的互动形态与机制。

3. 以上研究的不足

首先，对于对外话语体系这一概念，国内学者从各个角度进行了较为细致的研究（参见下列文献：马东、吴爽，2019；章晓英，2019；梁凯音、刘立华，2020），但是话语研究中的批评话语研究领域的专家学者很少涉及"话语体系"这个概念，他们大多致力于对话语层面或是文本层面的语言学的描述。虽然哲学社会科学领域的话语研究有很大的发展（王伟光，2017），但是此领域的学者往往从宏观层面论述话语体系的内涵和建构路径，对语言现象不做细致的分析。同时，由于话语体系这一概念相对宏观、抽象，国内话语体系研究虽然取得了一定的成果，但是仍然存在很大的研究空间。

其次，对话语的界定影响到对话语体系的界定。即使是在话语研究的内部，不同的学者对于话语也有不同的界定和方法（刘立华，2008）。在本节中，我们参照 Fairclough（2018）的辩证关系方法以及田海龙（2020）的话语互动模式把话语界定为语言使用和社会相关因素的辩证统一体，也就是说，语言与社会的辩证实现关系生成了话语。从这一角度出发，话语体系是某一国家、民族、群体、机构或是领域在社会实践中形成的话语模式或是话语风格。虽然有学者把话语体系界定为某一群体的观念体系、理念体系或是知识体系，但是无论如何界定这一概念，话语体系都与话语密切相关，话语体系最终都将体现为一定的意义表达模式。但是，具体到话语层面，对外话语体系内部各个话语之间的关系是什么样的呢？

4. 对外话语体系的研究内容：话语际性研究

话语这一概念起源于 20 世纪 50 年代的语言学研究，随后在福柯（Foucault，1984）的影响下，逐步渗透到哲学社会科学领域。20 世纪 80 年代末期，批评话语分析（CDA）逐渐形成。CDA 以法兰克福学派的理论为基础，关注的是语言的使用如何改变、控制、形塑当代社会（Fowler & kress，1979；Fairclough，1989，1992）。其主要内容包括批评理论、跨学科特点、权力、意识形态等，主要的流派有 Fairclough 的辩证关系方法，Wodak 的话语历史分析方法，van Dijk 的社会认知分析方法，Chilton 的心理学模式以及多模态的社会符号学分析。进入 21 世纪以后，批评话语分析进入到批评话语研究（CDS）阶段（Graham 2002；van Dijk 2007；Wodak & Meyer 2015）。在批评话语研究领域，涉及话语之间关系的研究被称为话语际性研究、互文性研究或是近年来的话语互动研究。

1）Fairclough 的话语际性研究

借用福柯的观点，Fairclough（1992）把话语秩序看作是以具体方式交织在一起的社会实践所构成的社会秩序在话语层面的体现，也是在具体社会领域使用的所有体裁和话语的集合。话语秩序控制交际中体裁和话语的使用，设定什么样体裁和话语可用，规定什么可说、不可说（纪卫宁、辛斌，2009）。话语秩序这一概念考察的是话语秩序内部不同话语类型之间的关系，也就是说各种话语在具体的文本中的界限是如何变化的。同样，不同话语秩序可能互相重合、混杂在一起，也可能严格维持各自的界限，坚守在各自被应用的领域。话语秩序之间关系的变动或是话语秩序内部文本之间关系的变化的源泉是某一个话语事件。话语事件不仅在生产话语秩序而且通过创造性的语言使用（语言的使用者以新的方式从其他话语秩序中吸收不同的体裁和话语）改变话语秩序（纪卫宁、辛斌，2009）。话语秩序内部或话语秩序之间界限的重组是社会和文化的变化在话语层面上的体现。这些界限有时也是权力斗争和矛盾的焦点、潜在的文化霸权斗争的领域，在领域内，控制集团努力强调和维持其内部和之间具体的结构（Fairclough，1995）。他认为某种具体的话语秩序会暂时处于霸权地位，维持现有的权力关系并使之合法化。但是这种霸权总是不断受到挑战和抵抗。处于霸权地位的话语秩序发生什么样的变化取决于当时社会的权力关系和社会变化发展的主要趋势。权力关系的改变所导致的话语秩序的变化反过来又会影响社会权力关系的改变（Fairclough，1992）。

2）Wodak 的话语际性研究

在 Wodak 看来，话语是一组依赖语境的、根植于某一特定社会行为场域的、符号学的实践聚合；话语具有社会属性同时也对社会具有建构作用；话语总是与一个宏观的主题相联系；话语总是与一定的有效性声称的辩论有关联，这种有效性声称可能是某个真理和范式标准，其中可能会涉及几个具有不同观点的社会主体。但是，具体到话语的边界，也就是如何区分此话语与彼话语，在 Wodak 看来，却是一个非常复杂的问题，因为话语之间的界限在一定程度上是流动的。作为一个分析概念，话语的界定往往取决于分析者的角度；作为一种研究的对象，话语不是一个封闭的单元，而是一个动态的符号并且处于不断重新阐释和建构的个体。Reisigl & Wodak（2009）认为文本是话语的一个部分，文本让言语行为在时间的长河中固定下来，文本连接了两个情景——言语产生的语境和言语接受的语境。也就是说，文本，无论是口语还是书面语形式，都是具体化语言行为的手段。Wodak（2011）将话语视为"特定社会行为场域（field of action）中依赖于语境的符号学实践"，在他看来，行为场域是指一段社会现实（a segment of social reality），一个能为话语建构某个框架的场域。不同的行为场域是由话语实践的不同功能来界定的。例如，在话语行为领域可以理解为组成社会现实具有社会功能并与习俗相联系的部分，如政治话语行为领域可以分为 8 个不同的部分大块：立法程序，民意的形成，党内态度、舆论或是意见的形成，政党之间舆论的形成，国际关系的组织，政治宣传，政治政策的执行以及政治控制等。关于特定话题的话语可以从一个话语行为领域开始并延伸到其他的话语行为领域，这些话语行为领域可能会有所重叠或者从社会功能上来说以某种方式相互联系。话语历史背景分析通过对特定话语的语境、互文性进行考察，将话语、文本、文类和话语行为领域联系起来以建构理论模型。

图 3-12 说明了话语之间的关系（Reisigl & Wodak，2009：93）。在下图中，相互重合的两个椭圆代表了两个话语。虚线箭头代表了文本之间的互文性关系，实线箭头指示了文本的体裁选择。最后，文本之间特定的主题之前的互相参照关系也是由虚线箭头表示。

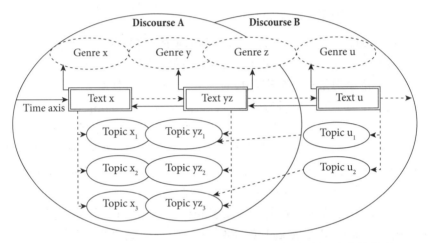

图 3-12　话语、话语主题、体裁、文本之间的话语际性和文化性关系

5. 对外话语体系的研究视角：话语互动研究

田海龙（2020）认为，Fairclough 的话语际性研究认识到社会实践发生在社会实践网络之中，而且在对话语变化与全球化之间关系的研究中认识到一种关于全球化的话语与另外一种关于全球化的话语之间相互斗争导致全球化在政治、经济、文化领域的扩展与深入。但是这个批评话语研究的路径所提供的分析方法更多的还是专注单一话语的社会实践。至于 Wodak 的话语互动研究方法，田海龙（2020）认为，他的研究虽然关注话语之间的联系，但对于这两个话语之间的相互作用以及这种相互作用如何产生的新话语，则没有提及。因此，对话语互动进行系统的研究不但能扩展批评话语研究的领域，同时也可以在一定程度上回应批评话语研究新阶段对理论建构的期望（田海龙，2019）。在有关话语互动的研究中，田海龙先生把话语看作是一个具体语言使用与相关社会因素的辩证统一体，提出了双层五步分析框架（田海龙，2020）。具

体来说,该分析模式依据批评话语研究关于话语和话语互动的阐释,对具体的话语互动过程进行分析,主要在语言使用和社会因素两个层面展开,并按照五个步骤依次进行。这个分析框架的提出是基于以上对话语互动的解读,同时也在批评话语研究提出各种研究方法的方式上受到启示。双层五步分析框架条理清晰、可操作性强,对话语互动的分析一步一步展开,而且每一步之间都有内在逻辑的联系,并在整体上体现对研究问题的理论阐释。

6. 中国特色话语体系的建构资源

首先,中国文化是中国对外话语体系建构的源泉。中华民族悠久的历史进程塑造了其独特的文化。丰富的中国文化构成了中国特色话语体系建构的源泉。中国文化所倡导的家国天下情怀,独特的"形"与"意"辩证结合的汉字语言体系特点,三教合一的世界信仰,以及阴阳五行的理念都是中国特色话语体系的内涵。中国文化在实践中的灵活变通、和谐与共、成己达人的处事风格也因此构成了中国特色话语体系建构的重要素材。《礼记·礼远》曰:"大道之行也,天下为公。"中国文化中的天下观无疑为中国特色话语体系建构提供了一种道义的基础。当今时代,中国悠久的历史文明长河以及近30多年改革开放所取得的成绩,和我们的道路自信、理论自信、制度自信,大大增强了文化尤其是核心价值的影响力、吸引力和凝聚力,无疑也大大丰富了我们与世界沟通的内容。

其次,中国当下的实践是话语体系建设的重要素材。21世纪以来,随着中国经济的繁荣,先后有2008年北京奥运会、2010年上海世博会、2014年"亚太经合组织会议"、2016年"G20峰会"、2017年"金砖国家峰会"等国际大型会议和赛事纷纷在中国举办。中国经济的发展和成就举世瞩目。中国经济的发展不但造福中国人民,而且对于世界经济也有很大的推动作用。中国在经济领域的成就无疑构成了中国话语体系建设的重要素材。习近平同志指出:"中国不乏生动的故事,关键要有讲好故事的能力;中国不乏史诗般的实践,关键要有创作史诗的雄心。"(习近平,2016a)中国现代化的成就构成了中国话语实践的内容。但是,我们也应该看到,中国当下的实践也遇到了诸多困难和挑战,如能源问题、环境问题，以及由于发展不平衡带来的一系列其他问题。如何去解读并解释这些问题也是中国特色话语体系的任务。

再次，中国与国际社会的互动是话语体系建设的重要手段。话语实践是社会实践的重要组成部分，话语体系不仅是社会实践的反映，同时也是促进社会发展的重要力量。建设中国特色的话语体系不仅是对我国社会主义建设经验的总结，也是建构国家形象，夺取和维持国际话语权的重要渠道。同时，良好的话语体系也是实现国内、国际沟通的重要渠道。国家的话语体系是整个国家声誉的一部分，也是国家间互动的重要手段。中华民族的伟大复兴不仅仅是政治、经济、文化等领域的复兴，也应该是国家话语体系的完善与成熟。只有中国建构健全具有自己特色的，能融通中外、融入世界的话语体系，中国才能真正屹立于世界民族之林。

7. 中国特色话语体系的建构路径

近年来，随着"话语体系"这一概念的提出，许多研究机构、部门或是高等学校都成立了话语体系研究中心或是类似的研究机构，有关话语体系的研究在人文社科领域也越来越多。但是各个研究中心或是研究机构由于各自所处的环境以及面临的任务不同，很难形成有体系的、有系统的研究。出于美国"二战"后对外拓展和沟通的需求，跨文化传播研究作为一个学科在美国建立并发展起来，极大地促进了美国文化价值观的拓展和推广。跨文化传播这一学科伴随着美国的对外拓展而发展。在这一现实情况下，我们有必要形成研究的合力，积极推动中国的话语与跨文化传播研究。中国当下的话语研究应以中国特色社会主义思想为指导，根植于中国文化，致力于中国特色话语体系的理论与实践研究，致力于中国的"全球化"传播，凸显大国责任和大国的感召力。正如习近平（2016b：6）提到的那样，"当代中国正经历着我国历史上最为广泛而深刻的社会变革，也正在进行着人类历史上最为宏大而独特的实践创新。这种前无古人的伟大实践，必将给理论创造、学术繁荣提供强大动力和广阔空间。这是一个需要理论而且一定能够产生理论的时代，这是一个需要思想而且一定能够产生思

第 3 章 外语界面研究：前沿与热点

想的时代。我们不能辜负了这个时代"。

中国特色话语体系的建设，应关注当代中国的具体话语实践，积极推进语言学以及相关学科研究。中国在经历了革命、建设、改革三部曲，特别是改革开放 40 年的探索实践后，确立和发展了中国特色社会主义道路。中国特色话语体系理论必须坚持以马克思主义理论为指导，应密切关注当代中国的话语实践，关注我国发展和我们党执政面临的重大理论和实践问题。"一带一路"的国家话语体系建构与重构研究，"中国梦"与话语体系建设，中国企业在"走出去"过程中的话语模式，中国对外传播话语模式等具有现实关照意义的课题都是具有时代气息的有关话语体系研究的重要内容。通过对经典案例的研究，我们可以凝练理论，指导实践，进而提升国家形象，建构话语权，进一步丰富和完善中国特色话语体系。正如习近平（2016b）在 2016 年 5 月哲学社会科学工作座谈会上的讲话指出的那样，"我们不仅要让世界知道'舌尖上的中国'，还要让世界知道'学术中的中国''理论中的中国''哲学社会科学中的中国'，让世界知道'发展中的中国''开放中的中国''为人类文明做贡献的中国'"。中国特色话语体系不仅能够体现中国立场、中国智慧、中国价值的理念、主张、方案，更应该是凝聚国内外各种假设力量的伟大社会实践。

中国特色话语体系的研究和建设，最终目标是提升国家、机构、个人层面的跨文化话语能力。话语体系建设涉及因素众多，有关中国特色话语体系的研究也散落在各个人文哲学社会学科当中。构建中国特色话语体系应打通各个学科的界限，培养既熟悉西方文化又对中国文化有着深刻理解的话语与跨文化沟通方面的人才。建构中国特色话语体系是一项系统工程，需要国家、社会、个人等各方面协同努力，要增强国家、机构和个人的话语意识及话语与跨文化沟通能力。在我国社会主义实践过程中，国家话语实践的风格、角度、关注问题等都构成了影响国家形象、国家声誉以及国际话语权建构的重要因素。例如，我国擅长的集体行为、国家宏大叙事往往忽视了个体的需要和感情，而这些理念与西方以个人为核心的文化理念又有所差异。我们在凸显国家意志的时候，往往忽略了个人的利益诉求和情感要求。在集体主义的理念下，个人的牺牲往往是集体发展的一种必然要求，这在中国文化语境中会得到赞扬和支持，然而西方文化对于这种故事却会有不同的解读。我们认为承办奥运会等国际大型赛事是国家综合国力提升的重要体现，是全世界的一件盛事、大事，而西方却会出现不同的声音，他们往往认为这是一种劳民伤财的国家行为，举办此类活动影响到了个体的生活和工作。所以，解决这种差异，进行有针对性的跨文化沟通，提升国家话语表达能力，在当前就变得更加紧迫了。

中国已不再是国际舞台的观众，中国在国际舞台中已经"由进到近"，在国际舞台上扮演的角色也越来越重要。中国不应该再做一个沉默的观众，世界的舞台应该有中国的声音。在实践层面，中国需要对目前在政治经济文化等各个层面所取得的成绩进行新的阐释。因此，中国特色话语体系是阐释中国特色社会主义道路的意义实践，是在国内、国际层面讲述中国故事、塑造国家身份、建构国际话语权的意义实践。当中国在世界舞台展示其道路自信、理论自信、制度自信、文化自信的时候，一种新的话语体系也就成为我国社会实践的必然。在构建中国特色话语体系这一问题上，我们既要研究西方的问题，更要注重研究当代中国发展的现实逻辑、中国问题和中国道路……尽管对当代中国的核心理论一时还难以概括出来，但基本上可以围绕着"以人民为中心""国家治理现代化""民族复兴""构建人类命运共同体"等来进行（韩庆祥、陈远章，2017）。中国特色话语建设恰是对当代中国发展的现实逻辑与中国问题的一种理论和实践探索，目的在于提出具有原创性、标识性的新概念、新范畴、新表述、新理论、新思想。

3.3.2 翻译学对外话语体系构建界面研究

习近平总书记在2016年党的新闻舆论工作座谈会上指出："我国综合国力和国际地位不断提升，国际社会对我国的关注前所未有，但中国在世界上的形象很大程度上仍是'他塑'而非'自塑'，我们在国际上有时还处于有理说不出、说了传不开的境地，存在着信息流进流出的'逆差'、中国真实形象和西方主观印象的'反差'、软实力和硬实力的'落差'。"（习近平，2017：149）之所以出现上述的"逆差""反差"和

第3章 外语界面研究：前沿与热点

"落差"，除了东西方文明和意识形态的冲突以及西方社会对于中国话语的先天偏见之外，翻译能力与传播能力自身的建设也不容回避。在论及中国外交话语的翻译与传播时，有论者即指出：近年来，我国外交工作取得巨大成就，但外交话语的翻译能力却乏善可陈。一方面是因为国际社会在语言文化和意识形态等方面千差万别；另一方面则是因为我们在翻译外交话语时往往忽略受众，采用单一且生硬的政治宣传模式，较少针对受众地区或国家的社会文化语境和话语体系调整传播策略，过分关注外交话语的生成而忽略接受情况（胡开宝、李婵，2018）。其实，这样的论述也是目前整个中国特色对外话语体系在对外译介与传播过程中所面临的普遍现象。

党的十八大以来，以习近平为核心的党中央高度重视对外话语体系和国际传播能力建设，要求"要努力提高国际话语权。要加强国际传播能力建设，精心构建对外话语体系，发挥好新兴媒体作用，增强对外话语的创造力、感召力、公信力，讲好中国故事，传播好中国声音，阐释好中国特色"（习近平，2014：162）。此后，"对外话语体系"成为国内学界热衷探讨的研究课题。本文对十八大以来中国知网收录的相关研究成果进行系统梳理，对核心作者、核心文献、核心机构进行统计，并基于关键词、篇名、研究热点、研究趋势进行研究综述和微观分析，尝试在梳理其研究现状、把握其研究趋势、发现其潜在研究问题的基础上，为翻译学与对外话语体系建设在未来的基础研究和应用研究领域提供某些借鉴和参考。

1. 研究热点

按照《话语分析核心术语》一书的归纳总结，英文中的 discourse 一词融7种意义于一体，其中包括"使用中的语言""口语""大于句子或从句的篇章""体裁或文本类型""关于某个主题的态度""系统地形成其说话对象的实践""某些特定话语"（Baker & Ellece，2011：30-31）等各种五花八门的界定方式。田海龙、程玲玲因此建议：discourse 这个术语可根据其不同的含义，汉译成"篇章""话语""言语""语篇"等汉语术语（田海龙、程玲玲，2010：68）。上述的词义无疑是从语言学的学科层面来理解和把握的。近些年，该词逐渐成为政治学领域中的核心术语，在中文世界，该词作为"话语"的译名与意义日益凸显。从国家层面来看，是否拥有"话语权"成为衡量一个国家文化软实力的重要标准。

客观而论，以"中国特色对外话语体系"作为研究关键词或者篇名的数据非常有限。因此，为保证数据的可靠性与丰富性，笔者以中国知网全文数据库作为数据来源，检索篇名"对外话语体系"进行精准匹配，检索时间设为"不限"，最后下载时间为 2019 年 8 月 11 日，最终得到 89 条数据，如表 3-4 所示。

表 3-4 "对外话语体系"相关文献（2014—2019）

文献数	总参考数	总被引数	总下载数	篇均参考数	篇均被引数	篇均下载数	下载被引比
89	408	353	46 479	4.58	3.97	522.24	131.67

由于检索结果的最早首条数据为 2014 年，最晚末条数据为 2019 年 7 月 29 日，故这里研究数据分析的时间跨度设为 2014 年至 2019 年。经过分析，可发现如下特点：

1）总体趋势

从图 3-13 可以看出，"对外话语体系"研究总体呈良性发展趋势。2014 年发文量 12 篇，2017 年发文量达 20 篇，为这一时间区间中发文量的最高峰，2019 年有望超过此发文数。年均约 15 篇的结果数据，表明"对外话语体系"这一研究主题从 2014 年以来受到持续关注。

事实上，如果修改检索条件，将"对外话语体系"作为关键词进行精准检索，最后下载时间为 2019 年 8 月 11 日，可以得到 33 条数据，年均 5.5 篇。发表年度趋势如图 3-14 所示。可以看出，"对外话语体系"研究总体呈上升趋势。2014 年发文量只有 1 篇，2015 年开始呈良性发展之势，2015 年发文量达到 6 篇，2019 年仅 7 个月的发文量便已高达 9 篇。

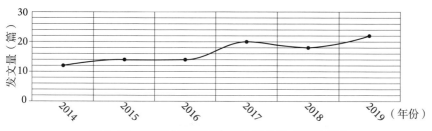

图 3-13 "对外话语体系"作为篇名搜索的发文量

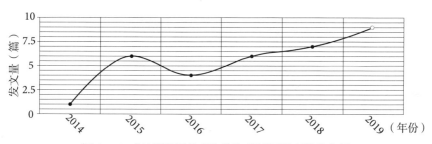

图 3-14 "对外话语体系"作为关键词搜索的发文量

2）高频次关键词

根据篇名检索的统计，图 3-15 列出了频次最高的前 20 个关键词。从中可以发现，"话语体系"以 59 次的出现频次高居高频次关键词之首。其次是"对外话语体系""中华人民共和国""对外传播""一带一路""传播话语""中国特色""政治话语""体系建构""国际话语权""国际传播能力"等。由此可见，对外话语体系的研究主要围绕对外话语传播、中国特色政治话语、国际话语权、国家领导人和中国政府倡导的理念如"一带一路""中国梦""人类命运共同体"等话语议题进行。

如果将"对外话语体系"作为关键词进行精准检索，检索数据如图 3-16 所示，"习近平""中国故事""治国理政""文化软实力"等则成为这一检索方式所获取的 33 篇论文的核心话语。这一方面体现出以习近平为核心的第五代领导集体对于中国特色对外话语体系建设的高度重视；另一方面也反映出学术界对于讲好中国故事、提升中国文化软实力这一时代主题的积极呼应。除此之外，"国际传播""外宣翻译""国家形象""国际话语权"也成为这些论述中的重要话语。可见，通过译介与传播中国对外话语体系，提升中国国家形象和国际话语权，也已成为学界共识。

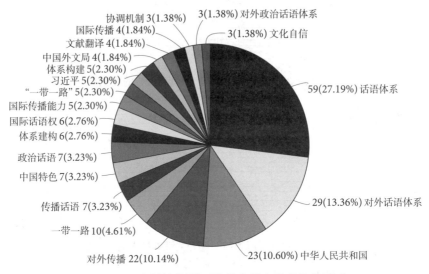

图 3-15 "对外话语体系"作为篇名搜索的高频词

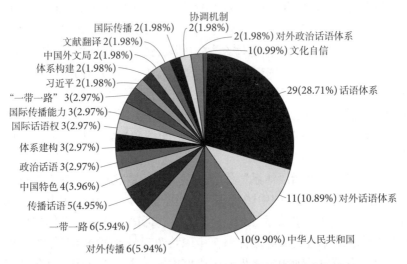

图 3-16 "对外话语体系"作为关键词搜索的高频词

第 3 章 外语界面研究：前沿与热点

3）高被引文献

为探究该领域的基础性核心文献，本文选取中国知网数据库 2014—2019 年间被引频次排名前 20 位的论文。如表 3-5 所示，黄友义、孟威、王永贵、刘泰来、王眉、袁赛男的文献被引频次较高。就学科分布而言，主要涵盖翻译学、新闻传播学、马克思主义·科学社会主义、语言学、国际关系学等学科领域。就研究论文的发表平台而论，《对外传播》与《中国翻译》的发文量较高。

表 3-5 被引频次排名前 20 位的相关文献（2014—2019）

序号	题名	作者/主编	来源	发表时间	被引频次	下载次数
1	重视党政文献对外翻译 加强对外话语体系建设	黄友义 黄长奇 丁洁	《中国翻译》	2014-05-15	39	2 022
2	改进对外传播构建"中国话语体系"	孟威	《新闻战线》	2014-07-15	35	1 796
3	打造中国特色的对外话语体系——学习习近平关于构建中国特色对外话语体系的重要论述	王永贵 刘泰来	《马克思主义研究》	2015-11-15	27	2 629
4	习近平构建中国特色对外话语体系的战略思维	刘泰来	《河海大学学报（哲学社会科学版）》	2015-02-25	26	2 756
5	智库国际传播与对外话语体系构建	王眉	《新疆师范大学学报（哲学社会科学版）》	2015-07-10	21	1 097
6	中国国际话语权的现实困境与适时转向——以"一带一路"战略实施中的新对外话语体系为例	袁赛男	《理论视野》	2015-06-15	18	2 188
7	新概念 新范畴 新表述：对外话语体系创新的修辞学观念与路径	刘涛	《新闻与传播研究》	2017-02-25	16	1 980

(续表)

序号	题名	作者/主编	来源	发表时间	被引频次	下载次数
8	打造具有中国特色、中国风格、中国气派的对外话语体系	李培林	《马克思主义与现实》	2014-07-26	12	962
9	加强国际传播能力建设，精心构建对外话语体系	王晓晖	《马克思主义与现实》	2014-07-26	10	898
10	当代中国价值观念对外话语体系建构与传播研究	莫凡 李惠斌	《中国特色社会主义研究》	2014-12-11	9	1 592
11	"中国梦"的国际话语体系建构与对外传播	马文霞	《江西社会科学》	2015-05-15	9	1 281
12	构建"一带一路"战略视域下的新对外话语体系	袁赛男	《对外传播》	2015-06-22	9	1 069
13	探析中国少数民族文化对外话语体系之主流文化价值观建设	曾路	《西南民族大学学报（人文社会科学版）》	2015-02-10	8	458
14	对外话语体系构建中的外宣翻译策略	李琼	《人民论坛》	2015-02-15	7	699
15	当代中国价值观念话语体系的对外传播策略研究	左路平 吴学琴	《探索》	2018-01-23	6	971
16	认知隐喻视角下的"一带一路"对外话语体系语言特色研究——以习近平主席的系列讲话为语料	龙祥	《现代语文（语言研究版）》	2017-07-25	6	627
17	我国气候变化问题对外传播话语体系建构	郑保卫	《对外传播》	2014-11-22	6	362
18	论对外政治话语体系的创建与翻译——再谈《求是》英译	贾毓玲	《中国翻译》	2017-05-15	5	1 049

第 3 章 外语界面研究：前沿与热点

（续表）

序号	题名	作者/主编	来源	发表时间	被引频次	下载次数
19	建设具有中国特色的对外话语体系的战略思考	张朝意	《对外传播》	2015-10-22	5	347
20	对外话语体系创新与"中国梦"的国际认同	李辽宁	《思想教育研究》	2016-11-25	4	543

按照被引频次排序，以"对外话语体系"为关键词进行检索得到的高被引文献前 20 位的排序情况如表 3-6 所示。在这 33 篇论文中，王永贵、刘泰来、王眉、刘涛、莫凡等的文章被引频次较高，其所探讨的话题主要包括对外话语体系构建、对外话语体系的译介与传播、国际传播能力建设等；就学科分布而言，主要涵盖翻译学、新闻传播学、马克思主义·科学社会主义等学科领域。

表 3-6　以"对外话语体系"为关键词的前 20 位高被引文献（2014—2019）

序号	题名	作者/主编	来源	发表时间	被引频次	下载次数
1	打造中国特色的对外话语体系——学习习近平关于构建中国特色对外话语体系的重要论述	王永贵刘泰来	《马克思主义研究》	2015-11-15	27	2 629
2	习近平构建中国特色对外话语体系的战略思维	刘泰来	《河海大学学报（哲学社会科学版）》	2015-02-25	26	2 756
3	智库国际传播与对外话语体系构建	王眉	《新疆师范大学学报（哲学社会科学版）》	2015-07-10	21	1 097
4	新概念 新范畴 新表述：对外话语体系创新的修辞学观念与路径	刘涛	《新闻与传播研究》	2017-02-25	16	1 980

(续表)

序号	题名	作者/主编	来源	发表时间	被引频次	下载次数
5	当代中国价值观念对外话语体系建构与传播研究	莫凡 李惠斌	《中国特色社会主义研究》	2014-12-11	9	1 592
6	对外话语体系构建中的外宣翻译策略	李琼	《人民论坛》	2015-02-15	7	699
7	认知隐喻视角下的"一带一路"对外话语体系语言特色研究——以习近平主席的系列讲话为语料	龙祥	《现代语文（语言研究版）》	2017-07-25	6	627
8	从讲好中国故事看构建对外话语体系和提高我国的国际话语权	张占斌 董青 卢晓玲	《文化软实力》	2016-12-28	4	660
9	构建中国国际话语体系提升国际传播能力	陈枫	《中国广播电视学刊》	2015-08-01	3	721
10	"一带一路"与对外话语体系兼容互动的逻辑探究	王继承	《克拉玛依学刊》	2017-11-25	2	856
11	中国重要概念术语的外文和民族文翻译传播与国家对外话语体系建设——第二届中央文献翻译与研究论坛述评	唐超	《民族翻译》	2016-12-31	2	372
12	基于新世界主义的"一带一路"倡议对外话语体系构建路径	金苗	《出版发行研究》	2018-11-15	1	342
13	"命运共同体"的话语体系建构——概念再造、语境重置与方式转换	周翔	《人民论坛·学术前沿》	2018-04-23	1	441

第3章　外语界面研究：前沿与热点

（续表）

序号	题名	作者/主编	来源	发表时间	被引频次	下载次数
14	论全面从严治党的对外话语体系建设	韩强	《理论探索》	2018-11-01	1	350
15	构建中国特色对外话语体系研究述评	刘春霞	《毛泽东邓小平理论研究》	2017-05-31	1	634
16	近年来"中国特色对外话语体系"研究述评	陈明琨 徐艳玲	《中共四川省委党校学报》	2016-09-15	1	591
17	视域融合理论下百年中国跨文化交往之省思	李景平 王婷	《西安交通大学学报（社会科学版）》	2018-11-02		202
18	精心构建我国对外话语体系有效传播中国好声音——以习近平总书记关于宣传思想文化工作的重要论述为指南	翟桓	《新闻爱好者》	2018-11-20		383
19	"一带一路"对外话语体系建设的问题与思考	孙敬鑫	《当代世界》	2019-01-05		346
20	《习近平谈治国理政》中的熟语特色及其英译研究	原淼 关熔珍	《河南工程学院学报（社会科学版）》	2019-02-26		387

4）核心作者

由图3-17可知，在关注对外话语体系的学者中，袁赛男和徐艳玲发文量最多，分别有4篇和3篇，王永贵、陈明琨、刘泰来等人紧随其后。通过分析文献及关键词，可知这几位核心作者主要关注的领域在政治话语体系、"一带一路"倡议以及对外话语困境、中国特色对外话语体系构建等。

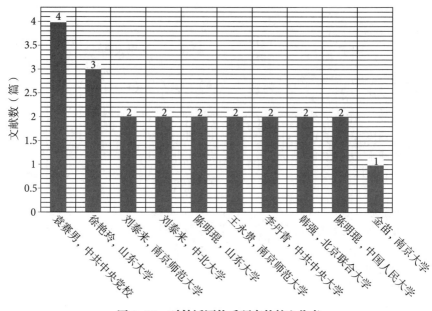

图 3-17 对外话语体系研究的核心作者

5）核心机构

笔者还对关注"对外话语体系"的核心机构进行了统计，详见图 3-18。数据表明中共中央党校、中国外文局、南京师范大学、山东大学、中国人民大学、中北大学、中国社会科学院等教学科研机构对本领域的关注度较高。从学科分布看，从社会科学的视角来进行关注和探讨的研究较多，其次是哲学与人文科学、同时还有经济与管理科学、信息科技学科等。涉及政治学、新闻传播学、翻译学等。从合作机构而言，仅有中国人民大学与山东大学、南京师范大学意识形态研究中心与中北大学人文社科学院等少数科研院所有一定的合作。这些数据表明，尽管中国特色对外话语体系建设是一个复杂的系统工程，但人员和学科之间的跨学科合作还远远不够，各方各界的协调、交流与联动还有巨大的提升空间。

第 3 章 外语界面研究：前沿与热点

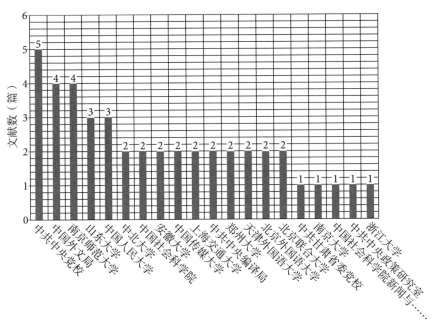

图 3-18 对外话语体系研究的核心机构

6）中文专著/论文集

除了上面提及的研究论文，还有个别研究专著和论文集也以"话语研究""话语体系"等关键词为题。具体见表 3-7。

表 3-7 以"话语研究""话语体系"为关键词的中文著述（2014—2019）

序号	题名	作者/主编	出版社	出版时间
1	中国特色哲学社会科学构建与话语体系创新（2017）	哲学社会科学话语体系建设协调会议办公室	社会科学文献出版社	2018
2	《中国哲学社会科学话语体系研究辑刊》（第2辑）	哲学社会科学话语体系建设协调会议办公室	社会科学文献出版社	2016
3	中国学术与话语体系建构（社会科学卷）	哲学社会科学话语体系建设协调会议办公室	社会科学文献出版社	2015

(续表)

序号	题名	作者/主编	出版社	出版时间
4	中国学术与话语体系建构（总论·人文科学卷）	哲学社会科学话语体系建设协调会议办公室	社会科学文献出版社	2015
5	文化话语研究：探索中国的理论、方法与问题	施旭	北京大学出版社	2010

其中最全面的论述当属 2015 年 9 月哲学社会科学话语体系建设协调会议办公室编辑出版的《中国学术与话语体系建构（总论·人文科学卷）》，该论文集搜集和梳理近 5 年来话语体系研究领域相关文章，遴选出具有代表性的学术论文，归纳为总论、哲学·马列、文学、史学共 4 个专题；而同年出版的《中国学术与话语体系建构（社会科学卷）》一书搜集和梳理了近 5 年来话语体系研究领域相关文章，遴选出具有代表性的学术论文，归纳为中国道路、经济、社会政法、国际话语权共 4 个专题。2016 年 10 月，哲学社会科学话语体系建设协调会议办公室继续推出《中国哲学社会科学话语体系研究辑刊》（第 2 辑），主要搜集和梳理 2015 年话语体系研究领域相关文章，遴选出具有代表性的学术论文，分为中国道路与中国话语、马克思主义与话语体系创新、人文视野中的话语体系建设、经济理论实践与话语体系建构、中国外交与国际话语权等 5 个专题。2018 年 2 月，哲学社会科学话语体系建设协调会议办公室又编辑出版了《中国特色哲学社会科学构建与话语体系创新（2017）》，该书选取 2017 年度发表的有代表性的学术论文 38 篇，分为意识形态建构与话语体系创新；社会主义政治经济学话语体系建构；人文社会科学学科体系与话语体系建设；弘扬传统，创新话语，贡献智慧；中国文化与中国话语；中国外交与国际话语权等 6 个专题。可以看出，中国学者在十八大以后，对"中国话语"和"话语体系构建"方面的话题显示出高度的兴趣和热情。研究内容和研究热点也与国家的当下关切高度关联。上述论文集或著述中所涉及的专题也都是近年来学界在该领域的高度关切。

值得注意的是，上述论文集都是哲学社会科学话语体系建设协调会议办公室选编的。该协调会议机制于 2013 年 12 月建立，由中央部门 9

第 3 章　外语界面研究：前沿与热点

家单位作为成员。2014年，按照中宣部的统一部署，协调会议办公室创办了《哲学社会科学话语体系建设研究动态》，并从2014年开始举办"全国哲学社会科学话语体系建设理论研讨会"。同样值得一提的是，在机制和平台建设方面，中国外文局对外传播研究中心（2014年改为中国外文局当代中国与世界研究院）自2004年开始设立，是经中央批准的从事对外传播和国际涉华舆论研究的专门机构，是国家级的专业智库。下设传播战略研究室、综合信息研究室、国际舆论研究室、国家形象传播与效果评估研究中心、"中国威胁论"研究中心、中共国际舆论形象研究中心、国际涉华舆情监测评估中心和海外书情与文献研究中心等。该研究中心以应用研究和对策研究为研究特色，在全球传播战略设计与政策规划、国际舆情研判与受众调查、传播效果评估等领域具有核心优势，为中央政府部门、企事业单位和社会组织提供专业政策咨询和战略研究服务。作为中央新闻宣传部门舆情研判机制的重要成员，该机构还编发了《外宣研究与参考》《境外涉华舆情》等20余种动态研究产品，同时主编了"对外传播理论与实践研究"丛书，主办了《对外传播》《网络传播》《中国翻译》等国家级专业期刊，并举办了"全国对外传播理论研讨会""全国翻译工作座谈会""中国政治话语传播研讨会""中国梦国际研讨会"等高端学术会议，为政界、业界与学界搭建了多种合作与交流的话语平台。此外，该研究中心还与凯度华通明略（Kantar Millward Brown）、Lightspeed合作开展了针对全球五大洲不同区域的普通民众的有关中国国家形象的全球调查，并联合发布"中国国家形象全球调查年度报告"，至今已经发布共6期。客观而论，该研究中心在对外话语体系建设、国际传播能力建设方面的研究及数据库建设做了大量卓有成效的工作。

7）英文专著/论文集

事实上，在中国特色对外话语体系的英文著述中，讨论话语分析、语言与话语、语言与传播、话语与媒体、话语与政治、话语与意识形态等主题的专著和论文数量颇丰，但涉及中国话语、中国对外话语、中国政治话语的英文类著述则相对较少。表3-8即是近年来在中国话语研究方面的代表性英文著述。

表 3-8　以中国特色对外话语体系为研究对象的英文著述（2014—2019）

序号	题名	作者/主编	出版社	出版时间	丛书名
1	Encoding Motion Events in Mandarin Chinese: A Cognitive Functional Study	Jingxia Lin	John Benjamins Publishing Company	2019	Discourse Approaches to Politics, Society and Culture (DAPSAC)
2	Current Studies in Chinese Language and Discourse: Global Context and Diverse Perspectives	Yun Xiao, Linda Tsung	John Benjamins Publishing Company	2019	Discourse Approaches to Politics, Society and Culture (DAPSAC)
3	Patient-Subject Constructions in Mandarin Chinese: Syntax, Semantics, Discourse	Xiaoling He	John Benjamins Publishing Company	2019	Discourse Approaches to Politics, Society and Culture (DAPSAC)
4	An Anthology of Chinese Discourse on Translation (Volume Two): From the Late Twelfth Century to 1800	Martha P. Y. Cheung	John Benjamins Publishing Company	2016	
5	Contemporary Chinese Discourse and Social Practice in China	Linda Tsung and Wei Wang	John Benjamins Publishing Company	2015	Discourse Approaches to Politics, Society and Culture (DAPSAC)
6	Discourse, Politics and Media in Contemporary China	Qing Cao, Hailong Tian, Paul Chilton	John Benjamins Publishing Company	2014	Discourse Approaches to Politics, Society and Culture (DAPSAC)

第 3 章 外语界面研究：前沿与热点

（续表）

序号	题名	作者/主编	出版社	出版时间	丛书名
7	An Anthology of Chinese Discourse on Translation (Volume One): From Earliest Times to the Buddhist Project	Martha P. Y. Cheung	John Benjamins Publishing Company	2010	
8	The Routledge Handbook of Chinese Discourse Analysis	Chris Shei	Routledge	2019	Routledge Studies in Chinese Discourse Analysis
9	News Framing Through English–Chinese Translation: A Comparative Study of Chinese and English Media Discourse	Nancy Xiuzhi Liu	Routledge	2019	Routledge Studies in Chinese Discourse Analysis
10	A Discourse Analysis of News Translation in China	Liang Xia	Routledge	2019	Routledge Studies in Chinese Discourse Analysis
11	Grounding in Chinese Written Narrative Discourse	Wendan Li	Brill	2018	Utrecht Studies in Language and Communication
12	Mandarins and Heretics: The Construction of "Heresy" in Chinese State Discourse	Junqing Wu	Brill	2017	Religion in Chinese Societies
13	Critical Discourse Analysis of Chinese Advertisement: Case Studies of Household Appliance Advertisements from 1981 to 1996	Chong Wang	Springer	2017	

其中，Routledge 出版的"中国话语分析"（Routledge Studies in Chinese Discourse Analysis）系列丛书非常值得关注。该丛书尝试从语言学、符号学、哲学、社会文化学、文学、政治学、信息技术、心理学和神经认知视角解读和阐释中国话语。丛书主编为英国斯旺西大学应用语言学系的 Chris Shei 博士。丛书中的 *News Framing Through English-Chinese Translation: A Comparative Study of Chinese and English Media Discourse* 一书通过对英汉翻译的新闻框架对比分析，为我们提供了在全球化时代如何审视中国新闻翻译的有益视角。作者将新闻学中的框架理论与翻译研究相结合，提出了一种新的理论模型——跨框架。这种跨学科的模式，尝试对比中英媒体话语，进而揭示意识形态、社会文化和语言因素如何影响和创造新的媒体话语。*A Discourse Analysis of News Translation in China* 则以《参考消息》作为研究对象，对中国新闻翻译的话语视角进行了分析，为我们提供了一个了解中国媒体与新闻翻译的独特视角，有助于我们理解中国媒体的运作方式。客观而论，该系列丛书对于新时代背景下中国话语的对外译介与传播在方法论和认识论上有诸多启发意义。

此外，John Benjamins Publishing Company 出版的"中国语言与话语研究"（The Studies in Chinese Language and Discourse）系列丛书同样值得关注。该套丛书的执行主编是加州大学洛杉矶分校的 Hongyin Tao。丛书包括中国语言的认知功能研究、中国语言和话语的全球语境与多元视角研究、医用话语分析研究；此外，还有讨论中国国家话语和中国书面叙事话语以及中国翻译话语研究的著述，它们从不同的研究视角，拓展了中国特色对外学术话语的范畴和中国国际学术话语权，其中包括中国香港学者张佩瑶教授关于"中国翻译话语"的两卷本专著，以及探讨"中国国家话语"和"中国书面叙事话语"的另外两本专著，后者属于"乌得勒支语言与传播研究"（Utrecht Studies in Language and Communication）系列丛书。

可以看到，该领域的英文研究也是从 2014 年才开始呈现上升趋势，至 2019 年达到一个高峰，目前可见仅 2019 年前 7 个月就已经有 6 部专著出版。相关英文研究所涉及的学科领域包括翻译学、语言学、传播学、政治学和社会学等。就学者分布而言，研究者多来自英国、美国、新加坡、澳大利亚等。就海外出版机构来看，世界知名的 Routledge 和

第3章 外语界面研究：前沿与热点

John Benjamins Publishing Company 在中国话语研究的出版方面用力甚勤。这反映出英美的主流学术出版社对于中国话语研究的高度重视。有了西方主流出版社和主流媒体的参与，中国特色对外话语体系的译介与传播无异于获得了落地生根的空气和土壤。通过客观中立的学者而非从上到下的政府官员的推送和阐释，中国特色对外话语体系，无论是政治话语（意识形态话语）体系、学术话语（理论话语）体系，还是民间话语（日常生活话语）体系，便可以获得更多信任和理解，从而收获海外受众更多的好感，使中国特色对外话语的国际话语权和国际影响力得到实质性的提升。毫无疑问，这些成果从不同的视角拓展了海外受众对于中国话语的认知和理解，有助于扩大中国话语在国际学术界的影响力，也在很大程度上丰富了中国话语的话语场域。

2. 存在问题

客观而论，上述研究从翻译学、语言学、传播学、外交学、政治学、社会学、信息技术等不同的视角和不同的学科，丰富了我们对于中国特色对外话语体系建设的理解和认识，也提出了我国在对外话语体系建设过程中的理念、内涵、任务、目标以及问题、困境和未来思路，这些无疑都是该领域的重要论述，但现有研究也不可避免地存在以下"四个不足"：（1）理论研究普遍，实证研究缺失；（2）碎片化研究普遍，系统性研究缺失；（3）规定性研究普遍，描述性研究缺失；（4）同质化研究普遍，创新性研究缺失。而且，不容忽视的是，现有研究也未能将中国特色对外话语体系置于一个连贯的全球化语境下进行系统考察，未能全景式地展示新中国成立 70 年来中国对外话语体系建设的历史流脉、逻辑演进、阐释机制、实践意义与社会功能。如此一来，众多研究成果呈现出碎片化和片面化的基本特征。

具体而言，现有研究还大多停留在理论探讨的层面，重复研究的现象较为普遍，人云亦云的现象也较为普遍，而有创新观点的真知灼见比较少见。同时我们看到，现有研究对策略和方法的探讨较多，但对于目标、机制、影响和效果的实证研究还相对缺位，未能很好地采用文本数据挖掘技术、舆情分析、语料分析等手段，形成有效的研究报告、调查报告和决策咨询报告。简单而论，现有的理论研究未能很好地发挥其指导对外话语实践的应有功能，而对外话语体系研究本身承载的服务社会功能、阐释和解释现实的话语功能也未能在现有的研究中得到凸显和强调。事实上，在批评话语分析中，话语历来就被视为一种社会实践。"通过分析过去的话语，我们可以再现过去某些事件的情境和社会状态；通过分析现在的话语，我们可以解释、解决当前的社会问题；而且我们对过去、现在话语的分析，可以得到一些有效的话语使用方式，对未来有所启迪。"（辛斌等，2018：18）因此，未来的研究需要在实证研究和对策性研究方面有所突破。

此外，现有的研究还呈现出另一种情形：尽管对外话语体系建设是一个庞大的系统工程，但研究者还远未能与有关各方在理论探讨和话语实践方面达成理解与共识，联合攻关的协调机制还远未建立起来。事实上，综合黄友义、黄长奇、丁洁（2014），陈亦琳、李艳玲（2014），李倩（2015）等学者的观点，中国特色对外话语体系的译介与传播，在机制建设方面，还存在着四个方面的"缺失"：（1）有效协调话语构建方、翻译方、发布机构及媒体机构的顶层设计与工作机制缺失；（2）对外话语体系的构建、译介与传播全流程的协调机制缺失；（3）对外话语翻译标准的研究与发布机制缺失；（4）上述各方力量的联动机制缺失。毫无疑问，上述情形亟待扭转，否则对外话语体系建设难以形成有效合力，"大话语""大外宣"和"大传播"的对外话语译介与传播体系也难以真正形成。

再者，如何实现"中国知识""中国智慧"的世界表达与阐释（魏向清、杨平，2019），如何切实有效提升中国话语的国际话语权，是摆在外宣工作者面前一个严肃而迫切的历史使命。从这一意义上讲，翻译人才和传播人才的培养和选拔便显得至关重要。然而，对于翻译人才和传播人才培养模式的研究与探讨还相对空洞，有推广价值的、具有良好可操作性的人才培养模式和机制建设几近空白。黄友义指出：在语言服务业进入快车道的时代背景下，我们的社会需要翻译研究人员，但目前更需要的是应用型的翻译人才（黄友义，2017）。当然，考虑到中国话语的流通与传播，传播人才的培养亦是同等的稀缺和重要。不过，要真正高效地培养出合格的翻译专业人才和传播专业人才，就必须建立能够

第 3 章 外语界面研究：前沿与热点

独立运行的、具备综合调配各类资源、并能够系统构建相应教学体系的教学管理平台（柴明颎，2019）。然而，迄今为止，翻译教学机构却尚未做出及时调整与应对（任文，2018），传播教学机构亦是如此。事实上，这两类教学机构各自都还未就新时代的对外话语体系建设的严峻性和紧迫性引起高度重视，都还未就新时代应该培养怎样的翻译与传播人才在理念上形成共识，因此，要探讨如何加强这两个学科在对外话语体系建设中的人才培养方面进行跨学科和跨专业的鼎力合作，依然任重而道远。然而，一旦相关的机制和体制没有理顺，一旦我们在人才培养理念上还存有分歧，未来的对外话语体系建设就会因为高端人才的青黄不接和重度匮乏而面临困境。

3. 发展趋势

不言而喻，上述研究缺憾和研究空白为后续研究提供了话语研究指向和未来研究的着力点。正是研究综述中提及的这些前述问题的存在，尤其是当下研究过程中的"四个不足"的存在，加之未能有系统的、历时的、针对中国特色对外话语体系在英语世界的译介与传播的研究成果，中国特色对外话语体系的相关研究还有巨大的探讨、发展和突破空间。具体而言，未来的相关研究可以在以下六方面有所发展和突破：

第一，系统梳理中华人民共和国成立 70 年来中国特色对外话语体系在英语世界的译介与传播状况，为国内外全面了解和研究中华人民共和国成立 70 年来中国特色对外话语体系的构建、发布、译介、传播与接受提供重要研究史料。这样不仅可以立体动态地了解中国特色对外话语体系从建构到发布，再到译介、传播与接受的完整过程，同时还可以从该完整过程中吸取各类经验教训，从而在后续工作中扬长避短、开拓创新、精诚合作，有效推进中国故事的世界表达。此外，在中国日渐走近世界舞台中央的今天，此类研究成果对于厘清中国特色对外话语体系的源流，理解中国特色对外话语的产生机制、话语传统、内在肌理、目标定位、原则理念、策略方法，以及从整体把握中国特色对外话语的特征与趋势，将有很大的启发意义和理论价值。不言而喻，它立体地展现了从 1949 年到 2019 年中国国家形象的发展变迁和中国经济社会文化等各个领域发生的翻天覆地的变化，对于国内外读者全面认识中国和中国对外话语、了解中国思想史和中国文化史意义重大。

第二，围绕中国特色对外话语体系建设的理论建构、实证研究和服务决策展开相关研究，并在此基础上撰写针对性的研究报告和决策咨询报告，为对外话语体系建设和国际传播能力建设提供政策建议和决策咨询。事实上，这样的研究道路，可为国家在国际话语权建设过程中的综合研判提供决策咨询；也为制定和调整翻译政策、传播策略、发布机制、运行机制和协调机制提供重要指南；进而对中国特色对外话语体系建设和国际传播能力建设提供决策咨询和政策建议。

第三，针对不同国家的重点目标人群（如国外的智库人员、中国问题研究者、记者、商人等），开展中国特色对外话语体系建设的问卷调查、实地调研以及深度访谈，形成调查报告或研究报告，为国家和各种民间力量探索"大话语""大外宣"和"大传播"机制提供重要的数据支持和智力支持。

第四，采用语料库研究方法，对英美主流媒体、主要报刊、政府文件和相关数据库有关中国特色对外话语建设的新范畴、新概念、新术语以及观点、言论和著述等进行数据与语料分析，形成权威分析报告和关于中国国家形象的调查报告，以及基础信息数据库，从而为中国特色对外话语体系建设在目标、影响和效能研究方面提供数据支撑和决策导向。

第五，充分发挥舆情分析方面的资源优势和技术优势，对主要英语国家的普通民众进行有关中国特色对外话语体系译介、传播、阐释、解读、影响、接受等情况的舆情分析，从而形成舆情分析报告和政策咨询建议，为中国特色对外话语体系的译介与传播做好先期的舆情分析，进而有助于开展精准译介与传播，提升中国话语对外译介与传播的效能与影响。

第六，积极开展高端应用型对外话语翻译与传播人才培养的相关研究和实践探索。为国家和政府以及各种民间力量有效开展中国话语的世界表达提供人才支持和智力保障。毫无疑问，这方面的研究和探索对于未来对外话语体系建设的实际成效意义非凡且影响深远。

如前所述，中国特色对外话语体系建设是一个系统工程。现有研究虽如火如荼,但亦存在一些问题与不足,只有找准问题进行分析和探索,尤其需要通过文献梳理、理论探讨、实证研究、问卷调查、网络调查、深度访谈、语料分析、数据分析、舆情分析等多元手段,我们才可以准确把握新时代背景下中国特色对外话语建设的历史、现实与未来,最终形成有关译介与传播效能的有效反馈与评估机制,而这又可以反哺和倒逼我们在对外话语体系建设的科学内涵、原则理念、策略方法、目标设定和决策研究的发展。我们相信,有了这些多元和多视角的研究手段、研究方法和研究维度,中国特色对外话语体系译介与传播的效能、影响与机制将得到精准评估和有效反馈,从而为未来中国特色对外话语体系的构建、发布、译介、传播与接受提供理论参考和行动指南,也为探索符合中国国情的中国特色对外话语体系,进而探索符合中国国情的"大话语""大外宣"和"大传播"机制提供参考。

3.4 新文科背景下的外语学科:内渗与外扩

根据全国社会科学办公室的定义,"新文科"是相对于传统文科而言的,是以全球新科技革命、新经济发展、中国特色社会主义新时代为背景,突破传统的文科模式,以继承与创新、交叉与融合、协同与共享为主要途径,促进多学科交叉与深度融合,推动传统文科的更新升级,从学科导向转向以需求为导向,从专业分割转向交叉融合,从适应服务转向支撑引领。

所谓"文科",即"人文社会科学",早期由于苏联教育制度的影响也被称为"哲学社会科学"。顾名思义,人文社会科学包含人文学科与社会科学两个层面,有鉴于人类是在社会活动中存在的客观事实,"人文"与"社会"的关系亦是一体两面的。人文学科,即同人类利益有关的学问;社会科学,则是以社会现象为研究对象的科学。传统上,我们普遍认为人文社会科学包含哲学、经济学、史学、文学、法学、伦理学、语言学、社会学等多个学科以及与之相关联的交叉学科。我国人文学科建设历史悠久,尤其是近代以来,在保持传统研究体系的同时,亦广泛吸纳西方各现代人文学科及其思想,逐步形成了中西合璧的学科特色。

人文学科的建设是随着时代不断发展的，每一时代的发展主题都是根据当时具体的时代需求与社会环境而设定的。作为当代我国人文学科乃至整个高等教育体系改革的里程碑，2018年底由教育部高教司吴岩司长提出的以"利用新手段，秉持新思维，突破学科壁垒，重塑学科体系，培养新型人才"为核心的新文科建设构想为我国当代以外语学科为代表的人文学科发展指明了新方向。

外语学科，即一级学科"外国语言文学"的通称，是中外文明与文化交流的产物，与哲学、中国语言文学、新闻传播学、历史学、社会学与政治学等一级学科关联密切。学科下设13个研究方向与5个研究领域，基于语言与文学两大主体，逐步拓展至翻译学、国别与区域研究、跨文化研究等领域。外国语言文学的学科内涵即在于其下设的外国语言学、外国文学、翻译学、国别与区域研究、比较文学与跨文化研究等五大领域及其所包含的研究对象、理论、知识与方法。具体而言，外国语言学主要关注外国语言的本质、意义、结构、功能与发展，以及应用语言学所讨论的语言政策与规划，语言教育与测试，语言与社会、文化、民族、文学的关系，言语同人的思想、心理与行为的关系，以机器翻译为代表的言语产品加工与合成及词典编纂；外国文学主要研究外国作家作品、文学史、文学思潮与流派、文学理论与批评；翻译学主要探讨语际乃至符际的口笔译活动、发展、批评及其规律；国别与区域研究主要分析外国社会制度、历史文化与中外关系；比较文学与跨文化研究则着重强调中外文学关系、跨国文学比较与多元文化交流等。相应地，在学科内涵的基础上，继续向外延展的，借助其他新兴技术手段与人文学科或自然科学相结合的跨学科探索，如生态翻译学、计算文学、演化语言学、跨文化传播学等研究便构成了外语学科乃至泛语言文学学科的研究外延。

21世纪以来，外语学科的学科地位与重要性愈发凸显，尤其是当前，"文学研究借鉴相关学科的理论与方法，出现跨领域、跨学科的发展要求；语言学研究已体现出学科前沿性，交叉性的发展态势"（国务院学位委员会第六届学科评议组，2013），可见，其在促进文化传承与传播、增进世界各国人民理解与交流、推动我国人文学科发展与提升我国外语教育及人才培养方面均具有重要的学科意义。习近平（2016）在主持中

第3章 外语界面研究：前沿与热点

共十八届中央政治局第三十五次集体学习时的讲话中指出，参与全球治理需要一大批熟悉党和国家方针政策、了解我国国情、具有全球视野、熟练运用外语、通晓国际规则、精通国际谈判的专业人才。新文科背景下，外语学科人才培养更需要"以立德树人为核心目标，以'会语言、通国家、精领域'为核心能力，以语言科技为核心手段，有效提升外语教学的实用性、针对性"（姜智彬，2019）。随着我国当代国际事务参与度的不断提升及全球化背景下国际政治、经贸、文化交往的日益密切，外语人才成为当代我国人才建设的重要组成，其优化培养离不开外语学科的完善建构，以"新技术""跨学科"与"新通才"为核心的新文科建设恰好为当代外语学科的建设与改革提供了思想纲领与行动指南。

罗良功（2020）认为，目前，我国外语学科正处于前所未有的"最好时代"。首先，学科自身逐渐形成了稳定的内部体系，兼具"学科性＋人文性"的双重特征；其次，2018年的"新文科建设"以及近年来的"金专""金课"计划，都为外语学科的创新发展提供了优越的外部环境。然而，我们在抓住机遇的同时，也必须清晰意识到，我国外语学科目前仍旧存在许多问题，主要表现为以下5点：（1）内外协同创新不足；（2）理论实践脱节严重；（3）教学科研存在偏见；（4）研究技术手段薄弱；（5）现实战略意识不强。有鉴于此，我们认为，新文科背景下的外语学科必须将本体研究与关系研究相结合、以理论建设与应用探索相促进，结合新兴技术手段与当代国家战略需求，从外语学科的内涵与外延入手，实现外语学科内部各领域与方向间、外语学科与诸人文学科间及外语学科同相关自然科学间的"内渗"与"外扩"。"内渗"，即新文科背景下各学科内部各领域间的互动与融合，就外语学科而言，具体体现为领域耦合、学用融合与语种贯通，属内界面；"外扩"，即各学科间的影响与交叉，在外语学科研究中具体表现为技术借鉴、人文共进与文理交汇，属外界面。学科内外协同发展，以双管齐下、内外并举的方式完成新文科背景下的外语学科整合。

3.4.1 新文科概念的由来与发展

由 CNKI 可知,"新文科"这一表述在我国始见于山东师院中共中文系总支委员会发表在 1975 年第 1 期《山东师范大学学报(人文社会科学版)》的《在战斗中建设新文科——围绕批林批孔战斗任务组织教学的体会》一文,意即"文革"背景下"教育要革命"的文科新表现。当然,此"新文科"绝非我们所讨论的"新文科",而是当时特定社会环境与意识形态下的产物。我们探讨的"新文科"是指基于美国希拉姆文理学院(Hiram College)于 2017 年 10 月提出的"新人文"(new liberal arts)理念,即以"新技术+文科"为方法,以培养反思能力、促进学科融合、贯通学理关联、发展体验性学习为核心,结合我国高等教育实际情况,由教育部高教司吴岩司长于 2018 年 12 月 20 日在教育部经济管理类教指委主任委员联席会议上提出的"新文科建设路径",旨在将新技术融入经管法文史哲等相关大类课程中,为学生提供综合性的跨学科学习资源,从而更好地培养适合经济社会发展需求的人才,并将与新工科、新医科、新农科一道引领我国未来高等教育的新航向。新文科建设不仅是我国人文学科及高等教育领域的一场专业性改革,更具有重要的战略意义,对今后我国的人才培养与国家发展影响深远。

其实,早在 2016 年 5 月 17 日的哲学社会科学工作座谈会上,习近平发表的讲话中就体现了"新文科"这一理念,"现在,我国哲学社会科学学科体系已基本确立,但还存在一些亟待解决的问题,主要是一些学科同社会发展联系不够紧密,学科体系不够健全,新兴学科、交叉学科建设比较薄弱"(2016b:10),并强调"要通过努力,使基础学科健全扎实、重点学科优势突出、新兴学科和交叉学科创新发展、冷门学科代有传承、基础研究和应用研究相辅相成、学术研究和成果应用相互促进"(习近平,2016b:11),为新文科建设提供了重要的理论前提与现实动因。作为"十三五"规划的收官之年,在 2020 年 8 月结束的全国研究生教育会议上,交叉学科被正式确立为我国第 14 个学科门类,更为新文科建设提供了坚实的实践意义与行动保障,各学科的新文科建设路径逐步进入改革实践的"深水区",即"利用数字技术、计算机技术与信息技术对传统人文学科进行学科重组,实现文科内部以及文科与自然科学的交叉与融合，强调利用科学技术手段研究哲学社会科学问题，并密切关注与自然科学及科技发展相关的哲学社会科学问题"（文旭，2020）、"吸收其他学科（如新工科、新医科等），反哺其他学科，增加人文素养，关注其在其他学科中的作用"（向明友，2020），并将其成果应用于教学中，培养具有多学科、跨学科知识的新型人才，为其未来的职业规划做准备，以帮助其应对未来在职场中可能面对的复杂状况与问题。

3.4.2　新外语学科的内外延伸

外国语言文学包含了五大领域与十三大方向，二者及其具体研究对象共同构成了外语学科的学科内涵。新文科背景下，我们认为，打通五大领域与十三大方向中各自存在的间隔将成为完成外语学科"内渗"的关键。就五大领域而言，其研究对象常常彼此关联，在外语学科的发展中，以跨文化翻译学、文学语言学及语言国情学等跨学科研究为代表的交叉学科一直发挥着重要作用，相关研究屡见不鲜。然而，相较而言，对外语学科及其研究对象内部潜在的学用之别，学界的关注则稍显暗淡，久而久之，便造成了外语学科理论与实践彼此脱节的情况。因此，我们认为，新文科背景下外语学科五大领域的内渗主要应从两方面进行，其一在于各领域研究对象的相互耦合，其二则在于理论与实践的学用合一；而就十三大方向而言，其主要区别在于语种差异，而外语学科长期以来不同语种的研究始终处于彼此隔绝的状态，因此，我们认为，新文科背景下的外语学科内渗，还应从贯通语种入手，逐步向大外语迈进，并最终协同"中国语言文学"这一一级学科共同发展。新文科建设的本质在于学科交叉，除了常规理解下学科间的"外交叉"，亦存在学科内的"内交叉"，我们认为，新文科背景下外语学科的"内渗"即表现为其五大领域与十三大方向内部的"领域耦合＋学用融合＋语种贯通"，即分别从促进外语学科内部各研究对象彼此协同、融合外语学科教学与研究中的学理与应用界限、打破外语与外语乃至外语与汉语间的学科壁垒入手，将当代外语学科全面提升至符合新文科建设需求的新高度。

领域耦合，即着眼于外国语言文学的五大领域的主体研究对象，在今后研究中尽可能地对其进行联通与融合。外语学科五大领域中，除了国别与区域研究本身就是一种基于外国语言学、外国文学及跨文化研究的领域耦合，其他四大领域及其主要研究对象间亦存在着相当程度的关联。例如，可借助历史语言学的古代语言研究对相关的外文古典文献进行直接解读，从而直观地了解语言发展的来龙去脉，并减少由于不同译者多次转译造成的信息缺失或谬误，以呼应外语学科古典学研究的建设与发展；此外，还可将跨文化交际研究的相关成果运用于翻译学的研究中，使翻译学研究不再局限于单一的语言模态，而是延伸至文化、认知、民族心理等多角度。事实证明，越来越多的翻译行为已不仅仅是语言对语言的转化，而是兼具了身势、表情、语气乃至文化背景的复合行为，如印度人的点头与摇头、俄罗斯人表达良好的现状与希望时出于自保心态所作出的敲桌子的行为、英国人令人费解的冷幽默等。此时，良好的跨文化交际能力无疑将对翻译的准确性更为有利。

学用融合，即平衡我国外语学科教学与研究中的应用与学理，并最终将二者相互融合。具体而言，即如习近平（2016）强调的，"基础研究和应用研究相辅相成、学术研究和成果应用相互促进"，在新文科建设中打破我国现行外语学科下理论研究与实践研究的严格界限，在外语学科的教学与研究中贯彻学科本体意识。以往我国外语学科的教学实践侧重应用与实践能力的培养，然而受传统"文以载道"思想的影响，学术科研往往更偏重理论分析与文献解读，科研与教学各说各话，彼此无法实现互利与共赢，"两张皮"的现象尤为明显。尽管以文秋芳（2017）为代表的许多专家学者近年来已开始从方法论角度探讨对上述"学用分离"现象的因应之道，但学界整体上对此仍莫衷一是。语言与历史、社会、文化与自然等因素息息相关，树立"学用合一"的学科本体意识，不仅有助于更好地理解外语知识，对提升人文素养、构建全球化视野亦至关重要。因此，新文科视角下，我们首先应关注的就是将外语学科的教学与研究工作从过去的"各自为政"发展为"相得益彰"，在教学中不仅要引导学生关注外语的实用价值，亦应关注语言背后的文化内涵，在研究中既要做"上得厅堂"的理论研究，又要使相关的研究成果在教学实践中"下得厨房"，以"文实兼顾"的手段实现"学用融合"。例如，

第 3 章　外语界面研究：前沿与热点

课堂教学中，除了以往对文艺、政治、经济等国别知识的介绍，亦可将必要的社会语言学、历史语法、文学批评、语言对比等相关理论研究落实为背景知识引入课堂，并根据教学效果的反馈进行相关研究，而不再像过去将其割裂为彼此对立的理论研究与教学实践。这不仅可解决语言学习过程中"知其所以然"的问题，更能引起学生对外语学科本体的兴趣，有助于其问题意识的形成及学术思维与科研能力的培养。

语种贯通，即今后我国外语学科也将不再局限于单语种的人才培养，而是在各语种既有的研究基础上增进彼此交流，在分享各语种教学科研经验、走向"大外语"甚至"语言类"学科的同时，促进优势互补与协调互动，培养具备多语能力的人才，从而实现新文科的人本理念。首先，结构、背景与普及率殊异的各语种本身即蕴藏着丰富的理论与实践价值，贯通语种不仅有利于学科间的经验互鉴，更有利于我国对外话语体系的建构与统一。结合目前我国语言类学科发展中"汉语 > 英语 > 通用语 > 非通用语"的不平衡性，我们可将这种贯通概括为"合纵连横"，即从教学科研的角度，在各外语语种相互借鉴的基础上，"小语种"需充分汲取"大语种"的经验，而外语学科又要与汉语学科交流学习具体的方法与理念；其次，正如吴岩（2019：6）指出："高校要建设新文科，做强大外语，培养'一精多会''一专多能'的国际化复合型人才。"我国各语种高等教育在人才培养方面实际上均有自身的独到之处，囿于过去彼此孤立的樊篱，其优势往往无法达到最有效发挥，因此，唯有将"语言类"学科彻底贯通，方能取长补短，在促进我国语言文学大类学科长远发展的同时，培养符合"全球治理"需求的高水平人才。

除了"内渗"，我们更应从新文科的核心——"跨学科"的角度，对外语学科的外延发展进行思考，即通过学科交叉，以"外扩"的形式加速实现"新兴学科和交叉学科创新发展"。我们认为，这种"外扩"是有层次的，即借助新技术手段，从距离外语学科最近的如哲学、历史学、社会学、传播学等人文学科，逐步拓展至生态学、医学、生物学等自然科学，从而形成一个新的超学科体系。外语学科本质上是人文学科，从学科关系看，以哲学、中国语言文学、新闻传播学、历史学、社会学与政治学为代表的相关人文学科与其关系最为密切，因此也是外语学科的近外延。实际上，目前已有的如文化语言学、比较文学、社会翻译学、跨文化传播学等交叉学科正是外语学科向上述人文学科的"外扩"成果，而且，这种成果还在进一步向外语学科的远外延——自然科学迈进，并随着现代化科研技术的逐步更新，衍生出如神经语言学、生态翻译学、计算文学等更为复杂且深刻的交叉学科。除了学科建设本身，在当代外语教学中，诸如机械英语、经贸俄语、学术英语等专门课程日益丰富，这也是外语学科"外扩"在应用层面的一种表现。吴岩（2019：3）强调，"外语教育不是小众的事，甚至不仅仅是大众的事，而是普及化的事。"新文科建设最直观的表现即在于对传统彼此孤立的学科在新技术手段的基础上进行整合，这不仅是传统意义上知识体系的交叉，更是方法与观念的高度有机融合。因此，我们将新文科背景下外语学科的"外扩"概括为技术借鉴、人文共进与文理交融等三方面。

技术借鉴，即将各种现代技术手段融入传统外语教学与科研中，以实现教学科研的精准化、高效化与数字化。以语料库、眼动仪等现代化技术手段辅助语言、翻译等学科的实证研究在我国外语研究中行之有年；除了科研，多年来，外语学科在教学活动中也始终坚持以多模态方式为引导，将多媒体教学等手段不断引入课堂教学。尤其是在疫情期间，各高校更是积极利用现代科技手段，采用"网课""慕课""云讲座"等线上教学模式，不仅解决了特殊时期教学的实际困难，亦为今后我们推动教学技术现代化与智能化提供了范例。新兴科学技术与当代外语学科的教学与研究的结合，可以极大扩展其学科外延，为今后外语学科的发展提供重要的参考价值。

人文共进，即与相关人文学科相结合，实现研究互补与成果优化。在新文科背景下的外语学科"外扩"进程中，人文学科凭借其传统优势占据重要地位。新文科背景下外语学科向人文学科的外扩，除了传统上日臻成熟的如语言教育与能力测试、比较文学、社会翻译学以及跨文化交际等交叉学科，还存在着一些潜在的待开发领域，其中最具代表性的即为国别与区域研究、专业外语教育及中国文化外宣，三者分别在外语学科的学科建设、人才培养与战略服务中扮演重要角色。首先，作为近年来新兴的、并已跃升为当代外语学科五大研究之一的"国别与区域研究"本身即是外语学科向传统人文学科"外扩"过程中的交叉产物，是外语学科的重要外延研究之一，在以"跨学科"为核心的新文科建设中

第 3 章　外语界面研究：前沿与热点

具有先天优势。国别与区域研究依托于外语学科的语言优势，从语言、文学与文化的角度出发，研究某一地区的社会民风与舆情传统，为政治学、经济学、社会学与法学背景下的区域研究提供了一种新的国际化研究范式与认知视域，同时又可与传统意义上的国际政治、国际经济及国际法等学科研究互为参照；其次，作为外语学科的另一外延研究，新文科背景下的外语教育应向更广阔的研究领域拓展，以培养符合当代"一专多能"要求的新型外语人才。近年来，各高校英语专业课程改革中，以"法律英语""商务日语""企业法语"等专业化外语类课程日益成为各方关注的亮点，以"商务日语"课程为例，这不仅是对学生语言与交际能力的培养，更是从商学与管理学等其他社会科学的角度为外语学科乃至其他相关学科今后的国际化、专业化走向提供了新指引；再次，新文科建设具有重要的战略性特征，因此，在外语学科向人文学科"外扩"的进程中，我们也必须关注其中的深层战略意义，使之更好地为国家战略方针服务。其典范当属外语学科对中国文化外宣工作的助力。当代外语人才不仅要具备必要的外语知识、娴熟的翻译技巧以及良好的跨文化交际能力，更需要借助心理学、传播学及交际学等领域的知识与方法，从多学科、多界面的角度，以"于己有益、于人有利"的方式向世界"讲好中国故事"，从而实现"中国文化走出去"这一既定战略，更坚定有力地向世界发出"中国声音"。

　　文理交融，即新文科背景下的外语学科还应当进一步向自然科学外扩，除了对自然科学研究新技术的借鉴，更应当学习自然科学研究中的观点、思维与方法，从而实现更为深刻的学科交叉。其实，作为人文学科的代表，外语学科始终存在着与自然科学或多或少的接触，无论是思维方法层面的定量分析、语料库建模还是句法逻辑推演，抑或是学科建设方面的神经语言学、计算文学与生态翻译学，还是人才培养中的"工程英语""科技德语"及"医药学拉丁语"等课程，无一例外均为外语学科与自然科学相互接触的探索与成果。我们认为，新文科背景下外语学科向自然科学的"外扩"应更关注学科本体间的相互作用，即不仅在外在形式上实现外国语言文学与自然科学的结合，更应在内容本质上完成外语学科同自然科学的融合，并从联合研究与学科整合两个具体方面进行尝试。首先，在联合研究方面，基于外语学科传统意义上的工具性优势,借鉴与联合中文学科的相关经验,我国外语学科与自然科学的跨学科研究目前存在广泛的合作空间,对我国自然科学研究成果的"引进来"与"走出去"起到重要作用。例如,2019 年 4 月 25 日,复旦大学金力院士团队在《自然》杂志上发表的《语言谱系证据支持汉藏语系在新石器时代晚期起源于中国北方》("Phylogenetic Evidence for Sino-Tibetan Origin in Northern China in the Late Neolithic")一文,即将系统发生地理学、历史学、人类学、考古学、生物学以及历史语言学的研究内容与方法相结合,广泛交融了自然科学与人文学科的研究成果,一举成为首次在《自然》杂志发表的中国语言学研究成果;其次,就学科整合而言,在以往的外语学科向自然科学"外扩"进程中,除了前文提到的生态翻译学、神经语言学等新兴交叉学科,"新冠肺炎"疫情期间的许多具体以外语联动医学及生命科学的"抗疫"举措更为"医学英语"这一新兴专业的发展增添了现实意义。疫情期间,我国各高校外语及医学学科通力合作,广泛收集了大量国内外最新医学语料,在紧跟国际情势的同时,还将我国"战疫"情况及时精准翻译为多种语言,以"中国声音"与"中国科技"同世界分享"抗疫"经验。作为兼具了外语与医学双向能力的"医学英语"专业人才,其良好的外语水平与医学背景,更是为我国乃至世界疫情的防控、治疗与康复工作贡献了重要力量。新文科背景下的外语学科与自然科学间的协作耦合存在着深刻的现实需求与广泛的发展前景,我们必须牢固树立人类命运共同体的观念,时刻结合社会需求,准确把握时代脉动,发现真问题,做好跨学科交流。

新文科建设路径兼具了创新性、融合性与战略性(王铭玉、张涛,2019),在学科改革、人才培养与国家发展方面均具有举足轻重的理论与现实意义。而其核心跨学科学习则促进了包括形成并运用视野选取技术、对复杂问题进行结构化认识、创建或发现矛盾见解间共识、整合多学科矛盾见解与导致认识进步或更全面认识问题等至少 5 种认知能力或思维能力的发展。可以说,新文科不仅是我国人文学科及高等教育改革的必由之路,更是中国高等教育与世界接轨、中国人才走向世界舞台、中国声音被世界聆听的必然之选。外语学科是兼具实践性、工具性与理论性三重特性的基础学科。在新文科背景下,我们应认真总结外语学科多年来的各种突破与尝试,汲取经验,切实做到学科"内渗"与"外扩",以"领域耦合""学用融合""语种贯通""技术借鉴""人文共进"与"文理交融"为核心,实现学科内外的跨越式发展。这不仅有助于我国外语学科在新时期的蓬勃发展,更有利于通过突破传统教学科研模式的束缚、语种内外的区隔及学科间的壁垒,培养符合时代需求的"新外语人",进而切实有效地构建体现全球化视野的当代中国话语体系。

3.4.3　语言与生态的交叉和融合

新文科的提出,是相对于传统文科而言的。新文科以中国特色社会主义进入新时代为背景,根据全球科技发展新动向、经济发展新趋势,目的是突破传统文科的思维模式和发展轨迹,通过继承和创新、交叉和融合,促进多学科之间的交融,从而推动学科创新和发展。在新文科的创新模式中,文理科的交叉与融合就是一个亮点。就外语学科而言,与理工科(新工科)、医科(新医科)、农科(新农科)以及其他人文社会学科的界面研究和接触、交叉、融合,都是属于在新文科框架下的外语学科建设问题。语言学科内的各个部分的界面研究,也是根据这一思路进行的。

新时代的中国特色社会主义,突出生态文明建设,提出构建人类命运共同体,坚持人与自然和谐共生,践行绿水青山就是金山银山的理念。在这样的背景下,语言学与生态学的交叉与融合也就成为一个亮点。黄国文于2020年1月5日在《中国社会科学报》发表了《讲好生态文明的中国故事》,文中提到,进入新时代的中国,生态文明建设是国家战略发展的一个举措。人文社会学科的学者要站在新时代的前列,努力挖掘中国传统文化的精髓,从中国的视角看待人类所面临的生态问题,运用我们学科的理论与方法,参与生态文明建设。黄国文还谈到,"和谐话语分析"概念的提出,是根据中国的语境做出的。在进行生态话语分析时,要坚持"以人为本",这是因为我们信奉"天人合一""以天地万物为一体""人以天地生物之心为心"等传统的中国生态思想。因此,我们认为动物、植物等都要得到爱护、保护、珍惜,但是,如果发生人与动物两者的选择,首先考虑的应该是人,应该先选择人。这就是"以人为本",这与新时代的全心全意为人民服务和以人民对美好生活的向往作为奋斗目标的宗旨是一致的。

《中国社会科学报》2020年8月27日对"第五届全国生态语言学研讨会"情况作了报道(张杰,2020),报道中提到:语言和语言使用影响自然与社会环境,生态语言学强调语言与环境的相互作用,认为语言使用环境会对语言构建产生影响。李宇明认为,生态语言学研究应从社会发展中寻找学术话题,用符合人类根本利益的理念探讨话题言说方式,这才是符合生态语言研究旨趣的学术追求,研究要根植于现实,推进学术向话语研究转向。他认为,语言信息化正在极大地影响语言生态和语言生活,语言信息化及其带来的对语言生活、语言研究、语言社会价值的影响值得我们高度关注,这应成为生态语言学的重要研究议题。黄国文则认为,生态语言学研究就是要时刻关注和解决社会发展与语言学科发展进程中出现的各种各样与语言有关的问题;生态语言学是以问题为导向的学科,需要研究者从不同的视角观察问题、分析问题、解决问题。黄国文还谈到,围绕语言和生态问题进行学术探索,是践行人与自然和谐共生的生态文明建设理念的实际行动,也是参与跨学科研究、探索新文科建设的重要尝试。

《中国社会科学报》2020年8月7日刊登了记者吴楠(2020)的《生态语言学走向成熟》,文中写道:"语言生态是生态文明的重要组成部分。在生态文明建设过程中,语言生态直接或间接地影响着整个社会的生态,从而影响着生态文明建设。生态语言学是研究语言与自然及社会环境相互影响的新兴交叉学科,既具有应用语言学学科属性,又具有跨学科属性。"文中引用了张先亮、黄国文和何伟关于生态语言学研究的一些观点。张先亮认为,建设生态文明离不开语言的生态文明,和谐的语言生态是建设和谐社会的重要前提;在生态文明建设中,同步实现语言的生态文明非常重要。黄国文认为,保护环境,重视生态问题,首先要提高人们的生态意识;语言在厘清生态概念、提高人们生态意识方面发挥着关键作用;语言对生态问题的描述,会直接引导人们的行为,行为一旦被接受,就会形成习惯,因此,通过突出语言的功能和分析语言的使用方式,可以帮助人们提高生态素养。何伟认为,开展生态语言学研究具有重要意义。一方面,研究语言生存发展状况及原因,有利于保护

第 3 章　外语界面研究：前沿与热点

濒危语言，推广通用语言；另一方面，分析语言中的生态取向，有助于增强人们的生态意识，改善人们的生态行为，推动自然生态系统及社会生态系统向着"多元和谐、交互共生"的方向发展。

吴楠在文章中还谈到推进生态语言学研究范式的融合问题，认为生态语言学在兴起和发展的过程中，吸收了诸多不同学科的理念和研究方法，这说明该学科是具有跨学科属性的。因此，该文引用何伟的观点，呼吁专家学者一起努力，利用不同研究范式间的内在逻辑关系，明确界定生态语言学的研究对象、研究方法、研究范围、研究内容等，努力消除不同研究范式间的割裂性和排他性。黄国文则认为生态语言学是以问题为导向的交叉学科；他强调，我国的生态语言学研究应立足本土，在研究中发现问题、分析问题并解决问题。就推动生态语言学发展而言，张先亮认为，要强化学科建设，明确研究对象、内涵与方法，尽早确立生态语言学的独立学科地位，同时要强化理论研究和理论应用研究，强化研究队伍建设，培养优秀人才，为中国的生态语言学发展和生态文明建设做贡献。

黄国文（2020）在新文科框架下谈到跨学科中各个学科之间的关系问题。他认为，无论是跨学科还是超学科，都应该跨越某个单一学科的藩篱，而不能拘泥于单独一个学科、一个视角或一种方法，同时应该从问题入手，从实际问题出发，对问题进行多维的、整体的考察，努力寻找解决问题的办法；跨学科和超学科都会提供新的视野和新的思路，并提出创造性的问题解决方案。黄国文提醒读者，要充分认识到，在跨学科框架下的研究，所涉及学科中有一个学科要比另外一个或一些学科处在更加中心、更加重要的位置。也就是说，某一学科、某一视角、某一方法所起的核心作用要比其他学科、其他视角或其他方法要更为重要。因此，我们既要看到跨学科研究能够解决单一学科无法解决的问题，也要看到各个单一学科在跨学科框架中的不同功能和作用。如果要严格区分语言生态学和生态语言学，那前者是以生态学为主，语言学为辅，后者则是以语言学为主，生态学为辅。

3.4.4 语言、文学的跨学科研究

语言学与文学批评是两个不同的学科。二者的研究范围都离不开语言这一人类社会最为重要的交际媒介，但二者侧重点有所不同，前者侧重形式研究，后者侧重内容研究。

文学批评研究诉诸联想能力，其最大魅力是阐释。对一部作品的解读与阐释可以是多种多样的。如我国古典文学名著曹雪芹、高鹗的《红楼梦》，有的读者阐释为风花雪月的故事，有的读者阐释为封建社会衰亡史，如此等等，不一而足。但家家之言皆有道理，因之有"红学"，文献可谓汗牛充栋。再如英国莎士比亚的戏剧，可谓百读不厌，常演常新，历久不衰，每一代读者与观众都能从中阐释出有价值的人生真谛，而对其进行研究形成的"莎学"，也一直是西方的显学。

语言学研究诉诸分析方法，其本质特征是描写。语言由 3 个系统构成：语音、语法、语义。对这些系统进行描写与分析分别涉及不同的理论与方法，因之有语音学、语法学、语义学等。语音、语法、语义构成了语言的本体系统。对语言本体系统的研究被称为语言学。语言学与相邻学科的结合则产生了新的交叉学科。如语言学与社会学的结合产生了社会语言学，语言学与心理学的结合产生了心理语言学，语言学与文学批评的结合产生了文体学，语言学与认知科学结合产生了认知语言学，语言学与计算机科学的结合产生了计算语言学，语言学与语料库研究产生了语料库语言学，等等。

文体学是语言学与文学批评的交叉学科，它既重视语言学的描写，又重视文学批评的阐释。就目前掌握的资料来看，文体学的研究范围大致可分为中国文体学、西方文体学、我国外语界的西方文体学研究等 3 个方面。

中国的文体学研究可追溯至魏人曹丕《典论·论文》、西晋陆机《文赋》、南北朝刘勰《文心雕龙》等学术界较公认的专门论述，其后有唐诗、宋词、元曲、明清小说之谓，皆按体裁分类。1932 年陈望道的《修辞学发凡》被认为是现代文体学的开端。1980 年中国修辞学会成立，标志着中国文体学研究进入了新阶段，此时较多注意语言修辞和文法。20 世纪 90 年代童庆炳主编的《文体学丛书》出版，展示中国文体论向西

第3章 外语界面研究：前沿与热点

方文体论的借鉴。2019年出版的《体：中国文体学的本体论之思》则将文体与人类的自身发展联系起来。西方文体学起源于古希腊、罗马的修辞学，当时的修辞学特别注重文体的劝说功能，从朗吉努斯开始才注重文体的审美功能。1909年巴依的《法语文体论》标志着西方现代文体学的开始。巴依的研究对象是口头语言的文体。20世纪60—70年代，文体学成为独立的学科，注重研究文体的形式和功能。20世纪80年代话语文体学兴起，注重分析会话，注重研究交际双方的相互作用过程。20世纪90年代社会历史/文化文体学蓬勃发展，注重揭示和批判语言中蕴涵的意识形态和权利关系。近来的发展趋势是不同文体学派竞相发展，不断有新的文体学派形成。如著名语言学家韩礼德认为，文体学是系统功能语言学今后面临的主要研究任务之一。再如社会文体学、政治文体学、功能文体学、法律文体学、女性文体学、语用文体学、语境文体学等也都是近年来文体学界的热门话题。我国外语界的文体学研究目前主要是西方文体学研究，而中国文体学研究则主要在汉语语言文学研究界和高校的中文院系进行。但我国外语界的文体学研究也在不同程度上受到源远流长的中国文体论的影响，逐渐形成西方文体学研究的中国特色，所关心的问题主要有：文体与文体学的定义，文体学的任务、体裁研究、个人风格研究，研究分析的不同方法以及文体学的发展方向等。

文体学的研究方向大致有3个：文学文体研究、语体研究以及理论探讨。例如，根据《中国期刊网》统计，我国外语界1998—2000年间发表的228篇文体学研究论文中，文学文体研究占50篇，语体研究占80篇，理论探讨及其他研究占98篇。胡壮麟先生最早将这3类研究归纳为文学文体学、语体学、理论文体学，并率先从20世纪80年代中期开始在北京大学英语系为本科生、研究生、博士生开设3门文体学课程，培养出一批文体学研究方向的硕士和博士。

作为本节的具体例证，下面简要讨论文体学三大分支之一——文学文体学——的分析方法。

文学文体学涉及的文体类别主要是诗歌、小说、戏剧及散文，其研究对象是各类作品中的语言风格和文体特点，它最关心的是作品中的语言运用技巧。概括而论，英语中文学语言与非文学语言的差别，首先是语言的音韵结构、语法结构和语义结构在某些方面突出的或者说是前景化的用法，其次是文学语言习惯运用词的比喻意义，常见的比喻手法有明喻、暗喻、提喻、转喻等。文学文体学有多种分析方法，下面几种方法有助于分析文学语篇的语法结构和篇章意义：（1）当词汇层面上出现前景化时，可采用形态分析法分析词的新组合。（2）当句法层面上出现前景化时，可利用词类（如名词、动词、形容词等）知识分析非常规的或"标记性"的词序或句法组合。（3）在句法层面上，除了分析句子结构外，还可以寻找不同类型的短语（如名词短语、动词短语等）组合模式，这种模式往往使语言更趋于文学化。（4）在了解语言系统的基础上，控制某一范围内语法项的组合规则，就易于从语言"日常的"、非文学的用法中辨认出"变异的""标记性的"或文学性的结构，从而使分析更有话可说。（5）如果面对语篇难以确定该从何处着手分析，可以试着将之改写。通过比较原文和改写后的篇章，就能评价原文的正式或非正式程度，以及它对读者的感染力。改写语篇也是辨认原文中其他重要特征的好方法。（6）分析词义的结构方式。比如，有无词义重叠或词义空白现象？有无反义词、同义词、下义词和上义词现象？是诙谐方式还是常规方式？（7）思考语境对理解语篇的重要性。有不同背景知识的读者会对同一语篇有不同的理解吗？（8）思考某个词或短语的字面意义的适应度。如果不适用，你就要分析语言的比喻用法，找一下有没有明喻、暗喻、提喻和转喻。（9）语言的比喻用法可以使抽象的概念具体化，使神秘或可怕的事物变得平常或不可怕，或者使日常的事物变得美好和不寻常。

  诗歌有独特的语音及重音和格律模式，之所以要使用语音和格律模式，有如下几个原因：（1）为了形成美学乐趣或语音的美感。语音与格律模式正如音乐一样，其根本特点是使人愉悦。多数人都喜欢有节奏或重复的语音，儿童似乎正因为这一点而更喜欢诗歌。许多儿歌、民谣、唐诗等都因其语音的美感而受人喜爱。（2）为了遵循某种规约或文体/诗歌形式。就像服装和建筑一样，诗歌也有其流行式样，而且不同的时代流行不同的语音形式。因此，诗人写作的时代极大地影响着其所写诗歌的形式。（3）为了试验或革新一种形式。通过革新，诗人一方面创造出新的诗歌形式，另一方面也对传统的诗歌语言形式进行挑战。（4）为了展示技巧并享受知识的乐趣。正如运动员以快跑或跨栏来展示他们的能力一样,诗人用语言来展露他们的技巧。在语言的形式与意义的完美组合中,诗人获得了一种满足感。(5)为了在诗行中产生强调或对比的效果。使用某些格律模式如缓慢的"扬扬格",或者在一系列规则的模式中突然加入变化,都会引起读者的特别注意。(6)为了模仿自然界的声音。当诗行的节奏或语音刻意模仿所描述事物的声音时,就产生了拟声。

对诗歌的文体进行分析主要从诗歌的相关信息与诗歌本身的结构形式两大方面着手。相关信息包括题目、作者、写作年代、体裁(如史诗、十四行诗、挽歌等)、题材(如爱情、战争、自然风物等)。结构形式可考虑下列方面:(1)总体布局。诗节中的诗行长度是相等还是不等?(2)诗行数目。全诗有多少行?(3)诗行长度。数一下诗行中有多少音节。音节的长度规则吗?(4)规则格律。哪些音节重读?重读音节之间的非重读音节数目相等吗?每行有多少音步(重读音节)?指出音步的类型和每行的音步数目,或者指明不规则的格律模式。当找不到规则格律时,并不能说明诗歌就没有利用格律。一首诗可能是无韵诗,而且偶尔会使用特别的格律模式以达到强调或拟声效果。(5)尾韵。如果有尾韵,将之标出。可借助参考书弄清楚该诗的格律和尾韵是否与某一诗歌类型相符(例如,歌谣或十四行诗)。(6)语音模式的其他形式,如元音韵、辅音韵、头韵、头尾韵、倒押韵、重复韵等。(7)参照上面列出的建议,可点评这些结构形式在诗中产生的效果,还应查找语言的字面用义和比喻意义、句法及标点符号的特殊用法、互文性参照、语域等。

小说语言中有3个最基本的话语层次,即,作者与读者之间的话语,叙述者与受述者之间的话语以及人物与人物之间的话语。这3个层次的话语至少包括6个话语参与者,而每一个话语参与者的话语都有自己的观点或视角。这就意味着小说语言中至少交织着6种不同的观点。分析小说文体时,叙述者与受述者这一话语层次中的叙述者视角是一个至关重要的因素。常见的叙述者视角是第一人称叙述者视角(即叙述者从第一人称"我"的视角叙述故事)和第三人称叙述者视角(即叙述者从第三人称"他/她"的视角叙述故事),有时也见到第二人称叙述者视角(即叙述者从第二人称"你"的视角叙述故事)。一般来讲,第一人称叙述者的"我"同时也是小说中的人物，而第三人称叙述者的"他/她"则不是小说中的人物。许多因素与叙述视角有关，如语境、已知信息与新信息、指称词等。

小说中的叙述话语有以下几种可能的表述方式：直接引语、自由间接引语、间接引语、叙述者对言语行为的表述、叙述者对言语的表述。其中，直接引语与叙述者对言语的表述处于这个序列的两极。在直接引语中，读者听到的是人物的原话；在叙述者对言语的表述中，读者听到的则仅仅是叙述者对别人话语的转述。小说中的思想表述与话语表述有相同之处，约有以下几种可能的表述方式：叙述者表述思想、叙述者表述思想行为、间接思想、自由间接思想、直接思想，意识流写作或许是思想表述的极致手段。

人们谈论小说的文体风格时，通常指作家风格，也就是说可以辨认出的属于某个作家的个人风格。如海明威有自己的特殊写作方式，这种写作方式将他的作品同其他作家的作品区别开来。除此之外，作品也可以有风格，正如作家被认为有风格一样。作品风格关注的则是语言选择如何帮助构建语篇意义。例如，我们可以谈论《红楼梦》的总体风格，也可以谈论《红楼梦》中诗词歌赋的风格。

综上所述，分析小说的文体时可以考虑从以下方面着手：(1) 词汇模式（字词用法）；(2) 语法组织模式；(3) 语篇组织模式（语篇组织的单位，从句子到段落以及段落以上的单位是如何安排的）；(4) 前景化特征，包括修辞手法；(5) 是否能辨别出风格变异的模式；(6) 多种类型的话语模式，如话轮替换或推论模式；(7) 叙述视角模式；(8) 话语表述模式；(9) 思想表述模式；(10) 作家的风格；(11) 作品的风格等。

戏剧有两种存在方式，即文本方式和舞台方式。文体学家所致力的戏剧研究，研究对象是纸上的文本，文本是不会变化的。他可以轻易地将页面翻回到先前的一幕，比较该剧不同部分的言语，或者拿另一个剧本来比较不同的戏剧。戏剧舞台上的现场表演则是一闪而过的。如果当时漫不经心，只听到了一部分言语，那么，剩下的部分是不可能在同一时间和地点再听到的。然而这并不是说分析舞台上的表演永远是不可能的，尤其是现在我们已经具有录制戏剧表演的技术与手段。

第3章　外语界面研究：前沿与热点

我们这里探讨的是戏剧文本的语言。许多语言学理论模式可用于戏剧语言的分析，例如，（1）话轮的数量和长度；（2）话语交换序列、毗邻应对与会话分析；（3）产出错误；（4）合作原则；（5）言语行为；（6）前提理论；（7）语言标记身份；（8）语域；（9）言语与沉默——戏剧中的女性人物等。

戏剧文体的分析主要有3种方法：（1）解释文本，即将文本的语言转换成自己的语言。这可能是一个比较粗略的方法，但它可以确保你对文本的基本理解是正确的。这是一个检测生疏词汇或语法结构的机会，也可以检测每个人物是如何对戏剧情节的完善起作用的。尽管你的解释试图尽量接近原文内容，但仍会有存在歧义或不同解释的地方。你应该尽量注意这些地方，通过不同的释义理解各种可能性。（2）给文本写评论。这为分析节选部分在整个戏剧语境中的重要性提供了便利，让你了解节选部分是如何促进情节发展和人物成长的。这一方法也能检查出文本中的文学暗指与多重意义；正是暗指与多重意义造成了文本有多种理解的可能性。（3）选一种理论方法对文本进行分析。此方法有一定的局限性，在此应该用一种理论模式从一个具体的角度来考虑文本。这需要做得非常全面和细致，而且所选择的方法是否恰当也非常值得争辩。

关于散文，目前尚无统一的确切定义。黄渊深、王振昌等先生认为根据所含的内容，散文可有3种定义：（1）广义的散文（即英语的 prose，相对于韵文 verse），包括除诗歌之外的一切体裁，如小说、戏剧、传记、政论、文学批评、随笔、演说、游记、日记、书信等等。（2）较广义的散文，即"广义散文"中除了小说、戏剧、诗歌之外的一切体裁。（3）狭义的散文，即英语的 essay，笔者认为大致相当于我国的杂文。本文涉及的散文文体属"较广义的散文"。分析散文文体可考虑下列方面：（1）写作意图与对象；（2）立论方法；（3）篇章的组织与结构；（4）段落的过渡与扩展；（5）句型的选择与运用；（6）词汇的分析与比较；（7）语言的逻辑与表达；（8）语气与态度；（9）文体与修辞；（10）节奏与韵律；（11）引语、暗指与典故等。

结　　语
新时代背景下的外语界面研究：
创新与发展

按照《第四次教育革命》一书的说法，在人类漫长的历史上，继必要的教育、制度化教育、世俗化、大众化教育之后，人工智能、增强现实和虚拟现实将成为第四次教育革命的内容（Seldon & Abidoye，2018）。事实上，由于世界劳动力市场的全球化以及经济和商业各领域竞争的加剧，古典教育学和传统的学科图谱正在受到一种新的教育范式和学科方式的挑战。在技术赋能的数字化时代，新的科技革命和产业变革为后疫情时代和新文科建设背景下新的学科的交叉与融合、创新与发展提供了难得的机遇。可以预见，在后疫情时代和新文科背景下，人工智能、数字技术、增强现实、虚拟现实与学术研究和人才培养的交互融合将是中国高等教育未来发展的大势所趋，而新时代背景下的外语界面研究，正在步入创新与发展的快车道。

早在学科出现之前，从古希腊哲学家柏拉图开始，哲学家们就试图对人类知识进行分类。随后，亚里士多德和斯多克学派关于学科的思考与分类，与中世纪的"自由艺术"概念重叠合并，后者构成了被认为是当时欧洲全面的知识体系：语法、修辞、逻辑、算术、音乐、几何和天文学（Weingart，2010）。然而，在漫长的中世纪历史进程中，欧洲教士把持了当时的受教育权，对于《圣经》的学习、阐释与传播成了这些唯一的知识阶层的重要任务，书本和知识处于一种高度垄断的状态，现代意义上的学科概念自然无从谈起。而中世纪结束之后，随着印刷术的出现、识字率的提高，阅读逐渐成为一种社会习惯后，书本和知识开始在普通人群中传播与流通，学校教育应运而生。此时，人们开始懵懵懂懂地有了些许学科的意识。但直到18世纪末之前,学科的概念相对来说并不是那么重要,尤其是知识的分类和大学的结构(以"学院"的形式)之间并无联系(Weingart,2010)。

然而,自19世纪早期开始,随着欧洲产业革命的兴起,科学技术得到了全社会的认可和强调,现代科学意义上的基础学科,几乎都在这一个世纪奠定了雏形。物理学、化学、生物学、力学、电气技术、遗传学、地质学等各个学科应运而生并逐渐成形,且逐步影响到社会学科(如社会学、人类学、历史学、民族学、政治学等)的诞生与形塑。事实上,自19世纪后期以来,西方知识传统中的知识分类法开始被划分专门研究领域的学科体系所主导(Weingart,2010)。进入20世纪以后,由于各类学科的基础科学发展已经较为成熟,各类学科的研究对象、研究文献、研究方法、理论框架也趋于丰富和成熟,学科的意识逐步增强并变得清晰起来。更重要的是,学科体系开始进入高等教育的知识谱系和学科目录,并逐渐得以固化。高等教育也由此具有了大工业时代强调分工和分科目的刚性色彩。然而,20世纪后半叶,越来越多的跨学科活动对人类社会渐趋稳定的知识图谱提出了挑战。这种激增的跨学科活动反过来又导致了新的学科分类的出现,这些变化当然是由于跨学科活动的融合、协作和复杂性推动的结果。

具体到中国语境,客观而论,在国家实施改革开放之后,西方化学科体系的引入和借鉴奠定了中国现代化学科体系的基础,并因此构筑起了一个完备且能与世界接轨和对话的知识谱系和学科框架。据教育部2018年4月更新的《学位授予和人才培养学科目录》显示,我国设置了哲学、经济学、法学、教育学、文学、历史学、理学、工学、农学、医学、军事学、管理学、艺术学13个学科门类,下设111个一级学科。很显然,这种直接照搬西方学科体系的学科架构是大工业时代强调专门化和专业化分工的结果,它在我国学科发展史上自有其位置,也是我国学科发展初始时期必经的阶段。

现在,我们已经进入产业发展史上的信息化时代,各大产业的技术创新更需要各个学科的协同合作和交叉融合。就学科发展而言,更强调学科联合、学科融合、科技融合。现在的新趋势甚至不是"联合""融合"和"整合"的问题,而是出现了一些全新的带有交叉性质的学科。在教

结语　新时代背景下的外语界面研究：创新与发展

育部 2019 年公布的《普通高等学校自设交叉学科名单》中，截至 2019 年 5 月 31 日，全国普通高校自主设置的按二级学科管理的交叉学科共计 508 个。其中，涉及 3 个一级学科的交叉学科占比最高，达 61.2%，少量交叉学科涉及的一级学科数量超过了 10 个；有 73.6% 的交叉学科涉及两个及两个以上的学科门类。有 14 所高校自主设置了与集成电路、人工智能、大数据这些新兴产业相关的 10 个交叉学科。与大数据相关的交叉学科与一些应用类的学科进行了融合，如航空运输、经济、金融等，综合来看，涉及工学、理学、经济学、管理学 4 个学科门类。在高校"双一流"建设的大背景下，越来越多的高校已经意识到学科融合是学科建设的新增长点。

因此，如果固守传统的学科分类标准，并按照大工业时代分科治学的理念进行技术创新和人才培养，那么我们将很难解决技术创新和人才培养过程中的很多瓶颈问题，卡脖子的核心技术和高素质的国际化复合型人才因为缺少学科融合的浸润和锻造而很难有所突破，高等教育也将重蹈大工业时代人才培养单一化和扁平化的覆辙。在技术赋能和学科融合的后疫情时代和新文科背景下，高等教育的人才培养无疑要面对许多新的问题与挑战。习近平在 2018 年 11 月亚太经合组织工商领导人峰会上强调，"新科技革命和产业变革的时代浪潮奔腾而至，如果我们不应变、不求变，将错失发展机遇，甚至错过整个时代"。他还指出，"新科技革命和产业变革是一次全方位变革，将对人类生产模式、生活方式、价值理念产生深刻影响"（习近平，2018b：10）。因此，我们的学科专业发展和科学技术研究，只有积极地应变和求变，尤其是革新传统的学科藩篱和门户之见，才能应对以人工智能、增强现实和虚拟现实为特征的第四次教育革命带给高等教育界的全面变革。

在 1958 年提交给印第安纳文体学会议上的一篇题为 "Concluding Statement" 的论文中，著名语言学家罗曼·雅各布森（Roman Jakobson）就语言学和文学研究之间的关系发表了一个著名论断，这一论断随后被收入 1960 年美国学者西比奥克（Thomas A. Sebeok）主编的《语言中的文体》(*Style in Language*) 一书，并几乎被接下来出版的每一本有关这一主题的书所引用。"如果仍有一些批评家质疑语言学是否有能力进入诗学领域，我私底下以为，那些固执己见的语言学家在诗学方面的无能表现,已被误解为语言学本身的不足。然而,我们在座的所有人都清楚地认识到,一个对语言的诗学功能置若罔闻的语言学家和一个对语言问题漠不关心、对语言学方法一无所知的文学研究者,均属极端的不合时宜。"(Jakobson,1960:377)有意思的是,在英国诺丁汉大学英文系资深文学研究学者罗纳德·卡特(Ronald Carter)教授几十年后领衔主编的"界面研究系列丛书"(The Interface Series)每一本著作的扉页上,卡特也不厌其烦地援引了雅克布森的这一著名论断。

很显然,无论是作为语言学家的雅各布森,还是作为文学研究者的卡特,都反对那种故步自封和各自为政的"分科治学"的语言学研究方法和文学研究方法。为什么来自不同文化场域和学科背景的两位著名学者都如此不遗余力地为学科之间的协同与融合奔走呼号并率先垂范呢?大概就是因为他们都看到了学科壁垒或分科治学给学术研究所带来的弊端。事实上,罗曼·雅各布森之所以敢于批判那些置语言的诗学功能于不顾的语言学家,就在于他本人既是一个语言学家,也是一个诗歌批评家,他运用自身广博的语言学专业知识,将结构主义语言学与诗歌批评结合起来,从诗歌的语言形式入手,揭示了"诗何以为诗"的奥秘,建立起一种语言学诗学批评方法,并身体力行地出版了《语言学和诗学》和《文学和语言学研究的课题》等跨学科的研究专著。

毫无疑问,任何一个学术问题的解决或重大原创性成果的问世,大多数是多学科协同和交叉的结果。不言而喻,学科间的协同与交叉有利于建构知识体系之间的联系,让研究者能够更全面地思考问题和解决问题。中国高等教育学会副会长、教育部高等教育司原司长张大良在接受中国教育在线总编辑陈志文采访时曾提到,高等教育只有解决学科"交叉""融合"和"跨界"这3个关键词所对应的难题,才能培养出社会需要的创新型、复合型、应用型人才。换言之,在未来的后疫情时代和新文科建设背景下,我国的高等教育和人才培养需要转变传统的、刚性的工业化教育思维模式,转而培养学习者的跨专业和跨学科学习的能力、应对变化的能力和创新创造的能力。具体到外语专业的人才培养,按照吴岩的说法,高校要建设新文科,做强大外语,培养"一精多会""一专多能"的国际化复合型人才。也就是要培养精通一门外语、会用多门外语沟通交流,掌握一种专业,具有多种外语能力的复合型人

结语　新时代背景下的外语界面研究：创新与发展

才（吴岩，2019）。

　　从这个意义上讲，强调学科交叉融合的外语界面研究学会的成立、发展与壮大，就是对这种教育转向、人才培养与国家需求的即时响应，更是对当下和未来中国外语教育的一种理念引领和实践导向。当然，它也是未来高等教育界和学术研究领域的最佳解决方案。对于外国语言文学学科而言，外语界面研究学会自成立之初所倡导的"交叉""融合""跨界"理念，无疑将对中国的外语高等教育和科学研究产生积极影响。

　　毫无疑问，中国英汉语比较研究会下设外语界面研究专委会，正是洞悉了分科治学的弊端和学科融合的趋势，因势利导，顺势而为，积极地谋划和引导外语学科走交叉复合和跨界互动的新路线，努力地为外语界的人才培养和科学研究探索创新发展之路。近年来，国内多家高校提出并倡导的"外语+""翻译+""语言服务+"的人才培养理念正是与外语界面研究学会近十年一直践行的学会理念一脉相承；无数研究者筚路蓝缕、披荆斩棘所创设的生态语言学、生态翻译学、文学伦理学、认知翻译学、认知诗学、认知词典学、批评认知语言学等无疑与学会跨界融合的办会宗旨不谋而合。

　　对于 interdisciplinarity（跨学科性/学科交叉/学科跨界/学科整合）一词的溯源，有学者称：该词是在人们对一般教育形式的衰落感到焦虑的背景下出现的，20世纪20年代中期首次在社会科学中使用，并在第二次世界大战后的一段时间内成为人文社会科学广为接受的术语（Frank，1988）。本宁顿（Geoffrey Bennington）指出，inter- 是一个含糊不清的前缀，其意思既可以是在相互之间进行交流或连接，就像 international 和 intercourse 一样，也可以如 separate 和 intercalate（Bennington et al.，1999）一样。这种模糊性在一定程度上反映在"跨学科"一词的不可捉摸上。它意味着可以在不同学科之间建立联系，但也可以意味着在学科之间的间隙中建立一种无学科的空间，甚至试图完全超越学科的界限。这一术语的模糊性，部分地解释了为什么一些批评家提出了诸如"后学科"（post-disciplinary）、"反学科"（anti-disciplinary）和"跨学科"（trans-disciplinary）等术语，尽管这些术语通常没有被严格定义，有时还可以互换使用（Moran，2002）。在这些概念的基础上，还有学者提出了"多学科"（multidisciplinary）的概念，该词有时也被视为上述概念的同义词。但客观而论，"多学科"强调的是两个或两个以上学科的简单并置，比如某些联合荣誉学位或联合培养的艺术学位，或者由不同学科的人员联合授课的个别课程，均会不同程度地体现出多学科属性。在这里，学科之间的关系仅仅是一种相邻关系，它们之间没有真正的融合（Klein，1990）。

不言而喻，外语界面研究所倡导的"跨学科"和"跨界面"不仅仅是相邻学科的简单并置，而是不同学科之间真正意义上的交叉融合；当然，外语界面研究所倡导的不是某个专家学者对相邻学科知识的简单机械套用，而是倡导不同学科人员真正意义上的介入式互动参与。毋庸置疑，交叉融合与跨界渗透将是新时代外语学科发展的历史必然。作为人文社会科学重要组成部分的外语学科在新时代也将愈来愈趋向综合化和复杂化，因此多学科的联合攻关和协同合作，跨学科的交叉互动与融合创新也必将成为解决人文社会科学重大问题行之有效的方法和途径。学科与学科之间、科学与人文之间的交叉、渗透、融合与跨界，无疑也将成为外语学科发展的必然趋势。基于此，外语界面研究所倡导的理念、方法和途径在新时代背景下大有可为。

参考文献

蔡雷. 2009. 基于语料库的高中英语词汇自主学习可行性研究. 杭州：浙江师范大学硕士学位论文.
蔡名照. 2016. 战略与路径：构建融通中外的话语体系. 4月7日. 来自新华社国家高端智库论坛网站.
曹芮，董雪. 2018. 后真相时代新闻专业主义的再思考——以"江歌案"为例. 视听，（12）：172–173.
曹向华. 2020. 惯用语比喻义的隐喻阐释及对辞书释义的启示. 辞书研究，（1）：63–68.
柴明颎. 2019. 翻译人才培养所面临的挑战. 东方翻译，（3）：4–7.
陈楚祥. 1994. 词典评价标准十题. 辞书研究，（1）：10–21.
陈丛梅. 2015. 论现代词典的内在教育价值. 外语研究，（4）：45–50.
陈海珠，包平. 2017. 创新人文研究范式的数字人文——基于数字人文在史学研究领域应用渗透的文献考察. 图书馆理论与实践，（3）：11–16.
陈金莲. 2015. 2001年以来国内生态翻译学研究综述. 昆明理工大学学报（社会科学版），（2）：86–93.
陈梅，文军. 2011. 中国典籍英译国外阅读市场研究及启示——亚马逊（Amazon）图书网上中国典籍英译本的调查. 外语教学，（4）：96–100.
陈平. 1994. 试论汉语中三种句子成分与语义成分的配位原则. 中国语文，（3）：161–168.
陈汝东. 2015. 论全球话语体系建构——文化冲突与融合中的全球修辞视角. 浙江大学学报，（3）：89–94.
陈世锋，刘新庚. 2014. 全球话语体系：国际格局与中国方位. 湖湘论坛，（4）：5–11.
陈曙光. 2019. 现代性建构的中国道路与中国话语. 哲学研究，（11）：22–28.
陈伟，张柏然. 2007. 认知观：词典研究范式的归向. 外语与外语教学，（10）：59–62.
陈伟，赵彦春. 2014. 现代词典学：一个批评性视角. 现代外语，（2）：189–198, 292.
陈卫红. 2014. 网络环境下口译课多模态教学模式的构建. 上海翻译，（3）：51–54.
陈文革，吴建平. 2012. 词典话语与社会互动：《新英汉词典》例证的历时对比分析. 山东外语教学，（2）：29–35.
陈曦，潘韩婷，潘莉. 2020. 翻译研究的多模态转向：现状与展望. 外语学刊，（2）：80–87.
陈喜荣. 2012. 罗比涅荷—哈伍德的翻译伦理观探析. 外国语文，（1）：106–110.
陈亦琳，李艳玲. 2014. 构建融通中外的新概念、新范畴、新表述——中国政治话语传播研讨会综述. 红旗文稿，（1）：27–29.
陈玉珍. 2011. 英汉双解学习词典的使用调查和实验研究. 辞书研究，（2）：141–158.

陈玉珍. 2020. 词典使用对搭配产出与记忆保持的效能研究——以手机在线词典为例. 辞书研究,（2）：20–31，41，125–126.
陈志杰，吕俊. 2011. 译者的责任选择——对切斯特曼翻译伦理思想的反思. 外语与外语教学,（1）：62–65.
陈中绳. 2003.《中国大百科全书·法学》卷一个条目的错误. 辞书研究,（05）：78–79.
褚孝泉. 2013. 语言学理论中的界面. 当代外语研究,（2）：14–18，80.
戴安德，姜文涛，赵薇. 2016. 数字人文作为一种方法：西方研究现状及展望. 山东社会科学,（11）：26–33.
丁晓宇. 2015. 隐喻与转喻的界面研究——以英语"fire"和汉语"火"的隐转喻为例. 现代语文,（11）：156–157.
董洪川. 2012. 界面研究：外语学科研究的新增长点. 外国语文,（5）：2–3.
范俊军. 2005. 生态语言学研究述评. 外语教学与研究,（2）：110–115.
方梦之. 2012. 翻译伦理与翻译实践——谈我国部分英文版专业期刊的编辑和翻译质量. 中国翻译,（2）：92–94.
方薇. 2013. 翻译伦理研究：需要走向更为开阔的视阈——国内"规范导向"翻译伦理研究反思. 外语研究,（4）：70–75，112.
方薇. 2013. 中西翻译伦理研究：方兴未艾还是根基未稳？——兼论国内的"翻译伦理"概念界定. 外国语（上海外国语大学学报）,（4）：86–95.
冯广艺. 2013. 语言生态学. 北京：人民出版社.
冯曼. 2018. 翻译伦理研究：译者角色与翻译策略选择. 武汉：武汉大学出版社.
傅敬民. 2014. 社会学视角的翻译研究：问题与前瞻. 上海大学学报（社会科学版）,（6）：101–111.
傅晓玲. 2014. 多模态话语信息加工的认知负荷研究. 外语教学,（5）：14–18.
高育松. 2009a. 二语接口现象习得中母语迁移模块说的实证检验. 外语教学理论与实践,（2）：1–9.
高育松. 2009b. 中国英语学习者对英语空宾语结构的习得——语篇、语义与句法接口的视角. 外语教学与研究,（6）：438–446.
高育松. 2014. 语言学视域中的双语及双语教育：理论回顾与前瞻. 西北师大学报（社科版）,（2）：98–104.
高育松，王敏. 2014. 界面视角下的第二语言论元结构习得研究. 北京：科学出版社.
葛厚伟，郑娜，赵宁霞. 2017. 翻译伦理学概论. 成都：电子科技大学出版社.
耿云冬，胡叶. 2017. 刍议学习型词典编用创新的界面研究方法论. 外语研究,（3）：42–46.
宫留记. 2008. 布迪厄的社会实践理论. 理论探讨,（6）：57–60.
龚鹏程，王文斌. 2009. 体验哲学视域下的隐喻和转喻界面研究. 外语研究,（2）：1–6.
顾曰国. 2007. 多媒体、多模态学习剖析. 外语电化教学,（114）：3–12.
郭纯洁. 2018. 句法与语义界面研究60年反思. 现代外语,（5）：11–20.

郭聪. 2017. 翻译传播学视阈下杭州国际形象建构研究——以公示语英译为例. 现代语文（语言研究版），（11）：142–145.
郭金龙，许鑫. 2012. 人文数字中的文本挖掘研究. 大学图书馆学报，（3）：11–18.
郭绍青. 2019. 人工智能对教育的革命性影响. 学习时报，5月31日.
国务院学位委员会第六届学科评议组. 2013. 学位授予和人才培养一级学科简介. 北京：高等教育出版社.
海敦，杰克. 1980. 怎样当好新闻记者. 伍任译. 北京：新华出版社.
韩庆祥，陈远章. 2017. 构建当代中国话语体系的核心要义. 光明日报，5月16日.
何安平. 2004. 语料库在外语教育中的应用——理论与实践. 广州：广东高等教育出版社.
何安平. 2019，何安平谈语料库与语言教学. 语料库语言学，（1）：13–22。
何纯. 2006. 新闻叙事学. 长沙：岳麓书社.
何克抗. 2019. 21世纪以来的新兴信息技术对教育深化改革的重大影响. 电化教育研究，（3）：5–12.
何伟，魏榕. 2018. 多元和谐，交互共生——国际生态话语分析之生态哲学观建构. 外语学刊，（6）：28–35.
何元建，王玲玲. 2002. 论汉语使役句. 汉语学习，（4）：1–9.
何远秀. 2016. 韩礼德的新马克思主义语言研究取向. 北京：中国社会科学出版社.
胡安江. 2017. 数字化时代的"众包"翻译模式及其相关问题探讨. 外语教学，（3）：86–90.
胡安江. 2019. 多元文化语境下的中国文学走出去研究. 北京：清华大学出版社.
胡庚申. 2004. 翻译适应选择论. 武汉：湖北教育出版社.
胡庚申. 2008. 生态翻译学解读. 中国翻译，（6）：11–16.
胡庚申. 2013. 生态翻译学：构建与诠释. 北京：商务印书馆.
胡庚申. 2019. 刍议"生态翻译学与生态文明建设"研究. 解放军外国语学院学报，（2）：125–131，160.
胡开宝，李婵. 2018. 中国特色大国外交话语的翻译与传播研究：内涵、方法与意义. 中国翻译，（4）：5–12，129.
胡文飞. 2014. 自主—依存模式下的汉英词典微观结构研究. 外国语文，（3）：63–68.
胡文飞. 2020. 汉英词典儒学词的例证研究——现状描述与功能分析. 外国语文，（5）：62–71.
胡翼青. 2017. 后真相时代的传播——兼论专业新闻业的当下危机. 西北师大学报（社会科学版），54（6）：28–35.
胡悦融，马青，刘佳派，梁书涵，何流，王晓光. 2017. 数字人文背景下"远距离可视化阅读"探析. 图书馆理论，（2）：1–9.
胡壮麟. 2007. 社会符号学研究中的多模态化. 外语教学与研究，（1）：1–10.
胡壮麟. 2011. 谈多模态小品中的主体模态. 外语教学，（4）：1–5.
胡壮麟. 2012. 超学科研究与学科发展. 中国外语，（6）：1，16–22.

胡壮麟. 2018. 美国新世纪的语言规划和语言政策. 浙江外国语学院,（2）：1–8.
黄国文. 2016a. 生态语言学的兴起和发展. 中国外语,（1）：1, 9–12.
黄国文. 2016b. 外语教学与研究的生态化取向. 中国外语,（5）：1, 9–13.
黄国文. 2017. 生态话语和行为分析的假定和原则. 外语教学与研究,（6）：880–889.
黄国文. 2018a. 从生态批评话语分析到和谐话语分析. 中国外语,（4）：39–46.
黄国文. 2018b. 生态语言学与生态话语分析. 外国语言文学,（5）：449–459.
黄国文. 2020. 关于跨学科研究的两个问题. 外语界,（4）：7–8.
黄国文, 陈旸. 2017. 作为新兴学科的生态语言学. 中国外语,（5）：38–46.
黄国文, 陈旸. 2018. 微观生态语言学与宏观生态语言学. 外国语言文学,（5）：461–473.
黄国文, 赵蕊华. 2017. 生态话语分析的缘起、目标、原则与方法. 现代外语,（5）：585–596.
黄国文, 赵蕊华. 2019. 什么是生态语言学. 上海：上海外语教育出版社.
黄金德. 2012. 发音、语义／句法和篇章功能的实现——以作为桥接纽带作用的界面为视角. 长春理工大学学报（社会科学版）,（11）：166–168, 188.
黄维樑. 2017. 比较文学：数字化时代的企业. 燕山大学学报,（1）：12.
黄友义. 2017. "一带一路"和中国翻译——变革指向应用的方向. 上海翻译,（3）：1–3.
黄友义, 黄长奇, 丁洁. 2014. 重视党政文献对外翻译，加强对外话语体系建设. 中国翻译,（3）：5–7.
黄忠廉. 2020. 外语研究方法论. 北京：商务印书馆.
纪楠. 2018. 后真相时代的公众情绪与媒体舆论导向. 青年记者,（14）：9–10.
纪卫宁, 辛斌. 2009. 费尔克劳夫的批评话语分析思想论略. 外国语文,（6）：21–25.
贾文山, 刘长宇. 2020. 从中国国际话语体系建设的三个维度建构"全球中国"话语体系. 西安交通大学学报,（4）：1–16.
江蓝生. 2013.《现代汉语词典》第6版概述. 辞书研究,（2）：1–19, 93.
姜智彬. 2019. 新文科背景下外语人才培养的定位. 社会科学报, 4月4日（1651）：5.
姜治文, 文军. 1998. 关于拓展双语词典批评领域的思考. 外国语（上海外国语大学学报）,（6）：3–5.
蒋华华, 徐海. 2014. 方位构式在英汉学习词典中的呈现模式探究. 辞书研究,（1）：43–50, 94.
蒋庆胜, 陈新仁. 2019. 语用修辞学：学科定位与分析框架. 外语教学理论与实践,（4）：1–7.
蒋童. 2010. 韦努蒂的异化翻译与翻译伦理的神韵. 外国语,（1）：80–85.
蒋勇军. 2009. 试论认知诗学研究的演进、现状与前景. 外国语文,（2）：23–28.
凯尔纳, 贝斯特. 1999. 后现代理论. 张志斌译. 北京：中央编译出版社.
康志峰. 2012. 立体论与多模态口译教学. 外语界,（5）：34–41.
柯平, 宫平. 2016. 数字人文研究演化路径与热点领域分析. 中国图书馆学报,（6）：13–30.

克莱恩. 2005. 跨越边界——知识、学科、学科互涉. 姜智芹译. 南京：南京大学出版社.
克朗著. 2003. 文化地理学. 杨淑华，宋慧敏译. 南京：南京大学出版社.
兰晶，罗迪江. 2015. 作为方法论的界面研究. 宜春学院学报，（2）：96–100.
兰晶，罗迪江. 2018. 语用界面研究的方法论意义. 大连海事大学学报（社会科学版），（2）：115–118.
黎会华，楼育萍. 2016. 走向媒介间性——评《比较文化研究中的数字人文与媒介间性研究》. 外国文学研究，（1）：167–170.
理查兹，史密斯著. 2005. 朗文语言教学与应用语言学辞典（第3版英汉双解）. 管燕红、唐玉柱译. 北京：外语教学与研究出版社.
理查兹等著. 2000. 朗文语言教学及应用语言学辞典（英英·英汉双解）. 管艳红译. 北京：外语教学与研究出版社.
李丛立，张小波. 2013. 多模态环境下的翻译教学模式构建研究. 外语教学与研究，（16）：233–234.
李国正. 1991. 生态汉语学. 长春：吉林教育出版社.
李华兵. 2013. 多模态研究方法和研究领域. 西安外国语大学学报，（3）：21–25.
李继宗，袁闯. 1988. 论当代科学的生态学化. 学术月刊，（7）：45–51.
李家春. 2018. 后格赖斯默认语义学意义合成模式研究. 外语教学，（5）：42–46.
李捷. 2008. 模因论视域中的言语幽默. 外语学刊，（1）：74–78.
李桔元，李鸿雁. 2014. 批评话语分析研究最新进展及相关问题再思考. 外国语，（4）：88–96.
李美琳，姜占好. 2016. 产出性词汇广度和场认知风格的界面研究——基于英语专业学生的演讲稿. 淮南师范学院学报，（2）：87–90.
李倩. 2015. "中国关键词"：创新对外话语实践的有益尝试. 对外传播，（1）：27–29.
李荣. 1989. 汉语方言的分区. 方言，（4）：241–259.
李奕，刘源甫. 2008. 翻译心理学概论. 北京：清华大学出版社/北京交通大学出版社.
李英军. 2014. 机器翻译与翻译技术研究的现状与展望——伯纳德·马克·沙特尔沃思访谈录. 中国科技翻译，（1）：24–27.
李振，张宗明. 2019. 中医汉英词典的批评语言学研究范式与路径. 中国中医基础医学杂志，（5）：677–679.
梁凯音，刘立华. 2020. 跨文化传播视角下中国国际话语权的建构. 社会科学，（7）：136–147.
廖光蓉，尹铂淳. 2017. 汉英'狗'与'其他动物'同现词语概念界面研究. 外国语文，（5）：75–82.
刘汉玉. 1991. 浅谈美国英语地区的方言. 云南师范大学学报（哲学社会科学版），（6）：25–27.
刘慧，于林龙. 2019.《语义学—语用学界面中的潜生问题研究》述评. 河北软件职业技术学院学报，（3）：70–73.

刘嘉. 2015. 五三版《牛虻》译著的叙事建构及翻译伦理探微. 外国语（上海外国语大学学报），（2）: 65–72.

刘剑，胡开宝. 2015. 多模态口译语料库的建设与应用研究. 中国外语，（5）: 77–85.

刘军平. 2009. 西方翻译理论通史. 武汉：武汉大学出版社.

刘丽芬. 2019. 界面研究：内涵、范式与意义. 外国语文，（5）: 84–90.

刘丽芬，陈代球. 2018. 我国语言学交叉学科界面研究回溯与展望. 外国语文，（4）: 50–56.

刘立华. 2008. 批评话语分析概览. 外语学刊，（3）: 102–109.

刘立胜. 2017. 中国文学英译本海外传播现状与对策研究——基于亚马逊网上书店英译本的统计分析. 中国出版，（6）: 55–58.

刘乃实，熊学亮. 2003. 浅析言语幽默的维护面子功能. 外语教学，（6）: 10–13.

刘绍龙. 2007. 翻译心理学. 武汉：武汉大学出版社.

刘世生. 2002. 文学文体学：理论与方法. 外语教学与研究，（3）: 194–197.

刘婷，李炎. 2016. 翻译伦理观照下英语广告的汉译. 外语学刊，（2）: 94–97.

刘卫东. 2008. 翻译伦理的回归与重构. 中国外语，（6）: 95–99, 104.

刘亚猛. 2005. 韦努蒂的"翻译伦理"及其自我解构. 中国翻译，（5）: 40–45.

刘莺，高圣兵. 2010. 试论双语词典文本的互文性及隐喻性. 辞书研究，（5）: 42–51.

刘云虹. 2013. 翻译价值观与翻译批评伦理途径的建构——贝尔曼、韦努蒂、皮姆翻译伦理思想辨析. 中国外语，（5）: 83–88, 94.

刘云虹，许钧. 2016. 异的考验——关于翻译伦理的对谈. 外国语（上海外国语大学学报），（2）: 70–77.

龙晓翔. 2019. 大数据时代的"大翻译"——中国文化经典译介与传播的若干问题思考. 外国语，（2）: 87–99.

卢晶晶，倪传斌. 2017. 翻译伦理视角下我国陆港台三地进口药品商品名翻译比较研究. 外国语（上海外国语大学学报），（3）: 86–94.

卢卫中，王福祥. 2013. 翻译研究的新范式——认知翻译学研究综述. 外语教学与研究，（4）: 606–616.

鹿彬. 2016. 翻译地理学视域下的生态话语建构研究——以新丝绸之路为例. 哈尔滨：黑龙江人民出版社.

陆艳. 2013a. 众包翻译应用案例的分析与比较. 中国翻译，（3）: 56–61.

陆艳. 2013b. 云计算下的翻译模式研究. 上海翻译，（3）: 55–59.

罗迪江. 2016. 语用界面研究探析. 重庆工商大学学报（社会科学版），（4）: 90–95.

罗良功. 2020. 外语学科的差异化发展. 武汉科技大学"新文科背景下外国语言文学学科与专业建设高层论坛"，8月12日.

罗思明，曹杰旺. 2006. 词典批评类型与理论构建. 山东外语教学，（5）: 60–63.

罗思明，王军，曹杰旺. 2004. 词典用户技能及心理表征实验研究. 辞书研究，（2）: 121–131, 151.

罗植，楚军. 2014. 莫言作品研究的新视角. 当代文坛，（5）：69-72.

骆雯雁. 2020. 行动者网络理论在翻译生产描述研究中的应用——以亚瑟·韦利英译《西游记》为例. 外语研究，（2）：84-90.

骆贤凤. 2009. 中西翻译伦理研究述评. 中国翻译，（3）：13-17，95.

吕俊. 1997. 翻译学——传播学的一个特殊领域. 外国语，（2）：40-45.

吕俊. 2001. 跨越文化障碍——巴比塔的重建. 南京：东南大学出版社.

吕俊，侯向群. 2006. 翻译学：一个建构主义的视角. 上海：上海外语教育出版社.

吕俊，侯向群. 2012. 翻译学导论（第2版）. 上海：上海外语教育出版社.

吕奇，王树槐. 2020. 西方翻译伦理代表理论批评与反思. 外语教学理论与实践，（1）：80-85，40.

马东，吴爽. 2019. 中国对外话语体系研究，（7）：167-169.

马尔丹，马塞尔著. 1980. 电影语言. 何振淦译. 北京：中国电影出版社.

马启俊. 2009. 词典批评和词典的客观性. 辞书研究，（5）：62-64.

孟伟根. 2004. 关于建立翻译传播学理论的构想. 绍兴文理学院学报（哲学社会科学），（2）：86-91.

缪佳，余晓燕. 2019. 麦家《解密》在海外阅读接受状况的调查及启示——基于美国亚马逊网站"读者书评"的数据分析. 当代文坛，（2）：92-99.

倪钢. 2006. 界面文化的解释. 自然辩证法研究，（11）：62-66.

牛保义. 2017. "对比"作为研究语言的一种方法——语言学研究方法讨论之三. 中国外语，（1）：83-89.

潘文国. 2012. 界面研究的原则与意义. 外国语文，（5）：1-2.

潘文国. 2017. 界面研究与中西学术传统. 疯狂英语，（4）：1-4.

彭萍. 2012. 翻译学的新兴分支——翻译伦理学刍议. 学术探索，（1）：152-155.

彭萍. 2013. 翻译伦理学. 北京：中央编译出版社.

彭青龙. 2014. 从"异化"到"融合"——中国外语界面研究之思考. 外国语文，（1）：7.

齐涛云，杨承淑. 2020. 多模态同传语料库的开发与建置——以职业译员英汉双向同传语料库为例. 中国翻译，（3）：126-135.

仇云龙，林正军. 2019. 语用学视角下的语法—语用界面研究综观. 西安外国语大学学报，（3）：7-11.

任文. 2018. 新时代语境下翻译人才培养模式再探究：问题与出路. 当代外语研究，（6）：92-98.

任文. 2019. 机器翻译伦理的挑战与导向. 上海翻译，（5）：46-52，95.

任文. 2020. 新时代语境下翻译伦理再思. 山东外语教学，（3）：12-22.

邵璐. 2019. 人工智能驱动下的众包翻译技术架构展望. 中国翻译，（4）：126-134.

申丹. 2000. 西方现代文体学百年发展历程. 外语教学与研究，（1）：22-28.

申连云. 2016. 翻译伦理模式研究中的操控论与投降论. 外国语（上海外国语大学学报），（2）：78-88.

申迎丽, 仝亚辉. 2005. 翻译伦理问题的回归——由《译者》特刊之《回归到伦理问题》出发. 四川外语学院学报,（2）: 94–99.
沈圆. 2007. 句法—语义界面研究. 上海: 上海教育出版社.
施春宏. 2012. 词义结构的认知基础及释义原则. 中国语文,（2）: 114–127, 191.
石定栩. 2020. 生成语法的界面关系研究——起源、发展、影响及前景. 外语教学与研究,（5）: 643–654.
疏金平. 2015. 词汇语用学研究现状及对英语词汇教学的启示. 安阳工学院学报,（3）: 102–105.
斯介生, 宋大我, 李扬. 2016. 大数据背景下的谷歌翻译——现状与挑战. 统计研究,（5）: 109–112.
宋成方, 刘世生. 2015. 功能文体学研究的新进展. 现代外语,（2）: 278–286.
孙柏祥. 2010. 云计算——高校教育信息化建设和发展的新模式. 中国电化教育,（5）: 123–125。
孙东云, 邱东林. 2009. 电子词典的超文本性与词汇直接学习. 辞书研究,（5）: 106–114.
孙毅. 2012. 多模态话语意义建构——以2011西安世界园艺博览会会徽为基点. 外语与外语教学,（1）: 44–47.
孙致礼. 2007. 译者的职责. 中国翻译,（4）: 14–18, 94.
谭小荷. 2018. 读者导向与数据至上: 亚马逊图书排行榜的现实问题与价值隐忧. 编辑之友,（4）: 44–49.
谭业升. 2012. 认知翻译学探索: 创造性翻译的认知路径与认知制约. 上海: 上海外语教育出版社.
汤君. 2007. 翻译伦理的理论审视. 外国语（上海外国语大学学报）,（4）: 57–64.
唐培. 2006. 从翻译伦理透视文学翻译中的文化误读. 解放军外国语学院学报,（1）: 64–68.
唐卫华. 2004. 论翻译过程的传播本质. 外语研究,（2）: 48–50.
唐卫平. 2016. 省略的界面研究——搭桥参照认知模式. 哈尔滨师范大学社会科学学报,（2）: 80–84.
唐耀彩. 2016. 社会认知语用学视角下的误解研究. 天津外国语大学学报,（1）: 19–23.
陶李春, 张柏然. 2017. 对当前翻译研究的观察与思考——张柏然教授访谈录. 中国翻译,（2）: 66–71.
田传茂, 丁青. 2004. 翻译经济学刍议. 桂林电子工业学院学报,（1）: 77–80.
田海龙. 2016. 话语研究的语言学范式: 从批评话语分析到批评话语研究. 山东外语教学,（6）: 3–9.
田海龙. 2019. 批评话语研究的三个新动态. 现代外语,（6）: 855–864.
田海龙. 2020. 中西医结合治疗新冠肺炎的话语研究——基于"双层—五步"框架的中西医话语互动分析. 天津外国语大学学报,（2）: 128–139.

田海龙，程玲玲. 2010. "Discourse"的含义及其汉译. 燕山大学学报（哲学社会科学版），11（1）：68–72.
涂兵兰. 2013. 清末译者的翻译伦理研究. 长沙：湖南人民出版社.
涂尔干，埃米尔著. 2000. 社会分工论. 渠敬东译. 北京：生活·读书·新知三联书店.
汪宝荣. 2017. 社会翻译学学科结构与研究框架构建述评. 解放军外国语学院学报，（5）：110–118，160.
汪宝荣. 2018. 西方社会翻译学核心研究领域：述评及启示. 解放军外国语学院学报，（6）：81–89，158.
汪宝荣. 2019. 国内社会翻译学研究现状述评. 亚太跨学科翻译研究，（1）：68–78.
汪庆华. 2015. 传播学视域下中国文化走出去与翻译策略选择——以《红楼梦》英译为例. 外语教学，（3）：100–104.
王大智. 2005. 关于展开翻译伦理研究的思考. 外语与外语教学，（12）：44–47.
王大智. 2009. "翻译伦理"概念试析. 外语与外语教学，（12）：61–63.
王广禄，吴楠. 2017. 数字人文促进方法论革新. 中国社会科学报，7月5日.
王红芳，乔孟琪. 2018. 视听翻译、多媒体翻译与多模态翻译：辨析与思考. 外国语文研究，（6）：96–104.
王洪涛. 2016. "社会翻译学"研究：考辨与反思. 中国翻译，（4）：6–13，127.
王宏印. 2017. 序言：筚路蓝缕，锲而不舍——关于我国当下社会翻译学的可贵探索. 社会翻译学研究：理论、视角与方法. 王洪涛主编. 天津：南开大学出版社.
王家义，李德凤，李丽青. 2018. 大数据背景下的互联网翻译. 中国翻译，（2）：78–82.
王晋军. 2005. 生态语言学：语言学研究的新视域. 天津外国语学院学报，（1）：53–57.
王克非. 2014. 从翻译看界面问题. 外国语文，（1）：1–2.
王莉娜. 2008. 析翻译伦理的四种模式. 外语研究，（6）：84–88.
王玲. 2017. 二语习得研究与语言教学的界面研究——评《二语习得视角下的语言教学探索》. 教育发展研究，（Z2）：128.
王铭玉，张涛. 2019. 高校"新文科建设"：概念与行动. 中国社会科学报，3月21日.
王宁. 2017. 走向数字人文的新阶段. 燕山大学学报，（1）：10–11.
王仁强. 2006a. 基于语料库的"生人"用法调查及其对汉语词典编纂的启示. 四川外语学院学报，（03）：94–99.
王仁强. 2006b. 认知视角的汉英词典词类标注实证研究. 上海：上海译文出版社.
王仁强. 2010a. 认知辞书学引论. 外语学刊，（5）：36–39.
王仁强. 2010b. 现代汉语词类体系效度研究——以《现代汉语词典》（第5版）词类体系为例. 外语教学与研究，（5）：380–386，401.
王仁强. 2011. 现代汉语词范畴认知研究——以《现代汉语词典》（第5版）为例. 外国语文，（1）：71–77.
王仁强. 2014. 现代英语兼类现状研究——以《牛津高阶英语词典》（第7版）为例. 外国语（上海外国语大学学报），（4）：49–59.

王仁强. 2020. 大数据视域下的汉英词典兼类表征策略研究——以《汉英词典》(第三版)为例. 外语电化教学,（6）: 71–79, 5.

王仁强, 黄昌宁. 2017. 从双层词类范畴化理论看现代汉语自指词项的兼类问题. 外国语文,（1）: 87–96.

王伟光. 2017. 深入学习贯彻习近平总书记重要讲话精神 全面推进我国哲学社会科学话语体系建设. 世界社会主义研究,（1）: 4–10.

王晓军, 林帅. 2011. 国内语言幽默研究十年回顾与思考: 2001—2010. 外语研究,（5）: 28–33.

王岫庐. 2016. 再谈翻译伦理. 上海翻译,（5）: 13–18.

王寅. 2005. 认知语言学的翻译观. 中国翻译,（5）: 15–20.

王寅. 2012. 认知翻译研究. 中国翻译,（4）: 17–23.

王寅. 2013. 认知翻译学与识解机制. 语言教育,（1）: 52–57.

王迎春. 2019.《现代汉语词典》确定异形词推荐词形所依据的主要原则——以'厨柜'和"橱柜"、"板块"和"版块"条目为例. 辞书研究,（6）: 46–52, 126.

王月丽, 杨国栋. 2014. 语感与外语教学的界面. 宜宾学院学报,（1）: 100–103.

韦勒克, 沃伦著. 1984. 文学理论. 刘象愚等译. 北京: 生活·读书·新知三联书店.

魏家海. 2010. 美国汉学家伯顿·沃森英译《诗经》的翻译伦理. 大连海事大学学报（社会科学版）,（3）: 96–100.

魏向清. 2001. 关于构建双语词典批评理论体系的思考. 外语与外语教学,（1）: 59–61.

魏向清. 2005. 研究范式的转变与现代双语词典批评的新思维. 外语与外语教学,（4）: 53–56.

魏向清. 2013. 双语学习词典设计特征研究的谱系学思考. 辞书研究（5）: 1–10, 93.

魏向清, 杨平. 2019. 中国特色话语对外传播与术语翻译标准化. 中国翻译,（1）: 91–97.

魏在江. 2006. 隐喻的语篇功能——兼论语篇分析与认知语言学的界面研究. 外语教学,（5）: 10–15.

魏在江. 2010. 概念转喻与语篇连贯——认知与语篇的界面研究. 外国语文,（2）: 57–61.

文秋芳. 2008. 中国大学生英汉汉英口笔译语料库. 北京: 外语教学与研究出版社.

文秋芳. 2017. "产出导向法"的中国特色. 现代外语,（3）: 348–358.

文秋芳, 王立非. 2008. 中国学生英语口笔语语料库. 北京: 外语教学与研究出版社.

文旭. 2017. 认知翻译学: 翻译研究的新范式. 英语研究,（2）: 103–113.

文旭. 2020. 哲学社会科学与自然科学的互动: 新文科背景下语言学的建设与发展. 武汉科技大学"新文科背景下外国语言文学学科与专业建设高层论坛", 8月12日.

文旭, 司卫国. 2018. 认知语言学: 反思与展望. 中国社会科学评价,（3）: 23–36, 126.

文旭, 肖开容. 2019. 认知翻译学. 北京: 北京大学出版社.

文永超. 2017. 认知文学研究的"三位一体"——《认知、文学与历史》述评. 外语与翻译，（3）：90–93.
吴楠. 2020. 生态语言学走向成熟. 中国社会科学报，8月7日.
吴霞，刘世生. 2009a. 乖讹消解理论与英语笑话的理解. 外语教学，（4）：21–24.
吴霞，刘世生. 2009b. 中国学生对英语幽默的理解. 外语与外语教学，（9）：1–6.
吴岩. 2019. 新使命 大格局 新文科 大外语. 外语教育研究前沿，（2）：3–7，90.
吴玥璠，刘军平. 2017. 翻译传播学视域下《礼记》英译海外传播. 对外传播，（9）：53–55.
武光军. 2008. 翻译社会学研究的现状与问题. 外国语，（1）：75–82.
武继红. 1999. 辞书理论研究初探. 南京理工大学学报（社会科学版），（2）：3–5.
武继红. 2004. 论学习词典批评中的读者意识. 广东外语外贸大学学报，（4）：41–42，46.
武继红. 2011. 英汉学习词典中搭配的认知化呈现. 北京：科学出版社.
习近平. 2013a. 习近平在全国宣传思想工作会议上的讲话. 8月20日. 来自人民网网站.
习近平. 2013b. 中共中央关于全面深化改革若干重大问题的决定. 11月12日. 来自人民网网站.
习近平. 2014. 习近平谈治国理政. 北京：外文出版社.
习近平. 2016a. 习近平在中国文联十大、中国作协九大开幕式上的讲话. 11月30日. 来自人民网.
习近平. 2016b. 在哲学社会科学工作座谈会上的讲话. 新湘评论，（11）：4–12.
习近平. 2017. 在党的新闻舆论工作座谈会上的讲话. 中共中央文献研究室. 习近平关于社会主义文化建设论述摘编. 北京：中央文献出版社.
习近平. 2018a. 举旗帜 聚民心 育新人 兴文化 展形象 更好完成新形势下宣传思想工作使命任务. 8月22日. 来自人民网.
习近平. 2018b. 同舟共济创造美好未来——国家主席习近平在亚太经合组织工商领导人峰会上的主旨演讲. 商业文化，（35）：8–11.
夏洋，李佳. 2017. 语义学与语用学界面研究——词汇语用学研究重点议题概述. 福建教育学院学报，（1）：17–20.
项成东. 2010. 幽默研究与认知语言学的互动. 外语教学，（1）：35–39.
向明友. 2020. 外语学科建设与专业人才培养刍议. 武汉科技大学"新文科背景下外国语言文学学科与专业建设高层论坛"，8月12日.
肖维青，董琳娜. 2020. 视听翻译新发展：语音合成在口述影像中的应用——基于针对视障人士的接受实验与调查. 东方翻译，（2）：24–30.
肖开容. 2018. "遭遇"第四范式的浪潮：大数据时代的翻译研究. 外语学刊，（2）：90–95.
谢柯，李艺. 2015. 传播学视域下中国文化"走出去"之译介模式研究——以《孙子兵法》在英语世界的译介为例. 外文研究，（3）：79–84，107.
谢柯，廖雪汝. 2016. "翻译传播学"的名与实. 上海翻译，（1）：14–18.
谢妮妮. 2014.《格林童话》中图文关系的逻辑语义扩展探讨. 外语教学，（1）：21–25.

辛斌. 2005. 批评语言学与西方马克思主义——批评性语篇分析中的意识形态观. 常熟理工学院学报,（5）：7-10.
辛斌. 2006.《中国日报》和《纽约时报》中转述方式和消息来源的比较分析. 外语与外语教学,（3）：1-4.
辛斌, 田海龙, 苗兴伟, 向明友, 秦洪武, 马文. 2018. 六人谈：新时代话语研究的应用与发展. 山东外语教学,（4）：12-18.
辛广勤. 2018. "译者伦理"？——皮姆翻译伦理思想析辨. 中国外语,（4）：96-103.
辛志英, 黄国文. 2013. 系统功能语言学与生态话语分析. 外语教学,（3）：7-10.
邢杰, 黎壹平, 张其帆. 2019. 拉图尔行动者网络理论对翻译研究的效用. 中国翻译,（5）：28-36, 188.
熊沐清. 2013. 界面研究的涵义、学科意义及认知诗学的界面性质. 外国语文,（5）：11-17.
熊沐清. 2015. 文学批评的认知转向——认知文学研究系列之一. 外国语文,（6）：1-9。
熊学亮. 2004. 管窥语言界面. 外语研究,（4）：17-19.
徐崇温. 2011. 坚持完善中国模式的话语体系. 中国特色社会主义研究,（3）：4-11.
徐德荣, 何芳芳. 2015. 论图画书文字突出语相的翻译. 外语研究,（6）：78-82.
徐德荣, 江建利. 2017. 论图画书翻译中的风格再造. 中国翻译,（1）：109-114.
徐力恒. 2017. 我们为什么需要数字人文. 社会科学报,（5）：1-3.
徐鹏. 2014. 搭配现象和词汇联想界面研究的思考. 宜春学院学报,（10）：111-114.
许建忠. 2010. 翻译地理学. 哈尔滨：黑龙江人民出版社.
许建忠. 2014. 翻译经济学. 北京：国防工业出版社.
许勉君. 2017. 中国多模态翻译研究. 广东外语外贸大学学报, 28（2）：40-46.
许名央, 阚哲华. 2015. 元信息向心理论——一种句法—语义—语用界面理论. 外语与翻译,（2）：33-38.
薛小梅, 高育松. 2015. 范式交替下的第二语言习得研究：从社会转向到双语转向. 兰州大学学科（社科版）,（6）：164-168.
鄢秀, 罗康特. 2019. 新时代的翻译研究：口述影像理论与实践的重要性. 东方翻译,（4）：8-12, 24.
严蓓雯. 2011. "文学社会学"之后的文学社会学. 外国文学评论,（1）：223-225.
颜林海. 2008. 翻译认知心理学. 北京：科学出版社.
颜林海. 2015. 翻译审美心理学. 北京：科学出版社.
杨朝军. 2019. 翻译过程中的图式化. 英语研究,（2）：115-127.
杨端志. 2003. 汉语词汇理论、词典分词与"词"的认知. 山东大学学报,（6）：85-89.
杨会勇. 2016. 出版行业介入翻译业务的现状和发展探讨. 中国出版,（24）：64-67.
杨惠中. 2002. 语料库语言学导论. 上海：上海外语教育出版社.
杨惠中. 2003. 中国学习者英语语料库. 上海：上海外语教育出版社.
杨惠中. 2010. 语料库语言学的应用研究与贡献. 现代外语,（4）：421-422.

杨洁，曾利沙. 2010. 论翻译伦理学研究范畴的拓展. 外国语（上海外国语大学学报），(5)：73-79.

杨连瑞，戴月，李绍鹏. 2013. 国外二语习得界面研究. 中国外语，(5)：56-63.

杨瑞玲. 2019. 传播学视域下中国文学海外翻译出版偏差与矫正. 中国出版，(13)：62-64.

杨素英. 1999. 从非宾格动词现象看语义与句法结构之间的关系. 当代语言学，(1)：30-43.

杨信彰. 2009. 多模态语篇分析与系统功能语言学. 外语教学，(4)：11-14.

杨信彰. 2014. 语言与社会的界面研究. 外国语文，(1)：2-3.

杨小龙. 2019.《汉语句法、语义和语用的界面研究》述介. 当代语言学，(3)：466-473.

殷丽. 2017a. 中医药典籍国内英译本海外接受状况调查及启示——以大中华文库《黄帝内经》英译本为例. 外国语，(5)：33-43.

殷丽. 2017b. 中国经典的出版思考——以《大中华文库》和《企鹅经典》系列丛书为例. 出版广角，(16)：55-57.

尹飞舟，余承法. 2020. 翻译传播学论纲. 湘潭大学学报（哲学社会科学版），(5)：11-19.

尹洪山. 2017. 英语呈现句的界面研究. 当代语言学，(7)：26-29.

尹明明. 2015. 传播学视域中的外宣翻译研究——以《今日中国》（法文版）为例. 浙江工商大学学报，(2)：32-37.

游汝杰，邹嘉彦. 2009. 社会语言学教程（第二版）. 上海：复旦大学出版社.

于屏方. 2005. 动词义位中内化的概念角色在词典释义中的体现. 辞书研究，(3)：36-44.

余涛. 2014. 拟声构词中的隐喻、转喻及其认知界面研究. 绥化学院学报，(12)：52-54.

余小梅，耿强. 2018. 视觉文本翻译研究：理论、问题域与方法. 外语与外语教学，(3)：78.

袁博平. 2015. 汉语二语习得中的界面研究. 现代外语，(1)：59-72.

臧夏雨. 2012. 从翻译伦理视角论译者有意识的"不忠"——以电影《叶问Ⅰ》和《翻译风波》为例. 中国翻译，(2)：95-97.

曾方本. 2010. 多模态语篇中图文关系的解构及其模式研究——关于图文关系的三种理论评述. 外国语文，(4)：60-64.

曾杨婷. 2014. 从认知角度看隐喻的语用界面. 大众科技，(178)：295-296.

詹姆斯，威廉. 2009，心理学原理. 郭宾译. 北京：中国社会科学出版社.

张德禄. 2009. 多模态话语分析综合理论框架探索. 中国外语，6（1）：24-30.

张德禄. 2018. 系统功能理论视阈下的多模态话语分析综合框架. 现代外语，41（6）：731-743.

张德禄，王群. 2011. 交通标志牌的图文关系与解读过程. 外语教学，(4)：27-30, 35.

张国祚. 2012. 中国话语体系应如何打造. 人民日报,（7）: 7–11.
张昊辰. 2020. 多模态. 外国文学,（3）: 110–122.
张建伟, 白解红. 2014. 科技语言认知研究的界面. 湖南社会科学,（5）: 221–223.
张杰. 2020. 第五届全国生态语言学研讨会. 中国社会科学报, 8月27日.
张俊凌. 2012. 界面研究的方法、意义与发展——首届中国外语界面研究学术研讨会暨中国英汉语比较研究会界面研究专业委员会成立大会综述. 外国语文,（2）: 158–160.
张莉. 2019. 探索大数据环境下出版业高质量发展. 中国出版,（23）: 37–41.
张绍杰. 2017. 话语识解的认知机制：语法—语用互动视角. 外语教学与研究,（5）: 663–674.
张生祥. 2013. 翻译传播学：理论建构与学科空间. 湛江师范学院学报,（1）: 116–120.
张生祥. 2020. 翻译传播研究促知识转化效果. 中国社会科学报, 6–17.
张晓雪. 2018.《论语》英译本海外传播现状与对策探讨——基于亚马逊网上书店以及Google Scholar数据统计分析. 湘潭大学学报（哲学社会科学版）,（2）: 157–160.
张岩, 梁耀丹, 何珊. 2017. 中国文学图书的海外影响力研究——以近五年（2012—2016年）获国际文学奖的作家作品为视角. 出版科学,（3）: 107–113.
张滟. 2010. 构式"XAY let alone B"与"X（连）A都/也Y, 更不用说/别说B"的语义—句法界面研究——基于"交互主观性"认知观. 中国外语,（1）: 38–46.
张燕, 陈桦. 2017. 国外韵律语用界面研究现状与启示. 中国外语,（1）: 4–11.
章晓英. 2019. 中国对外话语体系建构：一个叙事学视角. 国际传播,（1）: 1–7.
章宜华. 1998. 自然语言的心理表征与词典释义. 现代外语,（3）: 3–5.
章宜华. 2006. 认知语义结构与意义驱动释义模式的构建——兼谈外汉双语词典的释义性质与释义结构. 现代外语,（4）: 362–370, 437.
章宜华. 2008. 学习词典的中观结构及其网络体系的构建. 现代外语（4）: 360–368, 436–437.
章宜华. 2015. 基于论元结构构式的多维释义探讨. 现代外语,（5）: 624–635, 729–730.
章宜华. 2017. 基于范畴图式—示例关系的释同与解异探析——英语学习词典范畴化释义研究. 外语教学与研究,（2）: 240–253, 320–321.
章宜华, 雍和明. 2007. 当代词典学. 北京: 商务印书馆.
赵晶, 赵秋荣. 2019. 文化翻译观视阈下政治外宣话语文化自信的彰显——以《习近平谈治国理政》的英译为例. 外文研究,（4）: 49–54, 104–105.
赵连振, 李斌. 2020. 近代中国社会对英语辞书的需求及其编纂出版——以近代商务印书馆英语语文辞书为例. 辞书研究（4）: 41–47, 126.
赵亮. 2018. 词汇与句法界面研究：从"动词中心"到"构式中心"的范式更替和模式嬗变. 解放军外国语学院学报,（3）: 51–59.

赵蕊华. 2016. 系统功能视角下生态话语分析的多层面模式——以生态报告中银无须鳕身份构建为例. 中国外语,（5）: 84–91.

赵蕊华. 2018a. 基于语料库的生态跨学科性及学科生态化表征研究. 中国外语,（4）: 54–60.

赵蕊华. 2018b. 基于语料库 CCL 的汉语语言生态研究——以"野生动物"为例. 外语与外语教学,（5）: 12–20, 147.

赵蕊华, 黄国文. 2017. 生态语言学研究与和谐话语分析——黄国文教授访谈录. 当代外语研究,（4）: 15–18, 25.

赵蕊华, 黄国文. 2021. 和谐话语分析框架及其应用. 外语教学与研究,（1）: 42–53.

赵欣欣. 2017.《红楼梦》中情感表达的隐喻、转喻及其界面研究. 阜阳师范学院学报（社会科学版）,（4）: 42–47.

赵彦春. 2000. 词汇能力与认知词典学的关系. 现代外语,（4）: 361–370.

赵彦春. 2014. 认知语言学：批判与应用. 天津：南开大学出版社.

赵彦春, 黄建华. 2000. 隐喻——认知词典学的眼睛. 现代外语,（2）: 152–162, 151.

赵永峰. 2015. 后现代哲学思潮中的认知社会语言学研究. 外语学刊,（4）: 65–70.

赵元任. 1928 [2011]. 现代吴语的研究. 北京：商务印书馆.

赵元任等. 1934. 中华民国新地图, 第五图乙, 语言区域图. 上海：申报馆.

郑敏宇. 2012. 翻译伦理对误译评价的启示. 中国比较文学,（3）: 88–97.

郑通涛. 1985. 语言的相关性原则——《语言生态学初探》之一. 厦门大学学报（哲学社会科学版）,（4）: 150–157.

郑友奇, 黄彧盈. 2016. 传播学视域中的文学翻译研究. 现代传播（中国传媒大学学报）,（10）: 165–166.

钟兰凤, 陈希卉, 赵梦娟. 2013. 隐喻识别与基于语料库的学习型词典义项处理的界面研究. 中国外语,（5）: 1–7.

周笃宝. 2002. 图式理论对理解翻译的解释力. 南华大学学报（社会科学版）,（4）: 86–89.

周京励. 2014. 汉英习语中隐喻和转喻及其界面的认知对比考察——以汉语四字格习语为基点. 现代语文（语言研究版）,（9）: 151–153.

周俐. 2014. 儿童绘本中的图、文、音——基于系统功能多模态语篇研究及社会符号学理论的分析. 外国语文,（3）: 106–112.

周梁勋, 耿智. 2017. 翻译伦理与经典英译——以《水浒传》英译为例. 上海翻译,（4）: 27–30.

周作人. 2009. 明清笑话集. 北京：中华书局.

朱立元. 2005. 当代西方文艺理论：第 2 版（增补版）. 上海：华东师范大学出版社.

朱珊. 2017. 翻译心理学研究——认知与审美. 北京：新华出版社.

朱跃, 伍菡. 2013. 对近十年国内外语界面研究的思考. 外国语文,（5）: 18–21.

祝朝伟. 2010. 译者职责的翻译伦理解读. 外国语文,（6）: 77–82.

邹酆. 2004. 朱祖延和他的"辞书之家". 出版科学, (1): 75–77.

Abdallah, K. 2010. Translators' Agency in Production Networks. In T. Kinnunen & K. Koskinen. (eds.) *Translator's Agency*. Tampere: Tampere University Press, 11–46.

Alexander, R. & Stibbe, A. 2014. From the Analysis of Ecological Discourse to the Ecological Analysis of Discourse. *Language Sciences*, (41): 104–110.

Alison, G. 2012. Multimodal Literature and Experimentation. In J. Bray, A. Gibbon, & B. McHale. (eds.) *The Routledge Companion to Experimental Literature*. London & New York: Routledge.

Ana T. P., Pirvulescu, M., & Roberge, Y. 2008. Null Objects in Child Language: Syntax and the Lexicon. *Lingua*, (118): 370–398.

Anderson, J. M. 1971. *The Grammar of Case*. Cambridge: Cambridge University Press.

ArharHoldt, Š., Čibej, J., & Zwitter Vitez, A. 2017. Value of Language-related Questions and Comments in Digital Media for Lexicographical User Research. *International Journal of Lexicography*, (3): 285–308.

Atkins, B. S. & Rundell, M. (eds.) 2008. *The Oxford Guide to Practical Lexicography*. Oxford: Oxford University Press.

Atkinson, D. 2011. Alternative Approaches to Second Language Acquisition. *Language Teaching*, (43): 96–98.

Attardo, S. 1994. *Linguistic Theories of Humor*. Berlin & New York: Mouton de Gruyter.

Baddeley, A. 2007. *Working Memory, Thought, and Action*. Oxford: Oxford University Press.

Bagasheva, A. 2011. Contrastive Word-formation and Lexicography: Compound Verbs in English and Bulgarian. *Poznan Studies in Contemporary Linguistics*, (4): 844–872.

Baker, M. C. 1988. *Incorporation*. Chicago: University of Chicago Press.

Baker, M. C. 1989. Object Sharing and Projection in Serial Verb Constructions. *Linguistic Inquiry*, 20 (4): 513–554.

Baker, M. & Saldanha, G. 2009. *Routledge Encyclopedia of Translation Studies*. London & New York: Routledge.

Baker, P. & Ellece, S. 2011. *Key Terms in Discourse Analysis*. London & New York: Continuum.

Baltra, A. 1990. Language Learning Through Computer Adventure Games. *Simulation and Gaming*, (21): 445–452.

Barthes, R.1977. *Image-Music-Text*. S. Heath. (trans) New York: Hill and Wang.

Baxter, J. 1980. The Dictionary and Vocabulary Behaviour: A Single Word or a Handful? *TESOL Quarterly*, (3): 325–336.

Bell. R. T. 1991. *Translation and Translating: Theory and Practice*. London & New York: Longman.

Bergson, H. 1924. *Laughter: An Essay on the Meaning of the Comic*. Paris: Alcan Publishing House.

Berman, A. 1984. *L'Épreuve de l'étranger : Culture et traduction dans l'Allemagne romantique*. Paris: Editions Gallimard.

Berman, S. & Wood, M. 2005. *Nation, Language, and the Ethics of Translation*. Princeton: Princeton University Press.

Beyer, H. L. & Faul, A. K. 2010. Namibian University Entrants' Concepts of "a Dictionary". *Lexikos*, 20: 644–679.

Biberauer, T. & Roberts, I. 2015. Rethinking Formal Hierarchies: A Proposed Unification. In J. Chancharu, X. Hu, & M. Mitrović. (eds.) *Cambridge Occasional Papers in Linguistics*. University of Cambridge, (7): 1–31.

Boas, H. C. 2003. *A Constructional Approach to Resultatives*. Stanford: CSLI Publications.

Bogaards, P. 2013. A History of Research in Lexicography. In H. Jackson. (ed.) *The Bloomsbury Companion to Lexicography*. London & New York: Bloomsbury Academic, 19–32.

Borer, H. 2005. *Structuring Sense II: The Normal Course of Events*. Oxford: Oxford University Press.

Bourdieu, P. 1990. *The Logic of Practice*. Cambridge: Polity Press.

Brown, R., Waring, R., & Donkaewbua, S. 2008. Incidental Vocabulary Acquisition from Reading, Reading While-listening, and Listening to Stories. *Reading in a Foreign Language*, 20: 136–163.

Bruhn, M. J. & Wehrs D. R. (eds.) 2014. *Cognition, Literature and History*. London & New York: Routledge.

Buzelin, H. 2005. Unexpected Allies: How Latour's Network Theory Could Complement Bourdieusian Analysis in Translation Studies. *The Translator*, (2): 193–218.

Buzelin, H. 2007. Translations "in the Making". In M. Wolf & A. Fukari. (eds.) *Constructing a Sociology of Translation*. Amsterdam & Philadelphia: John Benjamins, 135–169.

Buzelin, H. 2013. Sociology and Translation Studies. In C. Mill & F. Bartrina. (eds.) *The Routledge Handbook of Translation Studies*. London & New York: Routledge, 186–200.

Byrnes, H. 2019. Affirming the Context of Instructed SLA: The Potential of Curricular Thinking. *Language Teaching Research*, (23): 514–532.

Campoy-Cubillo, M. C., Bellés-Fortuño, B., & LluïsaGea-Valor, M. 2010. *Corpus-based Approaches to English Language Teaching*. Cornwall: MPG Books Group.

Carreres Á. & Noriega-Sánchez M. 2020. Beyond Words: Concluding Remarks. In. M. Boria, Á. Carreres, M. Noriega-Sánchez, & M. Tomalin. (eds.) *Translation and Multimodality*. London & New York: Routledge, 198–203.

Carter, C. L. 1976. Painting and Language: A Pictorial Syntax of Shapes. *Leonardo*, (2): 111–118.

Chan, A. Y. W. 2012. Advanced Cantonese ESL Learners' Use of a Monolingual Dictionary for Language Production. *Lexikos*, (22): 109–138.

Chan, A. Y. W. & Taylor, A. 2001. Evaluating Learner Dictionaries: What the Reviews Say. *International Journal of Lexicography*, (3): 163–180.

Chapelle, C. A. & Sauro, S. 2017. *The Handbook of Technology and Second Language Teaching and Learning*. Oxford: John Wiley & Sons.

Chen, D. D. 1996. *L2 Acquisition of English Psych Predicates by Native Speakers of Chinese and French*. Unpublished Doctoral Dissertation, McGill University.

Chen, W. G. 2015. Bilingual Lexicography as Recontextualization: A Case Study of Illustrative Examples in a New English-Chinese Dictionary. *Australian Journal of Linguistics*, (4): 311–333.

Chen, W. G. 2017. Lexicography, Discourse and Power Uncovering Ideology in the Bilingualization of a Monolingual English Dictionary in China. *Pragmatics and Society*, (4): 601–629.

Chesterman, A. 2001. Proposal for a Hieronymic Oath. *The Translator*, 7(2): 139–154.

Chesterman, A. 2006. Questions in the Sociology of Translation. In J. F. Duarte, A. A. Rosa, & T. Seruya. (eds.) *Translation Studies at the Interface of Disciplines*. Amsterdam & Philadelphia: John Benjamins, 9–27.

Chomsky, N. 1986. *Knowledge of Language: Its Nature, Origin and Use*. New York: Praeger.

Chomsky, N. 1995. *The Minimalist Program*. Cambridge: MIT Press.

Chuang Y.-T. 2006. Studying Subtitle Translation from a Multimodal Approach. *Babel*, 52(4): 372–383.

Ciocia, S. 2009. Postmodern Investigation: The Case of Christopher Boone in *The Curious Incident of the Dog in the Night-time*. *Children's Literature in Education*, (40): 320–332.

Cook, G. 1994. *Discourse and Literature*. Oxford: Oxford University Press.

Corris, M., Manning, C., Poetsch, S., & Simpson, J. 2004. How Useful and

Usable Are Dictionaries for Speakers of Australian Indigenous Languages?. *International Journal of Lexicography*, (1): 33–68.

Coulmas, F. 2019. *Identity: A Very Short Introduction*. Oxford: Oxford University Press.

Coulson, S. 2000. *Semantic Leaps: Frame-shifting and Conceptual Blending in Meaning Construction*. New York: Cambridge University Press.

Coupland, N. 1998. What is Sociolinguistic Theory?. *Journal of Sociolinguistics*, 2(1): 110–117.

Crawford, M. 2003. Gender and Humor in Social Context. *Journal of Pragmatics*, 35: 1413–1430.

Croft, W. 1991. *Syntactic Categories and Grammatical Relations*. Chicago: University of Chicago Press.

Croft, W. 1993. Case Marking and the Semantics of Mental Verbs. In J. Pustejovsky. (ed.) *Semantics and the Lexicon*. Dordrecht: Kluwer, 55–72.

Croft, W. 1994. The Semantics of Subjecthood. In M. Yaguello. (ed.) *Subjecthood and Subjectivity: The Status of the Subject in Linguistic Theory*. Paris: Ophrys, 29–75.

Cronin, M. 2013. *Translation in the Digital Age*. London & New York: Routledge.

Crystal, D. 1991. Stylistics profiling. In K. Aijmer & B. Altenberg. *English Corpus Linguistics*, 221–238.

Czeglédi, S. 2011. Obama and Language: Language Policy Areas and Goals in Presidential Communication. *Americana*, 7(2).

Dąbrowska, E. 2017. From Schema Extraction to Proceduralization. *Paper presented at the 14th International Cognitive Linguistics Conference*, Tartu, Estonia.

Dalpanagioti, T. 2019. From Corpus Usages to Cognitively Informed Dictionary Senses: Reconstructing an MLD Entry for the Verb Float. *Lexicography*, (2): 75–104.

Davidse, K. 1991. *Categories of Experiential Grammar*. Unpublished Doctoral Dissertation, University of Leuven.

Davis, A. R. & Koening, J. P. 2000. Linking as Constraints on Word Classes in a Hierarchical Lexicon. *Language*, (76): 56–91.

De Bot, K., Lowie, W., & Verspoor, M. 2007. A Dynamic Systems Theory Approach to Second Language Acquisition. *Bilingualism Language & Cognition*, (10): 7–21.

De Condillac, E. B. 1746 [1973]. *Essai sur l'Origines des Sciences humaines*. Ed. by Charles Porset. Auvers-sur-Oise: Galilee.

DeKeyser, R. 2003. Implicit and Explicit Learning. In C. J. Doughty & M. H. Long. (eds.) *The Handbook of Second Language Acquisition*. Blackwell. 313–348.

DeKeyser, R., Salaberry, R., Robinson, R., & Harrington, M. 2002. What Gets Processed in Processing Instruction? A Commentary on Bill VanPatten's "Processing Instruction: An Update". *Language Learning*, 52, 805–823.

De Schryver G.-M. 2005. Concurrent over- and under-treatment in Dictionaries: The Woordeboek of Afrikaanse Taal as a Case in Point. *International Journal of Lexicography*, (1), 47–75.

De Schryver, G.-M. 2009. Bibliometrics in Lexicography. *International Journal of Lexicography*, (4): 423–465.

De Schryver, G.-M., Joffe, D., Joffe, P., & Hillewaert, S. 2006. Do Dictionary Users Really Look up Frequent Words? On the Overestimation of the Value of Corpus-based Lexicography. *Lexikos*, (1): 67–83.

Doughty, C. & Long, M. 1998. *Focus on Form in Classroom Second Language Acquisition*. New York: Cambridge University Press.

Downie, L. & Schudson, M. 2009. The Reconstruction of American Journalism. *Columbia Journalism Review*, 48(4): 26.

Dowty, D. 1979. *Word Meaning and Montague Grammar*. Dordrecht: Kluwer.

Dowty, D. 1989. On the Semantic Content of the Notion of "Thematic Role". In G. Chierchia, B. H. Partee, & R. Turner. (eds.) *Properties, Types and Meaning II: Semantic Issues*. Dordrecht: Kluwer, 69–129.

Dowty, D. 1991. Thematic Proto-roles and Argument Selection. *Language*, 67 (3): 547–619.

Duval, E., Sharples, M., & Sutherland, R. 2017. *Technology Enhanced Learning: Research Themes*. Cham: Springer.

Dziemianko, A. 2011. User-friendliness of Noun and Verb Coding Systems in Pedagogical Dictionaries of English: A Case of Polish Learners. *International Journal of Lexicography*, (1): 50–78.

Dziemianko, A. 2019. Homogeneous or Heterogeneous? Insights into Signposts in Learners' Dictionaries. *International Journal of Lexicography*, (4): 432–457.

Edgar, A. & Sedgwick, P. 1999. *Key Concepts in Cultural Theory*. London: Routledge.

Ellis, A. 1889. *On Early English Pronunciation, with Especial Reference to Shakespeare and Chaucer*. Part 5: Existing Dialectal as Compared with West Saxon Pronunciation. London: Trübner.

Ellis, N. 2002. Frequency Effects in Language Processing: A Review with Implications Theories of Implicit and Explicit Language Acquisition. *Studies in Second Language Acquisition*, (24): 143–188.

Ellis, R. 2003. *Task-based Language Learning and Teaching*. Oxford: Oxford University Press.

Ellis, R. 2019. Towards a Modular Language Curriculum for Using Tasks. *Language Teaching Research*, (23): 454–475.

Ellis, R. & Shintani, N. 2013. *Exploring Language Pedagogy Through Second Language Acquisition Research*. New York: Routledge.

Engell, J. 2002. *Elements of Rhetoric*. Cambridge: Harvard University coursebook.

Erteschi-Shir, N. 2007. *Information Structure: The Syntax-Discourse Interface*. Oxford: Oxford University Press.

Fairclough, N. 1989. *Language and Power*. London: Longman.

Fairclough, N. 1992. *Discourse and Social Change*. Cambridge: Polity Press.

Fairclough, N. 1995. *Critical Discourse Analysis*. London: Longman.

Fairclough, N. 2018. CDA as Dialectical Reasoning. In J. Flowerdew & J. Richardson. (eds.) *The Routledge Handbook of Critical Discourse Studies*. London: Routledge, 13–25.

Feng, Y. & Webb, S. 2020. Learning Vocabulary Through Reading, Listening, and Viewing: Which Mode of Input Is Most Effective?. *Studies in Second Language Acquisition*. 42 (2020), 499–523.

Filip, H. 2012. Lexical Aspect. In R. I. Binnick. (ed.) *The Oxford Handbook of Tense and Aspect*. Oxford: Oxford University Press, 1–88.

Fill, A. 2001. Ecolinguistics: States of the Art. In A. Fill & P. Mühlhäusler. (eds.) *The Ecolinguistics Reader: Language, Ecology and Environment*. London: Continuum, 43–53.

Fill, A. & Mühlhäusler, P. (eds.) 2001. *The Ecolinguistics Reader: Language, Ecology and Environment*. London: Continuum.

Fill, A. & Penz, H. (eds.) 2018. *The Routledge Handbook of Ecolinguistics*. London: Routledge.

Fill, A. & Steffensen, S. V. 2014. Editorial: The Ecology of Language and the Ecology of Science. *Language Sciences*, 41: 1–5.

Fillmore, C. 1968. A Case for Case. In E. Bach & R. Harms. (eds.) *Universals in Linguistic Theory*. New York: Holt, Rinehart and Winston, 1–88.

Fillmore, C. 1970. The Grammar of Hitting and Breaking. In R. Jacobs & P. Rosenbaum. (eds.) *Readings in English Transformational Grammar*. Waltham: Ginn, 120–133.

Fillmore, C. 1971. Types of Lexical Information. In D. Steinberg & L. Jacobovits. (eds.) *Semantics*. Cambridge: Cambridge University Press, 370–392.

Fillmore, C. 1977. The Case for Case Reopened. In P. Cole & J. M. Sacock. (eds.) *Syntax and Semantics 8: Grammatical Relations*. New York: Academic Press, 59–81.

Fillmore, C. & Charles, J. 1970. Subjects, Speakers, and Roles. *Synthese*, (3): 251–274.

Finke, P. 2014. The Ecology of Science and Its Consequences for the Ecology of Language. *Language Sciences*, (41): 71–82.

Finke, P. 2018. Transdisciplinary Linguistics: Ecolinguistics as a Pacemaker into a New Scientific Age. In A. Fill & H. Penz. (eds.) *The Routledge Handbook of Ecolinguistics*. London: Routledge, 406–419.

Firth, A. & Wagner, J. 1997. On Discourse, Communication, and (Some) Fundamental Concepts in SLA Research. *The Modern Language Journal*, (81): 285–300.

Forceville, C. 2009. Non-verbal and Multimodal Metaphor in a Cognitivist Framework: Agendas for Research. In C. Forceville & E. Urios-Aparisi. (eds.) *Multimodal Metaphor*. Berlin & New York: Mouton de Gruyter.

Forley, W. A. & Van Vanlin, R. D. 1984. *Functional Syntax and Universal Grammar*. Cambridge: Cambridge University Press.

Foucault, M. 1984. The Order of Discours. In M. Shapiro. (ed.) *Language and Politics*. Oxford: Blackwell. 108–138.

Fowler, R. & Kress, G. 1979. *Language and Control*. London: Routledge & Kegan Paul.

Frank, R. 1988. Interdisciplinarity: The First Half Century. In E. G. Stanley & T. F. Hoad. (eds.) *Words: For Robert Burchfield's Sixty-fifth Birthday*, Cambridge: D. S. Brewer. 91–101.

Frawley, W. 1989. The Dictionary as Text. *International Journal of Lexicography*, 2(3): 231–248.

Freud, S. 1905. *Jokes and Their Relation to the Unconscious*. New York: Norton.

Gao, J. & Liu, H. 2019. Valency and English Learners' Thesauri. *International Journal of Lexicography*, (3): 326–361.

Gass, S., Svetic, I., & Lemelin, S. 2003. Differential Effects of Attention. *Language Learning*, (53): 497–545.

Geeraerts, D. 2016. The Sociosemiotic Commitment. *Cognitive Linguistics*, (4): 527–542.

Geeraerts, D., Kristiansen, G., & Peirsman, Y. 2010. *Advances in Cognitive Sociolinguistics*. Berlin & New York: Mouton de Gruyter.

Genette, G. 1980. *Narrative Discourse: An Essay in Method*. J. E. Lewin. (trans.) Ithaca: Cornell University Press.

Gibbons, A. 2012. *Multimodality, Cognition, and Experimental Literature*. New York: Routledge.

Gile, D. 1995. *Basic Concepts and Models for Interpreters and Translator Training*.

Amsterdam & Philadelphia: John Benjamins.

Giora, R. 2003. *On Our Mind: Salience, Context and Figurative Language*. New York: Oxford University Press.

Goldberg, A. E. 1995. *Constructions: A Construction Grammar Approach to Argument Structure*. Chicago: University of Chicago Press.

Goldberg, A. E. 2001. Patient Arguments of Causative Verbs can be Omitted: The Role of Information Structure in Argument Structure. *Language Sciences*, (34): 503–524.

Gouws, R. H. 1996. Bilingual Dictionaries and Communicative Equivalence for a Multilingual Society. *Lexikos*, 6: 14–31.

Gouws, R. H. 2016. Towards a Comprehensive Dictionary Culture in the Digital Era. *Lexikos*, 26: 103–123.

Graham, P. 2002. Critical Discourse Analysis and Evaluative Meaning: Interdisciplinarity as a Critical Turn. In G. Weiss & R. Wodak. (eds.) *Critical Discourse Analysis: Theory and Interdisciplinarity*. Basingstoke: Palgrave Macmillan, 130–159.

Gregg, K. R. 2003. The State of Emergentism in Second Language Acquisition. *Second Language Research*, (19): 95–128.

Grimshaw, J. 1990. *Argument Structure*. Cambridge: MIT Press.

Gromann, D. & Schnitzer, J. 2016. Where do Business Students Turn for Help? An Empirical Study on Dictionary Use in Foreign-language Learning. *International Journal of Lexicography*, (1): 55–99.

Gruber, J. S. 1976. *Lexical Structure in Syntax and Semantics*. Amsterdam: North-Holland.

Guillot M.-N. 2019. Subtitling on the Cusp of Its Futures. In L. Perez-Gonzalez. (ed.) *The Routledge Handbook of Audiovisual Translation*. London: Routledge, 31–47.

Gutt, E.-A. 1990. *A Theoretical Account of Translation Without a Translation Theory*. Amsterdam: John Benjamins.

Hale, K. & Kayser, S. J. 1993. On Argument Structure and the Lexical Expression of Syntactic Relations. In K. Hale & S. J. Kayser. (eds.) *The View from Building 20*. Cambridge: MIT Press, 53–110.

Hale, K. & Kayser, S. J. 2002. *Prolegomenon to a Theory of Argument Structure*. Cambridge: MIT Press.

Halliday, M. A. K. 1990/2003. New Ways of Meaning: The Challenge to Applied Linguistics. *Journal of Applied Linguistics*, (6): 7–16. Reprinted in J. Webster. (ed.) 2003. *On Language and Linguistics, Vol. 3 in The Collected Works of M.A.K.*

Halliday. London: Continuum, 139–174.

Halliday, M. A. K. 2007. Applied Linguistics as an Evolving Theme. In J. Webster. (ed.) *Collected Works of M. A. K. Halliday, Vol. 9: Language and Education*. London: Continuum, 1–19.

Halliday, M. A. K. & Matthiessen, C. M. I. M. 1999. *Construing Experience Through Meaning: A Language-based Approach to Cognition*. London: Cassell.

Halliday, M. A. K. & Matthiessen, C. M. I. M. 2004. *An Introduction to Functional Grammar* (3rd ed.). London: Routledge.

Halliday, M. A. K. & Matthiessen, C. M. I. M. 2014. *An Introduction to Functional Grammar* (4th ed.). London: Routledge.

Han, Z. & Nassaji, H. 2019. Introduction: A Snapshot of Thirty-five Years of Instructed Second Language Acquisition. *Language Teaching Research*, 23, 393–402.

Hanks, P. 2008. The Lexicographical Legacy of John Sinclair. *International Journal of Lexicography*, (3): 219–229.

Hanks, P. 2013. *Lexical Analysis: Norms and Exploitations*. Cambridge & London: MIT Press.

Hartmann, R. R. K. 2001. *Teaching and Researching Lexicography*. England: Pearson Education.

Haugen, E. 1970. On the Ecology of Languages. *Talk Delivered at a Conference at Burg Wartenstein, Austria*.

Haugen, E. 1972. The Ecology of Language. In A. S. Dil. (ed.) *The Ecology of Language: Essays by Einar Haugen*. Stanford: Stanford University Press, 325–339. Reprinted in A. Fill & P. Mùhlhäusler. (eds.) 2001. *The Ecolinguistics Reader: Language, Ecology and Environment*. London: Continuum, 57–66.

Hausmann, F. J. 1989. Kleine Weltgeschichte der Metalexikographie. In H. E. Wiegand. (ed.) Wörterbücher in der Diskussion. Vorträge aus dem Heidelberger Lexikographischen Kolloquium Lexicographica. Tübingen: Max Niemeyer, 75–109.

Heijns, A. 2020. In Pursuit of Genuine Chinese Equivalents: The Case of a Nineteenth-century Dutch-Chinese Dictionary. *International Journal of Lexicography*, (1): 104–115.

Heilbron, J. 2008. Responding to Globalization: The Development of Book Translations in France and the Netherlands. In A. Pym, M. Shlesinger, & D. Simeoni. (eds.) *Beyond Descriptive Translation Studies*. Amsterdam & Philadelphia: John Benjamins, 187–197.

Heiss, C. & Soffritti, M. 2008. Forlixt 1—The Forli Corpus of Screen Translation:

Exploring Microstructures. In D. Chiaro, C. Heiss, & C. Bucaria. (eds.) *Between Text and Image: Updating Research in Screen Translation*. Amsterdam & Philadephia: John Benjamings, 51–62.

Herder, J. G. 1772 [1978]. *Abhandlung über den Ursprung der Sprache*. Ed. by Wolfgang Pross.

Herman, E. & Chomsky, N. 1988. *Manufacturing Consent: The Political Economy of the Mass Media*. New York: Pantheon.

Hermans, T. 1999. *Translation in Systems: Descriptive and System-oriented Approaches Explained*. Manchester: St Jerome.

Hinds, B. 1999. *Ozark Laughter—1,000 Famous Jokes and Stories*. Springfield: Missouri.

Hirakawa, M. 1995. L2 Acquisition of English Unaccusative Constructions. In D. MacLaughlin & S. McEwen. (eds.) Proceedings of the 19th Boston University Conference on Language Development. Sommerville: Cascadilla Press.

Hockey, S. 2004. The History of Humanities Computing. In S. Schreibman et al. (eds.) *A Companion to Digital Humanities*. Oxford: Blackwell.

Hoey, M. 2003. A Clause-relational Analysis of Selected Dictionary Entries: Contrast and Compatibility in the Definition of "man" and "woman". In C. R. Caldas-Coulthard &. M. Coulthard. (eds.) *Texts and Practices: Readings in Critical Discourse Analysis* (pp.150–165). London: Routledge.

Hofmann, M. & Andrew, C. (eds.) 2016. *Text Mining and Visualization*. New York: CRC Press.

Holdt, A. Š., Čibej, J., & Zwitter Vitez, A. 2017. Value of Language-related Questions and Comments in Digital Media for Lexicographical User Research. *International Journal of Lexicography*, (3): 285–308.

Holmes, J. S. 1988. *Translated! Papers on Literary Translation and Translation Studies*. Amsterdam: Rodopi.

Holmes, J. 2013. *An Introduction to Sociolinguistics* (4th ed.). London & New York: Routledge.

Hopper, P. J. & Thompson, S. A. 1980. Transitivity in Grammar and Discourse. *Language*, (56): 251–295.

Hu, G. S. 2020. *Eco-Translatology: Towards an Eco-Paradigm of Translation Studies*. Singapore: Springer Nature Singapore Pte.

Hu, Z. L. & Liu, S. S. 2004. *A Dictionary of Western Stylistics*. Beijing: Tsinghua University Press.

Hurtado, C. J. & Gallego, S. S. 2013. Multimodality, Translation and Accessibility:

A Corpus-based Study of Audio Description. *Perspectives: Studies in Translatology,* 21 (4): 577–594.

Hutchins, W. J. & Somers, H. L. 1992. *An Introduction to Machine Translation.* London: Academic Press.

Ingham, R. 1993. Input and learnability: Direct-object Omissibility in English. *Language Acquisition,* 3: 95–120.

Inghilleri, M. 2005. The Sociology of Bourdieu and the Construction of the "Object" in Translation and Interpreting Studies. *The Translator.* 11 (2): 125-145.

Ionin, T. & Wexler, K. K. 2004. Article Semantics in L2 Acquisition: the Role of Specificity. *Language Acquisition,* 12(1): 3–69.

Iversen, S. H. 2018. Class, Censorship, and the Construction of the Child Reader in Nineteenth-century Children's Dictionaries. *Children's Literature in Education,* 1–16.

Iser, W. 1974. *The Implied Reader: Patterns of Communication in Prose Fiction from Bunyan to Beckett.* New York & London: Columbia University Press.

Iwata, S. 2005. The Role of Verb Meaning in Locative Alternations. In M. Fried & H. C. Boas. (eds.) *Grammatical Constructions: Back to the Roots.* Amsterdam: John Benjamins, 101–118.

Jackendoff, R. 1972. *Semantic Interpretation in Generative Grammar.* Cambridge: MIT Press.

Jackendoff, R. 1983. Semantics and Cognition, Cambridge: MIT Press.

Jackendoff, R. 1987. The Status of Thematic Relations in Linguistic *Theory. Linguistic Inquiry,* 18 (3): 369–411.

Jackendoff, R. 1990. *Semantic Structures.* Cambridge: MIT Press.

Jackendoff, R. 1996. The Proper Treatment of Measuring out, Telicity, and Perhaps even Quantification in English. *Natural Language and Linguistic Theory,* 14 (2): 305–354.

Jackson, H. 2002. *Lexicography: An introduction.* London & New York: Routledge.

Jaén, I. & Simon, J. J. 2012. *Cognitive Literary Studies: Current Themes and New Directions.* Austin: University of Texas.

Jakobson, R. 1959. On Linguistic Aspects of Translation. In R. A. Brower. (ed.) *On Translation.* Cambridge: Harvard University Press, 233.

Jakobson, R. 1960. Linguistics and Poetics. In T. Sebeok. (ed.) *Style in Language.* Cambridge: MIT Press. pp. 350–77.

Jewitt, C., Bezemer, J., & O' Halloran, K. 2016. *Introducing Multimodality.* London: Routledge.

Jockers, M. 2013. *Macroanalysis: Digital Methods and Literary History.* Urbana-

Champaign: University of Illinois Press.

Johns, A. 1997. *Text, Role and Context*. Cambridge: Cambridge University Press.

Kaindl, K. 2013. Multimodality in Translation. In. C. Millan & F. Bartrina. (eds.) *The Routledge Handbook of Translation Studies*. New York: Routledge, 257–269.

Kaindl, K. 2020. A Theoretical Framework for a Multimodal Conception of Translation. In M. Boria, A. Carreres, M. Noriega-Sanchez, & M. Tomalin. (eds.) *Translation and Multimodality*. London & New York: Routledge, 49–70.

Katan, D. 2009. Occupation or Profession: A Survey of the Translators' World. *Translation and Interpreting Studies*, (2):187–209.

Kim, J. Y. 2005. L2 Acquisition of Transitivity Alternations and of the Entailment Relations for Causatives by Korean Speakers of English and English Speakers of Korean. Unpublished doctoral dissertation. University of Hawai'i.

Kjærbæk, L. & Basbøll, H. 2017. Interaction Between Cognitive and Other Factors in the Acquisition of Danish Plural Inflection. *Paper presented at the 14th International Cognitive Linguistics Conference*, Tartu, Estonia.

Klein, J. T. 1990. *Interdisciplinarity: History, Theory and Practice*. Detroit: Wayne State University Press.

Klein, J. T. 1996. *Crossing Boundaries: Knowledge, Disciplinarities, and Interdisciplinarities*. Charlottesville: University Press of Virginia.

Kondo, T. 2005. Overpassivization in Second Language Acquisition. *International Review of Applied Lingus in Language Teaching*, 43(2): 129–161.

Kosem, I., Lew, R., Müller-Spitzer, C., Ribeiro Silveira, M., Wolfer, S., Dorn, A., et al. 2019. The Image of the Monolingual Dictionary Across Europe. Results of the European Survey of Dictionary Use and Culture. *International Journal of Lexicography*, (1): 92–114.

Kövecses, Z. & Csábi, S. 2014. Lexicography and Cognitive Linguistics. *Revista Española de Lingüística Aplicada/Spanish Journal of Applied Linguistics*, (1): 118–139.

Kussmaul, P. 2000. A Cognitive Framework for Looking at Creative Mental Process. In M. Olohan. (ed.) *Intercultural Faultiness—Research Models in Translation Studies I: Textual and Cognitive Aspects*. Manchester: St. Jerome Publishing, 57–71.

Kristiansen, G. & Dirven, R. 2008. *Cognitive Sociolinguistics: Language Variation. Cultural Models, Social Systems*. Berlin & New York: Mouton de Gruyter.

Kwary, D. A. 2012. Adaptive Hypermedia and User-oriented Data for Online Dictionaries: A Case Study on an English Dictionary of Finance for

Indonesian Students. *International Journal of Lexicography*, (1): 30–49.

Dorn, A. et al. 2019. The Image of the Monolingual Dictionary Across Europe. Results of the European Survey of Dictionary Use and Culture. *International Journal of Lexicography*, (1): 92–114.

Krashen, D. S. 1982. *Principles and Practice in Second Language Acquisition*. Oxford: Pergamon Press.

Kress, G. 2010. Multimodality: *A Social Semiotic Approach to Contemporary Communication*. London: Routledge.

Kress, G. & van Leeuwen, T. 1996. *Reading Images: The Grammar of Visual Design*. London: Routledge.

Kress, G. & van Leeuwen, T. 2001. *Multimodal Discourse: The Modes and Media of Contemporary Communication*. London: Arnold.

Krzyzanowski, M. & Forchtner, B. 2016. Theories and Concepts in Critical Discourse Studies: Facing Challenges, Moving Beyond Foundations. *Discourse & Society*, 27(3), 253–261.

Labov, W. 1972. *Sociolinguistic Pattern*. Oxford: Blackwell.

Lakoff, R. 1973. Language and Woman's Place. Language in Society, (2): 45–80.

Lakoff, G. & Johnson, M. 1980. *Metaphors We Live by*. Chicago: Chicago University Press.

Landau, S. I. 1974. Of Matters Lexicographical: Scientific and Technical Entries in American Dictionaries. *American Speech*, (3–4): 241–244.

Langacker, R. W. 1987. *Foundations of Cognitive Grammar 1: Theoretical Perspectives*. Stanford: Stanford University Press.

Langacker, R. W. 1991. *Foundations of Cognitive Grammar 2: Descriptive Application*. Stanford: Stanford University Press.

Larson, R. K. 1988. On the Double Object Construction. *Linguistic Inquiry*, 19 (3): 335–392.

Lathey, G. 2010. *The Role of Translators in Children's Literature: Invisible Storytellers*. London: Routledge.

Laufer, B. & Hadar, L. 1997. Assessing the Effectiveness of Monolingual, Bilingual, and "Bilingualised" Dictionaries in the Comprehension and Production of New Words. *The Modern Language Journal*, (2): 189–196.

Lee, M. & Révész, A. 2020. Promoting Grammatical Development Through Captions and Textual Enhancement in Multimodal Input-based Tasks. *Studies in Second Language Acquisition*, 42: 625–651.

Leech, G. 1997. Teaching and Language Corpora: a Convergence. In A. Wichman. (ed.) Teaching and Language Corpora. London: Longman.

Leech, G. & Short, M. 1981. *Style in Fiction: A Linguistic Introduction to English Fictional Prose*. London: Longman.

Lemmens, M. 1998. *Lexical Perspectives on Transitivity and Ergativity: Causative Construction in English*. Amsterdam: John Benjamins.

Lemmens, M. 2004. More on Objectless Transitives and Ergativization Patterns in English. *Paper presented at the Construction Grammar Conference in Marseille.*

Leow, R. 1997. Attention, Awareness and Foreign Language Behavior. *Language Learning*, (47): 467–505.

Leow, R. 1998. Towards Operationalizing the Process of Attention in SLA: Evidence for Tomlin and Villa's (1994) Fine-grained Analysis of Attention. *Applied Psycholinguistics*, (19): 133–159.

Leow, R. 2015. *Explicit Learning in the L2 Classroom: A Student-centered Approach*. New York: Routledge.

Leow, R. 2019. ISLA: How Implicit or how Explicit Should It be? Theoretical, Empirical, and Pedagogical/Curricular Issues. *Language Teaching Research*, (23): 476–493.

Levin, B. & Rappaport Hovav, M. 1995. *Unaccusativity: At the Syntax-Lexical Semantics Interface*. Cambridge: MIT Press.

Levin, B. & Rappaport Hovav, M. 2005. *Argument Realization*. Cambridge: Cambridge University Press.

Levinas, E. 1989. Ethics as First Philosophy. In S. Hand. (ed.) *The Levinas Reader*. Oxford: Blackwell, 75–87.

Lew, R., Grzelak, M., & Leszkowicz, M. 2013. How Dictionary Users Choose Senses in Bilingual Dictionary Entries: An Eye-tracking Study. *Lexikos*, 23: 228–254.

Li, L. L. & H. Xu. 2015. Using an Online Dictionary for Identifying the Meanings of Verb Phrases by Chinese EFL learners. *Lexikos*, 25: 191–209.

Linell, P. 1998. Discourse Across Boundaries: On Recontextualizations and the Blending of Voices in Professional Discourse. *Text*, 18: 143–157.

Loewen, S. 2015. *Introduction to Instructed Second Language Acquisition*. New York: Routledge.

Loewen, S. & Sato, M. (eds.) 2017. *The Routledge Handbook of Instructed Second Language Acquisition*. New York: Routledge.

Long, M. 1993. Assessment Strategies for SLA Theories. *Applied Linguistics*, 14, 225–249.

Long, M. 2015. *Second Language Acquisition and Task-based Language Teaching*. New York: Wiley-Blackwell.

Long, M. 2017. Instructed Second Language Acquisition(ISLA): Geopolitics, Methodological Issues, and Some Major Research Questions. *Instructed Second Language Acquisition*, (1): 7–44.

Long, M. H. 1991. Focus on Form: A Design Feature in Language Teaching Methodology. In K. de Bot, R. B. Ginsberg, & C. Kramsch. (eds.) Foreign Language Research in Cross-cultural Perspective. Amsterdam: John Benjamins. 39–52.

Long, M. H. 1996. The Role of the Linguistic Environment in Second Language Acquisition. In W. C. Ritchie & T. K. Bhatia. (eds.) *Handbook of Language Acquisition. Vol. 2: Second Language Acquisition*. New York: Academic Press. 413–468.

Long, M. H. & Robinsion, P. 1998. Focus on Form: Theory, Research, Process. In C. Doughty & J. Williams. (eds.) *Focus on Form in Classroom Second Language Acquisition*. New York: Cambridge University Press. 15–41.

Lu, H. & Wei, X. 2018. Structuring Polysemy in English Learners' Dictionaries: A Prototype Theory-based Model. *International Journal of Lexicography*, (1): 20–37.

Lu, H., Zhang, Y., & Hao, X. 2020. The Contribution of Cognitive Linguistics to the Acquisition of Polysemy: A Dictionary Entry-based Study with Chinese Learners of English. *International Journal of Lexicography*, (3):306–336.

Lyster. R. 2019. Making Research on Instructed SLA Relevant for Teachers Through Professional Development. *Language Teaching Research*, 23: 494–513.

Mackey, A., Gass, S., & McDonough, K. 2000. How do Learners Perceive Interactional Feedback? *Studies of Second Language Acquisition*, (22): 471–497.

Mackey, A., Philp, J., Egi, T., Fujii, A., & Tatsumi, T. 2002. Individual Differences in Working Memory, Noticing of Interactional Feedback and L2 Development. In P. Robinson. (ed.) *Individual Differences and Instructed Language Learning*. Philadelphia: John Benjamins.181–209.

Margolin, U. 2003. Cognitive Science, the Thinking Mind, and Literary Narrative. In D. Herman. (ed.) *Narrative Theory and the Cognitive Sciences*. Stanford, CA: Center for the Study of Language and Information.

Marsh, G. 1965. *Man and Nature* (2nd ed.). Cambridge: The Belknap Press of Harvard University Press.

Martin, J. R. 2000. Grammar Meets Genre: Reflections on the Sydney School. *Arts: The Journal of the Sydney University Arts Association*, (22): 47–95.

Martin, J. R. 2004/2012. Positive Discourse Analysis. In 王振华编. 马丁文集（第6卷）. 上海：上海交通大学出版社, 278–298.

Martin, R. M. 2010. On Paradigms and Cognitive Translatology. In G. Shreve & E. Angelone. (eds.) *Translation and Cognition*. Amsterdam & Philadelphia: John Benjamins, 169–187.

Martinec, R. 2013. Nascent and Mature Uses of a Semiotic System: the Case of Image-Text Relations. *Visual Communication*, (2): 147–172.

Martinec, R. & Salway, A. 2005. A System for Image-Text Relations in New (and Old) Media. *Visual Communication*, 4(3): 337–371.

Mayer, R. 2014a. Cognitive Theory of Multimedia learning. In R. Mayer. (ed.) *The Cambridge handbook of multimedia learning* (pp. 43–103). Cambridge: Cambridge University Press.

Mayer, R. 2014b. Introduction to Multimedia Learning. In R. Mayer. (ed.) *The Cambridge Handbook of Multimedia Learning* (pp. 1–24). Cambridge: Cambridge University Press.

Mayer, R. E. & Anderson, R. B. 1991. Animations need Narrations: An Experimental Test of a Dual Coding Hypothesis. *Journal of Educational Psychology*, 83, 484–490.

Mayer-Schönberger, V. & Cukier, K. 2013. *Big Data: A Revolution that will Transform How We Live, Work and Think*. Boston: Houghton Mifflin Harcourt.

McQuillan, M., Macdonald, G., Purves, R., & Thomson, S. (eds.) 1999. *Post-Theory: New Directions in Criticism*. Edinburgh: Edinburgh University Press, 103–109.

Mheta, G. 2017. A Cognitive Analysis of Metaphor in Shona Terminological Dictionaries. *Southern African Linguistics and Applied Language Studies*, (3): 311–320.

Michell, W. J. T. 1986. *Iconology: Image, Text, Ideology*. Chicago & London: The University of Chicago Press.

Minors, H. L. 2020. Translations Between Music and Dance: Analysing the Choreomusical Gestural Interplay in Twentieth- and Twenty-first century Dance Works. In M. Boria, A. Carreres, M. Noriega-Sanchez, & M. Tomalin. (eds.) *Translation and Multimodality*. London & New York: Routledge, 158–178.

Mittwoch, A. 2005. Unspecified Arguments in Episodic and Habitual Sentences. In N. Erteschik-Shir & A. T. Rapoport. (eds.) *The Syntax of Aspect: Deriving Thematic and Aspectual Interpretation*. Oxford: Oxford University Press, 237–254.

Molina, C. 2008. Historical Dictionary Definitions Revisited from a Prototype Theoretical Standpoint. *Annual Review of Cognitive Linguistics*, (1): 1–22.

Montrul, S. 1997. *Transitivity Alternation in Second Language Acquisition: A*

Crosslinguistic Study of English, Spanish and Turkish. Unpublished doctoral Dissertation, McGill University.

Montrul, S. 2000. Transitivity Alternations in L2 acquisition: Toward a Modular View of Transfer. *Studies in Second Language Acquisition*, (22): 229–273.

Montrul, S. 2001a. Causatives and Transitivity in L2 English. *Language Learning*, (51): 51–106.

Montrul, S. 2001b. Agentive Verbs of Manner of Motion in Spanish and English as Second Languages. *Studies in Second Language Acquisition*, (23): 171–206.

Montrul, S. 2001c. First-language Constrained Variability in the Second Language Acquisition of Argument-Structure-Changing Morphology with Causative Verbs. *Second Language Research*, (17): 144–194.

Montrul, S. 2011. Mutliple Interfaces and Incomplete Acquisition. *Lingua*, (121): 591–604.

Moore, M. M. P. 1993. Second Language Acquisition of Lexically Constrained Transitivity Alternations: Acquisition of the Causative Alternation by Second Language Learners of English. Unpublished doctoral dissertation, University of South Carolina.

Moran, J. 2002. *Interdisciplinarity*. London & New York: Routledge.

Muzny, G., Mark, A, & Dan, J. 2017. Dialogism in the Novel: A Computaional Model of the Dialogic Nature of Narration and Quotations. *Digital Scholarship in Humanities*, 32 (2).

Nassaji, H. 2015. *Interactional Feedback Dimension in Instructed Second Language Learning*. London: Bloomsbury Publishing.

Nassaji, H. & Kartchava, E. 2019. Content-based Second Language Teaching. In J. Schwieter & A. Benati. (eds.) *The Cambridge Handbook of Language Learning*. Cambridge: Cambridge University Press.

Neves J. 2019. Subtitling for Deaf and Hard of Hearing Audiences: Moving Forward. In L. Perez-Gonzalez. (ed.) *The Routledge Handbook of Audiovisual Translation*. London: Routledge, 82–95.

New London Group. 1996. A Pedagogy of Multiliteracies: Designing Social Futures. *Harvard Educational Review*, 66 (1): 60–93.

Nikolajeva, M. & Scott, C. 2000. The Dynamics of Picturebook Communication. *Children's Literature in Education* 31 (4): 225–239.

Nkomo, D. 2019. Theoretical and Practical Reflections on Specialized Lexicography in African Languages. *Lexikos*, 29: 96–124.

Nørgaard, N. 2009. The Semiotics of Typography in Literary Texts: A Multimodal Approach. *Orbis Litterarum*, (2):141–160.

Norman, G. 2002. Description and Prescription in Dictionaries of Scientific Terms. *International Journal of Lexicography*, (4): 259–276.

Norri, J. 2019. Gender in Dictionary Definitions: A Comparison of Five Learner's Dictionaries and Their Different Editions. *English Studies*, (7): 866–890.

Oittinen, R. 2000. Translating for Children. New York: Garland Publishing.

Oittinen, R., Ketola, A., & Garavini, M. 2018. *Translating Picturebooks: Revoicing the Verbal, the Visual and the Aural for a Child Audience*. New York: Routledge.

Ostermann, C. (ed.) 2015. *Cognitive Lexicography: A New Approach to Lexicography Making Use of Cognitive Semantics* (Vol. 149). Berlin & New York: Mouton de Gruyte.

O' Hagan, M. 2019. Game Localization: A Critical Overview and Implications for Audiovisual Translation. In L. Perez-Gonzalez. (ed.) *The Routledge Handbook of Audiovisual Translation*. London: Routledge, 145–159.

O' Sulliva, E. 2003. Narratology Meets Translation Studies, or, the Voice of the Translator in Children' s Literature. *Meta*, 48 (1–2): 197–207.

Paas F. & Sweller, J. 2014. Implications of Cognitive Load Theory for Multimedia Learning. In R. Mayer. (ed.) *The Cambridge handbook of multimedia learning* (pp. 27–42). Cambridge: Cambridge University Press.

Paivio, A. 1986. Mental Representations: A Dual Coding Approach. Oxford: Oxford University Press.

Palmer, A. 2004. *Fictional Minds*. Lincoln: University of Nebraska Press.

Pérez-González, L. 2020. From the "Cinema of Attraction" to Danmu: A Multimodal-theory Analysis of Changing Subtiling Aesthetic Across Media Cultures. In M. Boria, Á. Carreres, M. Noriega-Sánchez, & Tomalin, M. (eds.) *Translation and Multimodality*. London & New York: Routledge, 94–116.

Pickard, V., Stearns, J., & Aaron, C. 2009. Saving the News: Toward A National Journalism Strategy. From Upenn Website.

Pinker, S. 1989. *Learnability and Cognition: The Acquisition of Argument Structure*. Cambridge: MIT Press.

Piotrowski, T. 2013. A Theory of Lexicography—Is There One. In H. Jackson. (ed.) *The Bloomsbury Companion to Lexicography*. London & New York: Bloomsbury Academic, 303–320.

Puimège, E. & Peters, E. 2020. Learning Formulaic Sequences Through Viewing L2 Television and Factors that Affect Learning. *Studies in Second Language Acquisition*. 42 (2020): 525–549.

Pulcini, V. & Scarpino, C. 2017. The Treatment of Grammatical Information on Anglicisms in Some Italian Dictionaries. *International Journal of Lexicography*,

(4): 504–519.

Pym, A. 2001. Introduction to the Return to Ethics. *The Translator*, 7(2): 129–138.

Pym, A. 2012. *On Translator Ethics: Principles for Mediation Between Cultures*. Amsterdam & Philadelphia: John Benjamins.

Pütz, M., Robinson, J. A., & Reif, M. 2014. *Cognitive Sociolinguistics: Social and Cultural Variation in Cognition and Language Use*. Amsterdam & Philadelphia: John Benjamins.

Qin, M. X. & Gao, J. 2019. The Chinese English Dictionary: An Online Resource for Chinese English Lexicography. *World Englishes*, (1): 154–170.

Quine, W. V. 1978. Use and Its Place in Meaning. *Erkenntnis*, 13(1): 1–8.

Ramchand, G. C. 2008. *Verb Meaning and the Lexicon: A First-phase Syntax*. Cambridge: Cambridge University Press.

Ramchand, G. C. & Reiss, C. 2007. *The Oxford Handbook of Linguistic Interfaces*. Oxford: OUP.

Rappaport Hovav, M. & Levin, B. 1988. What to Do with Theta-roles. In W. Wilkins. (ed.) *Syntax and Semantics 21: Thematic Relations*. San Diego: Academic Press, 7–36.

Rappaport Hovav, M. & Levin, B. 1998. Building Verb Meanings. In M. Butt & W. Geuder. (eds.) *The Projection of Arguments: Lexical and Compositional Factors*, Stanford: CSLI Publications, 97–134.

Rappaport Hovav, M. & Levin, B. 2005. Change of State Verbs: Implications for Theories of Argument Projection. In N. Erteschik-Shir & T. R. Rapoport. (eds.) *The Syntax of Aspect*. Oxford: Oxford University Press, 274–286.

Raskin, V. 1985. *Semantic Mechanism of Humor*. Dordrecht: Reidel.

Reinhart, T. 2002. The Theta System—An Overview. *Theoretic Linguistics*, (28): 229–290.

Reinhart, T. 2006. *Interface Strategies: Optimal and Costly Computations*. Cambridge: MIT Press.

Reisigl, M., R. Wodak. 2009. The Discourse-Historical Approach. In R. Wodak & M. Meyer. (eds.) *Methods of Critical Discourse Analysis*. London: Sage, 87–121.

Remael, A. & Vercauteren, G. 2010. The Translation of Recorded Audio Description from English into Dutch. *Perspectives: Studies in Tranlatology*, 18 (3): 155–171.

Richardson, A. 1999. Cognitive Science and the Future of Literary Studies. *Philosophy and Literature*, (1): 157–173.

Richardson, A. 2002. Of Heartache and Head Injury: Reading Minds in *Persuasion*. *Poetics Today*, 23(1): 141–160.

Richardson, A. 2010. *The Neural Sublime: Cognitive Theories and Romantic Texts.* Baltimore: The Johns Hopkins University Press.

Richardson, A. & Spolsky, E. 2004. *The Work of Fiction: Cognition, Culture, and Complexity.* Aldershot: Ashgate.

Richardson, A. & Steen, F. F. 2002. Literature and the Cognitive Revolution: An Introduction. *Poetics Today,* 23 (1): 1–8.

Robinson, P. 1995. Attention, Memory, and the "Noticing" Hypothesis. *Language Learning,* (45): 283–331.

Robinson, P. 2003. Attention and Memory During SLA. In C. J. Doughty & M. H. Long. (eds.) *The Handbook of Second Language Acquisition.* Blackwell. 631–678.

Rodgers, M. P. H. & Webb, S. 2019. Incidental Vocabulary Learning Through Watching Television. *ITL—International Journal of Applied Linguistics.* Advance online publication.

Rothman, J. & Slabakova, R. 2011. The Mind-Context Divide: On Acquisition at the Linguistic Interfaces. *Lingua,* (121): 568–576.

Rothman, J. & Slabakova, R. 2018. The Generative Approach to SLA and Its Place in Modern Second Language Studies. *Studies in Second Language Acquisition,* (40): 417–442.

Sapiro, G. 2015. Translation and Symbolic Capital in the Era of Globalization: French Literature in the United States. *Cultural Sociology,* (3): 320–346.

Schank, R. C. & Abelson. R. 1977. *Scripts, Plans, Goals and Understanding.* Hillsdale: Lawrence Erlbaum.

Schmidt, R. 1990. The Role of Consciousness in Second Language Learning. *Applied Linguistics,* 11: 129–153.

Schmidt, R. 1995. Consciousness and Foreign Language Learning: A Tutorial on the Role of Attention and Awareness in Learning. In R. Schmidt. (ed.) *Attention and Awareness in Foreign Language Learning and Teaching.* Second Language Teaching and Curriculum Centre Technical Report No. 9. Honolulu: University of Hawaii' Press, 1–64.

Schmidt, R. 2001. Attention. In P. Robinson. (ed.) *Cognition and Second Language Instruction.* New York: Cambridge University Press, 3–32.

Schnotz, W. 2014. Integrated Model of Text and Picture Comprehension. In R. Mayer. (ed.) *The Cambridge Handbook of Multimedia Learning* (pp. 72–103). Cambridge: Cambridge University Press.

Schofield, P. 1982. Using the English Dictionary for Comprehension. *Tesol Quarterly* (2): 185–194.

Sela-Sheffy, R. 2008. The Translators' Personae: Marketing Translatorial Images

as Pursuit of Capital. *Meta*, (3): 609–622.
Seldon, A. & Abidoye, O. 2018. *The Fourth Education Revolution*. Buckingham: University of Buckingham Press.
Semino, E. 2014. Language, Mind and Autism in Mark Haddon's *The Curious Incident of the Dog in the Night-Time*. In M. Fludernik & D. Jacob. (eds.) *Linguistics and Literary Studies*, (31): 279–303.
Sharwood-Smith, M. 1981. Consciousness-raising and the Second Language Learner. *Applied Linguistics*, (11): 159–168.
Short, M. 1996. *Exploring the Language of Poems, Plays and Prose*. Harlow: Longman.
Simard, D. & Wong, W. 2001. Alertness, Orientation, and Detection: the Conceptualization of Attentional Functions in SLA. *Studies of Second Language Acquisition*, (23): 103–124.
Simpson, P. 2003. *On the Discourse of Satire*. Amsterdam: John Benjamins.
Sinclair, J. 1991. *Corpus Concordance Collocation*. London: Oxford University Press.
Sinclair, J. 1999. *Collins Cobuild English Grammar*. Beijing: The Commercial Press.
Sinner, C., Paasch-Kaiser, C., & Hartel, J. (eds.) 2020. *Translation in the Digital Age: Translation 4.0*. Newcastle upon Tyne: Cambridge Scholars Publishing.
Slabakova, R. 2008. *Meaning in the Second Language*. Berlin & New York: Mouton de Gruyter.
Slabakova, R. 2019. The Bottleneck Hypothesis Updated. In M. Rispoli. & T. Ionion. (eds.) Selected Proceedings from the 7th GALANA Conference. Amsterdam: John Benjamins.
Slovic, S. 2012. Editor's Note. *ISLE: Interdisciplinary Studies in Literature and Environment*. (19.4, Fall): 619–621.
Soffritti M. 2019. Multimodal Corpora in Audiovisual Translation Studies. In L. Pérez-González. (ed.) *The Routledge Handbook of Audiovisual Translation*. London: Routledge, 334–349.
Sok, S., Kang, E., & Han, Z. 2019. Thirty-five Years of ISLA on Form-focused Instruction: A Methodological Synthesis. *Language Teaching Research*, 23, 403–427.
Son, Minjeong. 2006. *Causation and Syntactic Decomposition of Events*. Unpublished doctoral dissertation. University of Delaware.
Sorace, A. & Serratrice, L. 2009. Internal and External Interfaces in Bilingual Language Development: Revisiting the Processing vs. Representation Distinction. *The International Journal of Bilingualism*, (13): 195–210.
Sperber, D & Wilson, D. 1986. *Relevance: Communication and Cognition*. Oxford: Basil Blackwell.

Sperber, D. & Wilson, D. 2001. *Relevance: Communication and Cognition*. Beijing: Foreign Language Teaching and Research Press.

Starr, G. G. 2018. Cognitive Literary Criticism. In D. H. Richter. (ed.) *A Companion to Literary Theory*. Chichester: John Wiley & Sons, 408–422.

Steffensen, S. V. & Fill, A. 2014. Ecolinguistics: The State of the Art and Future Horizons. *Language Sciences*, (41): 6–25.

Stibbe, A. 2015. *Ecolinguistics: Language, Ecology and the Stories We Live By*. London: Routledge.

Stibbe, A. 2018. Positive Discourse Analysis: Rethinking Human Ecological Relationships. In A. Fill & H. Penz. (eds.) *The Routledge Handbook of Ecolinguistics*. London: Routledge, 165–178.

Stockwell, P. 2002. *Cognitive Poetics: An Introduction*. London & New York: Routledge.

Stoehr, E. L. 2016. Interdiscipling Digital Humanities: Boundary Work in an Emerging Field by Julie Thompson Klein (review). *Rocky Mountain Review of Language and Literature*, (1): 95–96.

Suls, J. 1972. A Two-stage Model for the Appreciation of Jokes and Cartoons: An Information-processing Analysis. In J. Goldstein & P. McGhee. (eds.) *The Psychology of Humor*. New York: Academic Press, 81–100.

Svensén, B. 2009. *A Handbook of Lexicography: The Theory and Practice of Dictionary-making*. Cambridge: Cambridge University Press.

Swain, M. 1998. Focus on Form Through Conscious Reflection. In C. Doughty & J. Williams. (eds) *Focus on Form in Classroom Second Language Acquisition*. New York: Cambridge University Press. 64–81.

Swanepoel, P. 2008. Towards a Framework for the Description and Evaluation of Dictionary Evaluation Criteria. *Lexikos*, (18): 207–231.

Talmy, L. 1976. Semantic Causative Types. In M. Shibatani. (ed.) *Syntax and Semantics 4*, New York: Academic Press, 181–283.

Talmy, L. 1988. Force Dynamics in Language and Thought. *Cognitive Science*, (12): 49–100.

Taylor, C. 2003. Multimodal Transcription in the Analysis: Translation and Subtitling of Italian Films. *The Translator*, 9 (2): 191–205.

Taylor, C. 2014. Multimodality and Audiovisual Translation. In Y. Gambier & L. van Doorslaer. (eds.) *Handbook of Translation Studies* (Vol. 4), Amsterdam: John Benjamins, 98–104.

Taylor, C. 2016. The Multimodal Approach in Audiovisual Translation. *Target*, 28 (2): 222–236.

Tenny, C. 1994. *Aspectual Roles and the Syntax-Semantics Interface*. Dordrecht: Kluwer.

Timmis, I. 2015. *Corpus Linguistics for ELT (Research and Practice)*. London: Routledge.

Tomlin, R. & Villa, H. 1994. Attention in Cognitive Science and Second Language Acquisition. *Studies in Second Language Acquisition*, (16): 183–203.

Truscott, John. 1998. Noticing in Second Language Acquisition: A Critical Review. *Second Language Research*, (14): 103–135.

Tsur, R. 1992. *Toward a Theory of Cognitive Poetics*. Amsterdam: North-Holland.

Tsur, R. 2017. *Poetic Conventions as Cognitive Fossils*. Oxford: Oxford University Press.

van der Meer, G. 1999. Metaphors and Dictionaries: The Morass of Meaning, or How to Get Two Ideas for One. *International Journal of Lexicography*, (3): 195–208.

van Dijk TA. 2007. Editor's Introduction: The Study of Discourse — An Introduction. In van Dijk TA. (ed.) *Discourse Studies* (Vol. 1). London: Sage, pp. xix-xlii.

VanPatten, B. 1996. *Input Processing and Grammar Instruction in Second LanguageAcquisition*. Norwood: Ablex Publishing.

VanPatten, B. 2002a. Processing Instruction: An Update. *Language Learning*, (52): 755–803.

VanPatten, B. 2002b. Processing the Content of Input-processing and Processing Instruction research: A Response to Dekeyser, Salaberry, Robinson, and Harrington. *Language Learning*, (52): 825–831.

VanPatten, B. 2017. Situating Instructed Language Acquisition: Facts About Second Language Acquisition. *Instructed Second Language Acquisition*, (1): 45–60.

Van Valin, R. D. & LaPolla, R. J. 1997. *Syntax: Structure, Meaning and Function*. Cambridge: Cambridge University Press.

Venuti, L. 1995. *The Translator's Invisibility: A History of Translation* (2nd ed.). Abingdon: Routledge.

Venuti, L. 1998. *The Scandals of Translation: Towards an Ethics of Difference*. London & New York: Routledge.

Vidal, K. 2011. A Comparison of the Effects of Reading and Listening on Incidental Vocabulary Acquisition. *Language Learning*, 61: 219–258.

Vihman, V., Lieven, E., & Theakston, A. 2017. Frequency vs Simplicity: 3 to 5-year-olds' Ability to Generalize Noun Declension Patterns in Estonia. *Paper presented at the 14th International Cognitive Linguistics Conference*, Tartu,

Estonia.

Wardhaugh, R. 1994. *An Introduction to Sociolinguistics* (2nd ed.). Oxford: Blackwell.

Warschauer, M. & Healey, D. 1998. Computers and Language Learning: An Overview. *Language Teaching*, 31, 57–71.

Weingart, P. 2010. A Short History of Knowledge Formations, Robert Frodeman et al.. *The Oxford Handbook of Interdisciplinarity*. New York: Oxford University Press, 3–14.

White, L. 2011. Second Language Acquisition at the Interfaces. *Lingua*, (121): 577–590.

Williams, J. 1999. Learner-generated Attention to Form. *Language Learning*, (49): 583–625.

Williams J. & Chesterman, A. 2002. *The Map: A Beginner's Guide to Doing Research in Translation Studies*. Manchester: St. Jerome Publishing.

Williams, J. N. 1999. Memory, Attention, and Inductive Learning. *Studies of Second Language Acquisition*, (21): 1–48.

Wilss, W. 1996. *Knowledge and Skills in Translator Behaviors*. Amsterdam & Philadelphia: John Benjamins.

Wisniewska, N. & Mora, J. 2020. Can Captioned Video Benefit Second Language Pronunciation? *Studies in Second Language Acquisition*, 42, 599–624.

Wodak, R. 2011. Complex Texts: Analyzing, Understanding, Explaining and Interpreting Meanings. *Discourse Studies*, (5): 623–633.

Wodak, R. & Meyer, M. 2015. Critical Discourse Studies: History, Agenda, Theory and Methodology. In R. Wodak & M. Meyer. (eds.) *Methods of Critical Discourse Studies*. London: Sage, 1–22.

Wojciechowska, S. 2015. Collocations and Colligations of the Metonymic Shipment: Exemplification in Learners' Dictionaries vs. Corpus Evidence. *International Journal of Lexicography*, (4): 465–489.

Wright, L. & Hope, J. 1996. *Stylistics: A Practical Coursebook*. London & New York: Routledge.

Wunderlich, D. 1997. Cause and the Structure of Verbs. *Linguistic Inquiry* 28, (1): 27–68.

Wyke, B. V. 2010. Ethics and Translation. In Y. Gambier & L. van Doorslaer. (eds.) *Handbook of Translation Studies* (Vol. 1). Amsterdam & Philadelphia: John Benjamins, 111–115.

Xu, H. & Lou, Y. 2015. Treatment of the Preposition to in English Learners' Dictionaries: A Cognitive Approach. *International Journal of Lexicography*, (2): 207–231.

Ye, Y., Wei, X. & Sun, W. 2018. Enhancing the Learnability of Chinese-English Dictionaries for Chinese as a Foreign Language Learners: The Neglected Legacy of Robert Morrison in his Compilation of WucheYunfu (1819). *Lexikos, 28*: 405–427.

Yong, H. & Peng, J. 2007. *Bilingual Lexicography from a Communicative Perspective* (Vol. 9). Amsterdam & Philadelphia: John Benjamins.

Yuan, B. 1997. Asymmetry of Null Subjects and Null Objects in Chinese Speakers' L2 English. *Studies in Second Language Acquisition*, 19, 467–497.

Zgusta, L. 1971. *Manual of Lexicography*. Prague: Academia.

Zhao, G. 2015. The Contemporary Chinese Dictionary. *International Journal of Lexicography*, (1), 107–123.

Zhou, W. J. & Huang, G. W. 2017. Chinese Ecological Discourse: A Confucian-Daoist Inquiry. *Journal of Multicultural Discourses*, (3): 264–281.

Zunshine, L. 2006. *Why We Read Fiction*, Columbus: The Ohio State University Press.

Zunshine, L. (ed.) 2015. *The Oxford Handbook of Cognitive Literary Studies*. Oxford: Oxford University Press.